W0192393

Martin Heidemanns und Nikolaus Harbusch

AFFÄRE WULFF

BUNDESPRÄSIDENT FÜR 598 TAGE – DIE GESCHICHTE EINES SCHEITERNS

Schwarzkopf & Schwarzkopf

**CHRISTIAN WULFF AM 30. JUNI 2010
IN DER BUNDESVERSAMMLUNG:**

Ich schwöre, dass ich meine Kraft dem Wohle des deutschen Volkes widmen, seinen Nutzen mehren, Schaden von ihm wenden, das Grundgesetz und die Gesetze des Bundes wahren und verteidigen, meine Pflichten gewissenhaft erfüllen und Gerechtigkeit gegen jedermann üben werde. So wahr mir Gott helfe.

**CHRISTIAN WULFF AM 17. FEBRUAR 2012
IM SCHLOSS BELLEVUE:**

Unser Land, die Bundesrepublik Deutschland, braucht einen Präsidenten (...), der vom Vertrauen nicht nur einer Mehrheit, sondern einer breiten Mehrheit der Bürgerinnen und Bürger getragen wird. Die Entwicklung der vergangenen Tage und Wochen hat gezeigt, dass dieses Vertrauen und damit meine Wirkungsmöglichkeiten nachhaltig beeinträchtigt sind. Aus diesem Grund ist es mir nicht mehr möglich, das Amt des Bundespräsidenten nach innen und nach außen so wahrzunehmen, wie es notwendig ist. Ich trete deshalb heute vom Amt des Bundespräsidenten zurück.

Betreff: Anfrage

Datum: Sonntag, 11. Dezember 2011 06:49:45 Deutschland

Von: martin.heidemanns@███████████

An: Olaf Glaeseker

CC: Olaf Glaeseker

Sehr geehrter Herr Glaeseker,

im Zusammenhang mit unserer Recherche zum Beschluss des BGH V ZB 47/11 vom 17. August 2011 bitten wir Herrn Bundespräsident Wulff freundlich um Beantwortung folgender Frage:

Am 18. Februar 2010 ließen Sie als Ministerpräsident die Anfrage der Abgeordneten Stefan Wenzel und Ursula Helmhold, ob es "geschäftliche Beziehungen" zwischen Ihnen und Herrn Egon Geerkens gegeben habe, laut Landtagsdrucksache (Stenographischer Bericht der 63. Sitzung der 16. Wahlperiode) durch Ihre Staatskanzlei wörtlich erklären:

"Zwischen Ministerpräsident Wulff und den in der Anfrage genannten Personen und Gesellschaften hat es in den letzten zehn Jahren keine geschäftlichen Beziehungen gegeben."

1. Warum haben Sie dem Landtag verschwiegen, dass eine "geschäftliche Beziehung" zwischen Ihnen und der mit Egon Geerkens in Gütergemeinschaft lebenden Ehefrau Edith durch einen im Oktber 2008 geschlossenen Darlehensvertrag über 500000 Euro besteht?

2. Teilen Sie die Auffassung, dass Sie den Landtag in diesem Zusammenhang bewusst getäuscht haben?

3. . Wie haben Sie die 500000 Euro erhalten? Per Überweisung aus Deutschland, der Schweiz, der USA – oder bar? Oder auf welche andere Weise?

4. . Warum haben Sie den im Oktober 2008 geschlossenen Darlehensvertrag wenige Wochen nach der parlamentarischen Anfrage gekündigt und durch einen Darlehensvertrag mit der BW Bank abgelöst – obwohl der Darlehensvertrag noch bis November 2013 lief??

5. Wann und in welcher Form haben Sie das Darlehen zurückgezahlt.

6. Gab es vor dem Jahr 2000 geschäftliche Beziehungen zwischen Ihnen, dem CDU-Kreisverband Osnabrück, dem CDU-Landesverband Niedersachsen bzw. dem Land Niedersachsen und Herrn Egon Geerkens oder irgendeiner Firma, an der Herr Geerkens und/oder Frau Geerkens als Gesellschafter beteiligt waren?

Ich bitte freundlich um Beantwortung der Fragen bis Sonntag, 16 Uhr MEZ.
Besten Dank

Mit freundlichen Grüßen

Martin Heidemanns

Martin Heidemanns
Axel Springer AG
Chefredaktion BILD
Axel-Springer-Straße 65
10888 Berlin

I

Im Škoda Yeti zurück nach Großburgwedel

PROLOG

Der Weg von der Berliner Pücklerstraße 14 führt über Kopfsteinpflaster vorbei an kräftigen Kastanien. Vor der weiß verputzten Jugendstilvilla im vornehmen Stadtteil Dahlem schließt sich das Tor zum Dienstsitz des Bundespräsidenten. Nach 400 Metern geht es über die Clayallee Richtung Autobahn. Es ist stark bewölkt. Der Schneefall geht in Regen über. Vier Grad, der Verkehrsfunk warnt vor Eisglätte. 273 Kilometer sind es von hier bis Großburgwedel. Die Fahrzeit bis in die kleine Gemeinde nördlich von Hannover beträgt zwei Stunden und 47 Minuten, wenn die A 2 frei ist. Der Mann, der bei Gott geschworen hat, Schaden vom deutschen Volk abzuwenden, sitzt auf dem Beifahrersitz seines Škoda Yeti. Er trägt einen schwarzen Pullover, darunter ein weißes Oberhemd. Die Krawatte hat er abgelegt. Das Steuer hält Ehefrau Bettina in den Händen.

Es ist Freitag, der 17. Februar 2012. Seit drei Stunden ist Christian Wulff kein Bundespräsident mehr. Und Bettina Wulff nicht mehr First Lady. Kurz nach 11 Uhr hatte sich die weiße Flügeltür im Großen Saal von Schloss Bellevue ein letztes Mal hinter den Wulffs geschlossen. Nur noch das Klicken der Kameras war zu hören. Sonst nichts. In wenigen Sätzen hatte Christian Wulff gerade seinen Rücktritt erklärt. In vier Minuten und 13 Sekunden. Nach nur 598 Tagen im Amt. Die Amtszeit des zehnten Bundespräsidenten ist jetzt deutsche Geschichte.

Das Schauspiel um das deutsche Staatsoberhaupt, das zehn Wochen anhielt, war für das Land eine Katastrophe. Was nun kommt, ist eine persönliche Tragödie für das Ehepaar Wulff.

Auch wenn sich in der Bevölkerung zu dieser Zeit das Mitleid in Grenzen hält und die Diskussion um Wulffs Nachfolge längst begonnen hat, gilt die Frage: Was geschieht in einer Beziehung, wenn von jetzt auf gleich die gemeinsame Welt ins Wanken gerät – und schließlich einstürzt? Wenn Ehefrau und Ehemann den Fall von ganz oben ins absolute Nichts gemeinsam erleben. Wenn auch der Ehrensold kein Trost sein kann.

Genauer gefragt: Was geschieht gerade in der Beziehung von Christian und Bettina Wulff? Häme verbietet sich. Mitgefühl ist aber auch unangebracht. Denn Christian Wulff ist allein an Christian Wulff gescheitert. Weil er nach 37 Jahren in der Politik durch die Verführung von Geld und Glamour den Kompass für das verloren hat, was ein Politiker tun darf und was nicht. Weil er Grenzen überschritten hat, die ein Politiker nicht überschreiten darf. Und ein Bundespräsident erst recht nicht.

Am Vorabend des 17. Februar 2012 ist Bettina Wulff neben dem jüngsten Bundespräsidenten in der deutschen Geschichte eingeschlafen. Dem Ehepaar war an diesem Abend im Wohnzimmer der Dienstvilla in einem langen Gespräch bewusst geworden, dass die Situation aussichtlos ist und der Rücktritt am nächsten Tag die einzige Konsequenz sein kann.

Im Arbeitszimmer seiner Dienstvilla hatte Christian Wulff seiner Ehefrau ein erstes Mal die Rücktrittsrede vorgelesen. Er hatte sie mit seinem Staatssekretär Lothar Hagebölling, seiner Büroleiterin, seiner Pressesprecherin und einem befreundeten Juristen formuliert. Per SMS schickte die First Lady ihrer persönlichen Referentin vor dem Zubettgehen noch kurz die Nachricht über den bevorstehenden Rücktritt ihres Mannes.

Jetzt, keine 24 Stunden später, sitzt Bettina Wulff am Steuer des Škoda Yeti neben dem jüngsten Altbundespräsidenten der Republik. Neben dem Mann, dessen Weg von der Schüler Union in den Stadtrat seiner Heimatstadt Osnabrück über die Staatskanzlei in Hannover bis ins Schloss Bellevue geführt hatte. Und der jetzt alles verloren hat, das höchste Amt und seine Reputation.

Dabei war die Lebensplanung von Christian und Bettina Wulff am 30. Juni 2010, dem Tag seiner Wahl zum deutschen Staatsoberhaupt, eine andere. Er ist zu diesem Zeitpunkt 51 Jahre alt, sie gerade 36. Zehn Jahre, so die naheliegende Möglichkeit, würden sie im Schloss Bellevue residieren. Mit allen Privilegien eines Bundespräsidenten. Ohne die Angst vor der Abwahl, die ein Ministerpräsident alle vier Jahre erleiden muss. Ausgestattet – bei einer möglichen Wiederwahl zehn Jahre lang – mit 199.000 Euro Gehalt im Jahr. Dazu monatlich noch die Aufwandsentschädigung von 6500 Euro, mit der die Wulffs das private Personal bezahlen können. Und später dann, mit 61 Jahren, der Ehrensold, und das lebenslänglich.

So hätte es geschehen können. Christian Wulff aus Osnabrück – er wäre aufgenommen worden in die deutschen Geschichtsbücher zwischen Heuss und Heinemann, den Bundespräsidenten, die dem Ausland zeigten, dass es ein neues, ein anderes Deutschland gibt. Zwischen Richard von Weizsäcker und Roman Herzog, die ihrem Volk neue Orientierung gaben.

Aber es kommt anders: Am Vorabend dieses 17. Februar 2012 hatte das Korruptionsdezernat der Staatsanwaltschaft Hannover beim Bundestagspräsidenten Norbert Lammert beantragt, die Immunität des Staatsoberhauptes aufzuheben. Die Staatsanwaltschaft will gegen den Mann, der kraft seines Amtes im Staat als moralische Instanz gelten soll, wegen eines Korruptionsdelikts ermitteln.[1]

Jetzt also zurück nach Großburgwedel. Die Abreise der Wulffs muss an diesem denkwürden Freitag überstürzt erfolgt sein. Die »Süddeutsche Zeitung« notiert später, dass in der Einfahrt zur Dienstvilla noch eine gelbe Sandkastenschaufel und ein rot-blaues Eimerchen liegen. Spielzeug von Linus, dem dreijährigen Sohn der Wulffs.[2]

Wenige Tage später kommt der Umzugswagen und die Nachbarn sehen, wie die Möbelpacker die Kisten mit den Sachen ihres einstigen Bundespräsidenten in den Umzugswagen packen. Und schließlich auch die gelbe Sandkastenschaufel und das rot-blaue Eimerchen.

Bettina Wulff hatte sich in der Dienstvilla nie richtig wohlgefühlt. Ihr fehlten die »Wärme und das Gefühl von Zuhause«, wie sie es später beschreiben wird. Es war ihr trotz der Großzügigkeit dieser Jugendstilvilla in keiner Weise »warm und kuschelig«. Sie vermisste das Gefühl von Geborgenheit in der 150 Quadratmeter großen Dienstwohnung.[3]

Eigentlich hätten die Wulffs an diesem Tag ihre Koffer gepackt. Am Sonntag hätte es zum Staatsbesuch nach Afrika gehen sollen. Sambia, Burkina Faso, Elfenbeinküste und Tansania warteten auf den höchsten Mann Deutschlands. Der Staatsbesuch war schon für 2010 geplant gewesen. Damals fand er nicht statt, weil Wulff-Vorgänger Horst Köhler überraschend zurücktrat. Jetzt wieder ein Rücktritt und wieder kein deutscher Bundespräsident in Burkina Faso.

Die Wulffs sitzen in ihrem Škoda Yeti. Haben sie das Autoradio eingeschaltet? Der Deutschlandfunk berichtet, dass erste Politiker fordern, dem Mann auf dem Beifahrersitz den Ehrensold zu verwehren. Sie begründen es mit dem für einen Bundespräsidenten unehrenhaften Verhalten.

Was denkt der Mann in diesem Augenblick, der aus Schloss Bellevue eine »Denkfabrik« machen wollte, wie er es vor seiner Wahl versprochen hatte?

Worüber reden die Wulffs während der etwa dreistündigen Fahrt? Über den Kredit, der alles ins Rollen brachte? Oder über die Urlaube, die sie kostenlos bei Unternehmern genossen? Klagt Bettina Wulff, wie sie es später in ihrer Biografie schreibt, darüber, dass sie sich in ihrer Rolle als Ehefrau des Ministerpräsidenten und als First Lady nie hundertprozentig wohlfühlte? Ohne eigenes Einkommen, fremdbestimmt durch seinen Terminkalender. Oder fragt Christian Wulff seine Frau, warum sie unbedingt zum Filmball wollte, den ein Marmeladen-Hersteller für das Paar finanzierte? Vielleicht hat das Ehepaar Wulff während der 273 Kilometer aber auch einfach nur geschwiegen.

Christian und Bettina Wulff plagen am Nachmittag des 17. Februar 2012 Probleme, wie sie jedes Paar beim Verlust des Arbeitsplatzes und einem damit verbundenen Umzug plagen. Sie müssen einen Kindergartenplatz für Sohn Linus, eine Schule für Sohn Leander finden. Der Unterschied ist nur: Christian Wulff hat nicht nur seinen Arbeitsplatz verloren – sondern auch sein Ansehen und seine Würde.

Bettina Wulff wird in diesem Augenblick wohl nicht ahnen, was im Zuge der staatsanwaltschaftlichen Ermittlungen in den nächsten Tagen noch passieren wird. Christian Wulff, der studierte Jurist, kann es sich ausmalen. Der Staatsanwalt durchsucht zwei Wochen später das Eigenheim der Wulffs in Großburgwedel. In Begleitung von fünf Beamten des Landeskriminalamtes, vier Stunden lang. Computer-Daten, Handy-Verbindungen, Akten – alles stellen die Ermittler sicher.[4] Eine 24-köpfige Ermittlergruppe wird in den nächsten Monaten 93 Zeugen vernehmen, 45 Bankkonten und eine Million Dateien auswerten.

72 Stunden vor dem Rücktritt ihres Mannes ist Bettina Wulff beim Staatsbesuch in Italien noch in der Staatskarosse durch das Damenprogramm chauffiert worden. In einem Altenheim der Giuseppe-Verdi-Stiftung in Mailand spielen ihr betagte Künstler auf Flöte und Klavier vor. Sie macht »bella figura«. Auf dem Weg wird ihre Limousine eskortiert von Polizei-Motorrädern und Sicherheitsbeamten im Konvoi. Sämtliche Straßen sind abgesperrt.

Jetzt sitzt Bettina Wulff am Steuer des schwarzen Škoda und muss in Großburgwedel bei Rot wieder an der Ampel halten.

Christian Wulff konnte seiner zweiten Ehefrau mehr bieten, als ein Mann von 52 Jahren seiner 14 Jahre jüngeren Frau gewöhnlich bieten kann: ein Leben im Schloss Bellevue. Begegnungen mit Staatsoberhäuptern in der ganzen Welt. Gesellschaftliches Ansehen. Geliehenes Geld, und geliehene Macht. Luxusurlaube in den Ferienvillen reicher Freunde – schon in den Flitterwochen. Was kann er – der Ehemann Christian Wulff – seiner jungen Frau jetzt noch bieten? Wer wird das Ehepaar noch zum Filmball einladen? Wer wird das Luxushotel in München bezahlen? Welcher Modedesigner würde kostenlos schicke Abendkleider in ein Klinkerhaus nach Großburgwedel liefern?

Bei der Ankunft in Großburgwedel parkt Bettina Wulff den Škoda vor dem sandfarbenen Klinkerhäuschen. Es ist 18.13 Uhr. Es sind noch 20 Tage bis zum Großen Zapfenstreich.

II.

Der etwas andere Bundespräsident

EIN PORTRÄT

Der zehnte Präsident der Bundesrepublik Deutschland ist in allen Belangen ein etwas anderer Präsident. Christian Wulff ist der erste deutsche Ministerpräsident, der erst im dritten Anlauf in sein Amt gewählt wird. 1994 ist der Christdemokrat mit 35 Jahren der jüngste Spitzenkandidat, den die CDU bis dahin nominiert hat. »Indes verführt das ebenso verbindliche wie bürgerlich brav wirkende Auftreten des Kandidaten dazu, seinen Machtwillen zu übersehen und seine Fähigkeit, sich auch bei harten Kontroversen nicht selbst auszugrenzen«, schreibt Giovanni di Lorenzo im November 1992 in der »Süddeutschen Zeitung« in einem Porträt über den jungen Kandidaten.[5] Schon damals lässt der Politiker, der aus eher schwierigen Verhältnissen stammt, durchscheinen, dass er zu den Besseren dazugehören will. »Inzwischen zeigt er auch gerne die bescheidenen Insignien bürgerlichen Wohlstands vor, die er bis heute erringen konnte«, heißt es in dem Porträt. Das neu bezogene Haus gehöre dazu. Aber auch der dunkelblaue Mercedes 260 E mit Autotelefon.

Die Landtagswahl in Niedersachsen verliert Christian Wulff im März 1994. Auch 1998 unterliegt er dem Amtsinhaber Gerhard Schröder. Erst am 2. Februar 2003 – der andere Niedersachse ist inzwischen Bundeskanzler – stürzt er mit den Stimmen der FDP die SPD-Regierung von Sigmar Gabriel. Am 4. März 2003 leistet er seinen Amtseid als Ministerpräsident Niedersachsens.

Ein Mann am Ziel seiner Träume. Regierungschef im flächenmäßig zweitgrößten Bundesland. Angekommen aus einfachen Verhältnissen im höchsten Amt in Niedersachsen. Später erklärt Christian Wulff: »Für das Amt des Ministerpräsidenten bringe ich alle Voraussetzungen mit. Das ist mir quasi auf den Leib geschneidert.«[6]

Der Mann aus Osnabrück, so ist es in fast jedem Porträt über ihn zu lesen, gilt als Schwiegermutter-Typ. Das ist kein Kompliment. So wird Wulff zunächst unterschätzt, weil er hölzern und spröde wirkt. Und weil ihm – im Gegensatz zu seinem ständigen Bezwinger Gerhard Schröder – etwas fehlt: Charisma. Spürbare Freude am Leben. Erkennbarer Glaube an den Sieg. Schröder ist Cohiba, Wulff maximal Marlboro light.

Christian Wulff ist bei seiner Wahl zum Bundespräsidenten am 30. Juni 2010 mit 51 Jahren das jüngste Staatsoberhaupt der deutschen Nachkriegsgeschichte. Theodor Heuss kommt mit 65 Jahren ins Amt, Gustav Heinemann ist bei seiner Wahl knapp 70, Johannes Rau 67 Jahre alt. Es ist eine Nervenschlacht bei Wulffs Wahl am 30. Juni 2010. Eine Zitterpartie, von der es später heißt, das höchste Amt, das in Deutschland zu vergeben ist, sei eine Beute der Partei gewesen. Eine Beute von Angela Merkel und ihrer CDU. Die Bundesversammlung wählt Christian Wulff erst im dritten Wahlgang gegen die Stimmen der SPD und Linken. Sein Gegenkandidat ist Joachim Gauck. Der ehemalige Chef der Stasi-Unterlagenbehörde wird Wulff am 18. März 2012 mit 991 von 1228 gültigen Stimmen ins höchste Amt folgen.

Christian Wulff ist auch der erste Bundespräsident, der ins Visier der Staatsanwaltschaft gerät. Am Abend des 16. Februar 2012 beantragt die Staatsanwaltschaft Hannover beim Präsidenten des Deutschen Bundestages, die Immunität des Bundespräsidenten aufzuheben. Die Strafverfolgungsbehörde will gegen den ersten Mann im Staat wegen eines Korruptionsdelikts ermitteln. Der Vorwurf: Vorteilsannahme nach Paragraf 331 des Strafgesetzbuches. »Ein Amtsträger oder ein für den öffentlichen Dienst besonders Verpflichteter, der für die Dienstausübung einen Vorteil für sich oder einen Dritten fordert, sich versprechen lässt oder annimmt, wird mit Freiheitsstrafe bis zu drei Jahren oder mit Geldstrafe bestraft.«[7]

Am 17. Februar 2012 um kurz nach 11 Uhr gibt Christian Wulff seinen sofortigen Rücktritt im Großen Saal von Schloss Bellevue bekannt. Nach nur 598 Tagen im Amt. Damit ist er der Bundespräsident mit der kürzesten Amtszeit.

»Ich habe Fehler gemacht«, räumt Wulff in seiner Rücktrittsrede ein. Und er sagt: »Die Entwicklung der vergangenen Tage und Wochen hat gezeigt, dass dieses Vertrauen und damit meine Wirkungsmöglichkeiten nachhaltig beeinträchtigt sind. Aus diesem Grund ist es mir nicht mehr möglich, das Amt des Bundespräsidenten nach innen und nach außen so wahrzunehmen, wie es notwendig ist. Ich trete deshalb heute vom Amt des Bundespräsidenten zurück.«[8]

Der Sturz des Christian Wulff. Nie zuvor in der deutschen Nachkriegsgeschichte ist ein Politiker so tief gefallen. Wer war der zehnte Präsident der Bundesrepublik Deutschland? Wer ist Christian Wulff? Der Mann aus Osnabrück, der mit 15 Jahren in die CDU eintritt und die folgenden 37 Jahre seines Lebens in der Politik verbringen wird, bis zum bitteren Zapfenstreich. Es gibt unterschiedliche Quellen, um dem Menschen Wulff und dem Politiker Wulff näherzukommen. Um etwas mehr über ihn zu erfahren, kann man mit Freunden, politischen Beobachtern und Wegbegleitern sprechen. Man kann Biografien lesen. Oder den offiziellen Lebenslauf. Dieser Lebenslauf ist veröffentlicht auf der Internetseite des Bundespräsidenten. Da steht:

Christian Wulff wird am 19. Juni 1959 im niedersächsischen Osnabrück als zweites Kind von Rudolf und Dagmar Wulff geboren. Am Ernst-Moritz-Arndt-Gymnasium legt er das Abitur ab. Christian Wulff engagiert sich früh als Schülersprecher, Studentenvertreter und in den Jugendverbänden Schüler Union und Junge Union.

Von 1980 bis 1986 studiert Christian Wulff Rechtswissenschaften mit wirtschaftswissenschaftlichem Schwerpunkt an der Universität Osnabrück. 1987 leistet er sein Referendarexamen in Hannover, danach sein Referendariat am Oberlandesgericht Oldenburg und legt 1990 sein Assessorexamen in Hannover ab. 1990 tritt Christian Wulff in eine Rechtsanwaltskanzlei ein. 1986 wird Christian Wulff für die CDU Mitglied im Rat der Stadt Osnabrück, von 1989 bis 1994 ist er deren Fraktionsvorsitzender. Christian Wulff bleibt Ratsmitglied bis 2001. 1994 wird er in den Niedersächsischen Landtag gewählt. Im März des Jahres wird er Fraktionsvorsitzender, im Juni Landesvorsitzender seiner Partei in Niedersachsen. 1998 wird Christian Wulff zu einem der stellvertretenden Bundesvorsitzenden der CDU gewählt.

Christian Wulff heiratet 1988 Christiane Vogt, mit der er eine Tochter hat. Annalena wird 1993 geboren. 2006, nach 18 ge-

meinsamen Jahren, trennen sich die Eheleute einvernehmlich. 2008 heiratet Christian Wulff Bettina Körner. Gemeinsam mit ihr hat er einen Sohn. Linus Florian wird 2008 geboren. Bettina Wulff bringt einen Sohn, Leander, geboren 2003, in die Ehe mit. Nach den Landtagswahlen 2003 wird Christian Wulff am 4. März von den Abgeordneten des Niedersächsischen Landtags zum Ministerpräsidenten gewählt und in dieser Position am 26. Februar 2008 bestätigt. Das Amt des Ministerpräsidenten hat er bis zum 30. Juni 2010 inne, dem Tag der 14. Bundesversammlung. Die Bundesversammlung wählt Christian Wulff zum zehnten Präsidenten der Bundesrepublik Deutschland. Seitdem ruht auf seinen Wunsch seine Mitgliedschaft in der CDU.

Christian Wulff ist seit 2001 Schirmherr des Bundesverbandes der Deutschen Multiple Sklerose Gesellschaft. Christian Wulff ist katholisch. Er ist Ehrendoktor der Tongji-Universität in Shanghai, China, und der Universität Tokyo-Tsukuba, Japan. 2011 wurde Christian Wulff durch den Zentralrat der Juden in Deutschland mit dem »Leo-Baeck-Preis« ausgezeichnet. Im gleichen Jahr bekam er die Ehrenmedaille des Deutschen Olympischen Sportbundes verliehen.[9]

So weit der offizielle Lebenslauf. Geradlinig. Nie Affären. Immer bergauf. Klassensprecher, Junge Union, Stadtrat, Landtag. Den Beruf als Rechtsanwalt übt er seit vielen Jahren nicht mehr aus. Eine typische Politiker-Karriere.

Man kann auch etwas über einen Menschen und Politiker erfahren, wenn man dessen persönliche Wegbegleiter und unabhängige politische Beobachter befragt. Der Autor Karl Hugo Pruys – in den siebziger Jahren Parteisprecher des CDU-Vorsitzenden Helmut Kohl – hat dies im Jahr 2006 für sein Buch »Christian Wulff. Deutschland kommt voran« getan.[10]

Ein Loblied ist es geworden, mit ausnahmslos positiven Strophen. So beschreibt Hans-Ulrich Jörges, Kolumnist der Illustrierten »stern«, den damals 45-jährigen Ministerpräsidenten mit den Worten: »Christian Wulff ist einer der sympathischsten, gewinnendsten und verbindlichsten Politiker des Landes. Hat er überhaupt Gegner, gar Feinde? Er hat. Denn in diesem strahlenden Wunderknaben aus Osnabrück, den jeder gerne umarmen möchte, verbirgt sich ein zweiter Christian Wulff. Einer, der zielstrebig, unermüdlich und detailversessen an seinem politischen Fortkommen arbeitet. Zuweilen macht er dabei Fehler, und manchmal lässt er sich durch taktischen Tagesgewinn verführen. Ein andermal ist er auch ganz plötzlich allein. Jedenfalls erscheint er dann als politischer Einzelgänger, der politische Konkurrenten, Neider oder auch nur solide Kritiker auf den Plan ruft. Aber er hat ja Zeit; die arbeitet für ihn. An denkerischer Brillanz ist ihm vermutlich Roland Koch überlegen, doch wenn es morgen oder übermorgen darum ginge, wer die Union – nach Angela Merkel – in eine Bundestagswahl führt, würde Wulff wohl über den Hessen triumphieren. Denn er ist unschlagbar smart. Und das wiegt schwer. Hätte er auch noch ein politisches Anliegen von Gewicht und Beständigkeit, wäre seine Zukunft so strahlend wie sein Äußeres.«[11]

Auch Sigmund Gottlieb, Chefredakteur des Bayerischen Fernsehens, sieht für Christian Wulff nach dessen Wahl zum Ministerpräsidenten nur einen Weg – den weiter nach oben. »Wulff ist der einzige Hoffnungsträger der Union, der es schaffen könnte, die seit der Wiederherstellung der Einheit Deutschlands existierende strukturelle linke Mehrheit aufzubrechen. Der Niedersachse verfügt über ein hohes Maß an Glaubwürdigkeit. Daher zählt er zu den wenigen Politikern in Deutschland, die das verloren gegangene Vertrauen in die Politik wiederherstellen können.«[12]

Und David Groenewold, der Film-Finanzier aus Berlin, über dessen Gefälligkeiten Christian Wulff später stürzt, erklärt: »Jung, integer und – auch nach über 25 Jahren in der Politik – immer noch begeisterungsfähig, wenn es um die Menschen geht: das ist für mich Christian Wulff. Charmant wie nur wenige Politiker – aber ein Bullterrier, wenn die Interessen Niedersachsens auf dem Spiele stehen. Ich wünsche mir mehr Wulffs in der deutschen Politik – und wenn das nicht geht, dann bitte wenigstens mehr Wulff!«[13]

Schauspieler Thomas Heinze, befreundet sowohl mit Groenewold wie auch mit Wulff, legt noch einen drauf:»Als Schauspieler
glaube ich an das Individuum, den Einzelnen. Parteien und deren
gemeinsame Inhalte waren mir immer etwas suspekt. Gäbe es allerdings die CWU (Christian-Wulff-Union), würde ich ernsthaft
erwägen, doch noch Mitglied zu werden.«[14]
Ein weiteres Buch über Christian Wulff trägt den Titel»Christian
Wulff. Der Marathonmann«, geschrieben von»Focus«-Redakteur
Armin Fuhrer, der mit Wulff dafür viele lange Interviews führte, als
der noch Ministerpräsident von Niedersachsen war. Diese Biografie
erscheint im April 2006.
Der Zeitpunkt der Veröffentlichung ist denkbar ungünstig. In
dem Buch wird Christian Wulff als treusorgender Ehemann und
Familienvater beschrieben, dem Ehefrau und Tochter das Wichtigste sind. Ärgerlich für den Autor ist: Nahezu zeitgleich mit der
Veröffentlichung des Buches lernt der CDU-Politiker seine neue
Lebensgefährtin Bettina Körner kennen, eine Pressereferentin aus
dem niedersächsischen Großburgwedel. Blond, sympathisch, at-
traktiv, 14 Jahre jünger.
Von der außerehelichen Beziehung des Christdemokraten wissen
die Öffentlichkeit und Wulffs Ehefrau Christiane im Frühsommer
2006 nichts. Erst zwei Monate nach Erscheinen des Buches, im Juni
2006, gibt Marathonmann Wulff die Trennung von Ehefrau Christiane offiziell bekannt und stellt die neue Lebensgefährtin vor. So ist
die Biografie»Christian Wulff. Der Marathonmann« ein Lehrstück
dafür, wie Politiker in den Medien das eigene Bild für die Öffentlichkeit manipulieren.
In der Wulff-Biografie werden die Tugenden des Ministerpräsidenten beschrieben: treu, bescheiden, charakterfest. Fotos zeigen
den Landesvater im Kreis seiner Familie – mit Hund. Unter dem
Foto steht:»Wulff mit Annalena und Hund Momo. In schweren
Zeiten findet der Oppositionsführer Halt bei der Familie.«[15]
Biograf Fuhrer beschreibt in seinem Buch, welchen Stellenwert
die Familie für Christian Wulff genießt.»Tatsächlich weigert Wulff
sich, nach Hannover umzuziehen. Er hängt an seiner Heimatstadt

und will Christiane nicht aus ihrem Umfeld reißen. Oft lässt er sich von seinem Fahrer André Gechter spätnachts die 130 Kilometer nach Osnabrück fahren. Das Familienleben, und sei es noch so eingepackt zwischen Terminen, ist ihm wichtig und spendet neue Kraft für den harten Alltag. Trotzdem finden Mitarbeiter, die es wissen müssen, den Vorwurf, er sei zu wenig präsent, an den Haaren herbeigezogen. Und wenn die Putzfrauen sich morgens in der Dunkelheit um vier Uhr im Leineschloss an die Arbeit machen, wundern sie sich bald nicht mehr, wenn im Büro des Fraktionsvorsitzenden wieder einmal noch das Licht brennt.«[16]

Kurz gesagt: Der Politiker Christian Wulff ist einerseits ein Arbeitstier, das sich für das Land und seine Bürger aufreibt. Andererseits ein fürsorglicher Familienvater, bei dem Frau und Kind im Mittelpunkt stehen. So geht es weiter im Wulff-Buch, Seite für Seite.

»Ich kann schon mal tagelang von morgens um sieben an Interviews geben und abends um elf noch eine Rede halten«, beschreibt Wulff in dem Buch »Besser die Wahrheit« seine Gewohnheiten. »Aber nachts durch die Gemeinde ziehen, Geselligkeit pflegen im Sinne von Alkohol und verrauchter Luft, das ist nicht mein Ding.«[17]

Da ist man geneigt zu fragen: Hat dieser Mann, dieser christdemokratische Politiker, wirklich keine Laster?

Weiter lässt sich Christian Wulff zitieren: »Wenn ich mein Pensum erfüllt habe, dann bin ich gerne zu Hause, sitze noch am Schreibtisch, gucke ein bisschen fern oder trinke noch ein Glas Saft.«[18]

Ist das tatsächlich der Alltag von Christian Wulff im Jahr 2006? Tagsüber spaßbefreit zwischen Politik und Podium? Am Abend vor dem Fernseher mit einem Glas Saft in der Hand?

Nur: Das Leben von Christian Wulff ist im Frühsommer 2006 ein ganz anderes. Ein Leben zwischen zwei Frauen. Wahrscheinlich mit den bekannten und oft unvermeidlichen Begleiterscheinungen, mit Notlügen und Heimlichtuerei. Am 6. April 2006 hatte er die Pressereferentin Bettina Körner während einer Auslandsreise nach Südafrika kennengelernt und ihr gleich eine SMS geschickt. Es folgten viele SMS und Telefonate, dann heimliche Treffen in ihrer

Wohnung. Im Juni 2006 gibt er schließlich die Trennung von Ehefrau Christiane bekannt.

Es ist das Ende einer langen Beziehung. An der Universität in Osnabrück hatten sich die Wulffs Ende der achtziger Jahre kennengelernt, beide studieren Jura. Über die Rolle der Frau an der Seite des Spitzenpolitikers notiert Wulffs Biograf Fuhrer:»Selten tritt sie an seiner Seite als Frau des Ministerpräsidenten auf, vor allem, weil sie sich unter ständiger Beobachtung der Medien nicht wohl fühlt. (...) Manches ist natürlich unvermeidbar, wie die Pressebälle. Da trifft man sich dann mit Freunden, das ist okay. Da kann es aber auch zu Missgeschicken kommen, wie auf dem Landespresseball in Hannover im Winter 2004. Das Ehepaar soll vor allen Leuten den Eröffnungswalzer tanzen.« In der Biografie erzählt Christiane Wulff, ihr Ehemann könne»bestenfalls minimalistisch tanzen«. Ein hilfsbereiter Hotelier aus Lanzarote, schreibt der Biograf, habe Christian Wulff während eines Urlaubs mal einen Crashkurs im Tanzen geben wollen. Doch Wulff habe dies mit einer guten Ausrede gerade noch verhindern können:»Geschenke im Wert von mehr als zehn Euro dürfe er als Politiker nicht annehmen.«[19]

Das muss wiederholt werden: Einen Crashkurs im Tanzen – ein Geschenk im Wert von etwas mehr als zehn Euro während des Familienurlaubs auf Lanzarote – wollte Wulff als Politiker nicht annehmen. Das sagt der Mann, der wegen Gratis-Urlauben bei Millionären, einem dubiosen Hauskredit und seiner Schnäppchenjägermentalität später aus dem höchsten Amt fällt, das in der Bundesrepublik zu vergeben ist.

Über den Familienvater Wulff notiert der Biograf:»Annalena ist Christian Wulffs Ein und Alles. Er leidet darunter, sie viel zu selten zu sehen. Das kompensiert er ein wenig, indem er seiner Umgebung regelmäßig von ihr gemalte Bilder zeigt oder sie mit Geschichten über sie versorgt, wenn auch nicht immer mit dem neuesten, weil manch einer sie schon drei Mal gehört hat.«[20]

Neben dem Text ist ein Foto von Christian Wulff mit Annalena abgebildet. Vater und Tochter stehen sich gegenüber. Beide haben die Arme verschränkt. Der Landesvater lächelt seine Tochter gütig an. Unter dem Foto steht:»Interessiert und aufmerksam beobachtet der Vater, wie seine Tochter Annalena heranwächst.«

Die Biografie»Christian Wulff. Der Marathonmann« über den mustergültigen Familienvater ist gerade erschienen, da packt Christian Wulff zu Hause im Osnabrücker Herderweg die Umzugskisten und verlässt Ehefrau Christiane und Tochter. Mit Freundin Bettina bezieht er eine Dachgeschosswohnung in der Spinozastraße in Hannover. Nun muss sein Fahrer André Gechter spätnachts nicht mehr die 130 Kilometer von der Staatskanzlei in Hannover nach Osnabrück fahren.

»Focus«-Redakteur Armin Fuhrer erfährt von der Trennung seines»Marathonmanns« am 6. Juni 2006 aus der Zeitung. Das muss ärgerlich für den Biografen sein. Fuhrer hatte Wulff für das Heile-Welt-Buch zuvor mehr als zehnmal interviewt. Oft stundenlang. Immer wieder hatte Christian Wulff betont, wie wichtig ihm seine Familie und wie heil seine Welt sei. Dass sie zum Zeitpunkt der gemeinsamen Interviews längst zerbrochen war, davon erfuhr der Biograf nichts.[21] An diesem 6. Juni 2006 liest er stattdessen, was Wulff über seine gescheiterte Beziehung sagt. Die sei nämlich schon lange keine richtige Ehe mehr gewesen:»In den letzten zwei bis drei Jahren ist Christiane und mir klar geworden, dass unsere Ehe trotz aller ehrlichen und ernsthaften Bemühungen keine Zukunft mehr hat.«[22]

Seit Jahren also ein Schauspiel. Noch-Ehefrau Christiane äußert sich nicht zur Trennung.

Um Missverständnissen vorzubeugen: Auch wenn es die katholische Kirche anders sieht – es ist das Recht von Christian Wulff, nach 18 Jahren die eheliche Gemeinschaft aufzugeben. Gerhard Schröder ließ sich mit der vierten Ehefrau an seiner Seite zum Bundeskanzler wählen. Sein damaliger Vizekanzler Joschka Fischer ist gerade in fünfter Ehe verheiratet. In einer Zeit, in der jede zweite Ehe geschieden wird, beschädigt das Scheitern einer Ehe weder die politische Handlungsfähigkeit noch die persönliche Glaubwürdigkeit.

Aber wie glaubwürdig ist ein Politiker, der die Öffentlichkeit über sein Privatleben derartig täuscht? Ist es redlich, den treusorgenden Ehemann und Familienvater zu geben? Allein um den Werten einer Partei und den Erwartungen konservativer Wähler gerecht zu werden? Christian Wulff hat akribisch an dem Bild gezeichnet, das die Öffentlichkeit von ihm haben soll. Aufgewachsen in einfachen Verhältnissen. Die Eltern trennen sich. Das Scheidungskind kümmert sich aufopferungsvoll um seine kranke Mutter, schafft dennoch den Schulabschluss, wird schließlich Rechtsanwalt. Ein Emporkömmling mit Tugenden, die mit Pflicht und Anstand umschrieben werden. So wie bei Gerhard Schröder, dem Christian Wulff bei zwei Landtagswahlen unterlag. Beide stammen aus ähnlichen Verhältnissen, beide wachsen im Nachkriegs-Deutschland praktisch ohne Vater auf. Für beide ist die Mutter deshalb die zentrale Figur in ihrem Leben.

Wulff und Schröder kommen beide aus schwierigen Verhältnissen. Doch da ist ein Unterschied in der Familiengeschichte der beiden Politiker. Ursprünglich stammen die Wulffs aus dem angesehenen und wohlhabenden Bildungsbürgertum. Christian Wulffs Großvater Wilhelm galt im westfälischen Westerkappeln als geachteter Pädagoge, er war Leiter der örtlichen Schule. Die Großmutter hatte ein ordentliches Vermögen mit in die Ehe gebracht. Wilhelm Wulff baute die sogenannte »Villa Wulff«, ein großes Haus mit parkähnlichem Garten.

Es gibt aber weitere Gemeinsamkeiten bei den Alphatieren aus Niedersachsen. Gerhard Schröder hat einen Halbbruder, Lothar Vosseler. Dieser Halbbruder erringt vorübergehend Berühmtheit durch eine Schlagzeile in der BILD am SONNTAG: »Ich bin Schröders Bruder. Ich bin arbeitslos.«[23] Am nächsten Tag stehen Reporter aus der ganzen Welt vor seiner Tür. Vosseler erzählt die Geschichte der gemeinsamen Kindheit und berichtet über das ungetrübte Verhältnis zu seinem Bruder. Später wird Schröders Halbbruder Kolumnist bei der Kölner Boulevardzeitung »Express«. Der Kanzler soll nicht begeistert gewesen sein.

Auch Bundespräsident Christian Wulff hat eine Halbschwester. Sie ist das Kind seines Vaters Rudolf. Das Kind stammt von einer Servicekraft, die im gastronomischen Betrieb des Vaters arbeitete.

Die Halbschwester heißt Bettina Mertschat-Wulff. Sie wird von Christian Wulff in allen Interviews konsequent verschwiegen und kommt auch in keiner Biografie vor. Wenn Christian Wulff von seiner schweren Jugend und dem Leid der kranken Mutter erzählt, spricht er stets von zwei Schwestern. Von der zwei Jahre älteren Elisabeth und der neun Jahre jüngeren Natascha. Beide wie der Bruder Akademiker. Das passt in die Biografie des Aufsteigers, der in Porträts inzwischen als »Komet aus dem Emsland« beschrieben wird. Seine Halbschwester Bettina, die arbeitslos ist und von Hartz IV lebt, passt offenbar nicht ins Bild, sie wird von Christian Wulff schlichtweg totgeschwiegen.

Im Frühjahr 2011 geht die »Welt am Sonntag« im Leben des Christian Wulff auf Spurensuche. Der CDU-Politiker ist inzwischen Bundespräsident. Die Redakteure Manuel Bewarder, Uwe Müller und Marc Neller stoßen auf Wulffs Halbschwester. 13 Jahre hat sie ihren berühmten Bruder nicht mehr gesehen, zuletzt bei der Beisetzung des gemeinsamen Vaters. In der »Welt am Sonntag« gewährt die bis dahin geheim gehaltene Halbschwester einen Blick in die Familiengeschichte der Wulffs. Es sind jene Kapitel, die Christian Wulff stets überblätterte – dabei ist das Kapitel über seine Halbschwester gar nicht ehrenrührig.

Als sich die Autoren der »Welt am Sonntag« im Zuge ihrer Recherche über das Leben des neuen Bundespräsidenten bei Bettina Mertschat-Wulff melden, überlegt sie eine Weile, ehe sie sich mit den Reportern trifft. Über die Begegnung schreiben die Reporter später:»Sie erzählt, wie stolz sie auf Christian Wulff ist und das, was er erreicht hat. Nur, dass sie in seinem Leben, wie er es erzählt, als Einzige aus der Familie nicht vorkommt, ›mit keinem Wort‹, das versetzt ihr einen Stich.«[24]

Christian Wulff versucht diese Berichterstattung zu verhindern, wie er sechs Monate später auch die Berichterstattung über seinen dubiosen Hauskredit verhindern will. Auch diesmal tut er es mit Drohungen gegen die Zeitung.

Wie der Bundespräsident die Redakteure einschüchterte, beschreibt »Welt am Sonntag«-Chefredakteur Jan-Eric Peters am

3. Januar 2012 auf dem Höhepunkt der Affäre: »Ein paar Tage vor der Veröffentlichung des Artikels hat die Redaktion schriftlich Fragen an den Bundespräsidenten gestellt – alle blieben unbeantwortet. Stattdessen gingen in der Redaktion mehrere Anrufe aus dem Bundespräsidialamt ein mit dem Ziel, die Geschichte zu verhindern. Als klar war, dass wir den Artikel trotzdem veröffentlichen wollten, wurde einer der Reporter am Samstag wenige Stunden vor Redaktionsschluss ins Schloss Bellevue gebeten. Dort drohte der Bundespräsident unserem Reporter in einem langen Vier-Augen-Gespräch damit, dass er im Falle einer Veröffentlichung sofort eine Pressekonferenz einberufen und dort erklären würde, dass die ›Welt am Sonntag‹ eine Grenze überschritten habe. Außerdem kündigte er an, jede Zusammenarbeit mit der ›Welt‹ zu beenden, falls das Stück publiziert würde. (…) Ich habe trotzdem entschieden, die Geschichte zu veröffentlichen.«[25]

In der Vergangenheit versuchte Christian Wulff zu bestimmen, was über sein Privatleben gedruckt wird und was nicht, wohl in vielen Fällen mit Erfolg. Seine neue Situation, nicht mehr Herr des Verfahrens bei der Berichterstattung über ihn zu sein, ist für den CDU-Mann nun offenbar neu. Und so kann er später auch nicht verhindern, dass über seine zweite Ehefrau und deren Rolle in der Affäre geschrieben wird. Dass sie es war, die mit dem Air-Berlin-Chef während einer Veranstaltung über ihren geplanten Florida-Flug sprach, weswegen die Wulffs schließlich ein kostenloses Upgrade in die Business-Class erhielten. Dass sie einen Designer im Schloss Bellevue empfing, um sich teure Abendroben auszuleihen.

Biografien, Porträts und offizielle Lebensläufe erzählen das Leben des Christian Wulff. Aber auch Fotos können Geschichten über einen Menschen und seine Brüche und Veränderungen erzählen. Deshalb führt der nächste Gang ins Fotoarchiv.

Bei der Durchsicht der vielen Fotos kommt man zu der Erkenntnis: Der Ministerpräsident verändert sich mit der neuen Frau. Nicht nur optisch. Er trägt das Haar jetzt modern und nicht mehr streng gescheitelt. Über sein Erscheinungsbild sagte der alte Wulff früher: »Was mich betrifft – ich trage gerne und eigentlich immer Krawatte im Dienst, weil ich finde, dass man damit auch eine Ernsthaftigkeit zum Amt und im Amt deutlich macht.«[26] Da sprach der spröde Wulff, der biedere Politiker, den selbst in seinem Umfeld einige als Spießer bezeichneten.

Den neuen Wulff sieht man von nun an auch mal im modernen Poloshirt und in Freizeithemden teurer Label. Man sieht ihn auf roten Teppichen und in der Umgebung, die ihm früher fremd, vielleicht sogar suspekt war. Mit berühmten Persönlichkeiten aus dem Showgeschäft, mit Schauspielern und Filmproduzenten. Er pflegt plötzlich einen Umgang – umgeben von Geld und Glamour –, der seiner ersten Ehefrau Christiane, die das Reiten mag und rote Teppiche mied, eher fremd war.

Es ist schwierig, im Fotoarchiv Bilder zu finden, auf denen Christian Wulff während der Zeit seiner ersten Ehe mit Prominenten aus dem Showgeschäft zu sehen ist. Man stößt auf andere Fotos: Sie zeigen Wulff, den ehrgeizigen Wahlkämpfer, der auch privat hölzern wirkt, so locker er sich bei den Fototerminen mit seiner Familie auch gibt. Beim Urlaub 2002 – damals noch in einer Pension im Allgäu und nicht in einer Villa in Florida. Das Foto zeigt die Wulffs am Frühstückstisch. Beide – Christian und Christiane – halten ein Handy ans Ohr. Ein Jahr später mit Töchterchen Annalena im Arbeitszimmer. Oder im Garten mit Tochter, Ehefrau und Hund, und beim Kauf eines Reitpferdes. Oder im Serengeti-Park im niedersächsischen Hodenhagen: die Wulffs als Paten für zwei Löwenbabys, die sie auf die Namen Christian und Christiane taufen. Tochter Annalena ist auch auf dem Foto, sie streichelt einen Esel. Schöne heile Welt.

Mit der neuen Frau an seiner Seite verändern sich die Fotos. Jetzt erzählen sie vom neuen und ganz anderen Leben des Christian Wulff. Der Ministerpräsident und seine neue Partnerin – mitten im Glamour. Auf roten Teppichen, beim Oktoberfest, beim Filmball. Bussi-Bussi mit Schauspielerin Veronica Ferres bei einer Gala in Hannover. Veronica Ferres und Bettina Wulff Arm in Arm, Wange an Wange. AWD-Gründer Carsten Maschmeyer und Christian Wulff stehen daneben, ihr Lachen zeigt eine Mischung aus Stolz und Freude. Die Wulffs – mal verliebt und händchenhaltend in der Dresdner Semperoper, mal küssend beim Bundespresseball.

Da drängt sich die Frage auf: Welche Rolle nimmt Bettina Wulff im Geflecht von reichen Freunden und spendablen Unternehmern ein? Ist es die junge Frau, die den Politiker in den Strudel von fragwürdigen Geschäften und Gefälligkeiten zieht? Fordert sie mehr, als er zu geben imstande ist? Oder ist es Christian Wulff, der seiner jungen Frau mehr bieten will, als er sich leisten kann?

Vielleicht ist schon diese Frage ungerecht. Aber Tatsache ist: Alle Vorgänge um Vergünstigungen und Vorteilsannahmen spielen nach Juni 2006, also nachdem Christian Wulff seine erste Ehefrau verlassen und Bettina Körner als neue Lebensgefährtin vorgestellt hat.

Zu dieser Zeit lernt Christian Wulff auch den Regisseur Dieter Wedel kennen, Autor preisgekrönter TV-Erfolge wie »Der große Bellheim« und »Der Schattenmann«. Der CDU-Politiker darf im Film »Mein alter Freund Fritz« mitspielen, einer Geschichte über Missstände an deutschen Krankenhäusern. Es ist eine kleine Rolle, Wulff spielt sich selbst, einen Ministerpräsidenten.

Wie würde Dieter Wedel nun den Absturz von Christian Wulff verfilmen? Polit-Satire oder eher private Tragödie?

Wedel will den tiefen Fall von Christian Wulff nicht verfilmen. Aber er weiß, wie ein solcher Film beginnen würde. Wedel schildert es so: »Da gibt es einen Politiker in der Midlife-Crisis, der eine sehr attraktive junge Frau kennenlernt, plötzlich noch mal ein neues Leben beginnen will und seine Ehefrau, als er erfährt, dass er nun auch noch Vater wird, um die Scheidung bittet. Die gelang dem Ehepaar lautlos, aber sie würde ihn bei mir im Film teuer zu stehen kommen. Er hat nun die junge schwangere Frau, einen guten Posten, aber keine Rücklagen mehr. Durchaus denkbar, dass er einen begüterten Freund um ein Darlehen oder eine Bürgschaft bittet, um für seine neue Familie ein Haus zu erwerben.«[27]

Hat Christian Wulff in seinem langen Politiker-Leben irgendwann die Fähigkeit verloren, einschätzen zu können, was legal und legitim ist? Wenn ja, wann hat er damit begonnen, Vorteile anzunehmen, die ihm nicht zustehen?

Mit dem Charakter und dem Wandel von Christian Wulff beschäftigte sich Michael H. Spreng, langjähriger Chefredakteur der BILD am SONNTAG und ehemaliger Wahlkampf-Berater der Ministerpräsidenten Edmund Stoiber und Jürgen Rüttgers. In den Fokus seiner Charakterstudie rückt Spreng die Sehnsucht eines Provinz-Politikers aus Osnabrück, der kraft seines Amtes und der daraus resultierenden Möglichkeiten am Tisch der Großen und Reichen naschen will. Der durch die Politik Kontakt zu Menschen gewinnt, die in einer anderen Liga spielen als der ehemalige Rechtsanwalt aus Osnabrück. Wohlhabende Männer, deren Versuchungen er nicht widerstehen kann und über die er als Staatsoberhaupt und Mensch schließlich stürzt. In seinem Polit-Blog »Sprengsatz.de« schreibt Spreng unter dem Titel »Das Märchen vom Politiker im Glück« zum Höhepunkt der Wulff-Affäre:

»Nehmen wir einmal an, Sie sind Politiker und haben kein Geld. Sie verdienen zwar gut (etwa 8000 Euro netto im Monat), aber Sie haben Familie und eine anspruchsvolle Freundin, später müssen Sie davon zwei Familien ernähren. Da bleibt nichts für Urlaube in Florida, Italien, Mallorca und nicht einmal auf Norderney, kein Geld für Designerkleider Ihrer jungen Frau, kein Geld für teure Filmbälle, kein Geld für die Business-Class. Und wohnen müssen Sie zur Miete. (…) Und nehmen wir einmal an, Sie haben Minderwertigkeitskomplexe, Ihr Selbstwertgefühl war jahrelang großen Belastungsproben ausgesetzt, weil Sie als der ewige Verlierer galten. Und die Menschen, denen Sie die Hand gaben, wischten ihre Hand anschließend an der Hose ab. Sie sind wer (nehmen wir einmal an, Sie sind Ministerpräsident), aber irgendwie sind Sie doch keiner. Sie lechzen nach Anerkennung, Sie wollen endlich einer sein, der von den oberen Zehntausend respektiert und gemocht wird. Sie wollen dazugehören, auf dem großen Partykarussell mitfahren, und nicht nur auf den hinteren Politikseiten, sondern auch in den bunten Hochglanzblättern auftauchen.

Sie sind unzufrieden. Sie wollen strahlen wie eine 100-Watt-Birne, obwohl Sie doch nur ein relativ kleines Licht sind. Soll das schon alles gewesen sein, was Ihnen das Leben zu bieten hat? (…)

Plötzlich aber wächst die Zahl Ihrer bis dahin raren Freunde. Denn Sie sind ja endlich Ministerpräsident, davon gibt es nur 16 in Deutschland. Die Freunde Ihres großen Angstgegners, der Sie jahrelang zum Verlierer gestempelt hat, sind plötzlich auch Ihre Freunde, laden Sie in ihre Sterne-Restaurants ein, umschmeicheln Sie. Reiche, mächtige Männer, Rock- und Filmstars suchen plötzlich Ihre Nähe, wischen sich nicht mehr die Hände an der Hose oder am Kleid ab (…).

Plötzlich können Sie ein Haus kaufen, obwohl Sie kein Geld haben, den Kredit jemals zurückzuzahlen, denn Ihre Bonität ist immer noch CC. Das politische Amt könnte ja schon in wenigen Jahren wieder futsch sein. Der eine Freund zahlt das Haus und stellt seine Traumwohnung für die Zweithochzeit zur Verfügung, der andere seine italienische Villa für die Hochzeitsreise. Der nächste seine Villa auf Mallorca, der alte Freund sein Haus in Florida (…).

Jetzt sind Sie endlich einer, einer, der oben angekommen ist. Aber dann kommen die bösen Neider, jagdtrunkene Journalisten, die Ihnen alles wieder wegnehmen wollen. Die Ihnen vorwerfen, es mit der Wahrheit nicht so genau zu nehmen. Die keinen Respekt vor wahrer Freundschaft haben, die Ihnen Korruption unterstellen, weil Sie einen Freund mit auf offizielle Reisen nahmen, einem anderen die Mitreise anboten.

Und plötzlich bricht Ihr ganzes schönes Leben zusammen. Sie stehen vor dem Abgrund, den Sie lange hinter sich glaubten. Sie verheddern sich in Widersprüche, täuschen und tricksen, erzählen Sachen, die den gesunden Menschenverstand beleidigen. Das alte Ego pocht wieder an: der Verlierer mit den Minderwertigkeitskomplexen. Keiner glaubt Ihnen mehr, keiner liebt Sie, die Freunde werden wieder rarer, viele wenden sich ganz ab. Die Angst wird Ihr täglicher Begleiter.«[28]

Diese Charakteranalyse klingt böse. Bitterböse. Ist sie aber auch unangemessen? Die Beschreibung Wulffs erinnert an eine Szene aus »Kir Royal«. Die sechsteilige Fernseh-Satire aus dem Jahr 1986 stammt von Patrick Süskind und Helmut Dietl. In »Kir Royal«, einem Glanzstück des öffentlich-rechtlichen Fernsehens, geht es um zwei Männer. Der eine Mann besitzt viel Macht, aber wenig Geld, der andere viel Geld, aber kaum Macht.

Der Mann mit Geld ist in der TV-Satire der wohlhabende Generaldirektor Heinrich Haffenloher, gespielt von Mario Adorf. Der sagt zum Mann mit der Macht:»Ich kleb dich zu von oben bis unten. Mit meinem Geld. Ich kauf dich einfach. Ich kauf dir eine Villa, stell ich dann noch einen Ferrari davor. Deinem Weib schick ich jeden Tag einen Fünfkaräter. Ich schieb es dir hinten und vorne rein. Ich scheiß dich so was von zu mit meinem Geld, dass du keine ruhige Minute mehr hast. Ich schick dir jeden Tag Cash, im Koffer. Das schickste zurück, einmal, zweimal – vielleicht ein drittes Mal. Aber ich schick dir jedes Mal mehr. Und irgendwann kommt dann doch mal der Punkt, da bist du so mürbe und so fertig und die Versuchung ist so groß, dann nimmst es – und dann hab ich dich. Dann gehörst du mir. Dann biste mein Knecht. Ich mach mit dir, was ich will. Verstehste, Junge. Ich bin dir einfach über. Gegen meine Kohle hast du doch gar keine Chance. Begreifst du das denn nicht, mein Junge? Mensch, Baby, Junge, ich will doch nur dein Freund sein. Komm, und jetzt sag Heini zu mir.«[29]

Die Heinis von Christian Wulff – heißen sie Groenewold und Geerkens, Maschmeyer und Baumgartl?»Kir Royal«-Autor Helmut Dietl, dieser scharfzüngige Zyniker, würde den Aufstieg und den Fall des Christian Wulff auch nicht verfilmen.»Die Wulff-Posse ist einer guten Komödie unwürdig«, urteilt Dietl.»So was kann man im Bauerntheater aufführen.«[30]

III.

Kredit-Affäre Wulff

DIE RECHERCHE

500.000 Euro sind viel Geld. Besonders dann, wenn man keine 500.000 Euro hat. Und erst recht, wenn das eigene Girokonto bei einem verbleibenden monatlichen Nettoeinkommen von 3500 Euro um 12.534 Euro überzogen ist.[31] Das ist in etwa die Situation von Christian Wulff im Juli 2008. Damals ist er Ministerpräsident von Niedersachsen. Ein Jahr zuvor hatte der CDU-Politiker nach 18 Jahren überraschend seine Ehefrau Christiane und das gemeinsame Haus in Osnabrück für seine neue Freundin Bettina Körner verlassen.

Mit der 14 Jahre jüngeren Medienreferentin hatte Christian Wulff im Oktober 2006 eine 120 Quadratmeter große Maisonette-Dachgeschosswohnung in der Spizonastraße in Hannover bezogen. Knapp 1300 Euro warm zahlten sie für ihr erstes gemeinsames Heim mit Terrasse und traumhaften Blick auf die Landeshauptstadt und die Eilenriede.

Jetzt, im Sommer 2008, da der gemeinsame Sohn Linus geboren wurde, will das Ehepaar Wulff die Dachgeschosswohnung aufgeben und ein Eigenheim erwerben.

Die Wulffs, inzwischen verheiratet, werden in Großburgwedel fündig, einer Gemeinde mit circa 10.000 Einwohnern in Niedersachsen. Es ist der Heimatort von Bettina Wulff, hier ist sie zur Schule gegangen, hier verbrachte sie ihre Jugend, hier wohnen auch noch immer ihre Eltern.

Im Oktober 2008 kauft das Ehepaar ein sandfarbenes Klinkerhaus mit hellblauen Fensterrahmen, an einem Wendehammer gelegen. Es ist kein schmuckes Haus; auf Bettina Wulff, die das Haus zunächst ohne ihren Mann besichtigt, wirkt die Inneneinrichtung bei der ersten Begehung »etwas altmodisch«.[32] Die Großzügigkeit des Wohnzimmers mit den bodentiefen Fenstern, dem Kamin und den breiten Terrassentüren aber sagen ihr dann doch zu. Nur der ursprünglich geforderte Preis von 465.000 Euro – so schreibt Bettina Wulff in ihrer Biografie – habe ihnen zu schaffen gemacht.[33]

Vom neuen Heim der Wulffs erfährt die Öffentlichkeit vier Monate später. In einem Interview mit dem Norddeutschen Rundfunk schwärmt Bettina Wulff im Februar 2009:»Wir haben uns ein kleines, 20 Jahre altes Häuschen gekauft. Es liegt in einer Sackgasse am Wendehammer. Wir gucken auf den Kirchturm, Kindergarten und Grundschule sind ganz in der Nähe. Eine schöne heile Welt.«[34] Die Welt der Wulffs ist zu dieser Zeit wirklich schön und heil. Sie sind angekommen in ihrer neuen Zweisamkeit, die Heimlichtuerei um ihre außereheliche Beziehung ist Vergangenheit. Die Scheidung übersteht der Christdemokrat im konservativen Niedersachsen fast ohne Schrammen.

Trautes Heim, Glück allein? Nein. Das Eigenheim wird den Wulffs kein Glück bescheren.

Erst ist es nur ein Gerücht. Es wird direkt im engen Umfeld von Christian Wulff gestreut. Dann wird der Verdacht gezielt den Redaktionen verschiedener Zeitungen und Magazine zugespielt. Dieser Verdacht lautet: Ein wohlhabender Unternehmer aus Niedersachsen habe dem Ministerpräsidenten und seiner zweiten Ehefrau beim Kauf der Immobilie unter die Arme gegriffen. Auf jeden Fall – so heißt es zunächst noch hinter vorgehaltener Hand – sei der Kauf des Hauses nicht durch eine bankübliche Hypotheken-Finanzierung erfolgt. Der Grund dafür wird gleich mitgeliefert. Der Ministerpräsident habe – vorsichtig ausgedrückt – gerade einen finanziellen Engpass und hätte sich das Haus ohne fremde Hilfe niemals leisten können. Von privaten Kontakten, die Wulff neuerdings zu wohlhabenden Unternehmern in der Landeshauptstadt pflege, ist die Rede.

Wer könnte das sein? Carsten Maschmeyer, der AWD-Gründer und Versicherungsmillionär aus Hannover? Oder Martin Kind, der Hörgeräte-Multi? Vielleicht Dirk Roßmann, der Drogeriemarkt-König, in dessen Firmenzentrale Bettina Wulff als Pressereferentin arbeitete? Auch VW-Vorstandschef Ferdinand Piëch und RWE-Boss Jürgen Großmann werden in Erwägung gezogen. Ein konkreter Name fällt aber anfangs nicht. Es bleibt bei Andeutungen.

Hinweise auf mögliche Mauscheleien beim Erwerb der Immobilie kommen auch direkt aus der niedersächsischen Staatskanzlei. Welche Motive haben die Beamten dort, ihren eigenen Dienstherrn in Misskredit zu bringen? Sind sie in Sorge um die Unabhängigkeit des Ministerpräsidenten? Oder haben sie schlicht und einfach noch eine Rechnung mit ihrem Regierungschef offen?

Für Christian Wulff gilt, was für die meisten Spitzenpolitiker gilt: Sie lassen auf dem Weg nach ganz oben Enttäuschte zurück, die lange Wegbegleiter waren und auf der Strecke blieben. Wer in diesem knüppelharten Geschäft Jahrzehnte mit Einsatz der Ellenbogen strampelt, um über die Fraktion im Osnabrücker Stadtrat den Gipfel in Hannovers Staatskanzlei zu erreichen, kann auf Freundschaften nicht immer Rücksicht nehmen.

Doch zurück zum Verdacht und der eigentlichen Frage: Warum wäre es bedenklich, wenn sich der Ministerpräsident mit Hilfe eines niedersächsischen Unternehmers das Eigenheim hätte finanzieren lassen? Und diesem als Dank im Gegenzug möglicherweise in Ausübung seines Amtes gefällig ist? In diesem Fall wäre die Unabhängigkeit des Ministerpräsidenten nicht mehr gewährleistet, die für die Ausübung solcher Ämter erforderlich ist. Sollte der Verdacht stimmen, dann hätte sich Christian Wulff nach Paragraf 331 Strafgesetzbuch der Vorteilsannahme im Amt schuldig gemacht. Dieser Paragraf gilt für den Leiter des Bauamtes, der gegen Schmiergeld eine Baugenehmigung erteilt, ebenso wie für einen Ministerpräsidenten, der Gefälligkeiten erhält und sich in Ausübung seines Amtes dafür revanchiert.

Aber da ist noch ein anderer Aspekt. Sollte Christian Wulff als Ministerpräsident von Niedersachsen tatsächlich einen Kredit von einer privaten Person zu besonders günstigen Konditionen bekommen haben, wäre dies ein klarer Verstoß gegen das niedersächsische Ministergesetz. Da steht unter Paragraf 5, Absatz 4: »Die Mitglieder der Landesregierung dürfen (…) keine Belohnungen und Geschenke in Bezug auf ihr Amt annehmen.«[35] Laut Runderlass sind auch »besondere Vergünstigungen bei Privatgeschäften« wie zinslose oder zinsgünstige Darlehen verboten.[36]

An dieser Stelle ist die naheliegende Frage: Warum ist der Regierungschef finanziell so schlecht aufgestellt? Warum ist er beim Kauf des Hauses offensichtlich auf die Unterstützung anderer angewiesen?

Ein Ministerpräsident, so viel ist klar, verfügt über ein überdurchschnittlich hohes Einkommen. Die Besoldung von Christian Wulff ergibt sich im Jahr 2008 aus dem »Gesetz über die Rechtsverhältnisse der Mitglieder der Landesregierung«, wie das Ministergesetz offiziell heißt. Laut Paragraf 9, Absatz 1 des Ministergesetzes bekommt der Ministerpräsident von Niedersachsen 127,4 Prozent der Besoldungsgruppe B 10. Sein Brutto-Jahreseinkommen beträgt somit 155.363 Euro, versteuert blieben etwa 7850 Euro netto pro Monat. Nur ein Prozent der Bundesbürger verdient so viel. Warum müsste sich der CDU-Spitzenpolitiker bei diesem Einkommen Geld bei Freunden leihen? Klar, die Scheidung von Ehefrau Christiane hat Geld gekostet. Plötzlich muss der Landesvater zwei Familien ernähren. Da ist Exfrau Christiane, mit der er eine 13-jährige Tochter hat. Und Ehefrau Bettina, die einen kleinen Sohn mit in die Ehe bringt. Dazu kommt der neue, aufwendigere Lebensstil des Ministerpräsidenten. Aufenthalte in Luxushotels und Fernreisen gehören plötzlich dazu.

18. Februar 2009: Es ist der Beginn einer aufwendigen Recherche. In der Redaktion von BILD ist zu dieser Zeit klar: Es liegen genügend Anhaltspunkte dafür vor, dass Wulffs Immobilie – vorsichtig formuliert – unter ungewöhnlichen Bedingungen finanziert wurde. Und es gibt Ansätze, denen die Reporter nachgehen müssen. Der erste Ansatz der Recherche ist: Über die Finanzierung der Immobilie in Großburgwedel kann ein Blick in das Grundbuch wichtige Erkenntnisse erbringen. Dabei sind drei Möglichkeiten denkbar.

Erstens: Im Grundbuch ist eine Bank als Gläubigerin eingetragen. Dann handelt es sich um eine übliche Eigenheim-Finanzierung – und der Verdacht wäre entkräftet. Wulff wäre, wie es vielen Politikern passiert, das Opfer einer Rufmord-Kampagne. Diese Kampagnen werden in der Politik nicht immer von der Opposition gefahren. Gegner sitzen in den anderen Parteien, Feinde oft in der eigenen.

Zweitens: Als Gläubiger ist ein bekannter und sehr wohlhabender Unternehmer aus Niedersachsen vermerkt. Der Verdacht wäre bestätigt. Der Fall wäre klar – und Christian Wulff in großer Erklärungsnot. Aber genau diese Variante ist eher unwahrscheinlich.

Welcher Ministerpräsident könnte es sich leisten, privat Schuldner eines Unternehmers zu sein, der zudem noch seinen Geschäften im eigenen Bundesland nachgeht? Das wäre einsehbar für jeden, der in der Behörde des Grundbuchamtes Großburgwedel arbeitet. Und welcher Unternehmer möchte schon Gläubiger eines Spitzenpolitikers sein? Ihm ein kleines Vermögen leihen, ohne gleich dem Verdacht ausgesetzt zu sein, ihn zu korrumpieren?

Die dritte Möglichkeit: Im Grundbuch ist gar kein Gläubiger vermerkt. Das wäre ein Anhaltspunkt dafür, dass ein Dritter das Geld für den Hauskauf gab. Eine Person also, die nicht mit Grundpfandrechten im Grundbuch erscheinen will.

Um das herauszufinden, beantragt BILD-Reporter Nikolaus Harbusch am 18. Februar 2009 beim Grundbuchamt des Amtsgerichts in Burgwedel Einsicht in das Grundbuch. Der Antrag wird schriftlich per Fax gestellt.

Grundsätzlich genießt die Presse das Recht, Grundbücher einzusehen. Das entschied das Bundesverfassungsgericht bereits im Oktober 2000. Ein berechtigtes Interesse besteht immer dann und so weit – so das Bundesverfassungsgericht –, als die Grundbucheinsicht durch ein Informationsinteresse gerechtfertigt und die Grundbucheinsicht objektiv geeignet ist, diesem Ziel zu dienen.[37]

Das sollte bei Wulff und seiner Immobilie der Fall sein. Doch das Amtsgericht Burgwedel entscheidet anders: Der zuständige Beamte lehnt den Antrag auf Einsicht mit dem Hinweis ab, es bestehe kein öffentliches Interesse. Diese Begründung ist schwer nachvollziehbar. Ist es wirklich nicht von öffentlichem Interesse, ob ein Ministerpräsident sein Eigenheim mit Hilfe eines Unternehmers hat finanzieren lassen? Oder gilt für den Regierungschef des Landes Niedersachsen ein Promi-Bonus?

Es ist nicht klar, ob das Amtsgericht Christian Wulff vorab über die Anfrage des Journalisten informiert. Ausgeschlossen ist das nicht, immerhin ist der Ministerpräsident oberster Dienstherr des Landes und damit der einflussreichste Einwohner Großburgwedels.

Klar ist aber: Die Recherchemöglichkeiten sind zunächst erschöpft, andere Themen warten. Die Akte Wulff wird vorerst geschlossen.

30. Juni 2010: Die Bundesversammlung wählt Christian Wulff in Berlin zum zehnten Bundespräsidenten der Bundesrepublik Deutschland. Erst im dritten Wahlgang setzt sich der Christdemokrat mit den Stimmen der CDU und der FDP gegen Joachim Gauck, den Pastor und ehemaligen Leiter der Stasi-Unterlagen-Behörde, der von SPD und Grünen gemeinsam nominiert wurde, durch. Ein neues Amt für Christian Wulff, das höchste. Doch der Verdacht, dass etwas faul ist an seiner Immobilien-Finanzierung bleibt. Und der wiegt nach der Wahl zum ersten Repräsentanten des Landes noch schwerer.

Denn das Staatsoberhaupt hat in der deutschen Rechtsordnung formal eine herausragende Stellung. Ihm obliegen nicht nur – wie öffentlich in erster Linie wahrnehmbar – Repräsentationsaufgaben bei Staatsbesuchen. Er ist nicht in erster Linie für staatstragende Reden zuständig oder für die Verleihung von Orden. Der erste Mann im Staat steht vielmehr für die Ausfertigung der Bundesgesetze. Er ist zuständig für die Ernennung und Entlassung der Mitglieder der Bundesregierung und für die Auflösung des Parlamentes. Und ihm obliegt die Verkündung des Verteidigungsfalls.

Seine staatsrechtliche Funktion ist in der Verfassung beschrieben. Auf der Website des Bundespräsidenten heißt es dazu:»Der Bundespräsident steht als Staatsoberhaupt protokollarisch an der Spitze des Staates. Er ist das Verfassungsorgan, das die Bundesrepublik Deutschland nach innen und nach außen repräsentiert. Dies geschieht, indem der Bundespräsident durch sein Handeln und öffentliches Auftreten den Staat selbst – seine Existenz, Legitimität, Legalität und Einheit – sichtbar macht. Darin kommen zugleich die Integrationsaufgabe und die rechts- und verfassungswahrende Kontrollfunktion seines Amtes zum Ausdruck. Sie wird ergänzt durch eine politische Reservefunktion für Krisensituationen des parlamentarischen Regierungssystems.«[38]

Zur Wahrnehmung dieser Staatsaufgaben muss der Bundespräsident völlig unabhängig sein. Er muss jeden Anschein von Abhängigkeiten vermeiden. Doch nun besteht der Verdacht, dass es eine Verfilzung rund um die Person und Amtsführung von Christian Wulff gibt, die aus seiner Zeit als niedersächsischer Ministerpräsident rührt. Die Frage ist dringender denn je: Begab sich Christian Wulff, der amtierende Bundespräsident, bei der Finanzierung seines Eigenheims in eine Abhängigkeit?

Die erste Überlegung lautet nun: Ist Christian Wulff überhaupt eine Person, die empfänglich ist für Gefälligkeiten? Neigt der Politiker von seiner Mentalität und seinem Charakter dazu, auch mal fünf gerade sein zu lassen? Ist er vom Typ her jemand, der privat Vorteile annimmt, die er als Politiker nicht annehmen darf?

Diese Frage kann im Sommer 2010 grundsätzlich mit Ja beantwortet werden. Schließlich ist Wulff zu dieser Zeit schon nicht mehr über entsprechende Zweifel erhaben. Denn nur wenige Monate zuvor – am 16. Januar 2010 – berichtete das Magazin »Der Spiegel«, dass Christian und Bettina Wulff bei einem Langstreckenflug ein kostenloses Upgrade in die Business-Class von der Fluggesellschaft Air Berlin in Anspruch genommen hatten. Im Dezember 2009 war das Ehepaar mit zwei Kindern von Düsseldorf nach Miami in den Weihnachtsurlaub geflogen.[39] Über sein Büro in der Staatskanzlei hatte der CDU-Politiker Tickets für die Economy-Class gebucht. Nachdem Bettina Wulff mit dem Chef der Airline über den USA-Flug gesprochen hatte, bekam das Ehepaar das kostenlose Upgrade.

Immer wieder bekommen Fluggäste ein kostenloses Upgrade. Weil sie häufig mit der Airline fliegen, weil vorn alles frei ist und die Stewardess den jungen Eltern mit dem Kleinkind an Bord etwas gönnen will oder weil der Passagier ein Prominenter ist. Doch etwas unterscheidet einen Ministerpräsidenten von einem Prominenten oder einem anderen Passagier: Er darf Geschenke nicht annehmen. Und es ist ein Geschenk, das die Fluggesellschaft dem Passagier mit einem kostenlosen Upgrade macht.

Zwei Erwachsene und zwei Kinder zahlen rund 1600 Euro für den Economy-Flug von Düsseldorf nach Miami. In der Business-

Class kostet der Trip 4600 Euro. Bei seinem Miami-Flug hatte Wulff somit ein Geschenk im Wert von 3000 Euro angenommen.

Genau aus diesem Grund beschäftigte sich das niedersächsische Parlament mit der Urlaubsreise des Ministerpräsidenten. In einer parlamentarischen Anfrage wollte der Grünen-Politiker Stefan Wenzel am 21. Januar 2010 wissen: »Herr Präsident! Sehr geehrte Damen und Herren! Herr Ministerpräsident, teilen Sie die Einschätzung, dass Sie in dem Moment, als Sie in der Business-Class Platz genommen haben, gegen § 5 Abs. 4 des Ministergesetzes verstoßen haben?«[40] Gemeint ist das Gesetz, nach dem es Mitgliedern der Landesregierung verboten ist, Belohnungen und Geschenke dieser Art anzunehmen.

Christian Wulff zeigte bei seiner Antwort vor dem Parlament Reue. Der Ministerpräsident erklärte: »Nachdem mir am 14. Januar bewusst geworden ist, dass das Verhalten nicht in Ordnung war, haben wir in der Staatskanzlei auf meine Veranlassung hin auch Fragen jeglicher Verstöße gegen jegliche denkbaren Bestimmungen unter Einschluss des Ministergesetzes geprüft. Das Ergebnis der Prüfungen, das ich teile, ist, dass ich objektiv von einem Verstoß gegen das Ministergesetz ausgehen muss. Ich denke, das ist, objektiv gesehen, ein Verstoß gegen das Ministergesetz. Weitere Bestimmungen bzw. Tatbestände, insbesondere strafrechtliche Tatbestände der § 313 ff., sind nicht tangiert. Das halte ich auch für nachvollziehbar und überzeugend. Aber auf Ihre Frage antworte ich klar mit Ja.«[41]

Den Differenzbetrag zwischen Economy- und Business-Class in Höhe von rund 3000 Euro erstattete Wulff der Fluggesellschaft Air Berlin nachträglich. Strafrechtlich blieb der Billig-Flug ohne Folgen. Die Staatsanwaltschaft Hannover prüfte zwar zunächst den Anfangsverdacht der Vorteilsannahme im Amt. Ein Ermittlungsverfahren aber wurde gegen den Regierungschef nicht beantragt, die Immunität nicht aufgehoben.

20. Juli 2010: Die Recherche zu Christian Wulff und seinem Einfamilienhaus wird wieder aufgenommen. Der Grund ist Wulffs Wahl zum Staatsoberhaupt. Der Unterschied zum Vorjahr: Jetzt steht nicht mehr ein hoher Parteipolitiker, der Ministerpräsident von Niedersachsen, im Fokus der Recherche. Jetzt geht es um den Bundespräsidenten. Aber macht das in der Sache einen Unterschied? Weil das Amtsgericht Burgwedel nach wie vor die Einsichtnahme in das Grundbuch verweigert, wählen die Reporter einen Umweg, um an die Einträge zu gelangen. Von einem Notar erfahren sie schließlich: Im Grundbuch der Immobilie in Großburgwedel ist weder eine Bank noch ein privater Gläubiger vermerkt.

Volltreffer! Jetzt ist zumindest erstmals bewiesen, dass Christian Wulff keine bankübliche Finanzierung beim Kauf seines Hauses wählte. Allerdings: Weitere Einsicht in die Grundbuchakte, in der auch der Kaufvertrag und Bankdokumente hinterlegt sind, gelingt nicht.

17. Dezember 2010: Fünf Monate sind vergangenen. Die Recherche stockt. Deshalb konfrontiert BILD den Bundespräsidenten erstmals direkt mit der Bitte um Auskunft. Am 17. Dezember 2010 stellt BILD-Reporter Josef Ley die schriftliche Anfrage an das Bundespräsidialamt. Spätestens jetzt erfährt der Bundespräsident, dass sich Journalisten für die Finanzierung seiner Immobilie interessieren.

Die erste Frage an Christian Wulff zur Finanzierung seines Hauses lautet:»Nach BILD vorliegenden Informationen sind im Grundbuch keine Gläubiger eingetragen. Trifft dies zu?« Die zweite Frage ist:»Wie wurde die Immobilie finanziert?«

20. Dezember 2010: Bereits nach drei Tagen übermittelt der Bundespräsident die Antworten auf die Anfragen schriftlich.»Es ist eine Eigentümer-Grundschuld über 500.000 Euro eingetragen. Der Grundschuldbrief liegt nebst notarieller Abtretungsurkunde bei der Bank, die die Immobilie finanziert hat. Die Finanzierung valutiert bei circa 470.000 Euro.« Diese Antwort überrascht. Welche Bank finanzierte die Immobilie? Vor allem: zu welchem Zeitpunkt? Und: Warum taucht die Bank im Grundbuch nicht auf?

Inzwischen recherchieren auch die Illustrierte»stern«und das Nachrichtenmagazin»Der Spiegel«. Auch sie wollen wissen, wie

Christian Wulff sein Eigenheim finanzierte, und auch sie bekommen keinen Einblick in das Grundbuch. Schließlich klagt »Der Spiegel« vor dem Amtsgericht Burgwedel auf Einsicht. Die Juristen des Verlages beziehen sich auf das Urteil des Bundesverfassungsgerichts, wonach Journalisten einen Anspruch auf Einsicht in personenbezogene Daten haben, wenn das Informationsinteresse des Antragstellers das schutzwürdige Interesse des Betroffenen überwiegt. Das dürfte hier – so könnte man denken – eindeutig der Fall sein.

Doch das Amtsgericht Burgwedel weist die Klage in erster Instanz ab. Begründung: »Zwar steht Pressevertretern grundsätzlich ein Einsichtsrecht in die Grundakten einer Privatperson zu, sofern sie ein berechtigtes Interesse darlegen. Bei Prüfung der Frage, ob ein Einsichtsrecht gegeben ist, hat grundsätzlich eine Abwägung zwischen dem Grundrecht der Pressefreiheit und dem Grundrecht auf informationelle Selbstbestimmung des eingetragenen Eigentümers zu erfolgen. Danach gilt: Die Erinnerungsführerin hat zur Begründung ihres berechtigten Interesses lediglich darauf hingewiesen, dass ›an einer Geschichte über mögliche Vergünstigungen für einen sehr bekannten Politiker durch einen sehr bekannten Unternehmer‹ recherchiert werde. ›Durch die Einsichtnahme in die entsprechenden Grundakten soll recherchiert werden, ob beim Verkauf des Grundstücks marktgerechte Konditionen vereinbart worden sind und/oder ob die sonstigen Umstände des Erwerbsvorgangs Anlass geben, an der Seriosität des Geschäfts zu zweifeln.‹ Mit derart vagen Ausführungen kann ein Einsichtsrecht in Grundakten, die gerade auch die Privatsphäre des bzw. der eingetragenen Eigentümer tangieren, nicht begründet werden. Es hätte hier schon der Darlegung näherer Einzelheiten bedurft, um ggfs. klären zu können, ob ausnahmsweise das Recht des Eigentümers auf informelle Selbstbestimmung hinter dem Recht der Presse auf Pressefreiheit zurückzustehen habe.« Ein öffentliches Interesse sei nicht erkennbar. Und das, obwohl in der Klage der Verdacht vorgetragen wird, es handele sich in diesem Fall um einen bekannten Politiker, dem »beim Erwerb des Grundstücks finanzielle Vergünstigungen durch einen bekannten Unternehmer gewährt wurde«.[42]

Auch in der nächsten Instanz – vor dem 4. Zivilsenat des Oberlandesgerichts Celle – wird die Auskunft am 19. Januar 2011 verwehrt. Es wird nur mitgeteilt, dass eine Eigentümergrundschuld im Grundbuch eingetragen sei und dass sämtliche früheren Grundpfandrechte gelöscht seien. Das deckt sich immerhin mit den bisherigen Recherchen. Aber die Frage bleibt: Woher stammt das Geld, mit dem sich die Wulffs ihr Eigenheim gekauft haben? Der Fall zieht sich, jetzt muss die letzte Instanz über die Klage auf Einsicht in das Grundbuch entscheiden. Die Entscheidung liegt beim Bundesgerichtshof.

17. August 2011: Die Klage auf Einsicht in das Grundbuch hinsichtlich des Grundstücks des amtierenden Bundespräsidenten wird schließlich in letzter Instanz entschieden. Am 17. August 2011 beschließt der Bundesgerichtshof unter dem Aktenzeichen V ZB 47/11: Die Presse hat ein Anrecht auf vollständige Einsicht in die Grundbuchakte. Begründung des BGH: Schon der Verdacht, dass der Grundstückskauf eines bekannten Politikers durch einen Unternehmer finanziert worden sei, rechtfertige wegen der damit möglicherweise verbundenen Abhängigkeit ein legitimes Informationsanliegen der Presse. Und weiter heißt es in bestem Juristendeutsch: »Das Interesse der Presse an der Kenntnisnahme des Grundbuchinhalts erweist sich als gegenüber dem Persönlichkeitsrecht der Eingetragenen vorrangig, wenn es sich um die Frage handelt, die die Öffentlichkeit wesentlich angeht – was vorliegend mit Blick auf die herausgehobene politische Stellung einer der Eigentümer der Fall ist – und wenn die Recherche der Aufbereitung einer ernsthaften und sachbezogenen Auseinandersetzung dient (…). Dafür, dass es sich hier anders verhält und die aus den Nachforschungen der Antragstellerin möglicherweise resultierende Berichterstattung lediglich dazu diente, eine in der Öffentlichkeit vorhandene Neugierde und Sensationslust zu befriedigen (…), bestehen keine Anhaltspunkte.«[43]

28. Oktober 2011: Das Urteil des Bundesgerichtshofs ist inzwischen rechtskräftig und liegt der Redaktion in Schriftform vor. Jetzt können weitere Schritte eingeleitet werden. Reporter Harbusch bezieht sich in seinem Antrag auf das BGH-Urteil und bittet das Grundbuchamt Großburgwedel schriftlich um Herausgabe der Auszüge:

Sehr verehrte Damen, sehr geehrte Herren,
unter Berufung auf den Beschluss V ZB 47/11 des BGH vom
17. August 2011 bitte ich Sie höflich um Übersendung aller
nunmehr pressezugänglicher Informationen zur Immobilie von
Christian Wulff.
Besten Dank für Ihre rasche Bearbeitung.
Mit freundlichen Grüßen
Nikolaus Harbusch

1. November 2011: Jetzt wird es spannend. Zwei Jahre und neun Monate sind seit der ersten Anfrage nach Einsicht ins Grundbuch vergangen. Jetzt kommt Post vom Grundbuchamt Burgwedel. Dem Anschreiben sind sieben Seiten aus dem Grundbuchamt beigefügt. Der Grundbuchauszug der Wulffs. Eingetragen ist auf Blatt 4291, Abteilung III, als Sicherung ein Eigentümergrundschuldbrief über 500.000 Euro. »Für die Eigentümer a) Christian Wulff, geb. am 19.06.1959, und b) Bettina Wulff geb. Körner, geb. am 25.10.1973, zu je ½ Anteil.« Allerdings: Die Dokumente aus der Grundbuchakte fehlen. Noch am gleichen Tag wird das Amt um Herausgabe der kompletten Unterlagen gebeten.

3. November 2011: Der nächste Brief vom Amtsgericht trifft per Telefax ein. Endlich liegt alles vollständig vor. Zunächst werfen die Reporter einen Blick in den Kaufvertrag, geschlossen am 1. Oktober 2008 vor einem Notar in Hannover. Darin heißt es unter anderem:

Vor mir, dem unterzeichnenden Notar, erschienen heute:
1. Herr T., geb. am xx.xx.1948, wohnhaft 30938 Burgwedel,
ausgewiesen durch gültigen Reisepass Nr. xxxxxxxxx,
2. Frau T., geborene T., geb. am xx.xx.1954, wohnhaft 30938
Burgwedel, ausgewiesen durch gültigen Bundespersonalausweis Nr. xxxxxxxxx,

– nachstehend »Verkäufer« genannt, auch wenn es sich um
mehrere Personen handelt –
3. Herr Christian Wulff, geb. am 19.06.1959, wohnhaft
Spinozastraße 3, 30625 Hannover, von Person bekannt,
4. Frau Bettina Wulff, geborene Körner, geb. am 25.10.
1973, wohnhaft ebenda, von Person bekannt,
– nachstehend »Käufer« genannt, auch wenn es sich um meh-
rere Personen handelt –
Der Verkäufer ist je zu ½ Eigentümer des nachfolgenden
Grundbesitzes, eingetragen im Grundbuch von Großburgwedel
Blatt 4291 (Amtsgericht Burgwedel). Der Grundbesitz ist be-
baut mit einem Einfamilienhaus.[44]

Hinter dem Kaufvertrag stoßen die Reporter auf ein Schriftstück
der BW-Bank in Stuttgart. Es ist eine Abtretungserklärung, datiert
vom 27. Juni 2010. Dieses Datum irritiert und nährt den Verdacht. Der 27. Juni 2010
– das ist nur drei Tage vor Wulffs Wahl zum Bundespräsidenten.
Dieses Dokument beweist auch: Bevor die BW-Bank im Jahr 2010
die Finanzierung übernahm – also zwei Jahre nach dem Kauf der
Immobilie –, muss es einen anderen Geldgeber gegeben haben.

Die Auskünfte machen misstrauisch: Warum schließt der Niedersachse Christian Wulff zur Finanzierung seines Hauses einen
Vertrag mit der BW-Bank in Stuttgart, einer Tochter der Landesbank Baden-Württemberg? Warum geschieht dies zwei Jahre nach
dem Erwerb der Immobilie, auf der Abtretungserklärung mit
Unterschrift vom 27. Juni 2010? Das alles nur drei Wochen nach
Wulffs Nominierung zum Bundespräsidenten und drei Tage vor der
Wahl. Hatte der gekürte Kandidat zu dieser Zeit nichts Wichtigeres
zu tun? Oder sollte da – noch schnell vor der Wahl ins höchste Amt
– nachträglich die Finanzierung seines Hauses verändert werden?
Und falls ja, warum?

Aus dem Kaufvertrag kennen die Reporter inzwischen die Namen der Vorbesitzer. Ihnen gehörte die Immobilie bis zum Verkauf
an die Wulffs je zur Hälfte. Die Reporter beschließen, das Ehepaar

aufzusuchen. Vielleicht verfügen die Vorbesitzer noch über weitere Dokumente, vielleicht können sie erklären, wie das Geld beim Hauskauf floss.

24. November 2011: BILD-Reporter Nikolaus Harbusch fährt nach Großburgwedel. Er will das Haus sehen, das er bisher nur aus dem Grundbuch und von Google Maps kennt. Die Immobilie liegt am Wendehammer einer Sackgasse. Sandfarbene Klinker, hellblaue Fensterrahmen, gelborange Haustür. Vor der Garage ein Basketball-Korb. An der Gartentür der Name: Wulff. Die Hightech-Kameras im Eingangsbereich – angebracht zur Sicherheit des Bundespräsidenten –, sie wirken wie goldene Knöpfe an einem Polyester-Sakko. Das ist also das Eigenheim, um dessen Finanzierung es geht.

Der nächste Weg führt ins Rathaus der Gemeinde. Reporter Harbusch fragt im Einwohnermeldeamt nach der Adresse der Vorbesitzer. Für die gewünschten Meldeauskünfte zahlt er jeweils 4,80 Euro.

Das Ehepaar, das den Wulffs das Haus verkaufte, lebt inzwischen getrennt. Reporter Harbusch fährt zunächst zum neuen Wohnort des Vorbesitzers. Der Reporter will ihn fragen, wie die Finanzierung beim Hauskauf abgewickelt wurde. Wer hat das Geld überwiesen? Von welchem Konto kam das Geld?

Doch eine Antwort erhält er nicht. Der Mann, der die Haustür öffnet, stellt sich als »Herr Meyer« vor. Er sei ein Mitbewohner des Vorbesitzers. Dieser sei inzwischen geschieden und viel unterwegs, erklärt er. Bis kommenden Dienstag sei er in Belgien. Mit dem Verkauf des Hauses, sagt dieser Mann, habe er selbst nichts zu tun gehabt. Doch ist dieser Mann wirklich »Herr Meyer«, wie er sagt? Oder doch vielleicht der Vorbesitzer selbst, der sich nicht zu erkennen geben will? Es bleiben Zweifel beim Reporter.

Auch der Weg zur neuen Adresse der Vorbesitzerin ist erfolglos, sie ist nicht zu Hause. Neue Informationen? Fehlanzeige.

25. November 2011: Der Besuch in Großburgwedel zeigt dennoch Wirkung. Bettina Wulff erfährt aus ihrer Heimat, dass sich ein Reporter von BILD beim Vorbesitzer des Hauses erkundigen wollte, wie der Immobilienkauf damals im Oktober 2008 erfolgte. Darüber informiert sie ihren Mann. Am 25. November 2011 – einen Tag nach der Recherche in Großburgwedel – ruft Christian Wulffs Sprecher Olaf Glaeseker in der Chefredaktion von BILD an und beschwert sich im Namen des Bundespräsidenten über die Recherche des Reporters. Ein ungewöhnlicher Vorgang.

Zwar passiert es immer mal wieder, dass Sprecher von Prominenten versuchen, durch Beschwerdeanrufe unliebsame Veröffentlichungen zu verhindern. Mal interveniert der Manager eines Schauspielers, mal ist es der Sprecher eines Parteipolitikers. Aber dass der Sprecher des Bundespräsidenten sich durch einen Anruf schon über die Recherche beschweren will, damit konnte keiner rechnen. Der Ton des Wulff-Vertrauten ist bei dem Telefonat sachlich und freundlich. Es ist zu spüren, dass ihm, dem gelernten Journalisten, dieser Anruf unangenehm ist und er allein im Auftrag des Präsidenten zum Hörer griff. Schon in der Vergangenheit hatte Glaeseker Wulff erklärt, dass es nicht seiner Arbeitsweise entspreche, Medienvertreter einzuschüchtern oder ihnen direkt zu drohen. Sein Rat an den Politiker war stets: »Immer die Wahrheit. Früher oder später kommt sowieso alles raus.«

Doch jetzt ist Glaeseker unmissverständlich in der Sache. Man habe, erklärt er, doch schon im Dezember 2010 auf die Fragen zur Finanzierung des Hauses geantwortet. Warum werde der Bundespräsident jetzt erneut behelligt? Das Gespräch ist kurz; zu einer Diskussion über die Pressefreiheit kommt es nicht. Doch der Sprecher des Bundespräsidenten weiß in diesem Augenblick, dass die Sache mit einem Anruf in der Chefredaktion nicht ausgestanden und erledigt ist. Ihm ist klar, dass durch den Hinweis auf die Würde des Amtes die Recherche nicht abgebrochen werden würde.

In Wulffs Heimat Niedersachsen haben die Lokaljournalisten das seltsame Presseverständnis von Wulff noch in schlechter Erinnerung. »Die Einschüchterungsversuche überraschen mich kein bisschen, er war schon immer so«, wird Paul-Josef Raue, der ehemalige Chefredakteur der »Braunschweiger Zeitung«, später zitiert. »Wulff reagiert häufig dünnhäutig und nachtragend, das ist sein Charakterzug.«[45] Aber jetzt ist Wulff in der Hauptstadt angekommen. Spätestens jetzt – als Bundespräsident – hätte er seine Spielchen mit der Presse aufgeben müssen.

28. November 2011: Das niederländische Nationale Komitee lädt den Bundespräsidenten auf Initiative von Königin Beatrix ein, anlässlich des Befreiungstages am 5. Mai 2012 in Breda bei Rotterdam eine Rede zu halten. Nie zuvor hat ein Deutscher in Gedenken an den 5. Mai 1945 eine Ansprache in Holland gehalten. Drei Tage sind seit dem Beschwerdeanruf von Wulffs Sprecher vergangen. Spätestens jetzt ist in der Redaktion klar: Die entscheidenden Fragen sind während der Recherche noch nicht beantwortet. Der Bundespräsident verschweigt, dass es vor der Finanzierung durch die BW-Bank einen anderen Kreditgeber gab, denn die BW-Bank ist im Grundbuch ursprünglich überhaupt nicht vermerkt.

Am 28. November 2011 befragt Martin Heidemanns, stellvertretender Chefredakteur und Leiter des Ressorts »Reporter/Investigative Recherche«, den Bundespräsidenten erneut per E-Mail. Schließlich ergaben der Blick ins Grundbuch sowie die Einsicht in die Bankdokumente und in den Kaufvertrag neue Erkenntnisse. Der Wortlaut der E-Mail:

Sehr geehrter Herr Glaeseker,
im Zusammenhang unserer Recherche zum Beschluss des BGH V ZB 47/11 bitten wir Herrn Bundespräsident Wulff um Beantwortung nachfolgender Fragen:
1. Wann haben Sie den Darlehensvertrag mit der BW-Bank abgeschlossen, den Sie mit der Briefgrundschuld (Immobilie Großburgwedel) besichert haben?
2. Warum haben Sie der BW-Bank die Benachrichtigungsvollmacht für das Grundbuchamt am 27. Juni 2010 erteilt? Ist der Darlehensvertrag mit der BW-Bank zu diesem Zeitpunkt geschlossen worden?
Mit freundlichen Grüßen
Martin Heidemanns

Welche Erkenntnisse könnte die erneute Befragung erbringen? Wird Wulff überhaupt antworten? Oder verweist das Staatsoberhaupt schlicht und einfach darauf, dass die Finanzierung seiner Immobilie seiner Privatsphäre unterliegt und er schon aus diesem Grund keine Angaben machen wird? Zu diesem Zeitpunkt wissen Amtschef Hagebölling und Sprecher Glaeseker selbst noch nichts von der ursprünglichen Finanzierung.

29. November 2011: Der Bundespräsident ist zum Staatsbesuch in Asien. Er führt Gespräche mit der Ministerpräsidentin von Bangladesch, Sheikh Hasina, und hält am Abend eine Rede an der Universität von Dhaka. Sein Sprecher Olaf Glaeseker begleitet ihn. Offenbar vereinbaren sie, die Fragen an diesem Tag noch nicht zu beantworten. Tatsächlich teilt Glaeseker der Redaktion lediglich mit:»Vielen Dank für Ihre Fragen. Deren Beantwortung wird einige Zeit in Anspruch nehmen, da sich der Bundespräsident auf Auslandsreise befindet.«

30. November 2011: Dem Bundespräsidenten und seinem Beraterstab muss spätestens jetzt bewusst sein, über welche Kenntnisse die Redaktion verfügt und was ihre Fragen bezwecken. Am 30. November, Christian Wulff ist inzwischen in der indonesischen Hauptstadt Jakarta angekommen, übermittelt sein Sprecher die Antworten. Sie sind bis zur letzten Silbe nicht nur abgestimmt mit dem Bundespräsidenten, sondern auch mit Lothar Hagebölling, dem Chef des Bundespräsidialamtes, einem Spitzenjuristen. Vielleicht liegt es an diesem aufwendigen Abstimmungsprozess, dass die Antworten mit zweitägiger Verzögerung eingehen. Glaeseker schreibt:

Sehr geehrter Herr Heidemanns,
Ihre Fragen an den Bundespräsidenten beantworte ich Ihnen
wie folgt:
1. Der Rahmenvertrag für Geldmarktkredite mit Bank-
datum vom 18.03.2010 wurde durch Unterzeichnung am
21.03.2010 abgeschlossen.

2. Die Benachrichtigungsvollmacht wurde ursprünglich zusammen mit dem Rahmenvertrag für Geldmarktkredite am 18.03.2010 durch die Bank erstellt und ebenfalls am 21.03.2010 unterzeichnet. Die Vollmacht wurde am 06.04.2010 an das Amtsgericht Burgwedel – Grundbuchamt – zur Bestätigung gesandt, der Eingang wurde der Bank am 08.04.2010 vom Grundbuchamt bestätigt. Das Formular wurde jedoch mit dem Hinweis zurückgesandt, dass es einen Fehler enthalte: Unter der Bezeichnung »Bevollmächtigter« stünden die Kundennamen anstatt die Bankbezeichnung. Da für Ende Juni 2010 seit längerem ein Kundentermin der BW-Bank vor Ort terminiert war, hatte die Bank zur erneuten Unterschriftseinholung am 23.06.2010 eine korrigierte Fassung der Benachrichtigungsvollmacht erstellt und dem Kundenberater mit auf den Weg zum Kundentermin gegeben. Die Unterzeichnung erfolgte am 27.06.2010. Diese korrigierte Vollmacht wurde am 19.07.2010 erneut an das Amtsgericht Burgwedel – Grundbuchamt – mit der Bitte zur Bestätigung gesandt. Die Bestätigung erfolgte mit Dienstsiegel am 26.07.2010 und ging bei der BW-Bank am 28.07.2010 ein. Der Vorgang war damit abgeschlossen.

Besten Gruß
Ihr Olaf Glaeseker

Doch das ist nur die halbe Wahrheit, wie sich später herausstellt. Wieder wird verschwiegen, dass es beim Kauf des Hauses einen anderen Kreditgeber gab, der ursprünglich im Oktober 2008 das Geld für den Kauf des Hauses bereitstellte. Warum mauert Wulff? Was soll verschwiegen werden? Der Bundespräsident könnte doch alle Spekulationen um sein Haus und seine Finanzen beenden, wenn er den Kreditvertrag einsehen ließe. Genau darum werden die Reporter ihn bitten. Noch am gleichen Tag fragt die Redaktion bei Olaf Glaeseker an, ob der Bundespräsident bereit ist, den Kreditvertrag offenzulegen.

6. Dezember 2011: Um 14.30 Uhr klingelt bei BILD-Reporter Martin Heidemanns, der gerade in Berlin unterwegs ist, das Handy. Olaf Glaeseker ist am Telefon. Der Kreditvertrag, erklärt der Sprecher des Bundespräsidenten, dürfe nun eingesehen werden. Am besten jetzt gleich, spätestens an diesem Tag aber bis 17 Uhr. Termine. Jetzt nicht warten. BILD-Reporter Heidemanns fährt direkt zum Schloss Bellevue.

Es ist ruhig am Amtssitz des Bundespräsidenten. Der Hausherr bereitet mit Ehefrau Bettina gerade den nächsten Staatsbesuch vor. In zwei Tagen geht es für eine Woche in die Golfregion. Auch im Bundespräsidialamt neben dem Schloss Bellevue herrscht vorweihnachtliche Ruhe. Der Weg führt den Reporter zunächst durch die Sicherheitsschleuse, er wird mit einem Besucherausweis ausgestattet – alles geht schnell.

Olaf Glaeseker empfängt den Reporter im Erdgeschoss. Freundliches Lächeln, fester Handschlag. Der Aufzug hält im zweiten Stockwerk. Das Büro von Wulffs Sprecher ist bescheiden für einen Spitzenbeamten, der für den ersten Mann im Staate spricht.

Es ist Nikolaustag 2011. Olaf Glaeseker wirkt an diesem Nachmittag entspannt und unaufgeregt. Als müsse er rasch noch etwas erledigen. Nichts Wichtiges. Er bittet freundlich, am kleinen Besprechungstisch Platz zu nehmen. Man sitzt sich gegenüber. Der Sprecher des Bundespräsidenten reicht Mineralwasser. Dann fragt er Reporter Heidemanns, ob ihm der Nikolaus am Morgen etwas in den Stiefel gelegt habe. Der Reporter entgegnet, sein Stiefel sei am Morgen leer geblieben. Aber vielleicht würde ihm ja jetzt jemand etwas in den Stiefel stecken.

Das Gespräch ist zunächst ungezwungen. Glaeseker redet über seine Zeit an Wulffs Seite in der Staatskanzlei von Hannover. Er macht deutlich, dass sein neues Amt schon eine Nummer größer sei, weil jedes Statement des Staatsoberhauptes weltweit nun auf die Goldwaage gelegt werde. Aber ein Vorteil sei nun auch, dass ein Bundespräsident im Gegensatz zum Ministerpräsidenten nicht auf alle Fragen eine Antwort geben müsse. Das klingt doppeldeutig, wenn auch wahrscheinlich unfreiwillig.

Reporter Heidemanns und Wulff-Sprecher Glaeseker begegnen sich an diesem Tag zum ersten Mal persönlich. Gemessen daran ist die Atmosphäre entspannt, obwohl der Anlass der Begegnung eher heikel ist. Man plaudert noch über die anstehenden Feiertage und über das neue Leben von Glaeseker, den es vom beschaulichen Hannover in die Hauptstadt verschlagen hat. Dann wird es ernst. Olaf Glaeseker zeigt auf ein DIN-A4-Blatt. Beiläufig, fast wie selbstverständlich, bittet er den BILD-Mann um eine Zusage. Heidemanns dürfe den Kreditvertrag des Bundespräsidenten nur gegen das ausdrückliche Versprechen einsehen, dass er den Namen des Kreditgebers später nicht veröffentlicht. Schließlich sei der Kreditgeber eine Privatperson, der Name sowieso nicht interessant.

Also keine der Wirtschaftsgrößen des Landes Niedersachsen, zu denen Christian Wulff enge Kontakte pflegt? Kein Carsten Maschmeyer, kein Martin Kind, kein Dirk Roßmann? Das sind die Namen, die hinter vorgehaltener Hand immer genannt werden, wenn es um die Frage geht, wer der mögliche finanzielle Förderer der Wulffs ist. Glaeseker wiederholt sein Angebot: »Sie können den Namen sehen, wenn Sie ihn nicht schreiben. Es ist wirklich alles ganz harmlos, glauben Sie mir das.«

Doch BILD-Reporter Martin Heidemanns lehnt die Zusage ab. Er tut dies mit dem ausdrücklichen Hinweis, er sei Journalist und kein Geheimniskrämer. Der Reporter macht deutlich, unter diesen Umständen den Raum verlassen zu wollen. Was wäre denn bitte, wenn der Name des Kreditgebers Anlass für eine Berichterstattung wäre? Eine Veröffentlichung wäre durch das gegebene Versprechen nicht mehr möglich. Doch Glaeseker lenkt ein. Der Reporter dürfe auch ohne die zunächst geforderte Zusage den Kreditvertrag einsehen. Vielleicht ist Glaeseker in dem Augenblick noch nicht klar, welche Brisanz der Name des Kreditgebers in den nächsten Tagen noch bekommen wird.

Ob er diese Entscheidung mit dem Staatsoberhaupt abgesprochen hat? Oder sind Wulff und sein Sprecher gar nicht davon ausgegangen, dass die von ihnen eingeforderte Zusage abgelehnt werden könnte? Sie waren es wohl gewohnt, dass Absprachen, die sie bisher eingefordert hatten, auch befolgt wurden. Es scheint, als handele Glaeseker jetzt auf eigene Faust.

Er greift zum Papier. Es wird spannend. Der Sprecher des Bundespräsidenten dreht das Schriftstück um. Das Erstaunen ist groß. Die Darlehensvereinbarung über eine halbe Million Euro – über ein kleines Vermögen also – ist wirklich auf nur einer DIN-A4-Seite skizziert. Mit nur sieben Sätzen. Normalerweise sind Verträge über Hypotheken-Darlehen acht bis zehn Seiten lang. Doch hier stehen nur diese sieben Sätze.

Der Darlehensvertrag trägt das Datum vom 25. Oktober 2008. Die Vereinbarung lautet:

Darlehensvertrag zwischen Frau Edith Geerkens (Darlehensgeber) und Frau Bettina Wulff und Herrn Christian Wulff, Spinozastr. 3, D-30625 Hannover (Darlehensnehmer)
Frau Edith Geerkens gewährt Herrn und Frau Wulff ein Darlehen von fünfhunderttausend (500.000) Euro. Das Darlehen wird ohne Verwendungszweck zur freien Verfügung gewährt. Die Auszahlung erfolgt Ende November 2008. Das Darlehen hat eine Laufzeit von fünf Jahren und wird zum 1. November 2013 fällig. Die Verzinsung beträgt für die Laufzeit von fünf Jahren 4,0 Prozent jährlich [Anmerkung: geändert von 4,5 Prozent, mit Paragrafen abgezeichnet]. Dies ergibt eine monatliche Zinszahlung von 1666 Euro. Sollte der Darlehensnehmer mit der Zinszahlung ganz oder teilweise mit mehr als drei Monaten in Verzug geraten, kann der Darlehensgeber das Darlehen mit einer Frist von drei Monaten kündigen.
25.10.2008
Edith Geerkens, Bettina Wulff, Christian Wulff

Edith Geerkens. Diesen Namen hat der Reporter noch nie gehört. Schweigen. Der Wulff-Vertraute guckt zufrieden. Und nun? Olaf Glaeseker erklärt – ganz sachlich –, Edith Geerkens sei die Ehefrau von Egon Geerkens. Dieser wiederum sei ein väterlicher Freund von Christian Wulff. Die ganze Aufregung der Journalisten sei ja wohl umsonst gewesen. Tatsächlich ist der Reporter verblüfft. Mit dem Namen Edith Geerkens kann er in diesem Moment gar nichts anfangen. Die Geschichte scheint zu schrumpfen. Vielleicht ist es auch gar keine Geschichte mehr.

Bevor der Reporter das Bundespräsidialamt verlässt, fragt er Glaeseker noch, ob das Ehepaar Wulff die vereinbarte Zinslast in Höhe von 1666 Euro monatlich auch regelmäßig zahle. Über das Gesicht von Olaf Glaeseker huscht ein verschmitztes Lächeln. Mit dieser Frage hat der Wulff-Vertraute offenbar gerechnet. Er holt die Kontoauszüge des Staatsoberhaupts, die auf dem Schreibtisch liegen, und breitet sie auf dem Besprechungstisch aus. Dann zeigt sein Finger auf die Abbuchungen. 1666 Euro monatlich, abgebucht per Überweisungsauftrag. Zufrieden legt Glaeseker die Kontoauszüge zur Seite. Sein Blick sagt: Noch Fragen?

WER IST OLAF GLAESEKER?

An dieser Stelle lohnt sich zunächst einmal die Frage: Wer ist Olaf Glaeseker? Wie ist sein Verhältnis zu Christian Wulff? Und welche Rolle spielte er beim Aufstieg des Niedersachsen?

Der Blick führt 13 Jahre zurück. 1999 gibt Olaf Glaeseker seinen Job als Hauptstadt-Korrespondent in Bonn bei der »Augsburger Allgemeinen Zeitung« auf und wird Sprecher der Niedersachsen-CDU, deren Landesvorsitzender Christian Wulff ist.

Es ist kein begehrenswerter Job und auch kein einfacher. Wulff hat gerade die zweite Landtagswahl als Spitzenkandidat der Union in den Sand gesetzt. Der CDU-Politiker gilt als spröde, dem Wähler kaum vermittelbar. Ihm droht der Ruf des ewigen Verlierers, seine Karriere ist ins Stocken geraten, er tritt auf der Stelle. Bis Glaeseker die Geschicke Wulffs in die Hand nimmt.

Wohl niemand hat das Image von Christian Wulff so geprägt wie der hochgewachsene Oldenburger. Er formt den Unions-Politiker. Und mit Glaeseker wird Wulff im Jahr 2003 tatsächlich als Ministerpräsident die Nummer eins in Niedersachsen. Später gilt der Mann aus Osnabrück in Umfragen vorübergehend sogar als beliebtester Politiker der Republik.

Aus dem einstmals eher hölzernen Oppositionschef ist in der öffentlichen Wahrnehmung ein liebender Landesvater geworden, der fast schon im präsidialen Stil regiert. Es ist eine Metamorphose, die selbst den politischen Gegner beeindruckt. Aus spröde wird seriös, aus langweilig wird bedächtig. Das kommt an beim Wähler in Niedersachsen, wohl auch, weil das Land die Nase voll hatte von Filous und Lebemännern, wie sie Wulffs sozialdemokratische Amtsvorgänger Sigmar Gabriel, Gerhard Glogowski und Gerhard Schröder verkörperten. Da passte der hagere, asketische Typ viel besser. Ohne mit erkennbarer Lust angefutterten Bauch, ohne Rotwein, ohne Zigarre und ohne Brioni-Mantel, dafür mit vermeintlich weißer Weste.

Der Wandel vom unscheinbaren Provinz-Politiker zum resoluten Regierungschef und gütigen Landesvater gelingt. »Glaeseker strickte für Wulff das Image vom sensiblen und besonders ehrlichen Politiker, der nicht an Macht, sondern an Menschen interessiert ist«, schreibt auch die »Süddeutsche Zeitung« später unter dem Titel »Einflüsterer aus der Provinz«.[46]

Wulffs Vordenker, Berater im Range eines niedersächsischen Staatssekretärs, steht selbst nicht gern im Vordergrund. Er steuert die Geschicke aus dem Hintergrund. Ein Netzwerker und Strippenzieher, mit besten Kontakten und mit allen Wassern gewaschen. Er hält seinem Dienstherrn, der längst zum Freund geworden ist, den Rücken frei. Selbst seine Feinde – und die gibt es nicht zu knapp – konstatieren, dass da ein Profi am Werk ist. Einer, der sein Handwerk versteht. Wulff sagte über den Mann an seiner Seite: »Das Wichtigste für einen Pressesprecher ist, dass er verlässlich ist, berechenbar. Und dadurch passt er ja auch gut zu mir.«[47]

Doch sein Meisterstück liefert Glaeseker, als der Landesvater im Juni 2006 seine Ehefrau verlässt und seine neue Freundin vorstellt. Glaeseker zieht auch hier die Strippen, an denen ein gewiefter Pressesprecher in dieser heiklen Phase ziehen muss. Er füttert die Presse mit Details, ehe diese zuschnappen kann. Wulff übersteht die Trennung ohne Imageschaden; eher das Gegenteil tritt ein. Die Trennung von der ersten Frau und der offene Umgang mit der neuen Beziehung machen den früher so spröden Politiker für die Bürger ein stückweit menschlicher, fast noch sympathischer.

»Wenn Sie diesen Mann nicht mehr in meiner Nähe sehen«, so hatte Wulff vor Jahren im Kreis von Journalisten über seinen Vertrauen gesagt, »müssen Sie sich Sorgen um mich machen.«[48] Im Dezember 2011 sind die Sorgen von Christian Wulff groß.

7. Dezember 2011: Ein Tag ist seit dem Besuch im Bundespräsidialamt und der Einsichtnahme des Kreditvertrags vergangen. Viel gewonnen ist nicht. Wieder gibt es mehr Fragen als Antworten.

Warum bekommen die Wulffs 500.000 Euro zu vier Prozent Zinsen? Ohne Sicherheiten, ohne Tilgung. Keine Bank in Deutschland hätte einen solchen Kredit zu diesen Konditionen gewährt. Mindestens fünf Prozent, wenn nicht sogar acht Prozent, so die Berechnung von Finanzexperten, wären zu dieser Zeit im Oktober 2008 üblich gewesen. Und wer ist Edith Geerkens, die den Kreditvertrag am 25. Oktober 2008 unterschrieb?

Die Recherchen ergeben: Edith Geerkens ist die Ehefrau des Millionärs Egon Geerkens, eines väterlichen Freundes von Christian Wulff. Damit scheinen die Angaben von Wulff-Sprecher Glaeseker offensichtlich bestätigt. Geerkens machte sein Vermögen in Osnabrück, wo er mit Schmuck und Antiquitäten handelte. Im Luxus-Appartement der Geerkens hatte Christian Wulff 20 Jahre vorher seine erste Hochzeit gefeiert. Eine Nummer größer, als der angehende Anwalt es sich selbst hätte leisten können. 2006 gibt Egon Geerkens seine berufliche Tätigkeit auf. Er ist 67 Jahre alt, sein Wohnsitz wird die Schweiz. Registerauskünfte für den medienscheuen Unternehmer ergeben auch Wohnsitze in Florida und in Marbella.

Auf den ersten Blick ist wirklich alles unspektakulär. Es gibt nicht den Hauch eines Verdachts, dass Christian Wulff dem väterlichen Freund als Gegenleistung für den Billig-Kredit in irgendeiner Weise gefällig gewesen wäre.

8. Dezember 2011: Jetzt steht der Name Geerkens zwei Tage im Raum. Doch so richtig ist mit diesem Namen noch immer nichts anzufangen. Gibt es wirklich keine weiteren Verbindungen zwischen dem Unternehmer Geerkens und dem Politiker Wulff? BILD-Reporter Nikolaus Harbusch arbeitet sich durch das Archiv. Bei der Berichterstattung über das Upgrade, das sich Wulff im Weihnachtsurlaub 2009 kostenlos von der Fluggesellschaft Air Berlin geben ließ, bleibt er hängen. Er liest, dass im Frühjahr 2010 der Schnäppchen-Flug Wulffs auch den Landtag Niedersachsens beschäftigte. Der Reporter beschafft sich die stenografischen Protokolle der Landtagssitzungen, in denen es um den umstrittenen Flug in der Business-Class ging.

Im Protokoll zur 63. Sitzung der 16. Legislaturperiode des Niedersächsischen Landtags wird Reporter Harbusch fündig. Dort stößt er auf den Namen Egon Geerkens. Dieses Protokoll ist der Schlüssel zur Kredit-Affäre Wulff.

Es geht um die Anfrage der Grünen-Abgeordneten Stefan Wenzel und Ursula Helmhold vom 18. Februar 2010. Sie wollen in ihrer Anfrage an die Landesregierung laut Sitzungs-Protokoll wissen: »Gab es geschäftliche Beziehungen zwischen Christian Wulff, dem CDU-Kreisverband Osnabrück, dem CDU-Landesverband Niedersachsen, dem CDU-Bundesverband bzw. dem Land Niedersachsen oder Herrn Egon Geerkens oder Herrn Joachim Hunold oder irgendeiner Firma, an der Herr Hunold oder Herr Geerkens als Gesellschafter beteiligt waren?«[49] In der Anfrage geht es um Joachim Hunold, weil die Wulffs mit dessen Airline geflogen waren, und um Egon Geerkens, weil Wulff mit seiner Familie in dessen Ferienanwesen seinen Weihnachtsurlaub verbracht hatte.

Reporter Harbusch blättert weiter im Sitzungsprotokoll. Er findet die Antwort des Ministerpräsidenten, vorgetragen durch Lothar Hagebölling, den damaligen Chef der Staatskanzlei. Hagebölling ist Jurist, er gilt als gewissenhaft und akkurat und ist neben Glaeseker Wulffs engster Vertrauter. Die Antwort Hageböllings lautet nach stenografischem Bericht: »Zwischen Ministerpräsident Wulff und den in der Anfrage genannten Personen und Gesellschaften hat es in den letzten zehn Jahren keine geschäftlichen Beziehungen gegeben.«[50] Das ist eine klare Ansage. Sie muss wohl bedacht formuliert sein. Sollte sich später herausstellen, dass der Ministerpräsident vor seinem Parlament die Unwahrheit gesagt hat, dass er die Abgeordneten belogen hat – Rücktrittsforderungen wären mögliche Konsequenzen.

Allerdings: Die Antwort, die Wulff durch den Chef seiner Staatskanzlei im Parlament vortragen lässt, ist zwar streng formal richtig, wie er später beteuern wird. Aber schon jetzt ist klar: Wulff hat das Parlament über seine Beziehung zu Egon Geerkens getäuscht. Spitzfindig führte der Ministerpräsident die Abgeordneten in die Irre. Er erklärt zwar wahrheitsgemäß, dass es keine geschäftlichen Beziehungen zu Egon Geerkens gegeben hat. Doch er verschweigt, dass durch den Kreditvertrag eine Geschäftsbeziehung zu Geerkens' Ehefrau besteht. Eine kalkulierte Lüge? Oder lediglich eine schmale Gratwanderung am Rande der Wahrheit? Wie auch immer: Christian Wulff hat als Ministerpräsident mit seiner Antwort das Parlament bewusst getäuscht.

10. Dezember 2011: Wer ist Egon Geerkens? Kann der wohlhabende Ruheständler neue Hinweise in der Recherche geben? Und: In welchem Verhältnis steht er wirklich zu Christian Wulff?

Freunde und Bekannte des niedersächsischen Mittelständlers bestätigen, dass Egon Geerkens tatsächlich seit nunmehr 30 Jahren ein väterlicher Freund des Bundespräsidenten ist. Der ehemalige Antiquitäten- und Schmuckhändler ist Wulffs Ratgeber in privaten Angelegenheiten. Ein Freund, der einspringt, wenn es für den Politiker mal eng wird. Wie damals, im Jahr 2007, als Freund Christian nach der Scheidung knapp bei Kasse war. Geerkens, seit den achtziger Jahren als Investor auch im Immobiliengeschäft tätig, steckt dem 15 Jahre jüngeren Politiker 90.000 Euro zu. Dafür bekommt er eine Rolex und wertvolle Bücher als Pfand – obwohl er Wulff nach Sicherheiten nicht gefragt hatte. Uhr und Bücher sind Erbstücke von Wulffs Vater, mit dem Geerkens schon befreundet war, als er seinen Juwelierladen in Osnabrück noch betrieb. Für den Ruheständler mit Wohnsitz in der Schweiz, der selbst keinen Sohn hat, ist die Hilfe eine Selbstverständlichkeit.

Überhaupt wird Egon Geerkens von Bekannten als hilfsbereit beschrieben. Als ein Mann, der sichtbar Freude am Leben und ein sicheres Gespür fürs Geldverdienen hat, und das stets nach seinem Motto: Leben und leben lassen. Obwohl sich der Unternehmer aus der Öffentlichkeit heraushält – es sind nur wenige Fotos von ihm im Archiv zu finden –, pflegt er auch Kontakt zu Prominenten. Mit Thomas Gottschalk ist er auf einem Foto zu sehen. Seit 25 Jahren kennen sich der Entertainer und der Unternehmer.

»Egon ist ein ausgesprochen freundlicher Kerl und im Finanzbereich ziemlich clever«, beschreibt Gottschalk den väterlichen Freund von Wulff im Gespräch mit Martin Heidemanns. »Immer, wenn wir zusammen waren, hat er mir gratis ein paar Steuertipps gegeben, aber immer im grünen Bereich! Dafür habe ich für ihn ein paarmal Wohltätigkeitsveranstaltungen in Osnabrück moderiert.«

Welche Tipps oder Informationen könnte Egon Geerkens jetzt zum Hauskredit geben, der den Bundespräsidenten in Bedrängnis brachte? Ein Anruf bei ihm würde wenig Sinn ergeben. Am Telefon könnten die Journalisten schnell abgewimmelt werden. Deshalb fliegen die BILD-Reporter Nikolaus Harbusch und Fabian Matzerath am 10. Dezember in die Schweiz. Sie fahren zu der Adresse der Geerkens, die drei Jahre zuvor im Kreditvertrag angegeben wurde. Doch Fehlanzeige. Hier wohnen die Geerkens nicht mehr. Recherchen über das wohlhabende Ehepaar vor Ort bringen keine neuen Erkenntnisse. Abfragen bei Schweizer Melderegistern ergeben schließlich: Für das Ehepaar sind noch Wohnsitze in Luzern und im Kanton Wald registriert. Die aktuellste Meldeauskunft ist eine Luxuswohnanlage am Vierwaldstädter See. Die Reporter machen sich direkt auf den Weg dorthin.

Gegen 16 Uhr klingelt BILD-Reporter Nikolaus Harbusch bei Wulffs »väterlichem Freund«. Egon Geerkens kommt direkt zur Haustür. Die Pförtner-Loge des noblen Anwesens ist an diesem Tag unbesetzt. Egon Geerkens bittet in die Sitzgruppe gegenüber der Pförtner-Loge und fragt, womit er dienen könne. Inzwischen ist auch Ehefrau Edith im Foyer erschienen. Reporter Harbusch erklärt, dass es bei seinem Besuch um Christian Wulff ginge. Er spricht Geerkens auf seine Rolle als »väterlicher Freund« an. Während der Unterhaltung gibt sich Geerkens zwar zurückhaltend, aber er ist höflich und freundlich. Schließlich sagt er: »Haben Sie bitte Verständnis, dass ich hier im Foyer nicht über unseren Bundespräsidenten sprechen werde.« Dann erwähnt Reporter Harbusch den 500.000-Euro-Kredit und fragt: »Warum hat Ihre Frau den Darlehensvertrag unterschrieben?« Der ältere Herr reagiert reserviert. Statt zu antworten, erklärt Geerkens, er empfange grundsätzlich nur Besuch, der schriftlich oder telefonisch angemeldet sei. Die Stimmung kippt. Für eine Weile herrscht eisiges Schweigen. Dann erhebt sich Geerkens aus der Sitzgruppe. Für ihn ist die Begegnung damit beendet. Er bittet freundlich zur Tür. Auch Edith Geerkens äußert sich nicht. Sie erklärt lediglich: »Ich habe mit alledem nichts zu tun.« Ob man später noch einmal reden könne, fragt Reporter Harbusch. Egon Geerkens sagt, er müsse vorher telefonieren. Danach würde er sich wieder melden.

Mit wem er wohl telefonieren muss? Mit Christian Wulff vielleicht? Das wäre naheliegend. Er könnte den Bundespräsidenten darauf aufmerksam machen, dass die Reporter sich nun auch für ihn interessieren. Doch Egon Geerkens versucht, mit jemandem aus der BILD-Chefredaktion zu sprechen. Er wählt die Nummer von Martin Heidemanns. Der sitzt aber an diesem Nachmittag im Fußball-Stadion und hört das Klingeln des Telefons nicht. Schließlich meldet sich Geerkens um 17.25 Uhr tatsächlich noch einmal bei Reporter Harbusch. Doch er teilt ihm lediglich mit, dass er bezüglich Wulff und dessen Hauskredit nichts zu sagen habe.

Damit sind die Recherchemöglichkeiten in der Schweiz und im weiteren Umfeld des Kreditgebers erschöpft. Die entscheidenden Fragen kann das Staatsoberhaupt jetzt nur noch selbst beantworten. Weil inzwischen feststeht, dass aufgrund der Faktenlage eine Berichterstattung in BILD unmittelbar bevorsteht, bekommt der Bundespräsident die Fragen geschickt. Hier gilt das journalistische Prinzip der Rede und Gegenrede. Kein Vorwurf, keine Verdachtsberichterstattung erfolgt, ohne dem Betroffenen vorher die Möglichkeit zu geben, Stellung zu beziehen und auf die Vorwürfe einzugehen.

11. Dezember 2011: Um 6.49 Uhr schickt BILD-Reporter Martin Heidemanns einen weiteren Fragenkatalog an Christian Wulff. Der Bundespräsident ist mit Ehefrau Bettina gerade zum viertägigen Staatsbesuch im Staat Katar eingetroffen. Auf dem Programm steht für diesen Tag ein Besuch beim Emir. Es ist 8.49 Uhr Ortszeit, als Wulff die E-Mail in der Golfregion erhält. Die Fragen sind unmissverständlich:

Sehr geehrter Herr Glaeseker,
im Zusammenhang mit unserer Recherche zum Beschluss des BGH V ZB 47/11 vom 17. August 2011 bitten wir Herrn Bundespräsident Wulff freundlich um Beantwortung folgender Fragen:
Am 18. Februar 2010 ließen Sie als Ministerpräsident die Anfrage der Abgeordneten Stefan Wenzel und Ursula Helmhold, ob es »geschäftliche Beziehungen« zwischen Ihnen und Herrn Egon Geerkens gegeben habe, laut Landtagsdrucksache (Stenografischer Bericht der 63. Sitzung der 16. Wahlperiode) durch Ihre Staatskanzlei wörtlich erklären: »Zwischen Ministerpräsident Wulff und den in der Anfrage genannten Personen und Gesellschaften hat es in den letzten zehn Jahren keine geschäftlichen Beziehungen gegeben.«
1. Warum haben Sie dem Landtag verschwiegen, dass eine »geschäftliche Beziehung« zwischen Ihnen und der mit Egon Geerkens in Gütergemeinschaft lebenden Ehefrau Edith durch einen im Oktober 2008 geschlossenen Darlehensvertrag über 500.000 Euro besteht?
2. Teilen Sie die Auffassung, dass Sie den Landtag in diesem Zusammenhang bewusst getäuscht haben?

3. Wie haben Sie die 500.000 Euro erhalten? Per Überweisung aus Deutschland, der Schweiz, der USA – oder bar? Oder auf welche andere Weise?

4. Warum haben Sie den im Oktober 2008 geschlossenen Darlehensvertrag wenige Wochen nach der parlamentarischen Anfrage gekündigt und durch einen Darlehensvertrag mit der BW-Bank abgelöst – obwohl der Darlehensvertrag noch bis November 2013 lief?

5. Wann und in welcher Form haben Sie das Darlehen zurückgezahlt?

6. Gab es vor dem Jahr 2000 geschäftliche Beziehungen zwischen Ihnen, dem CDU-Kreisverband Osnabrück, dem CDU-Landesverband Niedersachsen bzw. dem Land Niedersachsen und Herrn Egon Geerkens oder irgendeiner Firma, an der Herr Geerkens und/oder Frau Geerkens als Gesellschafter beteiligt waren?

Ich bitte freundlich um Beantwortung der Fragen bis Sonntag, 16 Uhr MEZ. Besten Dank.

Mit freundlichen Grüßen

Martin Heidemanns

Knapp zwei Stunden später kommt die Reaktion des Bundespräsidenten, und zwar per SMS durch seinen Sprecher Olaf Glaeseker. Der tippt in der Golfregion ins Handy: »Lieber Herr Heidemanns, danke für die Fragen. Seien Sie sicher, dass ich mich um eine zeitnahe Beantwortung der Fragen bemühe. Ob es allerdings bis 16 Uhr gelingt, bezweifele ich. Wie ich Ihnen gesagt habe, befinden wir uns auf Golfreise und haben ein dichtgedrängtes Programm. Ihr gl«

Doch die Antworten kommen nicht. Vielleicht ist sich der Stab des Bundespräsidenten uneinig, wie das Staatsoberhaupt reagieren soll. Drei Stunden und sechs Minuten später bittet das Bundespräsidialamt um Aufschub. Um 11.48 Uhr schreibt Olaf Glaeseker per SMS: »Lieber Herr Heidemanns, mein Vorschlag: Lassen Sie uns unmittelbar nach meiner Rückkehr nach D treffen. Wir werden Ihnen dann umfassend Rede und Antwort stehen. Ihr gl«

Die Redaktion berät sich. Aufschub wegen des Staatsbesuches –
ja. Das muss man dem Bundespräsidenten zugestehen. Aber nicht
bis irgendwann. Reporter Heidemanns antwortet:

Lieber Herr Glaeseker,
nach Rücksprache mit dem Chefredakteur sind wir gerne be-
reit, die Berichterstattung um einen Tag zu verschieben. So ha-
ben Sie die Gelegenheit, die Fragen bis morgen 16 Uhr (MEZ)
zu beantworten.
Wir bitten um Verständnis, dass ein weiterer Aufschub der ge-
planten Berichterstattung danach nicht möglich ist.
Mit freundlichen Grüßen
Martin Heidemanns

Inzwischen haben die Reporter nach weiteren Verbindungen zwischen Christian Wulff und Egon Geerkens recherchiert. Bei den
Auslandsreisen, die Christian Wulff als niedersächsischer Ministerpräsident unternahm, werden sie fündig.

Als Ruheständler mit Wohnsitz in der Schweiz soll der »väterliche Freund« Niedersachsens Regierungschef mehrfach als Mitglied
in dessen Wirtschaftsdelegation begleitet haben. Auf den offiziellen
Fotos, die im Auftrag der Staatskanzlei bei diesen Reisen gemacht
werden, ist Wulff nicht zusammen mit Geerkens zu sehen. Auch in
den Berichten über die jeweiligen Auslandsaufenthalte taucht der
Name Geerkens nicht auf.

Also fragen die Reporter in der Staatskanzlei der Landesregierung in Niedersachsen an: Begleitete Egon Geerkens den damaligen
Ministerpräsidenten auf dessen Auslandsreisen? Wenn ja, wann?
Und in welcher Eigenschaft? Schließlich beantragen die Reporter
die Offenlegung sämtlicher Auslandsreisen, die Christian Wulff als
niedersächsischer Ministerpräsident unternahm.

Das Ergebnis ist interessant und wirft ein Licht auf das Verhältnis
zwischen dem Regierungschef und seinem »väterlichen Freund«.
Insgesamt gehörte Geerkens – er ist wohlgemerkt zu dieser Zeit
Ruheständler mit Wohnsitz in der Schweiz – dreimal der offiziellen

Wirtschaftsdelegation an, die mit Wulff ins Ausland flog. Auffällig dabei ist: Sämtliche Reisen fallen unmittelbar in die Zeit, in der die Wulffs das Geld von den Geerkens bekamen. Die Chronologie sieht folgendermaßen aus:

– Am 1. Oktober 2008 schließt das Ehepaar Wulff den Kaufvertrag für die Immobilie in Großburgwedel.
– Am 2. Oktober 2008 – also nur einen Tag später – reist Egon Geerkens erstmals mit dem Ministerpräsidenten. Die Reise führt sie nach China und Indien.
– Am 11. Oktober kehren Egon Geerkens und Christian Wulff von der Reise zurück.
– Am 25. Oktober 2008 – also nur 14 Tage später – wird der Kreditvertrag geschlossen.

Noch zweimal zählt Geerkens zum Tross des Ministerpräsidenten. Vom 14. bis 21. März 2009 geht die Reise nach Japan; vom 29. September bis 5. Oktober 2009 in die USA. Stationen sind Houston und Los Angeles.

Im März 2010 – wenige Tage nach der parlamentarischen Anfrage im Landtag – löst Christian Wulff den Privatkredit von den Geerkens durch ein rollierendes Bankdarlehen bei der BW-Bank in Stuttgart ab. Auffällig dabei ist: Nach der Ablösung des Kredites ist der »väterliche Freund« bei Auslandsreisen von Christian Wulff nicht mehr an Bord. Seltsam. Was macht ein Pensionär in der Wirtschaftsdelegation des Ministerpräsidenten? Diese Frage muss Christian Wulff noch beantworten.

12. Dezember 2011: Die Reporter schicken dem Bundespräsidenten die Zusatzfrage am 12. Dezember 2011. Zu dieser Zeit ist das Staatsoberhaupt in den Vereinigten Emiraten eingetroffen. Bevor Wulff die Wirtschaftskonferenz »UAE – German Business Forum« in Abu Dhabi eröffnet, liegt seinem Beraterstab die E-Mail um 9.31 Uhr vor. Die nun formulierte Zusatzfrage lautet: »Trifft es zu, dass Herr Geerkens an mehreren dienstlichen Auslandsreisen des Ministerpräsidenten Wulff teilgenommen hat? Wenn ja – wie oft, wohin und in welcher Funktion? An welchen offiziellen Veranstaltungen des Ministerpräsidenten Wulff und des Bundespräsidenten Wulff hat Herr Geerkens und/oder Frau Geerkens teilgenommen? Und in welcher Funktion?«

Um 11.13 Uhr antwortet Sprecher Olaf Glaeseker per SMS: »Sehr geehrter Herr Heidemanns, wir sind sehr bemüht, Ihnen Antworten bis 16 Uhr zukommen zu lassen. Besten Gruß, Ihr Olaf Glaeseker«

Um 14.41 Uhr – der Bundespräsident ist gerade auf dem Weg zum Präsidenten der Vereinigten Arabischen Emirate – schickt Wulffs Sprecher die nächste SMS: »Das Fax geht in 5 Minuten raus. Konnte es leider nicht mehr im Detail mit dem Bundespräsidenten abstimmen. Habe aber nach bestem Wissen und Gewissen geantwortet. BG, Olaf Glaeseker«

Um 16.06 Uhr geht per Telefax tatsächlich die Erklärung in der Redaktion ein:

Sehr geehrter Herr Heidemanns,
zwischen uns sind in den zurückliegenden Tagen mehrfach Fragen und Antworten zur Finanzierung des Wohnhauses von Christian und Bettina Wulff in Burgwedel ausgetauscht worden. Da es sich bei der hierzu nachgefragten Anfangsfinanzierung um einen Privatkredit handelte und die Darlehensgeberin um Vertraulichkeit gebeten hatte, habe ich die hierzu gewünschten Informationen und Einsichtnahmen in die Vertragsunterlagen nur unter der ausdrücklichen Zusicherung gegeben, dass diese Daten und Fakten weder weitergegeben noch veröffentlicht werden. Ich behalte mir deshalb auch an dieser Stelle sämtliche Rechtsschutzmöglichkeiten vor, falls datenschutzrelevante Belange oder Persönlichkeitsrechte durch eine Veröffentlichung verletzt werden sollten.
Dies vorangestellt beantworte ich Ihre weiteren Fragen gerne und umfassend wie folgt:
1. Die mündliche Anfrage der Abgeordneten Stefan Wenzel und Ursula Helmhold ist korrekt und wahrheitsgemäß beantwortet worden. Die Antwort bezog sich unter Ziffer 2. nach

dem Wortlaut und Inhalt unmissverständlich auf geschäftliche Beziehungen zu Herrn Egon Geerkens oder irgendeiner Firma, an der Herr Geerkens als Gesellschafter beteiligt war. Darlehensgeberin war jedoch Frau Edith Geerkens, die mit Herrn Egon Geerkens in Gütertrennung lebt und das Darlehen aus ihrem Privatvermögen gegeben hat. Zwischen Herrn Wulff und Frau Edith Geerkens bestehen seit Jahrzehnten private, freundschaftliche Beziehungen. Hintergrund für das zwischen Herrn Christian Wulff und Frau Bettina Wulff einerseits sowie Frau Edith Geerkens andererseits vereinbarte Privatdarlehen war die Situation an den Kapitalmärkten im Jahre 2008. Der zwischen den Parteien vereinbarte Zinssatz von 4 Prozent war eine wirtschaftliche Zwischenfinanzierung bis zur Beruhigung an den Finanzmärkten. Für Frau Edith Geerkens wiederum war diese Anlageform günstiger und verlässlicher als eine Anlage am Kapitalmarkt.

2. *Nein.*
3. *Durch Bundesbankscheck Nummer 8338 bei der Sparkasse Osnabrück.*
4. *Das Darlehen von Frau Edith Geerkens aus ihrem Privatvermögen war von Anfang an als Zwischenfinanzierung gedacht. Nach Beruhigung der Situation am Banken-, Kapital- und Kreditmarkt mit historisch niedrigem Leitzins im März 2010 war es sinnvoller, eine Bankfinanzierung mit niedrigerem Zinssatz zu vereinbaren.*
5. *Die neue Darlehensgeberin BW-Bank hat durch unmittelbare Auszahlung an Frau Edith Geerkens die dort bestehende Darlehensschuld getilgt.*
6. *Es hat zu keinem Zeitpunkt – also auch nicht vor dem Jahr 2000 – geschäftliche Beziehungen zu den genannten Personen oder ihnen zuzuordnenden Firmen gegeben. Die Beziehung zum Ehepaar Geerkens ist rein freundschaftlicher Art. Herr Egon Geerkens ist für Christian Wulff seit Jahrzehnten ein väterlicher Freund. Ausweislich der Antwort der Landesregierung vom 28.02.2010 (Drucksache 16/2137) sind in den*

letzten 30 Jahren auch zwischen dem Land Niedersachsen und Herrn Geerkens keine Fördertatbestände begründet worden.

7. *Herr Egon Geerkens hat in der Amtszeit von Ministerpräsident Christian Wulff an drei Auslandsreisen – zum Teil nur einige Tage –, einschließlich zweier Nachfolgetreffen, teilgenommen. Die Eckdaten für diese Delegationsreisen wurden – wie üblich – von der Industrie- und Handelskammer Hannover ausgeschrieben. Grundsätzlich kann an solchen Reisen jeder Unternehmer teilnehmen und in der Regel wird niemand zurückgewiesen. Die anfallenden Kosten für die Reise und die IHK-Gebühren sind von Herrn Egon Geerkens – wie auch von allen anderen Teilnehmern – selbst getragen worden. An weiteren offiziellen Veranstaltungen von Herrn Ministerpräsident Wulff haben weder Herr noch Frau Geerkens teilgenommen. Beide waren im Jahr 2011 Gäste des Sommerfestes des Bundespräsidenten im Park von Schloss Bellevue. Hierzu waren insgesamt 5700 Gäste eingeladen worden.*

Mit besten Grüßen

PS: Ich konnte die Antworten nicht im Detail mit dem Bundespräsidenten besprechen, habe sie aber nach bestem Wissen und Gewissen beantwortet.

Der Hinweis, Glaeseker habe die Antworten »nicht im Detail mit dem Bundespräsidenten besprechen« können, hat nur einen Sinn. Sollte sich später herausstellen, dass Teile der Auskünfte nicht stimmen – Christian Wulff könnte behaupten, die Angaben seien nicht im Detail mit ihm abgesprochen worden. Sein Sprecher – so könnte sich das Staatsoberhaupt verteidigen – habe sich schlicht geirrt.

Eines ist aber interessant in der Antwort: Das Geld floss also über einen Bundesbankscheck! Das macht stutzig. Auf diesem Weg getätigte Geldflüsse können nicht so einfach verfolgt werden. Absender und Empfänger bleiben bei derartigen Transaktionen anonym, weil Bundesbankschecks keine Unterschrift tragen. Der Geldgeber zahlt das Geld an die Bundesbank, diese stellt den Scheck aus. Der Empfänger erfährt nicht, woher das Geld stammt.

Es ist ein weiteres Indiz dafür, dass etwas verheimlicht werden sollte. Seltsam: Im Kaufvertrag ist von einer direkten Zahlungsabwicklung zwischen den beteiligten Banken die Rede. Kein Wort von der Übergabe eines Bundesbankschecks an den Notar. Letzte Bestandsaufnahme – was spricht für eine Veröffentlichung, was dagegen? Fakt ist: Christian und Bettina Wulff liehen sich zu ungewöhnlich niedrigen Konditionen 500.000 Euro von einem ehemaligen Unternehmer aus Niedersachsen. So weit, so fragwürdig. Allein das wäre schon ausreichend für eine Berichterstattung, weil Ministerpräsidenten nach dem Ministergesetz Niedersachsens ebenso wenig kostenlose Upgrades wie zinsgünstige Darlehen in Anspruch nehmen dürfen.

Doch das Ausmaß ist hier größer: Christian Wulff täuschte bewusst den Landtag, als es um diesen Kredit ging. Das ist die entscheidende Dimension, die eine Veröffentlichung unabdingbar macht. Noch drei Stunden bis zum Andruck. Per SMS will Reporter Heidemanns die Antworten nun mit dem Büro des Bundespräsidenten abstimmen: »Lieber Herr Glaeseker, vielen Dank für die Antworten. Ihr Einverständnis und das Einverständnis des Bundespräsidenten vorausgesetzt, werden wir Auszüge aus Ihren Antworten in der für morgen geplanten Berichterstattung veröffentlichen. Findet das Ihre Zustimmung?« Doch dazu kommt es nicht. Gegen 18 Uhr lässt Christian Wulff durch einen Anruf seines Sprecher Glaeseker die Antworten zurückziehen. Sie sind demnach nicht autorisiert, werden deshalb später auch nicht veröffentlicht.

Bis zu diesem Augenblick hatte der Bundespräsident die Angelegenheit in den Händen seines engsten Vertrauten belassen. Glaeseker, so weiß Wulff aus der Vergangenheit, hat ihn schon mehrfach mit gutem Instinkt und besten Kontakten durch unsichere See gebracht. Die Flugaffäre um das kostenlose Upgrade mit Air Berlin in der Business-Class nach Florida war schnell überstanden. Glaeseker riet seinem Chef damals zu einer öffentlichen Entschuldigung im Parlament. Damit war die Sache erledigt. Auch bei der Scheidung erwies sich Glaeseker als sicherer Ratgeber. Wulff folgte der Empfehlung seines Vordenkers, ging offensiv mit dem Ehe-Aus und der neuen Liebe um.

Duz-Freund Olaf Glaeseker hat für »01« – wie er inzwischen gegenüber Dritten respektvoll vom Bundespräsidenten spricht – das Kind immer geschaukelt. Doch nun traut Christian Wulff den Künsten seines Weggefährten und Krisenmanagers Olaf Glaeseker offensichtlich nicht mehr. Jetzt nimmt das Staatsoberhaupt die Sache selbst in die Hand – und greift zum Telefon.

Um 18.19 Uhr MEZ – der Bundespräsident hatte wenige Stunden zuvor bei seinem Staatsbesuch in Kuwait einen Vortrag über die Bedeutung der Pressefreiheit gehalten – wählt er die Handynummer von BILD-Chefredakteur Kai Diekmann. Dieser Anruf ist mit Wulffs Vertrautem Olaf Glaeseker nicht abgesprochen, der Sprecher des Bundespräsidenten wird erst Tage später davon erfahren.

BILD-Chefredakteur Kai Diekmann ist an diesem Tag anlässlich der Verleihung der »Leo-Baeck-Medaille« an Anselm Kiefer in New York. Es ist 12.19 Uhr Ortszeit. Diekmann telefoniert gerade von seinem Hotelzimmer aus mit der Redaktion in Berlin, um das weitere Vorgehen abzustimmen, deshalb springt nur die Mailbox an, als in diesem Moment der Anruf Wulffs erfolgt.

Das Staatsoberhaupt spricht mit ruhigem Ton: »Guten Abend, Herr Diekmann. Ich rufe Sie an aus Kuwait. Bin gerade auf dem Weg zum Emir und deswegen hier sehr eingespannt.« Wulff behauptet, es sei eine »unglaubliche Geschichte« geplant. Er fragt, warum man nicht akzeptieren könne, dass das Staatsoberhaupt im Ausland ist. Man möge doch warten, bis er zurück sei. Dann könne man die Dinge erörtern. »Und dann können wir entscheiden, wie wir die Dinge sehen, und dann können wir entscheiden, wie wir den Krieg führen.« Der deutsche Bundespräsident spricht von Krieg. Wulff erklärt, für ihn und seine Ehefrau sei »der Rubikon überschritten«.

Wörtlich droht das Staatsoberhaupt mit einer Strafanzeige gegen den verantwortlichen BILD-Redakteur. Er sagt: »Das heißt, ich werde auch Strafantrag stellen gegenüber Journalisten morgen, und die Anwälte sind beauftragt. (…) Wenn das Kind im Brunnen liegt, ist das Ding nicht mehr hochzuholen – das ist eindeutig.« Wenn man nicht bis Mittwoch warte, müsse man sagen: »›Okay, wir wollen den Krieg und führen ihn.‹ Das finde ich sehr unverantwortlich von Ihrer Mannschaft, und da muss ich den Chefredakteur schon jetzt fragen, ob er das so will, was ich mir eigentlich nicht vorstellen kann.« Wulff droht noch mit dem »endgültigen Bruch« mit der Axel Springer AG, falls die Veröffentlichung am nächsten Tag erfolgt. Er bittet den Chefredakteur, er möge sich mit seinem Amtschef Lothar Hagebölling, dem Chef des Bundespräsidialamtes, in Verbindung setzen. Dann verabschiedet er sich. In Teilen der BILD-Redaktion wird am späteren Abend bereits bekannt, dass der Bundespräsident dem Chefredakteur für den Fall einer Veröffentlichung massiv gedroht hatte. Noch am Abend übermittelt Diekmann Wulffs Mailbox-Nachricht von New York an die Berliner Redaktion. Er bittet, eine Abschrift der Nachricht zu erstellen.

Um 19.03 Uhr an diesem Abend – also 44 Minuten nach Wulffs Nachricht auf der Mailbox von Chefredakteur Kai Diekmann – greift der Bundespräsident erneut zum Telefon. Nun wählt das Staatsoberhaupt die Handynummer von Dr. Mathias Döpfner, dem Vorstandsvorsitzenden der Axel Springer AG. Doch auch diesmal springt nur die Mailbox an. »Guten Abend, Herr Döpfner, es wäre toll, wenn wir telefonieren könnten«, so die Begrüßung des Bundespräsidenten. Er habe davon gehört, dass sich BILD entschieden habe, »eine Sache zu skandalisieren, die nicht zu skandalisieren ist. Und das würde den endgültigen Bruch bedeuten.«

In der Sache ähnelt der Anruf der Nachricht, die der Bundespräsident schon Kai Diekmann auf der Mailbox hinterlassen hatte. Doch diesmal ist die Stimme des Staatsoberhaupts schärfer im Ton. Falls die Redaktion entschieden habe, »diese Konfrontationskampagne jetzt morgen zu fahren«, müsse man darüber reden. Christian Wulff ist aufgebracht. Das ist zu hören. Er stockt mehrfach. Er gehe davon aus, erklärt Wulff, dass der Vorstandsvorsitzende umfassend informiert sei. »Und ... dass ... dass ... dass das nicht hinterher heißt: Hätten wir doch angerufen.« Dann bittet der Bundespräsident um einen Rückruf und verabschiedet sich. »Danke schön. Wiederhören.«

Der Vorstandsvorsitzende der Axel Springer AG ruft das Staatsoberhaupt zurück und verweist auf die Unabhängigkeit der Redaktionen. Zur gleichen Zeit berät sich BILD-Chefredakteur Kai Diekmann von New York aus per Schaltkonferenz mit seinen Kollegen in Berlin. Was spricht für die Veröffentlichung des Berichts? Was dagegen? Der Chefredakteur, der dem Aufschub um einen Tag zugestimmt hatte und auch während seines USA-Aufenthalts ständig Kontakt zur Redaktion hält, befragt die Kollegen.

Die sitzen am Besprechungstisch in Diekmanns Büro im 16. Stock des Berliner Verlagshauses. Diekmanns Stellvertreter Alfred Draxler und Jörg Quoos sind dabei. Rolf Kleine und Nikolaus Blome, die Leiter des Hauptstadtbüros, sind gekommen. Auch Politik-Chef Ulrich Becker sowie Nicolaus Fest und Martin Heidemanns aus der Chefredaktion sitzen in der Runde.

Jedes Für und Wider wird abgewogen. Kann Wulff die Kredit-Affäre das Amt kosten? Kopfschütteln – das scheint zu dieser Zeit ausgeschlossen. Was geschieht mit der Stellungnahme, die Wulff zunächst gab und dann wieder zurückzog? Die kann nicht gebracht werden, heißt es einhellig. Es fällt in der Debatte kein stichhaltiges Argument, die Geschichte nicht zu drucken. Vielmehr ist die Überzeugung, dass es fatal wäre, einen ordentlich und gründlich recherchierten Bericht nicht zu veröffentlichen, nur weil der Bundespräsident mit Krieg gedroht hat. Ein weiterer Aufschub hat auch keinen Sinn. Die Faktenlage würde sich nicht ändern. Die Stellungnahme von Wulff ist der Redaktion ja bekannt.

Die Diskussion dauert 15 Minuten. Gegen 19.20 Uhr trifft Kai Diekmann die Entscheidung:»Wir drucken.«Unmittelbar danach folgt er Wulffs Bitte und ruft aus New York Staatssekretär Lothar Hagebölling, den Chef des Bundespräsidialamtes, an. Er informiert Wulffs Vertrauten über die Veröffentlichung, die am nächsten Tag bevorsteht, und erläutert dem Amtschef von Schloss Bellevue die Gründe. Unbeeindruckt von Christian Wulffs Drohung geht die Geschichte am Abend des 12. Dezember 2011 um 22 Uhr bei bild. de online. Die Überschrift:»Wirbel um Privat-Kredit – Hat Wulff das Parlament getäuscht?«

IV

Die erste Veröffentlichung

DER ANFANG VOM ENDE

13. DEZEMBER 2011:
»WIRBEL UM PRIVATKREDIT«

Jetzt ist es gedruckt. Veröffentlicht nach fast dreijähriger Recherche. Nach allen Widerständen und Drohungen. Nachdem der Bundespräsident sogar mit einer Strafanzeige gegen den verantwortlichen Redakteur gedroht hatte. Um 22 Uhr des Vorabends erschien der Artikel bei bild.de im Internet. Eine Stunde später verlassen die ersten Zeitungen die Druckereien. Die Zeile auf Seite eins:»Bundespräsident Wulff – Wirbel um Privatkredit«. Drei Millionen gedruckte Exemplare, elf Millionen Menschen werden diese Zeile lesen. Der Text auf Seite zwei ist überschrieben mit:»Hat Wulff das Parlament getäuscht?«

Christian Wulff (52) wird von einer Affäre aus seiner Zeit als niedersächsischer Ministerpräsident eingeholt. Der Bundespräsident steht nach BILD vorliegenden Dokumenten im Verdacht, am 18. Februar 2010 den Landtag in Hannover getäuscht zu haben – und das vier Monate vor seiner Wahl zum Bundespräsidenten.

Es geht um 500.000 Euro, die sich das Ehepaar Wulff privat bei der Frau eines niedersächsischen Unternehmers geliehen hat. Im Januar 2010 wurde bekannt, dass Christian Wulff und Ehefrau Bettina in der Business-Class in den Weihnachtsurlaub nach Florida geflogen waren, ohne den vollen Preis für das Flugticket zu zahlen. In Florida verbrachten sie die Ferien in der Villa des niedersächsischen Unternehmers Egon Geerkens (67). Im Zuge der Affäre wollten die Grünen-Politiker Stefan Wenzel und Ursula Helmhold in einer parlamentarischen Anfrage im Niedersächsischen Landtag wissen, ob Christian Wulff »geschäftliche Beziehungen« u. a. zum Unternehmer Egon Geerkens unterhalte, in dessen Villa er seinen Urlaub verbracht hatte. Christian Wulff ließ im Landtag offiziell erklären:»Zwischen Ministerpräsident Wulff und den in der Anfrage genannten Personen und Gesellschaften hat es in den letzten zehn Jahren

keine geschäftlichen Beziehungen gegeben.« DOCH DAMIT
HATTE WULFF DAS PARLAMENT IN DIE IRRE GEFÜHRT.

Denn Tatsache ist: Zum Zeitpunkt seiner Erklärung hatte
Wulff zwar keine »geschäftlichen Beziehungen« zum Unter-
nehmer Egon Geerkens – sehr wohl aber zu dessen Ehefrau
Edith. Die Unternehmergattin hatte den Wulffs die halbe Mil-
lion Euro geliehen.
Der private Darlehensvertrag zwischen ihr und dem Ehepaar
Wulff war im Oktober 2008 geschlossen worden. Mit dem
geliehenen Geld bezahlten die Wulffs mit Kaufvertrag vom
1. Oktober 2008 415.000 Euro für ein Einfamilienhaus samt
658-Quadratmeter-Grundstück.
Wer ist der Unternehmer, dessen Ehefrau den Wulffs
500.000 Euro lieh? Egon Geerkens ist ein wohlhabender Freund
von Christian Wulff, er war Trauzeuge bei der ersten Hochzeit
des CDU-Politikers. Der Unternehmer aus Osnabrück schuf
sein Vermögen mit Geschäften mit Rohstoffen, Schrott, alten
Autos, Antiquitäten und Schmuck. Inzwischen hat er seinen
Wohnsitz in der Schweiz.
Welche Vorteile hatte das Ehepaar Wulff durch den privaten
Kredit? Statt der im Oktober 2008 üblichen ca. fünf Prozent
Hypothekenzins vereinbarten Wulff und die private Kredit-
geberin einen Zins von vier Prozent.
Kurz nach der Anfrage im Landtag nahm Wulff Kontakt zur
BW-Bank in Stuttgart auf, um den privaten Kredit durch ein
banktübliches Hypotheken-Darlehen abzulösen. Und das, ob-
wohl der Darlehensvertrag mit der Unternehmergattin noch
bis November 2013 lief.
Auch auf mehrfache Anfrage von BILD wollte sich der Bundes-
präsident nicht offiziell zu dem Vorgang äußern.[51]

Ein Bundespräsident, der in seiner Eigenschaft als Ministerpräsident das Parlament getäuscht hat. Der sich als Spitzenpolitiker bei
der Ehefrau eines ehemaligen Unternehmers eine halbe Million
Euro zum Billigzins-Tarif lieh und darüber die Öffentlichkeit be-

wusst in die Irre führte. Ein Staatsoberhaupt, das sich gegen den Vorwurf wehren muss, sich der Vorteilsannahme schuldig gemacht zu haben. Einen derart umfassenden Verdacht gegen einen Bundespräsidenten hat es in der deutschen Geschichte bis zu diesem Tag nicht gegeben.

Aber was bedeuten die Vorwürfe politisch? Welche Folgen hat dieser Vorgang für das Ansehen und die Amtsführung des Staatsoberhaupts? Könnte es ein Rücktrittsgrund sein? Das schließen politische Beobachter eher aus. Rolf Kleine, Leiter des Hauptstadtbüros von BILD, überschreibt seinen Kommentar am 13. Dezember 2011 mit der Feststellung »Der Präsident hat ein Problem«:

»Ein Mann leiht sich eine halbe Million Euro, um für seine Familie ein Haus zu kaufen. So weit kein Problem …! Kompliziert wird der Fall, wenn das Geld nicht von einer Bank kommt, sondern von einem ›guten Freund‹ beziehungsweise dessen Ehefrau. Und wenn der Empfänger des Geldes mittlerweile Bundespräsident ist. Ob ein solches Geschäft in Ordnung ist – darüber kann man geteilter Meinung sein. Richtig heikel wird die Sache, weil Christian Wulff vor dem Parlament erklären ließ, er habe *keine* Geschäftsbeziehungen zu besagtem Geldgeber, dem Unternehmer Egon Geerkens. Das war wohl keine Lüge im juristischen Sinne – den Kreditvertrag hatten die Wulffs mit der Frau des Antiquitätenhändlers geschlossen. Aber die Wahrheit war es eben auch nicht! Also hat Wulff den Landtag getäuscht. Für einen Politiker gelten beim Umgang mit der Wahrheit zu Recht besondere Maßstäbe. Und für einen Bundespräsidenten erst recht. Und deshalb hat der Bundespräsident jetzt ein Problem!«[52]

Wie wird Christian Wulff auf die Veröffentlichung reagieren? Die Kanzlerin? Die Parteien? Die Öffentlichkeit? Und die Medien? Wie werden »Der Spiegel« und die »Süddeutsche Zeitung« auf die Kredit-Affäre eingehen? Was wird die »FAZ« schreiben, die alternative »taz«? Christian Wulff ist am 13. Dezember 2011 noch in der Golfregion. Es ist der letzte Tag seines Staatsbesuchs. Ein Gespräch mit dem Emir des Staates Kuwait steht im Protokoll. Danach ist der Rückflug in die Hauptstadt geplant.

Das Staatsoberhaupt berät sich mit seinem Mitarbeiterstab. Staatssekretär Lothar Hagebölling, der Chef des Bundespräsidialamtes und damit Deutschlands höchster Beamter, ist dabei. Hagebölling, Jurist wie Wulff, gilt als Mann mit preußischen Tugenden, gewissenhaft und geradlinig. Beinahe penibel. Auch Sprecher Olaf Glaeseker, Wulffs engster Vertrauter, wird zurate gezogen. Wie soll der Bundespräsident mit den Vorwürfen umgehen? In die Offensive gehen? Aber wie? Aussitzen? Erst einmal abwarten? Wird vielleicht das höchste Amt – wie eine Brandmauer – das Staatsoberhaupt vor weiteren Vorwürfen schützen?

Auch Ehefrau Bettina ist dabei. Die Tochter eines Bankangestellten, aufgewachsen in Großburgwedel, wird in den nächsten Wochen zur großen Stütze ihres Ehemannes. Die First Lady kennt sich aus im Medien-Dschungel. Bettina Wulff studierte Medienmanagement und angewandte Medienwissenschaften am Institut für Journalistik und Kommunikationsforschung in Hannover. Ihr Einfluss im Schloss Bellevue soll in den vergangenen Monaten stark zugenommen haben.

Im Zeitalter des Internets müssen die Wulffs und ihre Berater nicht bis zum nächsten Tag warten, bis sie wissen, wie die anderen Zeitungen mit der Affäre umgehen. Die mediale Bewertung findet online statt. Die Reaktionen sind heftiger, als man erwarten konnte. Als hätten einige Kommentatoren nur darauf gewartet, alte Rechnungen mit dem CDU-Politiker zu begleichen. Als hätten sie gern vorher schon mal deutlich geschrieben, was sie schon lange vom ersten Mann im Staat halten. Nun haben sie den Anlass.

Um 16.59 Uhr berichtet »Süddeutsche.de«, wie stark die Affäre den Bundespräsidenten in Bedrängnis bringt: »Vertreter von SPD, Grünen und Linkspartei verweisen auf andere Fälle, in denen der Niedersachse von seinen Kontakten zu Wirtschaftsgrößen profitierte. Sie pochen auf Aufklärung – manche sehen Wulffs Amt wackeln.«[53] Der Kommentar bei »Süddeutsche.de« ist wie eine Hinrichtung: »Mit der Kreditaffäre hat Bundespräsident Wulff das Recht verwirkt, als moralische Instanz zu gelten. Er verliert damit die stärkste Legitimationskraft in diesem Amt. Wer Wulff kennt, weiß, dass es so kommen musste«, schreibt Thorsten Denkler bei »Süddeutsche.de«.[54] Er kann es gar nicht oft genug wiederholen: »Ein Bundespräsident ist eine moralische Instanz, ist eine moralische Instanz, ist eine moralische Instanz«, schreibt er. »Wenn es ein ungeschriebenes Gesetz über die Amtsführung des höchsten Repräsentanten der Bundesrepublik Deutschland gibt, dann dieses. Christian Wulff ist vieles: Ein Strippenzieher, ein Vollblutpolitiker. Eine moralische Instanz ist er nicht. War er nie und wird er nicht mehr werden. (…) Um das mal klarzustellen: Ein Bundespräsident lässt sich nicht und hat sich nie zu seinem Privaturlaub von Geschäftsfreunden einladen lassen. Ein Bundespräsident wird sich nicht und hat sich nie einen Privatkredit von einem Unternehmer geben lassen. Wer dieses Amt antritt, sollte wissen, dass er höchsten moralischen Ansprüchen genügen muss. Christan Wulff war das offenkundig nicht so wichtig – und das macht ihn angreifbar. (…) Wulff benimmt sich wie ein kleines Kind, das auf die Frage, ob es seinen Sandkastenkameraden gehauen hat, antwortet: ›Nein, das war ich nicht, das war meine Hand.‹ Politiker machen das gerne so. Nur ist Wulff kein Parteipolitiker mehr. Er ist Bundespräsident.«[55]

»stern.de« kommentiert: »Wie lange braucht Christian Wulff denn noch, bis er begreift, dass man sich in hohen Staatsämtern nach strengen Spielregeln bewegen muss? Ob als Ministerpräsident mit einem Jahresgehalt von 152.400 Euro oder gar als Bundespräsident mit monatlich 22.848 Euro brutto, und das 14 Mal im Jahr plus lebenslanger Gehaltszahlung. (…) Wulff muss endlich besser darauf achten, dass er sich nicht immer wieder in Grauzonen verirrt. Sonst wird er den Vorwurf nicht los, er sei eben zu jung und mit zu wenig charakterlicher Standfestigkeit in das Staatsamt gekommen – und nur deshalb, weil er sich von Angela Merkel dorthin habe abschieben lassen.«[56]

»Spiegel online« schreibt: »Christian Wulff hat das Parlament nicht belogen – aber die ganze Wahrheit hat er auch nicht gesagt, als er nach seinen Finanzbeziehungen zu dem Geschäftsmann Geerkens gefragt wurde. Solche juristischen Tricks mögen vor Gericht schützen, eines Bundespräsidenten sind sie unwürdig.«[57]

Und die »taz« urteilt: »Doch bei dieser Affäre geht es nicht um formale Korrektheit, sondern um moralische Integrität – Wulff ist kein Bürokrat, sondern Präsident. Diesen entscheidenden Unterschied versteht er offenbar nicht: An Spitzenpolitiker legt die Gesellschaft zu Recht besonders hohe Maßstäbe an. Wer den Bürgern ein Vorbild geben will, wer sich in Reden als aufrechter Verteidiger der Demokratie geriert, wer die Parteien explizit moralisch kritisiert, muss jeden Eindruck einer persönlichen Vorteilsnahme vermeiden, die sich aus Ämtern ergibt. Genau deshalb ist der von einer Unternehmergattin gewährte Privatkredit gefährlich für Wulff. Denn er vervollständigt das Bild eines Politikers, der eben nicht nur nahe Freundschaften zu Firmenchefs pflegt, was nicht problematisch wäre, sondern der persönlich von diesen nahen Kontakten profitiert hat. Und darüber am liebsten schweigt.

Dass Wulff die Grenze zwischen Politik und Wirtschaft eigenwillig zieht, ist nicht neu. Das bewies er mit einem Urlaub in der Villa des Millionärs Maschmeyer und mit Business-Class-Flügen, die er sich vom Air-Berlin-Chef sponsern ließ. Wenn es um Buddygeschäfte geht, ist Wulff ein Wiederholungstäter. (…) Seinem Amt fügt Wulff doppelten Schaden zu – indem er Privates und Politisches nicht sauber trennt. Und indem er sich rechtfertigt wie ein bürokratischer Erbsenzähler.«[58]

Die medialen Einschläge kommen an diesem 13. Dezember von allen Seiten, von links und von rechts. Das war nicht unbedingt zu erwarten. Es war nicht anzunehmen, dass sich »Der Spiegel« und die »Süddeutsche Zeitung« mit dieser Wucht und Vehemenz an eine Enthüllung hängen würden, die von BILD kommt.

Und wie reagiert die Politik? Angela Merkel lässt durch ihren Regierungssprecher Steffen Seibert lediglich erklären: »Die Bundeskanzlerin hat volles Vertrauen in die Person und die Amtsführung von Christian Wulff.«[59] Es ist ungewöhnlich, dass sich die Spitzen des Staates – also Verfassungsorgane wie in diesem Fall Bundespräsident und Bundeskanzler – gegenseitig bewerten. Die Spitzenpolitiker der anderen Parteien schweigen; noch will keiner die Diskussion führen, die wenig später im Zentrum der Affäre steht. Die

Frage, ob Christian Wulff moralisch tauglich für das Amt ist, ob er das Gespür dafür hat, wie viel Nähe der Umgang zwischen Wirtschaft und Politik verträgt.

Warum bleibt es in den Parteien zunächst so still? Da ist zum einen der Respekt vor dem Amt und der Würde des Staatsoberhaupts. Da ist zum anderen aber auch das fehlende politische Interesse. Die CDU hat kein Interesse daran, dass Angela Merkel binnen 20 Monaten nach Horst Köhler der zweite Bundespräsident abhanden kommt, der durch ihre Gnade ins Amt fand. Die Kanzlerin weiß, wie dünn die Mehrheit in der Bundesversammlung ist und wie schwer ein neuer Kandidat gegen den Willen der Opposition durchzusetzen wäre. Auf dem Höhepunkt ihrer Beliebtheit will die Regierungschefin wahrscheinlich vermeiden, sich von der SPD bei der Suche nach einem neuen Bundespräsidenten düpieren zu lassen. Der Zittersieg ihres Wackelkandidaten Wulff bei der Wahl im dritten Wahlgang ist jedem in der Union noch in Erinnerung.

Die SPD hat auch kein Interesse an einer Auseinandersetzung um das Staatsoberhaupt. Ihr Kalkül: Bis zur nächsten Wahl des Bundespräsidenten wird die Partei eine Mehrheit in der Bundesversammlung gewinnen und selbst den Bundespräsidenten bestimmen können. Dazu kommt: Die Sozialdemokraten wollen nach den Amtszeiten von Gerhard Schröder, Gerhard Glogowski und Sigmar Gabriel wahrscheinlich keine Debatte um niedersächsische Ministerpräsidenten und deren Kontakte zu Unternehmern aus dem Land. Thomas Oppermann, der Parlamentarische Geschäftsführer der SPD-Bundestagsfraktion, erklärt lediglich: »Ich bin mir sicher, dass sich Christian Wulff dazu noch äußern wird. Ich habe da keine Empfehlungen zu geben.«[60] Nur Florian Pronold, stellvertretender SPD-Fraktionschef und bayerischer Landesvorsitzender, wagt sich weiter hinaus. Er sagt: »Wenn Christian Wulff den Landtag über seine tatsächlichen Beziehungen zu der Familie des Unternehmers getäuscht hat, dann hat er den moralischen Kredit verspielt, den er als Bundespräsident braucht.«[61]

Die Bundes-Grünen bleiben lange in Deckung. Fraktionschef Jürgen Trittin erklärt zu den Täuschungsvorwürfen zunächst: »Das ist – glaube ich – auch nicht mehr aus der Welt zu bringen.«[62] Später rudert Trittin zurück. Vielleicht auch deshalb, weil sein Name immer noch mit dem Rücktritt von Wulffs Amtsvorgänger Horst Köhler in Verbindung gebracht wird, den er mit Ex-Bundespräsident Heinrich Lübke verglichen hatte, wofür er sich übrigens entschuldigte. Trittin stellt sich später sogar vor Wulff und sagt in der ARD-Talkshow von Günther Jauch: »Der Ministerpräsident Wulff hat auf eine Frage nicht gelogen, aber an der Wahrheit vorbei geantwortet. Im politischen Meinungskampf eines Landtages kann das vorkommen. (…) In Landtagen geht es manchmal rustikaler zu als im Bundestag. Da kann so etwas passieren.«[63]

Und die FDP? Die Liberalen plagen im Jahr des Königmords ihres Parteivorsitzenden Guido Westerwelle mit aktuell drei Prozent in den Umfragen ganz andere Probleme. Es ist in den Dezembertagen 2011 nicht ansatzweise absehbar, dass die Liberalen im Mai 2012 bei den Landtagswahlen in Schleswig-Holstein und Nordrhein-Westfalen mit mehr als sieben Prozent der Stimmen doch wieder in die Parlamente einziehen würden.

Deutlich wird nur Die Linke. Fraktions-Vize Dietmar Bartsch erklärt: »Schnellstmögliche und abschließende Aufklärung in der Sache ist notwendig, damit das Amt keinen Schaden nimmt.«[64]

Doch die wichtigste Frage ist am Tag der ersten Veröffentlichung: Wie wird der Bundespräsident selbst auf die Vorwürfe und die massiven Kommentare reagieren? Hatte er überhaupt damit gerechnet, dass der Bericht nach seinem Drohanruf erscheint?

Wulff schweigt am 13. Dezember 2011. Nur das Bundespräsidialamt verbreitet eine Pressemitteilung, in der Wulffs Sprecher Olaf Glaeseker Stellung zu dem Bericht nimmt:

Zur heutigen Berichterstattung der BILD-Zeitung »Hat Wulff das Parlament getäuscht« erklärt der Sprecher des Bundespräsidenten, Olaf Glaeseker:
Die Anfrage der Abgeordneten Wenzel und Helmhold wurde im Niedersächsischen Landtag korrekt beantwortet. Die Anfrage bezog sich auf geschäftliche Beziehungen zu Herrn Egon

Geerkens oder zu einer Firma, an der Herr Geerkens betei-
ligt war. Solche geschäftlichen Beziehungen bestanden und
bestehen nicht. Es bestand eine Vereinbarung mit Frau Edith
Geerkens zu einem Darlehen aus ihrem Privatvermögen. Dem-
entsprechend wurde die unmissverständliche Anfrage wahr-
heitsgemäß verneint.

Durch den privaten Darlehensvertrag mit der mit dem Bundes-
präsidenten seit vielen Jahren befreundeten Frau Edith Geer-
kens wurde 2008 der Kauf des privaten Einfamilienhauses der
Eheleute Christian und Bettina Wulff in Burgwedel zu einem
Zinssatz von vier Prozent finanziert. Die fälligen Zinsen wur-
den fristgerecht gezahlt. Im Frühjahr 2010 ist dieses Privatdar-
lehen durch eine Bankfinanzierung mit niedrigerem Zinssatz
abgelöst worden. Der BILD-Zeitung und anderen Journalis-
ten wurde dieser Sachverhalt in den zurückliegenden Wochen
ausführlich mit Dokumenten dargelegt. Dabei wurde auch
der Name der Kreditgeberin gegen die Zusage genannt, diesen
aus Gründen des Datenschutzes und des Schutzes von Persön-
lichkeitsrechten nicht zu veröffentlichen, weil es sich um eine
Privatperson handelt.[65]

Ist das wirklich alles, was der Bundespräsident zu diesen massiven Vorwürfen mitzuteilen hat? Glaubt er wirklich, diese Erklärung – lediglich herausgegeben von seinem Sprecher – könne die Wogen glätten? Die dürre Erklärung des Bundespräsidenten könnte ein Beleg dafür sein, dass sich Christian Wulff zu dieser Zeit der Dimension der Affäre noch gar nicht richtig bewusst ist. Aber wie könnte er angesichts des verheerenden Presseechos davon ausgehen? Glaubt er etwa tatsächlich, die Vorwürfe könnten am hohen Amt abperlen? Oder ist ihm das Bewusstsein dafür abhanden gekommen, dass seine mit Gefälligkeiten und Vorteilsannahmen gepflasterte Vergangenheit zum Fallstrick werden könnte?

Politiker stürzen in der Regel nicht allein über die Vorwürfe, die gegen sie erhoben werden. Sie werden stattdessen oft Opfer ihres schlechten Krisenmanagements.

In diesem Fall beginnt das schlechte Krisenmanagement bereits mit Unwahrheiten in der Presseerklärung. Wulffs Sprecher behauptet darin, der Reporter habe die Zusage gegeben, den Namen der Kreditgeberin nicht zu veröffentlichen. Das ist falsch. Richtig ist vielmehr das Gegenteil. BILD-Reporter Martin Heidemanns war sieben Tage zuvor vor der Einsichtnahme des Darlehensvertrags im Bundespräsidialamt zwar um die Zusage gebeten worden, den Namen des Kreditgebers nicht zu nennen. Doch er hatte dies ausdrücklich abgelehnt.

Falsch in der Erklärung ist auch die Behauptung, die Zinsen seien stets rechtzeitig vom Ehepaar Wulff gezahlt worden. Tatsache ist: Die Zinsen für die Monate Januar, Februar und März 2010 in Höhe von 4998 Euro wurden erst per Überweisung vom 19. Mai bezahlt, wie Wulffs Rechtsanwalt später einräumen muss.

Die Deutsche Presse-Agentur fasst am 13. Dezember 2011 die Erklärung Wulffs in der Überschrift so zusammen: »Wulff lässt Täuschungsvorwurf zurückweisen.«

Zwei Sätze von Christian Wulff hätten an diesem 13. Dezember 2011 vielleicht gereicht, um die Diskussion um die Kredit-Affäre und die Täuschung des Landtags im Keim zu ersticken. Er hätte nur sagen müssen: »Liebe Mitbürgerinnen und liebe Mitbürger, ich habe einen Fehler im Zusammenhang mit der Finanzierung meines Hauses begangen und in diesem Zusammenhang als Ministerpräsident das Parlament des Landes Niedersachsen getäuscht. Ich bitte Sie aufrichtig um Verzeihung.«

Doch diese beiden Sätze bringt das Staatsoberhaupt nicht über die Lippen.

14. DEZEMBER 2011:
DER MILLIONÄRSFREUND SPRICHT

Der Tag danach. Deutschland hat ein Thema, das die Nation weitere 66 Tage aufwühlen wird. Bis zum Rücktritt. Dieses Thema trägt von nun an den Titel »Kredit-Affäre Wulff«.

Zwei Erkenntnisse sind am Tag danach gewonnen. Erstens: Die Fakten in der Kredit-Affäre Wulff – recherchiert und exklusiv veröffentlicht von BILD – sind absolut unstrittig und über jeden Zweifel erhaben. Der Bundespräsident unternimmt nicht einmal im Ansatz den Versuch, diese Fakten zu widerlegen. Zweitens: In der Einordnung dieser Fakten kommen sämtliche Medien und Kommentatoren zu einem ähnlichen vernichtenden Urteil.

Frank Schirrmacher, Herausgeber der »Frankfurter Allgemeinen Zeitung«, schreibt an diesem 14. Dezember 2011 in seinem Leitartikel: »Dieser Bundespräsident wird künftig schweigen müssen. (…) Dass das deutsche Staatsoberhaupt in eine dubiose Kreditaffäre stürzt, während ein ganzer Kontinent erlebt, was die Abhängigkeit von Krediten und Ratings bedeutet, das ist einfach nur furchtbar. Dass Christian Wulff nicht verstanden hat, dass es ausschließlich darauf ankommt, wie er mit der Affäre umgeht, also: wie er redet, ist bizarr. Die Frage, ob ihn der Freundesdienst abhängig machte, ist durch das Verschweigen im Landtag bereits beantwortet.« Ein Kommentar wie ein Fallbeil: »Das Staatsoberhaupt muss in der größten Kredit- und Finanzkrise der Jetztzeit in der Lage sein zu reden, ohne dass die Leute anfangen zu lachen. (…) Innerhalb von 24 Stunden ist dem amtierenden Bundespräsidenten eine ganze moralische Kategorienwelt abhanden gekommen.«[66]

Einen Tag nach der Veröffentlichung interessieren sich die BILD-Reporter erneut für Egon Geerkens, den angeblich »väterlichen Freund«. Welche Rolle spielte der ehemalige Schmuck- und Antiquitätenhändler, der seinen Lebensabend scheinbar sorglos in seiner Wahlheimat Schweiz verbringt, bei dem 500.000-Euro-Darlehen? Offiziell – so steht es im Darlehensvertrag – soll den Kredit seine Ehefrau gewährt haben.

Als die BILD-Reporter Egon Geerkens drei Tage vor der ersten Veröffentlichung in der Schweiz besuchten, mochte sich der ältere Herr zum Darlehen nicht äußern. Das ginge niemanden etwas an. Jetzt steht er öffentlich im Mittelpunkt der Affäre um das deutsche Staatsoberhaupt. In jeder Nachrichtensendung fällt sein Name. Überall ist das Foto gedruckt, das ihn mit seiner 18 Jahre jüngeren

Ehefrau zeigt. Noch während seines Staatsbesuchs in den arabischen Ländern – also unmittelbar nach der Enthüllung der Kredit-Affäre – soll Wulff sich bei Geerkens per SMS dafür entschuldigt haben, dass dieser nun wegen des 500.000-Euro-Darlehens in die Öffentlichkeit gezogen werde. Von Kuwait aus soll er dem »lieben Egon« mitgeteilt haben, dass es ihm leidtue.[67]

Am 14. Dezember 2011 bekommt Egon Geerkens einen Anruf von »Spiegel«-Reportern. Der joviale Selfmade-Millionär lässt sich in dieses Gespräch verwickeln. Geerkens – ein freundlicher älterer Herr, unerfahren im Umgang mit der Presse – kommt bei der kurzen Begegnung ins Plaudern. Warum brauchte der Ministerpräsident damals überhaupt den Kredit, wollen die Reporter wissen. Die Antwort von Geerkens ist ehrlich. »Christian musste sein Leben neu ordnen«, sagt der wohlhabende Ruheständler. »Und jeder weiß, dass Scheidungen teuer sind.« Die Sache mit dem Darlehen sei dem Ehepaar im Jahr 2008 sogar gelegen gekommen. »Die Bankenkrise begann, und man wusste doch nicht, wem man eigentlich noch Geld leihen kann«, erklärt Geerkens. »Uns war geholfen und ihm auch.«[68]

In der Redaktion von BILD laufen zu dieser Zeit die Recherchen über den Geldfluss. Wie erhielten die Wulffs die 500.000 Euro? Darüber gibt es im Kreditvertrag keine Angaben. Kam das Geld aus der Schweiz? Falls ja, von welchem Konto? Das ist aus zwei Gründen interessant zu wissen. Erstens: Ist Egon Geerkens in Wirklichkeit der Kontoinhaber, dann würde es schwierig für Wulff, die Behauptung aufrechtzuerhalten, Egon Geerkens habe mit dem Kreditvertrag nichts zu tun und seine Ehefrau allein sei die Darlehensgeberin. Zweitens: Kommt das Geld von einem Konto einer Schweizer Bank, wäre es nicht ausgeschlossen, dass es sich um nicht versteuertes Geld handelt.

Offenbar nahm das kleine Vermögen einige Umwege, ehe es die Wulffs erreichte. Die Recherchen ergeben: Die 500.000 Euro wurden zunächst aus der Schweiz auf ein Konto in Osnabrück transferiert. Dort ließ man den Bundesbankscheck ausstellen, den die Wulffs bekamen. Ein derartiger Scheck trägt wie bereits erwähnt keine Unterschrift, der Geldgeber bleibt damit anonym. Die Rückzahlung des Kredits im Jahr 2010 erfolgte wiederum direkt auf ein Konto bei der Sparkasse in Osnabrück. Dieses Konto gehört Egon und Edith Geerkens gemeinsam.

Deshalb ruft BILD-Reporter Heidemanns Egon Geerkens erneut an. Vielleicht ist er diesmal bereit, detailliertere Auskünfte zu geben. Der Pensionär ist im Telefongespräch reserviert, aber freundlich. Zunächst beklagt er erneut, dass ihn der BILD-Kollege Harbusch in der Schweiz ein paar Tage zuvor ohne vorherige Anmeldung besucht habe. Zudem sei die Visitenkarte, die ihm der Reporter übergab, geknickt gewesen. Man möge ihm bitte nicht übel nehmen – so versucht Egon Geerkens das Gespräch zu beenden –, dass er sich zur Sache näher nicht äußern wolle.

Noch am gleichen Tag geht deshalb ein weiterer Fragenkatalog an das Bundespräsidialamt.

Lieber Herr Glaeseker,
nach den Äußerungen von Herrn Geerkens gegenüber Spiegel.de ergeben sich folgende Nachfragen, um deren Beantwortung wir freundlich bitten:
1. Trifft es zu, dass Frau Geerkens die 500.000 Euro zunächst von der Schweiz aus auf das Osnabrücker Konto ihres Ehemannes überwies?
2. Trifft es zu, dass Herr Geerkens den Bundesbankscheck mit der Nummer 8338 für das Ehepaar Wulff ausstellte und unterschrieb?
3. Auf welches Konto wurden die Zinsen in Höhe von 1666 Euro monatlich vom Ehepaar Wulff überwiesen? Wer ist der Kontoinhaber?
4. Auf welches Konto überwies die BW-Bank die 500.000 Euro zur Ablösung des privaten Darlehens? Wer ist der Kontoinhaber?
5. Hat sich das Ehepaar Wulff versichert, dass es sich bei der Darlehenssumme aus dem Privatvermögen von Frau Geerkens um versteuertes Geld handelt?

Die Anfrage wird noch am gleichen Tag um 18.33 Uhr beantwortet. Die Mail kommt von Petra Diroll aus der Pressestelle des Bundespräsidialamtes.

Sehr geehrter Herr Heidemanns,

nachdem es uns gelungen ist, kurzzeitig telefonischen Kontakt zu Herrn Glaeseker aufzunehmen, übermittle ich Ihnen im Auftrag von Herrn Glaeseker die soeben fernmündlich übermittelten Antworten.

Mit freundlichen Grüßen

P. Diroll i.A. O. Glaeseker

1. Nein, Frau Geerkens hat die Darlehenssumme von der Schweiz auf ihr eigenes Konto bei der Sparkasse Osnabrück überwiesen.

2. Nein, der Scheck mit der Nummer 8338 ist von der Bundesbank ausgestellt worden.

3. Die monatlichen Zinsen in Höhe von 1666,00 Euro sind auf das Konto von Frau Edith Geerkens bei der Sparkasse Osnabrück überwiesen worden.

4. Die Antwort wird nachgereicht.

5. Dazu bestand keine Veranlassung.

Mit freundlichen Grüßen

Olaf Glaeseker

Während Pressesprecher Glaeseker die Fragen beantwortete, ist Christian Wulff von seinem Staatsbesuch aus der Golfregion zurückgekehrt. Am Mittag empfängt er den tadschikischen Präsidenten im Schloss Bellevue. Eigentlich ein Routinetermin, für den sich Presse und Öffentlichkeit gewöhnlich nicht sonderlich interessieren. Am Tag eins nach der Enthüllung ist das anders. 30 Journalisten sind gekommen. Sie wollen sehen, wie Wulff sich gibt. Und sie wollen hören, was er zur Kredit-Affäre zu sagen hat. Doch das Staatsoberhaupt schweigt dazu. Eine Gelegenheit, ihn direkt zu befragen, haben die Journalisten nicht.

Deshalb schickt BILD dem Bundespräsidenten weitere noch offene Fragen. Besonderes Augenmerk gilt diesmal dem Bundesbankscheck, den die Wulffs erhielten. Der Frage am Vormittag nämlich, wer diesen Scheck unterschrieben habe, war der Sprecher des Bundespräsidenten bei seiner Antwort ausgewichen. Nun ein zweiter Versuch:

Lieber Herr Glaeseker,
vielen Dank für die Beantwortung der Fragen. Zu den noch offenen Punkten bitte ich um Beantwortung folgender Fragen:
1. Wer unterschrieb den Bundesbankscheck 8338? Wer war Inhaber des Kontos?
2. Wie lautet die Bankverbindung des Kontos von Frau Geerkens, auf das die Zinsen überwiesen wurden?
3. Ist Frau Geerkens alleinige Kontoinhaberin dieses Kontos?
4. Auf welches Konto überwies die BW-Bank die 500.000 Euro zur Ablösung des Darlehens?
5. Wann geschah die Überweisung?
6. Wer waren die Kontoinhaber des Kontos, auf das die Summe überwiesen wurde?
7. Warum ist das Darlehen der BW-Bank nicht im Grundbuch eingetragen?
8. Sind Sie bereit, mir erneut Einsicht in die Kontoauszüge zu geben?
9. Am 1. Oktober 2008 wurde der Kaufvertrag geschlossen, am 25. Oktober 2008 der Darlehensvertrag. Vom 2. bis 11. Oktober begleitete Herr Geerkens den damaligen Ministerpräsidenten Wulff auf einer Auslandsreise. Wann und wo wurden die Inhalte des Darlehensvertrags erörtert?
10. In welcher Funktion nahm Herr Geerkens an der Dienstreise nach Indien und China teil?
11. Hat Christian Wulff als Ministerpräsident mit dem Privatkredit durch Geerkens gegen den gemeinsamen Runderlass des Niedersächsischen Innenministers, der Staatskanzlei und der übrigen Minister vom 1. September 2009 mit dem

Titel » Verbot der Annahme von Belohnungen und Geschenken« verstoßen? Wie bewertet der Bundespräsident diese Angelegenheit?

12. Unter dem Punkt »Grundsätzliches Annahmeverbot« heißt es: Aufgrund der generellen Gefahr für den Anschein der Empfänglichkeit für private Vorteile ist die Annahme folgender Leistungen grundsätzlich untersagt: Im Punkt D »die Gewährung besonderer Vergünstigungen bei Privatgeschäften (z. B. zinslose oder zinsgünstige Darlehen)« – hat der damalige Ministerpräsident Wulff gegen diese Regel verstoßen?

Christian Wulff ist gerade auf dem Weg zum Berliner »ewerk«, einem ehemaligen Kraftwerk, zur Verleihung des »Deutschen Zukunftspreises«. Die Veranstaltung wird am Abend im ZDF übertragen. Der Preis, gestiftet seit 1997 vom Bundespräsidenten, ist mit 250.000 Euro dotiert. Christian Wulff wirkt angespannt und verunsichert, als er die Bühne betritt. Er verleiht den Preis an Professor Karl Leo und dessen Mitarbeiter vom Dresdner Fraunhofer-Institut für Photonische Mikrosysteme. Sie haben kostengünstige organische Halbleiter entwickelt, die in Displays und Leuchten zum Einsatz kommen. Während der Preisverleihung muss sich Wulff im Gespräch mit einem Wissenschaftler einem Reaktionstest unterziehen. Er soll ein kleines Holzstück auffangen, das der Forscher vor seinen Händen fallen lässt. Wulff reagiert – und das würde jedem anderen auch bei diesem Experiment passieren – zu spät.[69]

Aber wie werden er und seine Berater an diesem Abend auf die Anfrage von BILD reagieren? Die Antwort kommt um 18.04 Uhr von seinem Pressesprecher Olaf Glaeseker. Sie lautet:

Sehr geehrter Herr Heidemanns,
hier die von Ihnen erbetenen Antworten.
Besten Gruß
Ihr Olaf Glaeseker

Frage: Wer unterschrieb den Bundesbankscheck 8338? Wer war Inhaber des Kontos?
Antwort: Derartige Schecks tragen keine Unterschrift. Edith Geerkens war Inhaberin des Kontos.

Frage: Wie lautet die Bankverbindung des Kontos von Frau Geerkens, auf das die Zinsen überwiesen wurden?
Antwort: Es handelt sich um das Konto von Edith Geerkens bei der Sparkasse Osnabrück.

Frage: Ist Frau Geerkens alleinige Kontoinhaberin dieses Kontos?
Antwort: Ja.

Frage: Auf welches Konto überwies die BW-Bank die 500.000 Euro zur Ablösung des Darlehens?
Antwort: Ausweislich des Überweisungsträgers der BW-Bank war Edith Geerkens Begünstigte der Überweisung.

Frage: Wann geschah die Überweisung?
Antwort: Am 27. März 2010.

Frage: Wer waren die Kontoinhaber des Kontos, auf das die Summe überwiesen wurde?
Antwort: Es war ein »Oder-Konto« von Edith oder Egon Geerkens.

Frage: Warum ist das Darlehen der BW-Bank nicht im Grundbuch eingetragen?
Antwort: Die BW-Bank hat sich den Grundschuldbrief über 500.000 Euro notariell abtreten lassen mit der Ermächtigung, die Abtretung jederzeit im Grundbuch eintragen zu lassen. Damit ist die Bank bei der öffentlichen Wahrnehmung der Kreditnehmer nicht schlechter gestellt als mit der Eintragung.

Frage: Sind Sie bereit, mir erneut Einsicht in die Kontoauszüge zu geben?

Antwort: Ja.

Frage: Am 1. Oktober 2008 wurde der Kaufvertrag geschlossen, am 25. Oktober 2008 der Darlehensvertrag. Vom 2. bis 11. Oktober begleitete Herr Geerkens den damaligen Ministerpräsidenten Wulff auf einer Auslandsreise. Wann und wo wurden die Inhalte des Darlehensvertrags erörtert?

Antwort: Die Gespräche wurden vor Abschluss des Kaufvertrages geführt.

Frage: In welcher Funktion nahm Herr Geerkens an der Dienstreise nach Indien und China teil?

Antwort: Als Teilnehmer der Wirtschaftsdelegation auf eigene Rechnung.

Frage: Hat Christian Wulff als Ministerpräsident mit dem Privatkredit durch Geerkens gegen den gemeinsamen Runderlass des Niedersächsischen Innenministers, der Staatskanzlei und der übrigen Minister vom 1. September 2009 mit dem Titel »Verbot der Annahme von Belohnungen und Geschenken« verstoßen? Wie bewertet der Bundespräsident diese Angelegenheit?

Antwort: Es bedurfte keiner Anzeige nach dem Ministergesetz. Herr Wulff hat weder eine Belohnung noch ein Geschenk in Bezug auf sein Amt angenommen. Es handelte sich eindeutig um einen privaten Darlehensvertrag, dessen Konditionen zwischen beiden Seiten verhandelt worden waren und den Herr Wulff gemeinsam mit Frau Wulff als Privatperson abgeschlossen hat. Mit der Darlehensgeberin verbindet ihn ausschließlich eine enge, langjährige Freundschaft und keinerlei geschäftliche oder berufliche Interessen.

*Frage: Unter dem Punkt »Grundsätzliches Annahmeverbot«
heißt es: Aufgrund der generellen Gefahr für den Anschein der
Empfänglichkeit für private Vorteile ist die Annahme folgender
Leistungen grundsätzlich untersagt: Im Punkt D »die Gewährung besonderer Vergünstigungen bei Privatgeschäften (z. B.
zinslose oder zinsgünstige Darlehen)« – hat der damalige Ministerpräsident Wulff gegen diese Regel verstoßen?
Antwort: Es handelte sich um ein Privatdarlehen. Der vereinbarte Zinssatz wurde den Interessen beider Vertragspartner
gerecht und entsprach den damals üblichen Konditionen eines
auf der Grundlage freundschaftlicher Beziehungen vereinbarten Privatdarlehens. Die Darlehensgeberin erzielte eine Zins-
rendite deutlich über den damaligen Marktkonditionen.*

Diese Antworten lassen nur einen Schluss zu. Christian Wulff will
offenbar bei seiner Strategie bleiben und den höchst fragwürdigen
Kredit als einen völlig gewöhnlichen Vorgang darstellen.

Das ist erstaunlich angesichts der Schlagzeilen, die er am Morgen lesen musste. »Privatkredit bringt Wulff in Bedrängnis«, hatte
die »Süddeutsche Zeitung« getitelt.[70] »Wulffs Kredit wird politisch«,
schrieb »Der Tagesspiegel«.[71] Und die »FAZ« beschreibt die ganze
Tragweite auf Seite eins: »Vorwürfe gegen Wulff erfüllen Berliner
Koalition mit Sorge.«[72]

Und nur ein Tag ist seit der Enthüllung der Kredit-Affäre ver-
gangen, da entlädt sich schon der erste Spott über den Mann aus
Niedersachsen. Das Amt des Bundespräsidenten schützt Christian
Wulff vor bitterer Satire nicht.

Hans Zippert, ehemaliger Chefredakteur des Satiremagazins »Ti-
tanic«, schreibt am 14. Dezember 2011 in seiner »Welt«-Kolumne
»Zippert zappt«: »Christian Wulff ist ein Mann mit tätowierter Gattin und vermögenden Freunden. Was die wenigsten wissen: Von
Beruf ist Wulff Bundespräsident, ein Amt, für das man keinerlei
Ausbildung braucht und das sich deshalb eigentlich für schwer Ver-
mittelbare mit Migrationshintergrund eignen würde. Stattdessen
bekam Wulff den Job, dabei war er schon Ministerpräsident. Wulff

ist ein Glücksfall. Tritt er im Ausland in Erscheinung, macht er immer ein leicht besorgtes Gesicht. Das wirkt so, als wolle er gleich auf Menschenrechtsverletzungen oder Verstöße gegen die Pressefreiheit hinweisen, tatsächlich deutet es auf Probleme mit fremdem Essen hin. Sobald er nicht im Fernsehen ist, vergisst man, dass es ihn überhaupt gibt. Oft vergisst man ihn schon, während man ihm zusieht. Wulff schafft das Amt ab, indem er es ausübt. Damit er selber bemerkt, dass es ihn gibt, ist es notwendig, dass er hin und wieder einen Skandal produziert. Im aktuellen Fall geht es um Geld und Halbwahrheiten. Einige fordern bereits seinen Rücktritt, andere wollen erst mal wissen, wovon Wulff überhaupt zurücktreten könnte.«[73]

Doch der 14. Dezember 2011 liefert ein weiteres innenpolitisches Thema von höchstem Gewicht. FDP-Generalsekretär Christian Lindner erklärt seinen Rücktritt. Exakt zwei Jahre, nachdem ihn der damalige Parteichef Guido Westerwelle ins Amt berufen hatte. Lindner gibt sein Amt mit dem Hinweis auf, es gebe den Moment, »in dem man seinen Platz frei machen muss, um eine neue Dynamik zu ermöglichen«.[74]

Ein Affront gegen den neuen Parteichef Philipp Rösler. Der Lindner-Rücktritt löst ein Beben in der FDP aus, deren Umfragewerte inzwischen auf zwei Prozent gestürzt sind. Wird die Krise der Liberalen das Thema Wulff aus den Schlagzeilen verdrängen? Gewinnt der Bundespräsident durch den parteiinternen Zank der FDP Luft im Kampf um sein Amt?

Am Abend des 14. Dezember 2011 geht es in der ARD-Talkshow von Anne Will um den Ex-Generalsekretär und den Noch-Bundespräsidenten. Einen Tag zuvor war für die Sendung noch eine Diskussion über die »Überversorgung« der Beamten geplant. Jetzt ist das Thema: »Lindners Rücktritt, Wulffs Kredit – Was ist los mit unseren Politikern?«

»stern«-Autor Hans-Ulrich Jörges, der Talkshow-Nomade, ist gekommen. Für die FDP zieht Dirk Niebel in die Redeschlacht. Der Entwicklungshilfeminister soll das Debakel der Liberalen kleinreden. Für die CDU tritt Peter Altmaier an, der in den nächsten

Wochen in unzähligen TV-Interviews für Wulff kämpft. An diesem Abend aber wirkt Wulffs Parteifreund noch unentschlossen. Es sei legitim, über Wulffs Fehler zu reden, erklärt er. Doch mit einem wohl unüberlegten Satz torpediert er die Bemühungen des Bundespräsidenten, zur Tagesordnung überzugehen. Altmaier sagt:»Wir stehen erst am Anfang der Diskussion.« Damit wird er recht behalten. Für den TV-Journalisten Christoph Lütgert vom ARD-Magazin »Panorama« aber sind die Diskussion und die Bewertung um den Bundespräsidenten offenbar schon abgeschlossen. Der langjährige Chefreporter des Norddeutschen Rundfunks erklärt:»Ich würde mir seinen Rücktritt wünschen, weil er seine Glaubwürdigkeit verloren hat.«[75]

Mehr als 30 Talkshows, in denen das Staatsoberhaupt der Deutschen im Mittelpunkt steht, werden in den nächsten Wochen bei ARD und ZDF noch folgen.

15. DEZEMBER 2011:
DER PRÄSIDENT BRICHT SEIN SCHWEIGEN

Vielleicht kam der Bundespräsident bei seiner Morgenlektüre der Zeitungen zum Entschluss, endlich die Reißleine zu ziehen und eine persönliche Erklärung abzugeben. Vielleicht geschah es aber auch auf sanften Druck von Kanzlerin Angela Merkel. Auf jeden Fall muss Christian Wulff an diesem 15. Dezember 2011 begriffen haben, dass die Luft für ihn mit jedem Tag dünner wird.

»Wir brauchen einen neuen Bundespräsidenten«, fordert zum Beispiel die »Berliner Zeitung«. Die Ansprüche, die an einen Bundespräsidenten zu stellen sind, schreibt das Blatt, habe Wulff glatt unterlaufen.»Das liegt, wie bei vielen anderen Affären, nicht einmal zuerst an dem Privatkredit, den er erhielt. Es liegt vor allem an der Art, wie der damalige Ministerpräsident dem Niedersächsischen Landtag dieses Darlehen verschwieg. Und es liegt an der Form, in der Wulff diese Vorgänge nun über seinen Sprecher zu bereinigen versuchte. Während Deutschlands höchster Repräsentant arabische

Länder bereiste und Botschafter empfing, schrumpfte er als Person zu dem taktierenden Provinzpolitiker, der er einst war. Er erweist sich damit als zu klein für das große Amt.«[76]

Die Wochenzeitung »Die Zeit« wirft Wulff rhetorische Trickserei vor und schreibt unter dem Titel »Kredit verspielt«: »Was ist von den Instinkten eines Politprofis zu halten, der solche Geschäfte macht? Fand er nichts dabei, dass Monat für Monat eine Überweisung von einem Konto des niedersächsischen Ministerpräsidenten auf ein Konto einer niedersächsischen Unternehmer-Gattin ging? Hat er nicht bedacht, dass schon der böse Anschein einer Verflechtung von wirtschaftlichen und politischen Interessen verheerend sein kann?« Nur eine freimütige Rede und das unbedingte Eingeständnis seiner Fehler, so »Die Zeit«, könnte jetzt noch einen weiteren Vertrauensverlust stoppen.[77]

48 Stunden nach Bekanntwerden der Kredit-Affäre entschließt sich Christian Wulff zu zwei Schritten. Er bittet in einem Telefongespräch mit BILD-Chefredakteur Kai Diekmann persönlich um Entschuldigung für Ton und Inhalt seines Anrufs und räumt ein, dass dies ein Fehler gewesen sei. Damit folgt er dem Rat seines Sprechers Olaf Glaeseker, der erst kurz zuvor von Wulffs Mailbox-Nachricht informiert worden war. Glaeseker hält sich im Büro des Bundespräsidenten auf, während das Staatsoberhaupt beim BILD-Chefredakteur um Entschuldigung bittet.

Dann wendet sich der Bundespräsident endlich auch erstmals selbst an die Öffentlichkeit. Doch eine freimütige Rede des Bedauerns, wie in den Medien und von der Öffentlichkeit gefordert, wird es nicht. Stattdessen lässt der Bundespräsident am 15. Dezember 2011 lediglich eine zweiseitige Erklärung veröffentlichen. Sie ist gedruckt auf dem Briefkopf des Bundespräsidialamtes nebst Bundesadler und wird über die Presseagenturen verbreitet sowie auf die Homepage des Bundespräsidenten gestellt. Der Wortlaut:

Die Wahrnehmung öffentlicher Ämter verlangt zu jedem Zeitpunkt ein hohes Maß an Integrität und Verantwortungsbewusstsein. Dies gilt in ganz besonderer Weise für das Amt des

Bundespräsidenten. Ich habe bei Übernahme meines Amtes zugesagt, meine Pflichten gewissenhaft zu erfüllen und Gerechtigkeit gegen jedermann zu üben. Dieser Anspruch ist mir Verpflichtung.

In den zurückliegenden Tagen ist über einen Vorgang aus meiner Amtszeit als niedersächsischer Ministerpräsident berichtet worden. Mir ist daran gelegen, diesen Vorgang vollständig klarzulegen.

Bei den zitierten parlamentarischen Anfragen aus dem Niedersächsischen Landtag ging es darum, ob geschäftliche Beziehungen zwischen mir oder dem Land Niedersachsen auf der einen Seite und Herrn Egon Geerkens, einem weiteren Unternehmer oder Firmen, an denen diese beteiligt waren, auf der anderen Seite bestanden. Das war nicht der Fall. Dementsprechend habe ich die gestellten Fragen beantwortet und keine Veranlassung gesehen, den privaten Darlehensvertrag mit Frau Geerkens zu erwähnen.

Ich erkenne an, dass hier ein falscher Eindruck entstehen konnte. Ich bedauere das. Es wäre besser gewesen, wenn ich auf die Anfrage der niedersächsischen Abgeordneten im Landtag über die konkreten Fragen hinaus auch diesen privaten Vertrag mit Frau Geerkens erwähnt hätte, denn in der Sache hatte und habe ich nichts zu verbergen.

Meine Frau und ich haben im Zusammenhang mit dem Kauf unseres Eigenheims in Burgwedel am 25. Oktober 2008 zunächst einen Privatkredit zu einem Zinssatz von 4 Prozent bei Frau Edith Geerkens aufgenommen. Zu ihr besteht eine langjährige und persönliche Freundschaft. Im Dezember 2009 – also vor den Anfragen im Niedersächsischen Landtag – habe ich Gespräche mit einem Privatkundenberater der BW-Bank aufgenommen. Diese von Herrn Geerkens angeregten Gespräche führten am 21. März 2010 zur Unterzeichnung eines kurzfristigen und rollierenden Geldmarktdarlehens mit günstigerem Zinssatz als zuvor. Mit den Mitteln dieses Kreditvertrages wurde das private Darlehen zurückgezahlt. Inzwischen habe

ich das Geldmarktdarlehen in ein langfristiges Bankdarlehen festgeschrieben.
Ich verstehe das Interesse der Öffentlichkeit und der Medien. Um Transparenz herzustellen, habe ich vor sämtlichen Berichterstattungen den anfragenden Journalisten den Kreditvertrag und die private Kreditgeberin offengelegt. Auch im Interesse der Trennung von Amt und Person werde ich die Vertragsunterlagen und weitere Papiere bei einem Anwaltsbüro hinterlegen, damit interessierte Medien sie einsehen können.[78]

Ein Befreiungsschlag ist diese Erklärung nicht. Sie wirft eher noch mehr Fragen auf. Warum zum Beispiel wählte Wulff für seine doch eigentlich persönliche Erklärung den Briefkopf des Bundespräsidialamtes und nicht den des Bundespräsidenten? Sollte die Erklärung dadurch einen offizielleren, ja fast amtlichen Charakter bekommen?

Zur Täuschung des Niedersächsischen Landtags erklärt Wulff lapidar: »Ich erkenne an, dass hier ein falscher Eindruck entstehen konnte.« Aber es bleibt das Gefühl, dass er ganz bewusst diesen Eindruck erwecken wollte. Auffällig ist auch: Das Staatsoberhaupt entschuldigt sich in seiner Erklärung nicht. Wulff bittet nicht um Verzeihung. Er bedauert lediglich. Es bleibt ein unguter Nachgeschmack. Und ein deutscher Bundespräsident auf Abruf oder zumindest auf Bewährung.

GERNOT LEHR – DER ANWALT AN WULFFS SEITE

Bei seiner Verteidigung setzt Christian Wulff ab sofort nicht mehr allein auf seinen Pressesprecher und Vertrauten Olaf Glaeseker und seinen Amtschef Lothar Hagebölling. Stattdessen beauftragt der Bundespräsident mit der Wahrnehmung seiner Interessen den Juristen Gernot Lehr, seit 24 Jahren Rechtsanwalt in der renommierten Kanzlei Redeker Sellner Dahs mit Niederlassungen in Bonn und

Berlin. Gernot Lehr ist der Sohn der CDU-Politikerin Ursula Lehr, die von 1988 bis 1991 dem Kabinett Kohl als Familienministerin angehörte. Der 55-jährige Jurist ist spezialisiert auf Medien- und Presserecht. Dass Christian Wulff in dieser Situation ausgerechnet ihm das Mandat erteilt, ist offenbar kein Zufall.

Wulff war auf den renommierten Juristen aufmerksam geworden, weil Lehr in der Vergangenheit mehrfach Politiker aus allen großen Parteien vertreten hatte. Sachsens CDU-Ministerpräsident Stanislaw Tillich zählte ebenso zu seinen Mandanten wie Ex-Bundestagspräsidentin Rita Süssmuth, NRW-Ministerpräsidentin Hannelore Kraft und die SPD-Urgesteine Franz Müntefering und Kurt Beck.

Doch da ist noch etwas, was den Marathonläufer und Vater von drei erwachsenen Kindern für das Mandat des Staatsoberhauptes prädestiniert. Der Rechtsanwalt, der in Justizkreisen als akribisch in der Arbeit und besonnen in der Prozessführung gilt, hatte schon dem Altbundespräsidenten Johannes Rau in einer ähnlichen Lage rechtlichen Beistand geleistet. Der ehemalige SPD-Ministerpräsident von Nordrhein-Westfalen – Bundespräsident von 1999 bis 2004 – stand im Zentrum der Düsseldorfer Flugaffäre. Diese Affäre holte Johannes Rau zu seiner Amtszeit im Jahr 2000 im Schloss Bellevue ein. Der Vorwurf lagerte ähnlich wie bei Christian Wulff. Johannes Rau soll bei Flügen auf Kosten der landeseigenen Westdeutschen Landesbank Privates und Dienstliches nicht ausreichend getrennt haben. Zwischen den Jahren 1988 und 1997 soll er insgesamt 50-mal auf Kosten der WestLB gereist sein, wie ein Bericht des Untersuchungsausschusses belegte. Auch andere namhafte Sozialdemokraten und CDU-Politiker hatten immer wieder die Flugdienste der WestLB in Anspruch genommen.[79]

Rau beteuerte, es seien keine privaten Reisen gewesen. Doch er verstrickte sich bei seinen Einlassungen in Widersprüche. Sein Verteidiger Gernot Lehr erklärte schließlich, dass es sich angesichts der vielen Termine des Politikers nicht exakt trennen ließe, ob Rau als Ministerpräsident oder Parteipolitiker auf Reisen war. Reine Privatflüge könnten aber ausgeschlossen werden. Das Gegenteil konnte nie bewiesen werden. Mit Hilfe von Gernot Lehr überstand Johannes Rau die Düsseldorfer Flugaffäre. Sie blieb nur eine kleine Fuß-note in seiner Amtszeit.

Am Morgen des 16. Dezember 2011 wird Gernot Lehr für Chris-tian Wulff erstmals tätig. Auf der Internetseite des Bundespräsiden-ten lässt das Staatsoberhaupt mitteilen:»Bundespräsident Christian Wulff wird, wie in seiner heutigen Erklärung angekündigt, Herrn Rechtsanwalt Gernot Lehr, Partner der Sozietät Redeker Sellner Dahs, beauftragen, anfragenden Journalisten in die Vertragsunter-lagen bezüglich seines Kreditvertrages Einsicht zu gewähren. Die Unterlagen werden Herrn Lehr übermittelt. Die Akteneinsicht wird im Berliner Büro der Sozietät Redeker Sellner Dahs in der kom-menden Woche organisiert. Wenn Sie sich für einen Termin zur Einsichtnahme anmelden wollen, kontaktieren Sie bitte Herrn Lehr unter oben genannter E-Mail-Adresse.«[80] Noch an diesem Tag bittet BILD-Reporter Nikolaus Harbusch um einen solchen Termin.

16. DEZEMBER 2011:
BESUCH BEI WULFFS ANWALT

Welche Unterlagen wird Christian Wulff bei seinem Rechtsanwalt vorlegen? Was können die Redakteure einsehen, was sie nicht schon längst kennen? Vielleicht – das wäre tatsächlich die versprochene Transparenz – gewährt der Bundespräsident Einsicht in die Dar-lehensverträge, die er mit der BW-Bank in Stuttgart schloss, um seinen Kredit bei den Geerkens abzulösen.

Reporter Harbusch bekommt seinen Termin bei Rechtsanwalt Lehr schon am 16. Dezember 2011. Es ist ein grauer Dezembertag. Die Temperaturen liegen auch in der Mittagszeit noch unter null Grad. Frostig ist auch die Atmosphäre in der Kanzlei von Rechts-anwalt Lehr, die am Leipziger Platz 3 in einem Gebäude im sechsten Stock liegt. Die Sekretärinnen haben zwei Leseräume eingerichtet. Am großen Konferenztisch stehen zwölf Stühle für die Journalisten. Auf dem lasierten Holztisch stehen Mineralwasser- und Limona-denflaschen bereit. Am Kopfende sitzt ein junger Referendar der

Kanzlei, der wie ein Aufpasser wirkt. Es ist ein bizarrer Termin. Ein Bundespräsident legt auf 27 Seiten die finanziellen Abwicklungen zum Kauf seines Einfamilienhauses offen. Oder zumindest das, was er zu diesem Zeitpunkt offenlegen will.

Der Andrang ist groß, das war zu erwarten. Zum ersten Mal können auch jene Journalisten Original-Unterlagen einsehen, die sich bisher auf die Recherchen anderer Medien beziehen mussten. Die Wartezeit verkürzen sich die Reporter mit Gesprächen über den Bundespräsidenten und seine Affäre. Von Jagdfieber ist nichts zu spüren, es herrscht eher Fassungslosigkeit. In den Gesprächen, die einige Journalisten miteinander führen, geht es weniger darum, ob der Bundespräsident zurücktritt. Vielmehr ist die Frage, wann er den entscheidenden Schritt tut.

Die Kamerateams bauen ihre Scheinwerfer auf. Mehrere Leseplätze sind eingerichtet, so können die Reporter zeitgleich die Dokumente einsehen. Kopien dürfen nicht erstellt werden. Ein Kameramann wird zurechtgewiesen:»Die Unterlagen dürfen nicht gefilmt werden.« So notieren sich die Reporter den Wortlaut aus den Verträgen und Unterlagen in ihren Notizbüchern.

In einem ausgelegten Leitz-Ordner findet sich zunächst in sieben Registern der zwölfseitige Kaufvertrag für das Klinkerhaus in Großburgwedel. Abgelegt ist neben den Grundbuchauszügen und der Bestätigung der Zinszahlungen auch der private Kreditvertrag über 500.000 Euro. Das einseitige Dokument ist der Redaktion längst bekannt. Seit dem 6. Dezember 2011, als Reporter Heidemanns es im Bundespräsidialamt einsah. Der Vertrag weist Edith Geerkens, die Ehefrau des mit Wulff befreundeten Unternehmers Egon Geerkens, als Kreditgeberin aus. Vereinbart wurde ein Zinssatz von vier Prozent, das entspricht einer monatlichen Belastung von 1666 Euro. Die ursprünglich vorgesehenen Zinsen von 4,5 Prozent wurden im Vertrag handschriftlich um einen halben Punkt gesenkt.

Neu sind lediglich die Bestätigungen der Sparkasse Osnabrück für die Zinszahlungen sowie ein Überweisungsbeleg von der BW-Bank in Stuttgart. Daraus geht hervor, dass die Wulffs das Darlehen an Edith Geerkens zurückgezahlt haben:

Begünstigter: Geerkens, Edith, Konto-Nr.: xxxxxxxxx bei 6005000101 über Betrag: Euro 500.000. Verwendungszweck: Unleserlich. Konto-Inhaber: Wulff, Christian, Konto-Nr.: xxxxxxxxx. Burgwedel, 27.03.2010

Das Datum auf dem Überweisungsträger ist brisant. Am 27. März 2010 erhielt Edith Geerkens ihr Geld zurück – also eindeutig nach Wulffs Befragung im Februar 2010 im Niedersächsischen Landtag.

Nachfragen zu den Papieren, etwa nach Datumsangaben, die nicht mit Wulffs vorherigen Angaben übereinstimmen, wehrt Anwalt Lehr entschieden zurück:»Fragen bitte nur schriftlich.«

Im Ordner stößt Reporter Harbusch auf eine Bestätigung der Sparkasse Osnabrück vom 16. Dezember 2011:

An Frau Edith Geerkens per Fax
Sehr geehrte Frau Geerkens,
wunschgemäß bestätigen wir Ihnen, dass wir Ihnen am 18.11.2008 einen bestätigten Bundesbankscheck mit der Nummer 8338 über Euro 500.000 ausgestellt haben. Für den bestätigten Bundesbankscheck haben wir am 18.11.2008 Ihr bei uns geführtes Konto Nr. xxxxxxxxxx belastet.
Wir hoffen, Ihnen hiermit gedient zu haben, und verbleiben
Mit freundlichen Grüßen
Sparkasse Osnabrück

In einem weiteren Telefax der Osnabrücker Sparkasse wird dem Bundespräsidenten bestätigt, dass er seine Zinsen fristgerecht bezahlt hat. Auch die Sparkasse Hannover bestätigt Wulffs Überweisungen unter dem Datum vom 16. Dezember 2011:

Sehr geehrter Herr Bundespräsident Wulff,
wie gewünscht bestätige ich Ihnen, dass folgender Dauerauftrag von Ihrem Konto xxxxxxxxx bei der Sparkasse Hannover ausgeführt wurde. Betrag: 1666 Euro, Empfänger: Edith Geerkens, Empfängerkonto: xxxxxxxxxx, Empfängerbank: Sparkasse Os-

nabrück, Bankleitzahl: 26550105, Verwendungszweck: Keine
Angabe.
Der Dauerauftrag wurde zu folgenden Terminen ausgeführt:
Einmalig am 02.03.2009, danach monatlich am 30.03.2009 bis
28.12.2009.
Ich hoffe, Ihnen mit dieser Bestätigung geholfen zu haben, und
stehe für weitere Fragen gern zur Verfügung.
Mit freundlichen Grüßen
Sparkasse Hannover

Neue Erkenntnisse gewinnt der Reporter bei der Einsicht der Unterlagen nicht. Das liegt auch daran, dass die Dokumente nicht vollständig sind. Der Vertrag über das Darlehen bei der BW-Bank, mit dem die Wulffs den Kredit bei Edith Geerkens ablösten – er fehlt. Doch gerade diese Unterlagen sind wichtig, wenn es um die Glaubwürdigkeit geht.

Bettina Wulff schreibt in ihrer Biografie, Gespräche mit der BW-Bank über einen Kredit seien schon im Herbst 2009 – also vor der Befragung ihres Mannes im Landtag – geführt worden. Wann aber der Kreditvertrag zur Ablösung des Darlehens bei Edith Geerkens genau abgeschlossen wurde, schreibt sie nicht.[81] Laut Überweisungsträger floss das Geld, wie die Einsicht der Unterlagen ergab, erst am 27. März 2010.

Eins ist klar: Entlastung bringt der 16. Dezember 2011 dem Bundespräsidenten nicht. Im Gegenteil.

Während Reporter Harbusch die Unterlagen einsieht, meldet »Spiegel online« an diesem Tag um 15.14 Uhr: »Neue Vorwürfe gegen Wulff«. Der Bundespräsident, so heißt es in der Veröffentlichung, gerate in der Hauskredit-Affäre in immer größere Erklärungsnot. »Nach ›Spiegel‹-Informationen stammt das Darlehen mutmaßlich doch von Ex-Unternehmer und Wulff-Freund Egon Geerkens selbst – nicht von dessen Frau Edith, wie es das Staatsoberhaupt angibt.«[82]

Jetzt geht es um die Glaubwürdigkeit des Bundespräsidenten, der stets behauptete, der Kredit stamme allein von Geerkens' Ehefrau.

Im Gespräch mit dem »Spiegel« stellt der »väterliche Freund« Wulffs Version, es habe keine »geschäftliche Beziehung« mit ihm gegeben, in Zweifel. Der ehemalige Kaufmann erzählt nun frank und frei, er selbst und nicht seine Frau habe die Verhandlungen über den Kredit mit den Wulffs geführt. Und er erklärt auch, warum das Geld über einen anonymen Bundesbankscheck geflossen ist. »Wir sind beide sehr bekannt in Osnabrück«, begründet Geerkens das Versteckspiel. »Und ich wollte nicht, dass irgendein Bank-Azubi sieht, dass so viel Geld von mir an Wulff fließt.«[83]

Wenn das stimmt, dann hätte Christian Wulff den Niedersächsischen Landtag bei der Aussage, er habe keine geschäftlichen Beziehungen zu Egon Geerkens, nicht nur getäuscht. Er hätte damit das Parlament glatt belogen.

18. DEZEMBER 2011:
BETTINA WULFF, GÜNTHER JAUCH UND DAS ROTLICHT

Das Gerücht wucherte, seit die blonde Pressereferentin aus Großburgwedel in das Leben von Christian Wulff getreten war. Erst waberte es über die Flure des Niedersächsischen Landtags. Dann flüsterten die Journalisten in den Redaktionsstuben über den ungeheuerlichen Verdacht. Schließlich erreichte das Getuschel auch das Internet.

Das Gerücht, Bettina Wulff habe als junge Frau im Rotlicht-Milieu gearbeitet, würde an dieser Stelle nicht erwähnt, hätte sie es im September 2012 nicht völlig unvermittelt in vielen Interviews und in ihrem Buch selbst zu einem öffentlichen Thema gemacht.

Am 18. Dezember 2011 – der Bundespräsident kämpft bereits verzweifelt um sein Amt – sendet die ARD Günther Jauchs Talkshow mit dem Thema: »Die 500.000-Euro-Frage – Ist Christian Wulff noch der richtige Bundespräsident?«

Hildegard Hamm-Brücher, die Grande Dame der Liberalen, ist eingeladen. Renate Künast, die Fraktionsvorsitzende der Grünen im Deutschen Bundestag. Peter Altmaier, damals Parlamentarischer

Geschäftsführer der CDU und Wulffs Speerspitze in der Abwehrschlacht. Und Nikolaus Blome, der Leiter des BILD-Hauptstadtbüros.

Günther Jauch fragt an diesem Sonntagabend, ob es denn stimme, was die »Berliner Zeitung« zwei Tage zuvor geschrieben hatte. In Berlin würde gemunkelt, BILD könne »mit einer Geschichte über das frühere Leben Bettina Wulffs aufwarten«. Angeblich verfüge die Redaktion »über Informationen, die bisher auf Weisung von ganz oben nicht gedruckt werden dürfen«.[84] Nikolaus Blome, stellvertretender Chefredakteur von BILD, antwortet: »Das ist kompletter Quatsch.« Vier Millionen Zuschauer sitzen vor dem Bildschirm, die meisten verstehen die Andeutung wohl nicht.

Mindestens fünf Jahre lang waren bis dahin die Gerüchte über das angebliche Vorleben der Bettina Wulff im Internet bereits veröffentlicht. Mal hieß es, die First Lady habe früher als Escort-Girl gearbeitet. Dann wurde behauptet, sie sei in einem Luxusbordell tätig gewesen.

Viele Redaktionen – auch im sogenannten Qualitätsjournalismus – recherchierten die Gerüchte. Doch die Vorwürfe entpuppten sich als üble Verleumdung. Als schlimmste Verunglimpfung, die im politischen Betrieb der vergangenen Jahre als Waffe eingesetzt wurde. Zeitungen und TV-Sender berichten deshalb nicht. So blieb das Gerücht in der Güllegrube des Internets.

In einen Zusammenhang mit der Unterwelt bringt nur die »Frankfurter Allgemeine Sonntagszeitung« die First Lady. Zum Anlass nimmt sich Autor Richard Wagner das Tattoo, das die Ehefrau des Bundespräsidenten auf ihrem rechten Oberarm trägt. Er schreibt am 4. Juli 2010, also noch in der Woche nach der Wahl Wulffs: »Nun zieht also erstmals ein Tattoo in das Schloss Bellevue ein und gehört damit zum informellen Repräsentationsinstrumentarium des höchsten Staatsamtes. Selbst wenn der Bundespräsident es ›cool‹ findet, es bleibt ein Import aus der Unterwelt. (…) Früher hatten Gesellschaften eine Zone der Ausgeschlossenen, in der Verbrecher, Sträflinge, Zuhälter, Nutten, Hafenarbeiter, Seeleute, Vagabunden ihr gegenbürgerliches Zuhause hatten; die Mehrheit kam mit dieser Zone normalerweise nicht in Berührung. Dort erkannte man sich an den Tätowierungen.«[85]

Aber: Wäre es überhaupt ernsthaft von Bedeutung gewesen, wenn irgendetwas an diesem Rotlicht-Gerücht wahr gewesen wäre? Wenn Bettina Körner, wie sie damals hieß, als Studentin tatsächlich in einem »Etablissement« gearbeitet hätte?

Eine entsprechende Berichterstattung würde in jedem Fall eine Verletzung ihrer Persönlichkeitsrechte und ihrer Intimsphäre darstellen, das ist klar.

Doch da wäre auch diese andere Dimension, die politische. Ein Ministerpräsident, später sogar ein Bundespräsident würde seine Unabhängigkeit einbüßen, wären die Vorwürfe gegen seine Ehefrau zutreffend. Das Staatsoberhaupt wäre schlicht und einfach erpressbar. Eine Berichterstattung – da sind sich viele Redaktionen einig – wäre trotz der Verletzung der Privatsphäre von Bettina Wulff unabwendbar.

19. DEZEMBER 2011:
FLORIDA, TOSKANA, MALLORCA, SYLT – URLAUB BEI FREUNDEN

Allzu viele Freunde hat Christian Wulff im Juli 2010 bei seinem Umzug von Hannover nach Berlin in der Heimat offenbar nicht hinterlassen, dafür aber umso mehr offene Rechnungen. Eine Flut von Hinweisen auf weitere Verfehlungen rund um den Bundespräsidenten gehen in diesen Tagen in der Redaktion von BILD und auch bei anderen Medien ein. Oft anonym, gelegentlich aber auch mit vollem Namen geben die Anrufer und Briefeschreiber Informationen zu fragwürdigen Vergünstigungen, die sich Wulff in seiner Zeit als Ministerpräsident von Niedersachsen gegönnt haben soll.

Inzwischen ist das Staatsoberhaupt in den Verdacht geraten, mehrfach kostenlose Urlaube bei reichen Unternehmern aus Niedersachsen verbracht zu haben. Die Hinweise über die Gratis-Ferien des Ehepaars Wulff sind vage. Wo sollen sie Urlaube verbracht haben? Wann – und bei wem? Es ist keine einfache Recherche. In den

Archiven sind keine Berichte über die Ferien des Ministerpräsidenten zu finden. Andererseits: Hätte Christian Wulff es wohl öffentlich gemacht, wenn er für die schönste Zeit des Jahres in die Ferienvillen von Wirtschaftsgrößen geflogen wäre? Wohl eher nicht. Die Reporter von BILD sprechen mit Mitarbeitern aus der niedersächsischen Staatskanzlei, sie recherchieren in Hannovers Parteikreisen. Genauere Anhaltspunkte finden sie zunächst nicht. Zwar klingt in Wulffs näherem Umfeld immer die Befürchtung mit, enge Kontakte zur Wirtschaft könnten dem Politiker einmal das Genick brechen – doch Namen fallen nicht.

Ein Tipp aber bringt die Reporter weiter. »Kümmert euch mal um seine Flitterwochen«, sagt ein Politiker, der mit dem Mann aus Hannover offenkundig gebrochen hat. Dieser Politiker – und hier gilt der Informantenschutz – bemerkt noch: »Klärt doch mal, ob der Bundespräsident während seiner Flitterwochen in einem Maserati durch die Toskana gekurvt ist.« Ein Maserati – das ist der alles entscheidende Hinweis – stehe auch im Fuhrpark von Wolf-Dieter Baumgartl.

Baumgartl? Der Name ist in Hannover ein Begriff, in der Versicherungswirtschaft auch. Der Millionär mit dem Dreitagebart und der Vorliebe für schnelle Autos war Vorstandsvorsitzender des Haftpflichtverbandes der Deutschen Industrie. Später wird der Top-Manager Vorstandschef der Talanx AG mit Sitz in Hannover. Zu dieser Aktiengesellschaft gehören Versicherungen wie Gerling, Targo und die Hannover Rück. Im Frühjahr 2008 – als Christian und Bettina Wulff zu ihren Flitterwochen aufbrachen – war Baumgartl Aufsichtsratsvorsitzender der Talanx AG. Die Recherchen der Reporter in der Toskana ergeben: Erstens besitzt Wolf-Dieter Baumgartl tatsächlich eine Ferienvilla in der Toskana. Und zweitens pflegt der Top-Manager eine Vorliebe für schnelle Autos. So schlecht kann der Tipp also nicht gewesen sein. Warum also noch warten?

Die erste Anfrage geht bereits am 15. Dezember 2011 an Talanx-Aufsichtsratschef Baumgartl. Es ist – zugegeben – ein Schuss ins Blaue. Denn belastbare Hinweise gibt es keine. Die Anfrage an den Top-Manager lautet deshalb kurz und knapp: »Hat Christian Wulff mit seiner Ehefrau die Flitterwochen in Ihrem Ferienanwesen in der Toskana verbracht?«

Ebenso kurz ist die Antwort des Versicherungsmillionärs, die noch am gleichen Tag erfolgt. Sein Ferienhaus sei seine Privatangelegenheit, teilt der Top-Manager lapidar mit, Fragen zu seinem Privatleben beantworte er grundsätzlich nicht. Ein Dementi klingt anders. Diese Antwort ist nicht gerade ein Grund, die Recherche jetzt abzubrechen. Im Gegenteil. Am Mittag des 15. Dezember 2011 schickt BILD eine Anfrage an das Bundespräsidialamt. Die Fragen sind gerichtet an Wulffs Pressesprecher Olaf Glaeseker. Es ist nicht unwahrscheinlich, dass er zu dieser Zeit schon von Baumgartl über die Recherche informiert worden ist. Die Anfrage von BILD-Reporter Hans-Wilhelm Saure lautet:

Sehr verehrte Damen, sehr geehrte Herren,
im Zusammenhang einer Italien-Reise von Christian Wulff
bitten wir Sie um Beantwortung nachfolgender Fragen:
- *Hat Christian Wulff seine Ferien im Frühjahr 2008 in 57016*
  Rosignano-Marittimo in Italien verbracht?
- *Falls ja, um welche Ferienanlage handelt es sich und wer ist*
  Eigentümer der Immobilie bzw. Ferienanlage?
- *Falls nein, wo hat Christian Wulff diese Ferien verbracht?*
Besten Dank für Ihre rasche Antwort.
Mit freundlichen Grüßen
Hans-Wilhelm Saure

Doch eine schnelle Antwort bleibt aus. Das Wulff-Lager reagiert nicht. Dabei erinnert sich ein Mann doch normalerweise daran, wo er die Flitterwochen verbracht hat. Auch wenn es – wie im Fall des Christian Wulff – die zweite Hochzeit war. Am nächsten Tag der zweite Anlauf. BILD-Reporter Brandenburg hakt freundlich nach:

Sehr verehrte Damen, sehr geehrte Herren,
BILD hatte gestern im Zusammenhang mit einer Italien-Rei-
se von Christian Wulff bei Ihnen angefragt. Leider sind diese

Fragen bislang nicht beantwortet worden. Da BILD eine Veröffentlichung für den Erscheinungstag 17. Dezember 2011 plant, bitten wir um Beantwortung unserer Fragen bis heute, 16 Uhr.

Knapp acht Stunden vergehen. Dann trifft eine Mail aus dem Bundespräsidialamt ein. Wulff-Sprecher Olaf Glaeseker schreibt:

Sehr geehrter Herr Brandenburg,
im Auftrag von Herrn Wulff arbeiten die Anwälte derzeit an einer Darstellung seiner Urlaubsaufenthalte während seiner Amtszeit als Ministerpräsident von 2003 bis 2010, so dass wir zeitnah antworten werden. Detaillierte Angaben werden wir in der Zusammenstellung veröffentlichen.
Ihr Olaf Glaeseker

Damit ist klar: Christian Wulff und seine Berater spielen offenbar auf Zeit. Sie wissen ja längst genau, worum es in der Anfrage geht: um die Flitterwochen, die das Ehepaar in der Ferienvilla des Versicherungsmanagers Wolf-Dieter Baumgartl in der Toskana verbrachte. Eine Woche, umsorgt vom Hauspersonal der Baumgartls. Und das alles kostenlos. So hatte es der Informant bei seinem Anruf in der BILD-Redaktion zumindest behauptet.

Ein Vorgang, der mehr als anrüchig wäre und andere Politiker in ähnlichen Situationen das Amt gekostet hat. Wie Baden-Württembergs ehemaligen Ministerpräsidenten Lothar Späth, der wegen seiner »Traumschiff-Affäre« stürzte.

Am 28. Dezember 1990 hatten Redakteure des Südwestrundfunks den Skandal enthüllt. CDU-Politiker Lothar Späth soll auf Kosten des Stuttgarter Milliarden-Konzerns Standard Elektrik Lorenz, kurz SEL, 1987 einen Urlaub in der Ägäis verbracht haben. Knapp zwei Wochen soll er zudem mit einer Reisegruppe auf der Jacht des Unternehmers Max Grundig durch die Karibik geschippert sein. Für den Trip habe der SEL-Konzern dem Ministerpräsidenten sogar den Firmenjet überlassen. Pikant: Zeitgleich soll das Unternehmen ohne vorherige Ausschreibung einen Auftrag für die

Lieferung von Faxgeräten an die Landesbehörden erhalten haben. 16 Tage nach der Enthüllung – am 13. Januar 1991 – trat Lothar Späth unter dem Druck immer neuer Vorwürfe von seinem Amt als Ministerpräsident von Baden-Württemberg zurück. Ein Ermittlungsverfahren, das die Staatsanwaltschaft gegen den CDU-Politiker wegen des Verdachts der Vorteilsannahme eingeleitet hatte, wurde eingestellt.

Wulff und seine Berater werden schon in Erinnerung an den alten Parteifreund Späth wissen, dass weitere Gratis-Urlaube den Bundespräsidenten in noch größere Erklärungsnot bringen würden. »Amigos« – dieser Begriff fiel zuletzt bei den Affären von Lothar Späth und Bayern Ministerpräsident Max Streibl – sind Gift für Politiker-Karrieren. Jetzt gilt es bei Wulff zu prüfen, welche Amigos ihm gefällig waren. Die Verteidigungsstrategie des Bundespräsidenten ist leicht erkennbar: Einmal reinen Tisch machen, was kostenlose Ferien betrifft. Es wäre fatal, wenn nach den Flitterwochen in der Privatvilla des Versicherungsmanagers weitere Gratis-Urlaube bekannt würden.

Die Redaktion wägt ab. Zwar spricht alles dafür, dass Wulff – wie vor ihm Ministerpräsident Lothar Späth – sich von einem Top-Unternehmer in den Urlaub einladen ließ. Indes – ein belastbarer Beweis oder eine Bestätigung von Wulff oder Baumgartl liegen bis zu diesem Zeitpunkt nicht vor. Eine Veröffentlichung – so viel ist klar – kann es erst nach einer Einlassung des Präsidenten geben. Doch der ziert sich. Deshalb fragt BILD am 16. Dezember um 21.08 Uhr noch einmal an:

Sehr geehrter Herr Glaeseker,
unsere Anfrage bezog sich lediglich auf die Reise des Ehepaars Wulff in die Toskana anlässlich der Flitterwochen und beansprucht keine aufwendige Recherche. Da es sich um eine aktuelle Berichterstattung zu dieser Thematik handelt, möchte ich Sie bitten, diese Fragen noch heute zu beantworten.
Mit freundlichen Grüßen
Guido Brandenburg

Mit einer Antwort ist nach Wulffs bisheriger Salami- und Verzögerungstaktik an diesem Freitagabend nicht mehr zu rechnen. Die Computer können runtergefahren werden. Was seinen angeblichen Gratis-Urlaub bei einem Top-Manager betrifft, hat sich der Bundespräsident erst einmal ins Wochenende gerettet. Aber wie lange will er den brisanten Fragen noch ausweichen? Hatte er in seiner Erklärung am Vortag nicht volle Transparenz angekündigt?

Den Samstag, 17. Dezember 2011, verbringt Christian Wulff in Frankfurt am Main. Dort schlendert der Bundespräsident auf dem Weg zum Festakt des Deutschen Fechter-Bundes noch kurz über den Weihnachtsmarkt. Zwischen Glühwein-Buden und Brezel-Ständen spricht er ungezwungen mit Passanten. Als sei in den Vortagen, in denen seine Kredit-Affäre in jeder »Tagesschau« und »heute«-Sendung das Thema waren, nichts geschehen. Kamerateams und Zeitungsreporter halten fest, wie er von einem Mann um ein Autogramm gebeten wird. »Bitte schön«, sagt der Präsident. »Alles Gute.«[86] Wulff trifft Frankfurts Oberbürgermeisterin Petra Roth, seine Parteifreundin. Die hatte die Journalisten schon im Vorfeld darauf hingewiesen: »Sie wissen, dass der Bundespräsident jetzt kein Interview gibt.«[87] Zur gleichen Zeit melden die Nachrichtenagenturen, dass der erste FDP-Politiker Wulffs Rücktritt fordert. »Statt mit präsidialem Glaubwürdigkeitskredit den Menschen in turbulenter Zeit Orientierung zu geben, ist der Bundespräsident gefangen im spitzfindigen Formulierungskampf um seinen Hauskredit«, erklärt der Bundestagsabgeordnete Erwin Lotter. Der »umgehende Rücktritt« sei ein »Gebot des Anstands und der Verantwortung«.[88]

Aber da ist noch die andere Frage, die seit drei Tagen nicht beantwortet wird: Wo hat der Bundespräsident seine Flitterwochen verbracht?

Am Sonntag, den 18. Dezember 2011, bleiben Wulff und seine Berater bis zum frühen Nachmittag auf Tauchstation. BILD-Reporter Heidemanns ruft Wulffs Sprecher Glaeseker an und macht ihn auf das berechtigte Informationsinteresse der Presse aufmerksam, das selbstverständlich auch für einen Bundespräsidenten gilt. Glaeseker, der gelernte Journalist, widerspricht nicht. Er begründet das

Nichtbeantworten der Fragen mit dem Umstand, dass in den vergangenen Tagen eine Flut von Anfragen bei ihm eingegangen sei. Doch er kündigt eine rasche Beantwortung an.

Der engste Vertraute des Bundespräsidenten muss inzwischen wissen: Es geht längst nicht mehr allein um das Amt des Bundespräsidenten, es geht auch um seinen eigenen Job. Sollte Wulff stürzen, so viel ist klar, dann wäre auch Glaeseker im Bundespräsidialamt nicht mehr zu halten. Aber was soll der gewiefte Strippenzieher anderes machen, als nach elf gemeinsamen Jahren – die immer nur bergauf führten – seine Zukunft mit dem Schicksal Wulffs zu verbinden?

Um 16 Uhr ist es dann tatsächlich so weit. Die Fragen, die seit drei Tagen im Raum stehen, werden endlich von Wulffs Rechtsanwalt Lehr beantwortet:

1. Frage: Wo hat das Ehepaar Wulff die Ferien im Frühjahr 2008 verbracht?
Antwort: Im Jahr 2008 war das Ehepaar Wulff zu Gast bei dem Ehepaar Ingrid und Wolf-Dieter Baumgartl in deren privaten Räumlichkeiten in Italien.
2. Frage: In welcher Ferienanlage hat sich das Ehepaar aufgehalten? Wer ist Eigentümer der Immobilie bzw. Ferienanlage?
Antwort: Keine Ferienanlage.

Treffer! Jetzt ist schriftlich bestätigt, was längst nicht mehr zu leugnen war. Die Wulffs haben ihre Flitterwochen beim Versicherungsmanager in der Toskana verbracht.

Jetzt fehlt nur noch die Bestätigung, dass Christian Wulff auch für diesen Aufenthalt nicht gezahlt hat. Die nächste Anfrage ist deshalb eigentlich nur noch eine reine Formsache:

Sehr geehrter Herr Lehr,
vielen Dank für die Antworten. Freundlich bitte ich um Beantwortung folgender Fragen:
1. Wo genau hat das Ehepaar Wulff den Urlaub verbracht?

2. *Hat das Ehepaar Wulff für den Aufenthalt gezahlt?*
3. *Wie lange war der Aufenthalt?*
4. *In welcher Verbindung stehen das Ehepaar Wulff und das Ehepaar Baumgartl?*
5. *Handelte es sich bei der Reise um die Flitterwochen des Ehepaars Wulff?*
6. *Hatte Herr Wulff in seiner Funktion als Oppositionsführer oder Ministerpräsident mit Herrn Baumgartl oder einem seiner Unternehmen Kontakt? Gab es gemeinsame Interessen?*

Vielen Dank.
Mit freundlichen Grüßen
Martin Heidemanns

Diesmal kommt die Antwort schneller. Um 17.52 Uhr – 96 Minuten nach der Anfrage und zwei Stunden vor Redaktionsschluss – bestätigt Wulffs Rechtsanwalt den Verdacht zum kostenlosen Ferienaufenthalt in seiner E-Mail:

Sehr geehrter Herr Heidemanns,
anbei die ergänzenden Antworten:
Frage: Wo genau hat das Ehepaar Wulff den Urlaub verbracht?
Antwort: In Castiglioncello (Livorno)
Frage: Hat das Ehepaar Wulff für den Aufenthalt gezahlt?
Antwort: Nein. Es handelt sich um einen Urlaubsaufenthalt in den privaten Räumlichkeiten einer befreundeten Familie.
Frage: Wie lange war der Aufenthalt?
Antwort: Eine Woche.
Frage: In welcher Verbindung stehen das Ehepaar Wulff und das Ehepaar Baumgartl?
Antwort: Die Ehepaare sind persönlich befreundet.
Frage: Handelte es sich bei der Reise um die Flitterwochen des Ehepaars Wulff?
Antwort: Die Reise fand nach der standesamtlichen Trauung statt.

Frage: Hatte Herr Wulff in seiner Funktion als Oppositionsführer oder Ministerpräsident mit Herrn Baumgartl oder einem seiner Unternehmen Kontakt? Gab es gemeinsame Interessen? Antwort: Es hat Kontakte gegeben. Christian Wulff hat diese Kontakte zur Förderung von Wirtschaft und Arbeitsplätzen im Land Niedersachsen genutzt.
Mit freundlichen Grüßen
Gernot Lehr

Jetzt ist die Geschichte rund, wie Journalisten nach erfolgreicher Recherche so schön sagen. Nun ist schriftlich bestätigt, was in den vergangenen drei Tagen nur ein naheliegender Verdacht war: Der Ministerpräsident von Niedersachsen ließ sich vom Aufsichtsratschef eines Versicherungs-Multis in den Urlaub einladen, dessen Unternehmen seinen Sitz in Niedersachsen hat.

Wulff beteuert zwar, der Top-Manager sei sein Freund. Aber das muss er schon deshalb sagen, weil es die einzige Strategie in der Verteidigung sein kann. Er muss dem Vorwurf einer Verflechtung zwischen Politik und Privatem zuvorkommen. Also lässt er erklären, Gastgeber sei ein Freund der Familie gewesen. Das wäre privat. Doch wenn der angebliche Freund – wie in diesem Fall – ein Top-Manager aus Niedersachsen ist, bekommt der Fall eine politische Dimension. Wie damals beim baden-württembergischen Ministerpräsidenten Lothar Späth und seinem Ferientrip auf Kosten des Konzerns SEL, der zum Rücktritt des schwäbischen CDU-Politikers geführt hatte. Nur eine Schlussfolgerung ist inzwischen möglich: Christian Wulff hat während seiner achtjährigen Amtszeit als Ministerpräsident von Niedersachsen tatsächlich den inneren Kompass verloren, den ein Regierungschef für den Umgang zwischen Politik und Wirtschaft haben muss.

Viel später, am 20. Juli 2012 – also vier Monate nach dem Rücktritt des Bundespräsidenten – bekommen die kostenlosen Flitterwochen der Wulffs eine neue Brisanz. Die Presseagentur dapd meldet: »Wulff soll Versicherungen begünstigt haben.«[89] Im Jahr 2007 – also in dem Jahr, in dem die Wulffs beim Versicherungsmanager ihre Flitterwochen verbrachten – ging es um einen Antrag der bayerischen Landesregierung im Bundesrat, dass auf Kautionsversicherungen keine Steuern erhoben werden sollen. Obwohl das niedersächsische Kabinett diesen Antrag ablehnte, stimmte das Land Niedersachsen im Bundesrat dafür. In einem Brief soll der Versicherungskonzern Hannover Rück Wulff persönlich um eine Zustimmung im Bundesrat gebeten haben.

Doch zurück zum Sonntag, dem 18. Dezember 2011. Zeitgleich mit seiner Antwort an BILD veröffentlicht Wulffs Rechtsanwalt Gernot Lehr über die Presseagenturen eine Mitteilung, in der weitere Urlaube bei Freunden offengelegt werden:

Christian Wulff hat uns beauftragt, anhand seiner Aufzeichnungen, seiner Kalender, Erinnerungen und aller sonst zugänglichen Informationen diesen Sachverhalt zu dokumentieren.

Diese anwaltliche Klärung hat zu folgenden vorläufigen Ergebnissen geführt:

Herr Wulff hat während seiner Amtszeit als Ministerpräsident des Landes Niedersachsen seine Urlaube in der Regel in Hotels und Ferienanlagen gebucht. Gelegentlich hat er seine Ferien abgeschieden von der Öffentlichkeit bei befreundeten Familien verbracht. Diese Urlaubsaufenthalte, die überwiegend gemeinsam mit den jeweiligen langjährigen Freunden stattfanden, hatten keinen Bezug zu seinen öffentlichen Ämtern. Dieses Verhalten steht uneingeschränkt in Einklang mit den Regelungen des niedersächsischen Ministergesetzes.

In den Jahren 2003 und 2004 war die Familie Wulff jeweils einmal Gast der Familie Edith und Egon Geerkens in deren privaten Räumlichkeiten in Spanien.

Im Jahr 2008 war das Ehepaar Wulff zu Gast bei dem Ehepaar Ingrid und Wolf-Dieter Baumgartl in deren privaten Räumlichkeiten in Italien.

In den Jahren 2008 und 2009 besuchte Familie Wulff das Ehepaar Angela Solaro/Volker Meyer in deren privaten Räumlichkeiten auf Norderney.

Zum Jahreswechsel 2009/2010 war die Familie Wulff in den
privaten Räumlichkeiten der Familie Edith und Egon Gerkens
in den USA.

Herr Wulff hat in seiner Amtszeit als Bundespräsident keine
Urlaube in privaten Räumlichkeiten von Freunden verbracht.
Bekannt ist, dass er im Jahr 2010 ein Appartement in der Ferien-
anlage von Herrn Maschmeyer auf Mallorca gemietet hatte.[90]

Die Urlaubsreisen von Christian Wulff geben Einblick in die Veränderungen, die der Politiker an der Seite seiner neuen Frau durch-
macht. Früher verbrachte der Familienvater Urlaube mit Ehefrau
und Tochter auf Lanzarote oder Norderney.

Jetzt möchte Christian Wulff mit seiner neuen Frau anscheinend
dort Urlaub machen, wo es seine Millionärsfreunde tun. In Coral
Springs, Florida, beim Millionär Geerkens, 6310 Northwest, 120th
Drive. Kostenlos. 357 Quadratmeter Wohnfläche, fünf Schlafzim-
mer, das palmenbewachsene Grundstück misst 1457 Quadratmeter,
freier Blick auf See und kleinen Wasserfall.

Oder im »Paradise Castle«, einem schlossähnlichen Anwesen auf
Mallorca. Gleich nach der Vereidigung zum Bundespräsidenten war
das Ehepaar Wulff im Juli 2010 auf die Baleareninsel geflogen. Das
frisch gewählte Staatsoberhaupt machte Urlaub im Luxusanwesen
von Carsten Maschmeyer, einem der umstrittensten Unternehmer
der Republik – das hat nun wirklich Geschmäckle. Auch wenn die
Wulffs später erklären, rund 4000 Euro für den elftägigen Aufenthalt gezahlt zu haben.[91]

Über diesen Urlaub wird Rechtsanwalt Gernot Lehr in der Auf-
stellung der Wulff-Urlaube später lapidar mitteilen: »Im Jahr 2010
mietete Herr Wulff in der Ferienanlage von Herrn Carsten Maschmeyer auf Mallorca ein 1-Zimmer-Appartement zu einem Preis von
323 Euro pro Tag. Dieses Appartement wurde für 11 Übernachtungen benutzt. Herr Wulff zahlte deshalb insgesamt 3553 Euro.
Auch sämtliche weiteren Kosten – etwa für die An- und Abreise
sowie einen Mietwagen – wurden von Herrn Wulff selbst beglichen.
Während des Aufenthaltes von Herrn Wulff und seiner Familie wa-

ren Herr Carsten Maschmeyer, Frau Veronica Ferres und Kinder zeitweise anwesend.«[92] 287.438 Hotelbetten bietet die liebste Insel der Deutschen. In 1603 Ferienanlagen. Warum verbringt Christian Wulff im Juli 2010 seinen Urlaub auf der Baleareninsel ausgerechnet im »Paradise Castle«?

Bei der »Ferienanlage«, wie der Rechtsanwalt es ausdrückt, mag man an Herbergen denken, die Reiseveranstalter TUI und Neckermann für Pauschal-Touristen anbieten. Aber das Anwesen von Carsten Maschmeyer ist eines der edelsten Luxusanwesen Mallorcas. Das »Paradise Castle« liegt auf der Halbinsel Port d'Andratx, direkt gegenüber dem nobelsten Jachthafen der Insel.

Eigentümer der Immobilie, deren Wert auf 25 bis 40 Millionen Euro geschätzt wird, ist die spanische Gesellschaft Paradise Castle S.L., die Carsten Maschmeyer gehört. Die Villa – 1600 Quadratmeter Wohnfläche, Luxusschwimmbad, große Terrasse mit Ausblick auf Hafen und Meer – dient laut Firmenunterlagen als Tagungsort für »Kurse, Seminare und Incentives«. Bei gewöhnlichen Reiseveranstaltern sind Räumlichkeiten im 4200-Quadratmeter-Anwesen nicht buchbar. In dieser »Ferienanlage«, wie Wulff Rechtsanwalt sagt, entspannte sich der frisch vereidigte Bundespräsident also in den Sommerferien 2010.

Enge Weggefährten, so berichtet der »Focus« später, sollen ihm dringend von diesem Urlaub abgeraten haben. Ein deutsches Staatsoberhaupt, das Urlaub im Luxusanwesen eines umstrittenen Versicherungsmillionärs macht – das ginge gar nicht. Der Schlossherr von Bellevue soll entgegnet haben, er wolle Krach mit Ehefrau Bettina vermeiden, die sei mit Maschmeyer und dessen Ehefrau, der Schauspielerin Veronica Ferres, befreundet.[93]

Freund Maschmeyer selbst, so berichtet die »Süddeutsche Zeitung«, habe dem Staatsoberhaupt nach eigener Auskunft empfohlen, für den Urlaubsaufenthalt in seiner Mallorca-Villa etwas zu zahlen. Nicht etwa, weil der Versicherungsmillionär an dem Übernachtungsgeld interessiert gewesen wäre. Vielmehr, weil Wulff angegriffen werden würde, wenn ein Gratis-Urlaub des Bundespräsidenten publik würde.[94]

Maschmeyer, Geerkens, Baumgartl – auffällig ist bei der Urlaubs-liste, die Wulff veröffentlichen ließ, dass ausnahmslos wohlhabende Unternehmer seine Gastgeber waren, die er nun als seine Freunde bezeichnet. Allesamt Geschäftsleute, denen der Ministerpräsident in welcher Weise auch immer nützlich sein kann. Alte Freunde – etwa aus gemeinsamen Schultagen in Osnabrück – sind mit Aus-nahme der Eheleute Solaro/Meyer, einer Unternehmer-Familie aus Norderney, nicht darunter.

Die Bilanz des 18. Dezember 2011 ergibt für den Bundespräsi-denten: Christian Wulff verbrachte 89 Tage kostenlosen Urlaub bei Freunden. In Spanien und Italien, auf Norderney und in den USA. 89 Tage bei Gönnern, die er als Freunde bezeichnet. Bei Unterneh-mern, die ihren Geschäften in Niedersachsen nachgehen. 89 Tage Gratis-Ferien – knapp drei Monate in Gänze.

Seinen letzten Urlaub als Bundespräsident wird Christian Wulff mit Ehefrau Bettina und Sohn Linus Ende Januar 2012 in der »Pen-sion Amerika« verbringen, einem gemütlichen Gästehaus in Frie-drichshöhe im Thüringer Wald. 47 Euro kostet die Übernachtung – inklusive Frühstück. Diesmal zahlen die Wulffs selbst. Ob in bar oder mit Kreditkarte, ist nicht bekannt. Nur so viel steht fest: Dieser Urlaub ist eine öffentlich demonstrierte Bescheidenheit. Doch die kommt zu spät.

Am Abend des 18. Dezember 2011 ist unter dem Titel »Die 500.000-Euro-Frage – Ist Christian Wulff noch der richtige Präsi-dent?« neben den bereits erwähnten Gerüchten um Bettina Wulff die Kredit-Affäre Thema in Günther Jauchs Talkshow. Der CDU-Po-litiker Peter Altmaier ist angetreten, um seinen Parteifreund Wulff zu verteidigen. Trotz der neuen Vorwürfe um die Gratis-Urlaube bei Unternehmern, die erst wenige Stunden zuvor bekannt wurden, fordert Altmaier: »Wir müssen die Kirche im Dorf lassen. Nach allem, was wir wissen, ist ihm juristisch kein Vorwurf zu machen.« Der Fernsehzuschauer spürt, dass es Altmaier – ein tugendhafter Politiker der alten Schule, der sich wohl niemals von reichen Unter-nehmern in die Ferien einladen lassen würde – zunehmend schwer-fällt, den Problem-Präsidenten zu verteidigen. Hildegard Hamm-

Brücher erklärt in Jauchs Talkrunde, der Bundespräsidenten müsse »kein besserer Mensch sein, aber er muss ein Vorbild sein«. Hamm-Brüchers Urteil über Christian Wulff ist unmissverständlich: »Er war nie geeignet.«[95]

Zum Schluss der Sendung lässt Günther Jauch das Publikum im Studio über den Bundespräsidenten abstimmen. Das Ergebnis: 70 Prozent sind der Auffassung, das Staatsoberhaupt sei nicht mehr glaubwürdig.[96]

19. DEZEMBER 2011:
DER PRÄSIDENT – EIN OBER-SCHNORRER?

Vier Tage dauerte die Recherche zu den Gratis-Urlauben Wulffs. Am 19. Dezember 2011 erscheint in BILD der Artikel. Die Überschrift lautet: »Wulff unter Druck! 6-mal Ferien bei Unternehmer-Freunden«. Der Text:

Berlin – Bundespräsident Christian Wulff bleibt in der Kredit-Affäre unter Druck. Als niedersächsischer Ministerpräsident verbrachte er insgesamt sechs private Urlaubsaufenthalte in den Anwesen von befreundeten Unternehmern und Managern. Wulff selbst lehnte am Sonntag einen Rücktritt ab. Auf einen entsprechenden Zuruf eines Passanten in Berlin sagte er: »Nein, das machen wir nicht.«

Dem MDR sagte Wulff: »Man muss selber wissen, was man macht, und das muss man verantworten. Und das kann ich.« Wesentlich sei, »dass man die Dinge bewertet, beurteilt und dann dazu steht und auch unterscheidet, wo ist etwas real und wo ist etwas mit sehr viel Staubaufwirbeln verbunden«.

Wulff war in die Kritik geraten, weil er 2010 im Niedersächsischen Landtag die Herkunft eines 500.000-Euro-Privatdarlehens verschleiert hatte.

Jetzt ergaben BILD-Recherchen: Wulff und Ehefrau Bettina reisten während ihrer Flitterwochen im Frühjahr 2008 für eine

Woche in die toskanische Ferienvilla des befreundeten Mana
gers Wolf-Dieter Baumgartl, seit 2006 Aufsichtsratschef der
Talanx-Versicherungsgruppe (u. a. HDI).
Als niedersächsischer Ministerpräsident verbrachte Wulff ins
gesamt sechs private Urlaubsaufenthalte bei Freunden aus der
Privatwirtschaft und hat laut Angaben seiner Anwälte kein
Geld dafür bezahlt. Dies stehe in Einklang mit dem nieder
sächsischen Ministergesetz, weil es keinen Zusammenhang
zwischen den Reisen und dem Regierungsamt Wulffs gegeben
habe.
Aber: Als CDU-Oppositionsführer im Niedersächsischen
Landtag hatte sich Wulff für die Interessen von Baumgartls
Versicherungs-Unternehmen eingesetzt, drängte die damalige
SPD-Landesregierung, die Ansiedlung des Baumgartl-Unter
nehmens in Hannover zu unterstützen.
Die SPD fordert nun vollständige Aufklärung – oder Wulffs
Rücktritt. SPD-Generalsekretärin Andrea Nahles: »Wenn er
das nicht kann, dann allerdings sollte er darüber nachdenken,
ob er weiter Vorbild für Deutschland sein kann.«
FDP-Chef Philipp Rösler dagegen sagte im ZDF, Wulff habe
»alle Fragen beantwortet«.[97]

Die Auflistung der Kostenlos-Ferien der Wulffs stößt auf breite Empörung. Die »Hamburger Morgenpost« zeigt den Bundespräsidenten auf Seite eins. Er sitzt auf Sylt in einem Strandkorb. Die Schlagzeile dazu: »Der Ober-Schnorrer«.[98] Der »Berliner Kurier« höhnt:
»6 Mal Urlaub bei Amigos«.[99] Die Münchner »Abendzeitung« titelt:
»Christian Wulff – Ein Präsident auf Abruf«.[100]

Vom Respekt vor dem höchsten Amt war in den vergangenen
Tagen noch die Rede, von der Würde des Bundespräsidenten. Doch
die geht jetzt nach und nach verloren. Der Bundespräsident der
Deutschen – der Nachfolger von Heuss, Heinemann und Herzog –
als »Ober-Schnorrer« auf der Titelseite. Wie lange, so diskutieren
die Medien, hält das höchste Amt der Deutschen diese Schlagzeilen
aus? Wie lange hält die Selbstdemontage des Staatsoberhaupts noch

an? Oder umgekehrt gefragt: Wann macht Wulff diesem Trauerspiel selbst ein Ende?

Doch Wulff macht weiter. Am Tag, als die Schlagzeilen mit neuer Härte auf ihn einprasseln und sich die Diskussion vertieft, ob sich der erste Mann im Staat strafbar gemacht hat, empfängt dieser Bundespräsident im Schloss Bellevue angehende und scheidende Richter des Bundesverfassungsgerichts. Es ist sein letzter offizieller Festakt im Jahr 2011. Der BILD-Reporter notiert über diesen Termin: »Der Bundespräsident gibt sich Mühe, keine Angriffsfläche zu bieten. Betont locker plaudert er über die Lebensläufe seiner Gäste. Kein Wort von Krise, von Skandal. Fast belustigt guckt Wulff immer wieder in die Runde, hält sich dabei nicht wie sonst am Rednerpult fest. Im Gegenteil. Er zeigt große Gesten und Handbewegungen, um seinen Worten Kraft und Gewicht zu geben. Die Botschaft: Seht her. So unerschütterlich stehe ich im Amt.«[101]

Bundeskanzlerin Angela Merkel ist an diesem Tag im Kosovo. Aus dem Krisengebiet lässt die Regierungschefin vermelden, sie habe »vollstes Vertrauen« zum Bundespräsidenten. Doch sie sagt auch: Was im Raum stehe, werde von Wulff persönlich geklärt.[102]

Ein Nachsatz, den auch ein Bundespräsident als Aufforderung verstehen kann.

20. DEZEMBER 2011:
GELD VON MASCHMEYER – AUCH DAS NOCH

Es gibt Begriffe, die für Politiker gefährlich werden können. Zum Beispiel, wenn sie mit Vergünstigungen und Privilegien in Verbindung gebracht werden. Besonders Vorwürfe im Zusammenhang mit »Bonusmeilen« und »Lust-Reisen« sind Gift für die Karriere.

Und es gibt Namen, die eine toxische Wirkung entwickeln. Im Fall Wulff und seiner Endlos-Affäre ist es der Name Maschmeyer.

Carsten Maschmeyer, einer der umstrittensten Unternehmer Deutschlands, Gründer des Versicherungskonzerns AWD, ist nach dessen Verkauf an den Konzern Swiss Life einer der vermögendsten Männer der Republik. Am 20. Dezember 2011 fällt der Name Maschmeyer in der nicht enden wollenden Affäre um Wulff erneut. Diesmal geht es nicht um irgendeinen Urlaub, den der CDU-Politiker auf einem Anwesen des Unternehmers gemacht haben soll. Nun geht es um Geld. Genauer gesagt um eine hohe fünfstellige Summe, die der Versicherungs-Tycoon und Wulff-Freund im Herbst 2007 – mitten im niedersächsischen Landtagswahlkampf – für die Interessen des damaligen Amtsinhabers Wulff gezahlt haben soll.

Am 19. Dezember 2011 wird BILD ein Dokument zugespielt. Es ist ein Brief des Hoffmann und Campe Verlags. Er ist datiert vom 2. November 2007 und unterschrieben von Jessica R., der damaligen Objektleiterin des Verlags. Der Brief ist adressiert an Carsten Maschmeyer. »Anbei finden Sie wie besprochen die Rechnungen für die Anzeigenkampagne mit der Bitte, den Ausgleich zu veranlassen«, heißt es darin.

Die Reporter forschen nach: Welche Anzeigenkampagne? Und für welches Buch? Es geht um »Besser die Wahrheit«, ein Buch über Christian Wulff, das im Herbst 2007 bei Hoffmann und Campe veröffentlicht worden war. Autor ist der Publizist und BILD-Kolumnist Hugo Müller-Vogg. Das Buch, das das tadellose private und politische Leben des damaligen Ministerpräsidenten Christian Wulff beschreibt, erscheint zum richtigen Zeitpunkt. In Niedersachsen ist Landtagswahlkampf, weshalb die CDU einige Tausend Exemplare kauft und unter das Wahlvolk bringen lässt.

Aber was hat Carsten Maschmeyer damit zu tun? Warum sollte er die Anzeigen für das Wulff-Buch gezahlt haben? Und: Wurden überhaupt Zeitungsanzeigen geschaltet, um dieses Buch zu bewerben? Und wenn ja – in welchen Zeitungen?

Das alles lässt sich vergleichsweise schnell klären. Infrage kommen nur Zeitungen, die in Niedersachsen erscheinen. Alles andere ergibt angesichts der Landtagswahlen in Niedersachsen keinen Sinn. Der Gang führt also ins Archiv, genauer gesagt in die Archive der niedersächsischen Blätter aus dem Herbst 2007.

Tatsächlich: Anzeigen für das Buch »Besser die Wahrheit« erschienen am 13. Oktober 2007 in der »Hannoverschen Allgemeinen Zeitung«, am 20. Oktober in der »Neuen Osnabrücker Zeitung« und der »Braunschweiger Zeitung« sowie am 27. Oktober in der »Nordwest-Zeitung«. Nun ist interessant, wer diese Anzeigenkampagne bezahlte. Wirklich Carsten Maschmeyer, der Freund und Gönner Wulffs?

Die erste Anfrage geht telefonisch an Carsten Maschmeyer. »Stimmt es«, fragt der BILD-Reporter, »dass Sie die Anzeigen bezahlt haben. Falls ja – was war der Grund?« Der Wulff-Freund spielt sofort mit offenen Karten und erklärt: »Im Herbst 2007 hat mich der langjährige ›stern‹-Redakteur Manfred Bissinger vom Verlag Hoffmann und Campe mit der Bitte angesprochen, Anzeigen zur Begleitung eines Interview-Buches zu unterstützen. Dieser Bitte habe ich entsprochen und die Anzeigen privat bezahlt. Ich habe sie nicht steuerlich geltend gemacht. Über das ganze Thema habe ich mit Herrn Wulff nicht gesprochen.«[103]

Die beiden letzten Sätze sind für alle Beteiligten wichtig. Erstens: Maschmeyer hat die Kosten steuerlich nicht abgesetzt. Das hätte er tun können, wenn er die Kosten als Wahlkampfhilfe deklariert hätte. Dann allerdings – darauf zielt der zweite Satz – hätte Christian Wulff beziehungsweise die CDU Niedersachsens davon Kenntnis gehabt. Und genau dieser Eindruck soll vermieden werden.

Die zweite Anfrage geht an Wulffs Rechtsanwalt Gernot Lehr. Der erklärt, der Bundespräsident habe von der finanziellen Unterstützung für das Buch nichts gewusst.

Das ist nicht ganz ausgeschlossen. Schließlich soll auch dem damaligen SPD-Ministerpräsidenten Gerhard Schröder nichts bekannt gewesen sein, als im Landtagswahlkampf 1998 eine Anzeige – ebenfalls von Carsten Maschmeyer geschaltet – mit dem Wortlaut erschien: »Der nächste Kanzler muss ein Niedersachse sein.« 1998 war klar: Dominiert Schröder die Landtagswahl in Niedersachsen, kann ihm niemand in der SPD die Kanzlerkandidatur streitig machen. So kam es dann auch. Besonders interessant ist in diesem Zusammenhang: Als später öffentlich bekannt wurde, dass Masch—meyer hinter der Anzeige stand, kritisierte Christian Wulff, der damals noch CDU-Oppositionsführer im Landtag war, diese Finanzierung der Wahlwerbung, er sah das Gesetz zur Parteienfinanzierung ausgehebelt. Und er blickte wohl erstmals in den viel beschriebenen hannoverschen Sumpf um Wirtschaft, Politik und Showgeschäft, in den er sich später selbst begeben würde.

An diesem 20. Dezember 2011 veröffentlicht BILD den Text unter dem Titel »Maschmeyer bezahlte die Anzeigen für das Wulff-Buch«.

Berlin/Hannover – Und wieder geht es um Christian Wulff und das Geld seiner Freunde.

Zeitungsanzeigen, mit denen im Herbst 2007 während des niedersächsischen Landtagswahlkampfs für das Christian-Wulff-Buch »Besser die Wahrheit« geworben worden war, sind nicht wie üblich vom Verlag, sondern in Wahrheit vom niedersächsischen Unternehmer Carsten Maschmeyer bezahlt worden.

Nach BILD-Informationen zahlte der Gründer des Finanzdienstleisters AWD für die Werbung 42.731,71 Euro aus seinem Privatvermögen.

Das Buch von Autor Hugo Müller-Vogg, in dem Wulff sein privates und politisches Leben beschreibt, war ein wichtiges Instrument des Landtagswahlkampfes. Allein die CDU kaufte einige Tausend Exemplare und verschenkte sie als Wahlwerbung für den damaligen Ministerpräsidenten Christian Wulff.

Bei der Finanzierung der Anzeigen wurde eine ungewöhnliche Form gewählt, die der damalige »Hoffmann und Campe«-Geschäftsführer Manfred Bissinger eingefädelt hatte. Er schrieb dem Maschmeyer-Büro am 16. Juli 2007: »Wie vereinbart schicke ich Ihnen heute den angedachten Medienplan für das Wulff-Buch von Hugo Müller-Vogg. Es soll im Oktober erscheinen und Herr Maschmeyer hatte seinerzeit telefonisch zugesagt, eine niedersächsische Medienkampagne für das Buch finanzieren zu wollen.«

Als Zeitungen wurden u. a. die »Hannoversche Allgemeine Zeitung« und die »Braunschweiger Zeitung« vorgeschlagen – alles regionale Titel aus Niedersachsen, wo Christian Wulff im Januar 2008 bei den Landtagswahlen erneut zum Ministerpräsidenten gewählt werden wollte.

Die Anzeigen erschienen am 13. Oktober 2007 in der »Hannoverschen Allgemeinen Zeitung«, am 20. Oktober in der »Neuen Osnabrücker Zeitung« und der »Braunschweiger Zeitung« sowie am 27. Oktober in der »Nordwest-Zeitung«.

Die Anzeigen zahlte zunächst der Verlag »Hoffmann und Campe«, in dem das Wulff-Werk erschien.

Am 2. November schickte Jessica R., damals Objektleiterin des Verlags, ein Schreiben an das Maschmeyer-Unternehmen: »Anbei finden Sie wie besprochen die Rechnungen für die Anzeigenkampagne mit der Bitte, den Ausgleich zu veranlassen.«

Maschmeyer beglich die Rechnung am 19. Februar 2008 aus seiner privaten Geldbörse – 23 Tage, nachdem Wulff erneut zum Ministerpräsidenten gewählt worden war.

Maschmeyer gestern zu BILD: »Im Herbst 2007 hat mich der langjährige ›stern‹-Redakteur Manfred Bissinger vom Verlag Hoffmann und Campe mit der Bitte angesprochen, Anzeigen zur Begleitung eines Interview-Buches zu unterstützen. Dieser Bitte habe ich entsprochen und die Anzeigen privat bezahlt. Ich habe sie nicht steuerlich geltend gemacht. Über das ganze Thema habe ich mit Herrn Wulff nicht gesprochen.«

Der Bundespräsident ließ auf BILD-Anfrage über seinen Rechtsanwalt Gernot Lehr erklären, ihm sei von den Zahlungen seines Freundes Maschmeyer nichts bekannt gewesen.

Autor Hugo Müller-Vogg – seit 2002 BILD-Kolumnist – erklärte gestern: »Ich habe erst heute erfahren, dass die Rechnungen vom Verlag an Herrn Maschmeyer weitergegeben wurden.«

Bereits im Wahlkampf 1998 hatte Carsten Maschmeyer Anzeigen geschaltet – anonym! Damals allerdings für den niedersächsischen Ministerpräsidenten Gerhard Schröder (SPD). Text der Anzeige: »Der nächste Kanzler muss ein Niedersachse sein.« Christian Wulff – damals noch CDU-Oppositionsführer im Landtag – kritisierte diese Finanzierung der Wahlwerbung. Er sah das Gesetz zur Parteienfinanzierung ausgehebelt.

Wolfgang Jüttner (SPD), der Christian Wulff bei der Landtagswahl 2008 unterlag, zu BILD: »In Sachen Moral hat Christian

Wulff – bei Rau, Schröder und Glogowski – die Messlatte sehr hoch gehängt. Jetzt kann er bequem darunter hindurchspazieren.«[104]

Worauf spielt der SPD-Politiker Wolfgang Jüttner an, wenn er von Johannes Rau und Niedersachsens ehemaligem SPD-Ministerpräsidenten Gerhard Glogowski spricht? Was meint er mit Moral und Messlatte?

Spätestens an dieser Stelle lohnt es sich zu fragen, welche Ansprüche Christian Wulff selbst an die Politik und deren Machthaber stellte, während er als Fraktionsvorsitzender der CDU im Landtag Niedersachsens auf der Oppositionsbank saß.

Bei Johannes Rau spielt SPD-Mann Jüttner auf die WestLB-Flugaffäre des damaligen Ministerpräsidenten von Nordrhein-Westfalen an, die Rau wie bereits erwähnt als Staatsoberhaupt im Schloss Bellevue eingeholt hatte. Damals giftete der junge Christian Wulff: »Ich leide physisch darunter, dass wir keinen unbefangenen Bundespräsidenten haben.«[105]

Im Zeitalter von Internet und Facebook geht nichts verloren. Keine Jugendsünde und kein politisches Foul, keine Boshaftigkeit und auch keine wohlfeilen Sprüche über menschlichen Anstand und politische Moral. Bundespräsident Christian Wulff holen seine Ansprüche an die politische Klasse aus der Vergangenheit im Dezember 2011 auf seiner eigenen Facebook-Seite ein.

Wulff ist das erste Staatsoberhaupt, das über Facebook kommuniziert – und damit einer von weltweit einer Milliarde Menschen.

Der neue Bundespräsident soll ein moderner Bundespräsident sein. Facebook ist modern. Facebook gibt im modernen Deutschland dem Volk die Möglichkeit, direkt mit dem Bundespräsidenten in Kontakt zu treten, für alle sichtbar.

Und das sieht im Dezember 2011 auf Wulffs Facebook-Seite dann so aus: »Wie lange, Herr Wulff, wollen Sie sich uns eigentlich noch zumuten? Sie waren immer einer der Ersten, der seinen Zeigefinger erhoben und der andere Politiker und/oder sonstige Personen/-gruppen öffentlich getadelt hat«, schreibt eine Frau, die als »Wutbürgerin aus Bremen« bei Facebook registriert ist. »Ich erinnere einmal: Es fehle eine ›Grundsensibilität, dass man Dienstliches und Privates relativ strikt trennt, dass man fließende Übergänge mit äußerster Vorsicht behandelt. Es muss jeder Ansatz von Korrumpierbarkeit schon im Ansatz verhindert werden.‹«

Dieser Eintrag zielt auf Wulffs Haltung in der Affäre um Gerhard Glogowski, Niedersachsens ehemaligen Ministerpräsidenten. Der SPD-Politiker muss sich im Herbst 1999 mit Vorwürfen auseinandersetzen, er habe sich seine Hochzeitsfeier von den niedersächsischen Brauereien Wolters und Feldschlößchen und dem regionalen Kaffeeröster Heimbs sponsern lassen. Hinzu kommt der Verdacht, der Landesvater von Niedersachsen sei auf Kosten des Reiseveranstalters TUI – beheimatet in Hannover – zu einem Aida-Konzert nach Ägypten geflogen.

Die schärfsten Angriffe der CDU gegen den SPD-Politiker Glogowski fährt damals tatsächlich Christian Wulff: »Die persönliche Vorteilsannahme in Form einer offenbar durch ein niedersächsisches Unternehmen finanzierten privaten Urlaubsreise wäre mit dem Amt des Ministerpräsidenten nicht vereinbar«, ledert der Oppositionschef los. Wulffs Urteil ist unerbittlich: »Herr Glogowski verliert seine Unabhängigkeit und damit seine politische Handlungsfähigkeit.«[106]

Am 14. Dezember 1999 tritt Glogowski zurück. Zur gleichen Zeit muss sich der ehemalige Bundesinnenminister Manfred Kanther – ein Parteifreund Wulffs – gegen Vorwürfe wehren, er habe gegen das Parteispenden-Gesetz verstoßen. Als Konsequenz legt Kanther am 25. Januar 2000 sein Bundestagsmandat nieder.

Was haben Glogowski und Kanther in diesen Januartagen im Jahr 2000 gemeinsam?

Beide werden von Christian Wulff auch nach ihrem Ausscheiden noch unnachgiebig verfolgt. Als CDU-Landeschef regte Wulff damals im Norddeutschen Rundfunk an, die Versorgungsbezüge der gestürzten Politiker zu beschneiden. »Wir müssen darüber nachdenken, dass Manfred Kanther nicht einfach sein Übergangsgeld bekommt, sondern dass das gekürzt werden kann.« Dasselbe gelte

auch für Glogowski. Dieses Zitat reibt »Der Spiegel« dem Bundespräsidenten am 20. Dezember 2011 unter die Nase, um Wulffs Dop-
pelmoral deutlich zu machen.[107] Wenn es darum geht, Glogowski zu attackieren, kommt Christian
Wulff an kaum einem Mikrofon vorbei. Zu der Affäre gibt er im
November 1999 dem Deutschlandfunk ein Interview. »Das ist natürlich ein ernster Vorgang, der das Vertrauen in Politik, in Parteien
an sich auch erschüttert. Eine Landesregierung mit einem Ministerpräsidenten quasi als Werbeträger, der selbst die eigene Hochzeit zu
einer Verkaufsförderungsveranstaltung werden lässt, ist natürlich
eine schwere Belastung«, urteilt Wulff.[108] Starke Worte eines Mannes, der elf Jahre später mit einer ganz
anderen Last ins Schloss Bellevue zieht.

Ob der Ministerpräsident Glogowski denn zurücktreten solle,
wird Christian Wulff dann noch gefragt. Der CDU-Politiker erklärt:
»Ich meine, das ist nicht unsere Aufgabe, den Rücktritt zu verhindern, sondern den Rücktritt hinzunehmen, wenn er selber zu diesem Schluss kommt. Es kann natürlich sehr wohl sein, auch schon
in diesen Stunden. Nur an diesen Spekulationen möchte ich mich
nicht beteiligen. Ich glaube, das Parlament hat eine klare Aufgabe.
Die Opposition muss die Regierung kontrollieren. Diesem Dickicht
aus Aufsicht, Kontrolle, Verwicklungen zwischen Aufsichtsräten
und Politik muss nachgegangen werden. Es darf nicht der Eindruck
entstehen und bleiben, eine Hand wasche dort die andere und es sei
alles miteinander verwoben zum jeweiligen Vorteil des Ministerpräsidenten. Schließlich muss die Bevölkerung das Grundvertrauen
haben in die Unabhängigkeit einer Landesregierung.«[109] Wie sich die Fälle gleichen. Hier geschnorrter Kaffee bei einer
Hochzeitsfeier und Gemauschel bei einer Ägyptenreise. Dort ein
dubioser 500.000-Euro-Kredit und Gratis-Flitterwochen bei einem
Manager in der Toskana. Nur die Bewertung ist für Christian Wulff
in beiden Fällen eine andere.

Ein letzter Auszug aus dem Interview im Deutschlandradio. Die
Frage an Wulff lautet: »Was glauben Sie denn, ist das Motiv für einen
Ministerpräsidenten, sich seine Hochzeitsfeier von einer Brauerei

sponsern zu lassen? Ist das die Lust an der gesparten Mark oder einfach politische Instinktlosigkeit?«Die Antwort von Wulff ist messerscharf:»Ich glaube, es ist die völlig fehlende Distanz zu Sachen, zu Personen, zu Dingen, die man in der Politik braucht, also eine Grundsensibilität, dass man Dienstliches und Privates relativ strikt trennt, dass man fließende Übergänge mit äußerster Vorsicht behandelt. (…) Deswegen fehlen ihm eigentlich die Voraussetzungen – ich würde es hart formulieren wollen –, letztlich auch die Voraussetzungen für die Würde des Amtes des Ministerpräsidenten. Er ist der falsche Mann am falschen Platz.«[110]

»Der falsche Präsident« – so titelt»Der Spiegel«zwölf Jahre später am 17. Dezember 2011. Auf dem Cover: Christian Wulff.[111]

22. DEZEMBER 2011:
WULFF LÄSST SEINEN ENGSTEN VERTRAUTEN FALLEN

Das Leben als Bundespräsident – es könnte so schön sein. Blättert Christian Wulff in diesen Tagen durch seinen Terminkalender, blickt er auf den unaufgeregten Alltag eines Staatsoberhaupts. Die traditionelle Weihnachtsansprache hat er einen Tag zuvor aufgezeichnet, die Ausstrahlung erfolgt am ersten Feiertag. Der Empfang der Sternsinger im Schloss Bellevue steht an, danach die Übergabe der neuen Wohlfahrtsmarken.

Wären da nicht die Zeitungen, die seit inzwischen neun Tagen schon ihre Nachrichten mit der oft gleichen Formulierung beginnen:»Neue Vorwürfe gegen Christian Wulff …«

An diesem 22. Dezember 2011 richten sich aber erstmals auch Vorwürfe gegen Wulffs engsten Vertrauten und Sprecher, gegen seinen langjährigen Freund Olaf Glaeseker.

Der»stern«berichtet in einer Vorabmeldung, dass Glaeseker während seiner Zeit als Regierungssprecher in Niedersachsen enge Kontakte zu Partyveranstalter Manfred Schmidt gepflegt und diesem bei der Sponsorensuche für den Nord-Süd-Dialog geholfen habe. Der Nord-Süd-Dialog ist eine von Schmidt organisierte private Lobby-Veranstaltung mit Vertretern aus Politik und Wirtschaft, die erstmals im Herbst 2007 in Hannover stattfand – mitten im Landtagswahlkampf Wulffs. Als Schirmherren fungierten Wulff und Baden-Württembergs damaliger Ministerpräsident Günther Oettinger. Im Gegenzug für seine Hilfe – so berichtet der »stern« – habe Glaeseker mehrfach kostenlos Urlaube in Frankreich und Spanien bei Partyveranstalter Schmidt verbracht. Die Staatsanwaltschaft wird später gegen beide ein Ermittlungsverfahren wegen Bestechlichkeit bzw. Bestechung einleiten.

Reporter Hans-Martin Tillack schreibt am 23. Dezember 2011 auf »stern.de«: »Die Vorwürfe sind für den Bundespräsidenten hoch brisant, weil er selbst persönlich ebenfalls enge Beziehungen zu dem Geschäftsmann unterhält.« Zeugen hätten zuvor dem »stern« gesagt, dass Glaeseker Ende Oktober 2008 zusammen mit seiner Frau sowie Wulffs damals bereits von ihm geschiedener Gattin Christiane mehrere Tage Gratis-Urlaub in Schmidts Finca nördlich von Barcelona genossen hatte. Das sei in einer Zeit geschehen, in der es Glaeseker als Staatsbedienstetem – er war Sprecher des Ministerpräsidenten von Niedersachsen – verboten war, Geschenke in Bezug auf sein Amt anzunehmen.[112]

Es brennt lichterloh um Schloss Bellevue. Gegen 14 Uhr am 22. Dezember veröffentlicht das Bundespräsidialamt eine Presseerklärung. Zwei Sätze nur – aber ein Paukenschlag!

Der Chef des Bundespräsidialamtes, Staatssekretär Prof. Dr. Lothar Hagebölling, hat den Sprecher des Bundespräsidenten, Herrn Olaf Glaeseker, heute von seinen dienstlichen Aufgaben entbunden. Die Aufgaben des Sprechers des Bundespräsidenten und Leiters des Kommunikationsstabes im Bundespräsidialamt werden ab sofort kommissarisch von Frau Petra Diroll wahrgenommen.[113]

In einer zweiten Erklärung kündigt das Bundespräsidialamt an, dass Christian Wulff noch am Nachmittag eine persönliche Erklärung an seinem Amtssitz abgeben werde.

Es ist ein Auftritt, auf den Deutschland gewartet hat. Neun Tage lang. Seit der Enthüllung der Kredit-Affäre am 13. Dezember 2011 hat der Bundespräsident nicht ein einziges persönliches Wort zu den Vorwürfen gesagt. Lediglich die schwammigen schriftlichen Erklärungen von ihm und seinem Sprecher waren zaghafte Reaktionen.

Erst am Vortag hatte SPD-Chef Sigmar Gabriel in der »Passauer Neuen Presse« noch eine persönliche Erklärung Wulffs zu den Vorwürfen gegen ihn angemahnt. »Ich gehe davon aus, dass der Bundespräsident alle offenen Fragen persönlich beantwortet.« Er halte es für »unglücklich«, dass anstelle des Bundespräsidenten nur seine Anwälte kommunizierten.[114] Steffi Lemke, Bundesgeschäftsführerin der Grünen, forderte ebenfalls das persönliche Wort des Präsidenten: »Mehr Distanz zwischen Staatsoberhaupt und Öffentlichkeit gab es lange nicht«, beklagte sie. »Wenn Christian Wulff nicht als Salami-Präsident in die Geschichte eingehen will, muss er endlich Antworten geben. Persönlich und umfassend.«[115]

Die Affäre Wulff – würde man sie in Temperaturen messen –, an diesem Tag erreicht sie den Siedepunkt.

Am frühen Nachmittag des 22. Dezember 2011 bereiten die ersten politischen Korrespondenten schon die Berichterstattung zum möglichen Rücktritt des zehnten Bundespräsidenten vor. Sonderseiten mit Porträt, Erklärung, Reaktionen und Chronik der Affäre. Das Übliche eben, wenn ein Großer aus der Politik stürzt. Eine Fallhöhe dieser Art hatte es in der Geschichte der Bundesrepublik noch nicht gegeben. Aber würde ein Rücktritt überhaupt wahrscheinlich sein und Sinn haben, so spekulieren die Medienvertreter, wenn die Entlassung des engsten Vertrauten nur 90 Minuten zuvor erfolgte? Es deutet alles darauf hin, dass der Bundespräsident mit dieser Maßnahme lediglich Ballast abwerfen wollte, um selbst etwas Luft zu gewinnen. Zum Rücktritt kommt es an diesem Nachmittag tatsächlich nicht. Noch nicht.

Um 15.36 Uhr öffnet sich an diesem 22. Dezember 2011 dann endlich die schwere Flügeltür im Großen Saal von Schloss Bellevue. Im schwarzen Anzug und mit dunkler Krawatte tritt der Bundespräsident vor die Presse. Das Staatsoberhaupt wirkt angeschlagen, aber kämpferisch. Direkte Fragen an den ersten Mann im Staat, so wird den Reportern zuvor von Mitarbeitern des Bundespräsidialamtes erklärt, sind an diesem Tag nicht erlaubt. Wulff setzt an:

Guten Tag, meine sehr verehrten Damen und Herren, Sie alle wissen, dass in den vergangenen zehn Tagen über Vorgänge aus meinem Privatleben breit berichtet worden ist. Sie betreffen die Zeit vor meiner Amtszeit als Bundespräsident und haben eine sehr kritische Kommentierung gefunden. Ich habe das Bedürfnis, mich auch persönlich zu diesen Vorgängen zu äußern.

Alle Fragen zu den Vorgängen nehme ich sehr ernst und habe deshalb für volle Offenheit im Hinblick auf die Finanzierung unseres Einfamilienhauses gesorgt. Sowohl, was den Privatkredit anbelangt, als auch, was alle Verträge und alle Konditionen der Geldmarktkredite bei der BW-Bank anbelangt. Alle Auskünfte sind erteilt worden, auch zu Konditionen. Vom Bankgeheimnis ist umfassend befreit worden. Außerdem habe ich die Ferienaufenthalte bei Freunden offengelegt, die Dokumente liegen seit Montag bei einer dazu beauftragten Rechtsanwaltskanzlei aus. Und es ist ja gelegentlich auch Einsicht genommen worden.

Bis heute habe ich über 250 Einzelfragen jedweder Art nach bestem Wissen und Gewissen beantwortet. Davon viele, die Einzelheiten aus meinem Privat- und Familienleben betreffen. Ich weiß und finde es richtig, dass die Presse- und Informationsfreiheit ein hohes Gut ist in unserer freiheitlichen Gesellschaft. Das bedeutet gerade für Amtsträger, jederzeit die Wahrnehmung ihrer Aufgaben vor der Öffentlichkeit zu erläutern und gerade auch im Grenzbereich zwischen Dienstlichem und Privatem, zwischen Amt und privat, die erforderliche Transparenz herzustellen. Das ist, wie viele von Ihnen auch wissen, nicht immer leicht, gerade, wenn man an den Schutz betroffener Familienangehöriger und Freunde denkt. Aber es ist eben notwendig, denn es geht um Vertrauen in mich und meine Amtsführung.

Mir ist klar geworden, wie irritierend die private Finanzierung unseres Einfamilienhauses in der Öffentlichkeit gewirkt hat. Das hätte ich vermeiden können und müssen. Ich hätte auch den Privatkredit dem Niedersächsischen Landtag damalig offenlegen sollen. Das war nicht gradlinig, und das tut mir leid. Ich sehe ein, nicht alles, was juristisch rechtens ist, ist auch richtig.

Ich sage aber auch deutlich, zu keinem Zeitpunkt habe ich in einem meiner öffentlichen Ämter jemandem einen unberechtigten Vorteil gewährt. Persönliche Freundschaften sind mir, gerade auch menschlich, wichtig. Sie haben aber meine Amtsführung nicht beeinflusst. Dafür stehe ich.

Ich bedauere, dass ich mich von meinem Sprecher Olaf Glaeseker trennen musste, und danke ihm an dieser Stelle für seinen großartigen Einsatz an meiner Seite. Ich habe ihm viel zu verdanken und wünsche ihm für weitere berufliche Herausforderungen alles erdenklich Gute.

Meine Damen und Herren, ich weiß um meine Verantwortung als Bundespräsident der Bundesrepublik Deutschland. Ich werde das Amt auch in Zukunft gewissenhaft und mit ganzer Kraft ausfüllen. Denn wir stehen vor großen Aufgaben in unserem Land, in Europa und in der Welt. Und ich will und werde meinen Beitrag dazu leisten, die anstehenden Herausforderungen zu bewältigen. Dafür bitte ich die Bürgerinnen und Bürger auch zukünftig um ihr Vertrauen.

Ich danke Ihnen und wünsche Ihnen unabhängig von dieser Erklärung ein gesegnetes Weihnachtsfest, ein gutes Jahr 2012. Wir werden auch in diesem Jahr 2012 weiterhin gut zusammenarbeiten. So hoffe ich doch.

Das Bundeskanzleramt reagiert auf die Rede Wulffs eher reserviert. »Die Worte des Bundespräsidenten stehen für sich«, erklärt Regierungssprecher Steffen Seibert. »Ihnen ist nichts hinzuzufügen.«[116]

Ist dem wirklich nichts hinzuzufügen? Der treue Glaeseker – in Hannover Strippenzieher für Wulff, in Berlin erst Präsidenten-Flüsterer, dann Krisenmanager, nun Bauernopfer. Nach zwölf Jahren Zusammenarbeit nur zwei Sätze zum Abschied: »Ich bedauere, dass ich mich von meinem Sprecher Olaf Glaeseker trennen musste, und danke ihm an dieser Stelle für seinen großartigen Einsatz an meiner Seite. Ich habe ihm viel zu verdanken und wünsche ihm für weitere berufliche Herausforderungen alles erdenklich Gute.« Warum der Bundespräsident sich von seinem engsten Vertrauten trennte, das begründet Christian Wulff mit keinem Wort.

Was geschah also wirklich am Morgen des 22. Dezember 2011 im Bundespräsidialamt?

Kurz nach Dienstbeginn – exakt um 9.41 Uhr – hatte Olaf Glaeseker einen Fragenkatalog des »stern« per E-Mail bekommen. Das Magazin befragt ihn zu seinen Aufenthalten in den Anwesen von Partyveranstalter Manfred Schmidt und seinem Einsatz für den von Schmidt veranstalteten Nord-Süd-Dialog.

Umgehend informiert Glaeseker Amtschef Lothar Hagebölling, dessen Büro im zweiten Stock des Bundespräsidialamtes nur zwei Zimmer weiter liegt, über die Anfrage. Wulffs Sprecher erklärt dem Chef des Bundespräsidialamtes, dass Schmidt tatsächlich ein langjähriger Freund von ihm sei, den er seit Mitte der neunziger Jahre kenne, als er noch als politischer Korrespondent gearbeitet habe. Auch seine Ehefrau Vera sei mit Schmidt befreundet.

Beide – Hagebölling und Glaeseker – erkennen nach der knapp 20-minütigen Unterredung dennoch die Brisanz der »stern«-Anfrage. Er wolle, erklärt Glaeseker dem Amtschef, in dieser Situation nicht zu einer zusätzlichen Belastung für den Bundespräsidenten werden. Außerdem wolle er seine eigene Familie schützen. Hagebölling, so Glaesekers Bitte, möge mit Wulff über seine Entlassung entscheiden.

Schon zwei Tage zuvor hatte Glaeseker mit dem Amtschef über sein mögliches Ausscheiden gesprochen. Das Vertrauensverhältnis sei schwer belastet, so erklärte Glaeseker, zudem könne er nicht abschätzen, was da noch alles hochkomme. Von Wulffs Urlauben bei den Versicherungsmanagern Baumgartl und Maschmeyer habe er erst im Nachhinein erfahren, über die Nachricht auf Kai Diekmanns

Mailbox habe der Bundespräsident ihn nicht informiert. Wie Hagebölling sei auch er über das Darlehen bei den Geerkens anfangs getäuscht worden. Erst im November 2011 habe Wulff ihm erklärt, dass es nicht die BW-Bank war, die im Oktober 2008 den Kauf des Hauses finanzierte, sondern dass das Geld von den Geerkens kam.

Das Ende ist bekannt. Nur wenige Minuten später an diesem Vormittag lässt Christian Wulff seinen langjährigen Wegbegleiter fallen.

Bereits gegen Mittag erhält Glaeseker in Hagebölings Büro im Beisein des Abteilungsleiters Personal und Recht seine Entlassungsurkunde. Bei diesem letzten Handschlag, so heißt es später im Präsidialamt, hat Amtschef Hagebölling Tränen in den Augen. Mit der Bahn fährt Glaeseker am Nachmittag zurück nach Hannover. Sein Büro hat er seit diesem Tag nie wieder betreten.

Es ist das kurze Ende einer langen Freundschaft. Über seinen Rechtsanwalt Gernot Lehr lässt der Bundespräsident noch ausrichten, ihm selbst sei von den kostenlosen Urlauben seines Sprechers beim Partyveranstalter Manfred Schmidt nichts bekannt gewesen.[117]

Aber wie glaubhaft ist das? Der Mann, den Wulff als seinen »siamesischen Zwilling« bezeichnete, dem er täglich mehrere SMS schickte – von dessen Urlauben beim Partyveranstalter will er nichts gewusst haben?

Genau das will die Staatsanwaltschaft Hannover wissen, die Wulff am 29. Juni 2012 befragt. Die Vernehmung dauert, unterbrochen von zwei Kaffeepausen, zwei Stunden und 40 Minuten, wie »Der Spiegel« am 20. August 2012 unter dem Titel »Ende einer Freundschaft« berichtet. »Bis zu den ersten Presseberichten im Dezember habe er, so Wulff, lediglich davon gehört, dass Schmidt ein Apartment in Barcelona besitze. Selbst über einen Urlaub seiner Tochter Annalena und seiner ehemaligen Frau Christiane mit Schmidt und Glaeseker auf einer Finca des Partymachers will Wulff nur vage Informationen bekommen haben«, zitiert das Nachrichtenmagazin aus der Vernehmung. »Er meine sich daran erinnern zu können, sagte er, dass ihm Annalena mal von einem Treffen mit Schmidt und Glaeseker in Spanien erzählt habe. Ungläubig weist der Staatsanwalt ihn darauf hin, dass Glaeseker mehrere Tage mit Wulffs Tochter verbracht habe. Aber Wulff bleibt dabei, nichts von Glaesekers Urlauben gewusst zu haben.«

Dieser Darstellung widerspricht Wulffs Rechtsanwalt Gernot Lehr. »Die Wiedergabe der Einlassung ist falsch.«

Doch die Frage bleibt: Was wusste Wulff über die kostenlosen Urlaube seiner Familie und seines Sprechers?

Tatsache ist: Bereits im Jahr zuvor – im August 2010, unmittelbar nach Wulffs Wahl zum Bundespräsidenten – war Glaeseker von der »Süddeutschen Zeitung« mit Fragen zu seinen Ferien bei Manfred Schmidt konfrontiert worden. Damals, so heißt es im Präsidialamt, habe Glaeseker den Bundespräsidenten und Amtschef Lothar Hagebölling umgehend über die Presseanfrage informiert. Glaeseker habe Wulff damals erklärt, dass dieser doch wisse, dass er seit 14 Jahren mit dem Event-Manager befreundet sei. Wulff und Hagebölling bitten Glaeseker, eine Sachverhaltsdarstellung über den Vorgang zu schreiben. Zu einer Berichterstattung in der »Süddeutschen Zeitung« kommt es nicht.

Auch von den Urlauben seiner Exfrau Christiane und seiner Tochter Annalena, die mit seinem Sprecher Ferien bei Manfred Schmidt verbracht hatten, will Wulff nur »vage Informationen« bekommen haben, wie »Der Spiegel« über die Vernehmung des Altbundespräsidenten berichtet.

Im Sommer 2006 – unmittelbar nach der Trennung – waren Wulffs verlassene Noch-Ehefrau und seine damals zwölfjährige Tochter zu Schmidts Anwesen nach Spanien und später auch Frankreich gereist. Da war es hilfreich für den CDU-Politiker, dass sich der gute Freund um die beiden kümmerte.

Der Darstellung im »Spiegel«, Wulff habe von alledem keine Kenntnis gehabt, widerspricht Edda Kraft, eine Freundin des Ehepaars Glaeseker, die auch Wulff seit Jahren kennt. Die TV-Managerin – früher Unterhaltungschefin des Fernsehsenders SAT.1 – erklärt: »Da gab es keine Geheimnisse. Ich habe miterlebt, wie sie sogar im Urlaub simsten und telefonierten.«[118]

Eine SMS – geschrieben damals von Wulffs Tochter Annalena – könnte die Behauptungen von Wulff widerlegen. Während einer

Autofahrt von Barcelona nach Frankreich hatte die Tochter ihrem Vater geschrieben, sie sei mit ihrer Mutter, Olaf Glaeseker und dessen Ehefrau Vera auf dem – jetzt wörtlich – »Weg nach Frank«. So berichtete es Glaeseker damals Freunden.

Christian Wulff soll umgehend mit einer SMS an Glaeseker reagiert haben. Er wollte wissen, warum sein Sprecher mit seiner Tochter und der Noch-Ehefrau zu Frank fahre. Frank – das ist der Fotograf Frank Ossenbrink, der in der Vergangenheit die privaten Fotos der Familie Wulff aufgenommen hatte. Glaeseker konnte den aufgeregten Chef beruhigen. Man sei nicht auf dem Weg zum Fotografen. Mit »Frank«, wie Töchterchen Annalena ihm per SMS geschrieben hatte, sei Frankreich gemeint. Er wisse doch, schrieb Glaeseker an Wulff, dass man gemeinsam Urlaub bei Manfred Schmidt verbringen wolle.

Von diesem SMS-Wechsel weiß auch Edda Kraft, die hierüber mit den Glaesekers nach deren Rückkehr aus dem Urlaub gesprochen und herzhaft gelacht hat. Und dies, so Kraft, habe sie bei ihrer Vernehmung auch der Staatsanwaltschaft gegenüber erwähnt.

Nachdem die Staatsanwaltschaft im Dezember 2011 ein Ermittlungsverfahren wegen des Verdachts der Bestechlichkeit im Zusammenhang mit den kostenlosen Urlauben bei Partykönig Manfred Schmidt eingeleitet hatte, wendet sich Glaeseker am Morgen des 4. Januar 2012 mit einer SMS noch einmal hilfesuchend an Wulff. »Guten Morgen, mein Lieber«, schreibt Glaeseker. »Wie ist deine Verfasstheit?« Dann bittet er den Mann, dem er maßgeblich zum politischen Aufstieg verhalf und zwölf Jahre lang treu gedient hatte, um einen letzten Gefallen.

Wulff möge doch bitte bestätigen, dass er von der Freundschaft zu Manfred Schmidt gewusst habe. Und dass ihm auch bekannt gewesen sei, dass er bei Schmidt seinen Urlaub verbrachte. Wenn Wulff ihm das gegenüber der Staatsanwaltschaft bestätigen könne – so spekuliert Olaf Glaeseker –, würde der Verdacht der Bestechlichkeit vielleicht in sich zusammenfallen.

Christian Wulff, zu dieser Zeit noch im Amt, lehnt ab. Das Staatsoberhaupt schreibt zurück: »Warum soll ich dir das bestätigen? Es hilft dir nicht, aber es schadet mir massiv. Ich stehe hier total unter Druck.« Eventuell könne er ihm helfen,»sollte ich mal nicht mehr im Amt sein«.[119]

In diesem Augenblick ist klar: Spätestens ab jetzt gehen die siamesischen Zwillinge getrennte Wege.

Eine letzte Annäherung der beiden, ein allerletztes Abtasten, gibt es noch. Im Juni 2012, vier Monate nach dem Rücktritt, lädt der Altbundespräsident seinen ehemaligen Vertrauten per SMS zu seiner privaten Geburtstagsfeier am 23. Juni 2012 nach Großburgwedel ein. Es ist der erste Kontakt seit Monaten zwischen dem ehemaligen Bundespräsidenten und seinem ehemaligen Sprecher.

Ohne Weiteres will Glaeseker der Einladung nicht folgen. Der früher engste Vertraute schlägt vor, sich vor dem Geburtstagsfest noch einmal persönlich zu treffen. Man könne nach alledem, was geschehen ist, nicht einfach so zur Tagesordnung übergehen. Die Begegnung findet in Glaesekers Eigenheim in Steinhude statt, Wulff lässt sich von seinem Fahrer im Dienstwagen bringen.

Viel haben sich die Männer, die vom beschaulichen Niedersachsen ins Schloss Bellevue gezogen waren, in der knapp einstündigen Unterhaltung nicht mehr zu sagen. Wulff sieht sich im Gespräch noch immer als Opfer der Medien. Er beklagt die mangelnde Unterstützung aus der Union. Er kann noch immer nicht begreifen, dass selbst aus der CDU Rücktrittsforderungen auf ihn eingeprasselt waren. Gerade in dieser Phase hätte man doch auch seine Verdienste für die Partei und das Land würdigen können. Der Altbundespräsident versucht bei diesem Treffen gar nicht erst, um Verständnis dafür zu werben, dass er seinen Freund fallen ließ.

Dennoch führt Glaesekers Weg wenige Tage später nach Großburgwedel. Am 23. Juni 2012 – einem Samstag vier Tage nach seinem Geburtstag – gibt der Altbundespräsident für rund 50 Gäste ein Grillfest. Im Garten ist ein Zelt aufgebaut. Ein DJ sorgt für die Musik. Ein klassisches Barbecue ist angerichtet, Steaks und Krautsalat.

Philipp Rösler, der FDP-Vorsitzende, ist mit seiner Ehefrau gekommen. Wulffs Parteifreund Peter Hintze ist da. Nachbarn und ehemalige Kommilitonen Wulffs folgen der Einladung, auch Torsten Anklam, der Exfreund von Bettina Wulff und Vater ihres älteren Sohnes. In seiner kurzen Rede, der ersten seit seinem Rücktritt, wendet sich Christian Wulff schließlich an seine Ehefrau. Er sagt: »Ich liebe sie abgöttisch.«

Sechs Tage später – am 29. Juni 2012 – wird Christian Wulff von der Staatsanwaltschaft Hannover vernommen. Es geht um das Ermittlungsverfahren gegen seinen ehemaligen Sprecher Olaf Glaeseker. Staatsanwalt Clemens Eimterbäumer will wissen: Was wusste Christian Wulff wirklich über dessen Urlaube in den Anwesen von Event-Manager Manfred Schmidt?

25. DEZEMBER 2011:
JA DANN MAL FROHE WEIHNACHTEN!

In der Regel versenden sich Weihnachtsansprachen der Bundespräsidenten zwischen Bescherung und Gänsebraten. Das Interesse der Deutschen an Reden dieser Art ist an den Feiertagen nicht besonders ausgeprägt. Am 25. Dezember 2011 ist das anders.

Was wird Christian Wulff den Bürgern sagen? Wird er zum Fest der Liebe mit einer Silbe auf seine eigene Situation eingehen?

Seit zwölf Tagen ist seine Kredit-Affäre das Dauerthema der Republik. Rücktrittsforderungen, Schmähungen, immer neue Vorwürfe. Welche Botschaft hat dieser Bundespräsident in dieser Phase für die Deutschen, die ihm laut Umfragen mehrheitlich nicht mehr vertrauen? Wird die Weihnachtsansprache des Bundespräsidenten überhaupt noch gesendet werden? Es sei »peinlich hoch drei«, so Edda Müller, die Vorsitzende der Antikorruptionsorganisation Transparency International Deutschland, wenn Wulff eine Ansprache zum Zusammenhalt der Gesellschaft hielte, solange die gegen ihn erhobenen Vorwürfe im Raum stünden.[120]

Zuvor hatte der Kölner Kardinal Joachim Meisner dem Bundespräsidenten schon empfohlen, »jetzt in der Situation« keine Weihnachtsansprache zu halten. Der Kirchenmann erklärte im WDR-

Fernsehen, was er an Wulffs Stelle sagen würde:»Jetzt vergessen Sie mal meine Goldmitra und mein schönes Messgewand. Ich bin ein armer Sünder, habe versagt, habe mich bestechen lassen.«[121] Doch der Bundespräsident folgt dem Rat des Kirchenmannes nicht.

Bei seiner ersten Weihnachtsansprache im Jahr 2010 hatte Christian Wulff die Fernsehzuschauer überrascht. Das Staatsoberhaupt – gerade sechs Monate im Amt – hielt die traditionelle Ansprache nicht wie seine Amtsvorgänger staatstragend am Schreibtisch sitzend. Der neue Bundespräsident stand zwischen Weihnachtsbaum und Bundesadler – und hatte 70 Gäste ins Schloss Bellevue geladen. Menschen, die sich für das Gemeinwohl in Deutschland einsetzen, darunter Feuerwehrleute, Rettungssanitäter, Nonnen und Krankenpfleger. Das kam bei der Bevölkerung an.

Weihnachten 2011 sind Soldatinnen und Soldaten ins Schloss Bellevue geladen. Auch Vertreter unterschiedlicher Kulturen und Nationen sind gekommen. Kleine Kinder sitzen vor dem Bundespräsidenten auf dem Boden. Ein schönes Bild.

Worüber wird das Staatsoberhaupt diesmal sprechen? Welche Werte wird Christian Wulff ins Zentrum seiner Rede stellen? Die Erwartungen an die festliche Rede des Staatsoberhaupts sind gering. »Zu viele Tabus, zu viele Fettnäpfchen gilt es zu meiden. So dürfte es den Fernsehzuschauern bitter aufstoßen, sollte Wulff am ersten Weihnachtstag ausgerechnet die wachsende Kluft zwischen Arm und Reich in dieser Republik ansprechen, die Politikverdrossenheit der Bürger oder die Gier der Manager«, schreibt»tagesschau.de«. »Bei all diesen Themen hat Wulff in den vergangenen Tagen seinen Kredit als integrer Impulsgeber verspielt.«[122]

Ging es im Vorjahr um das Gemeinwohl, so will der Bundespräsident diesmal den Kampf gegen Extremismus und den Zusammenhalt in Europa ins Zentrum seiner Rede stellen.

Diese Rede dauert fünf Minuten und 39 Sekunden, sie wird zunächst um 19.08 Uhr im ZDF und um 20.10 Uhr in der ARD und auf Phoenix mit Gebärdensprache ausgestrahlt.

»Fröhliche Weihnachten, liebe Mitbürgerinnen und Mitbürger!«, begrüßt Wulff die Zuschauer. Seine Stimme ist noch brüchiger als

139

sonst. Er wirkt etwas verunsichert, aber hoch konzentriert. »An diesem Weihnachtsfest grüße ich Sie alle: die Gläubigen, die heute der Geburt Jesu Christi gedenken – und all diejenigen, die einen anderen Zugang zu diesem Fest haben.

Mit mir grüßen aus dem Schloss Bellevue Frauen und Männer, die meine Frau und ich in diesem Jahr kennengelernt haben. Sie haben uns alle beeindruckt, weil sie auf ganz unterschiedliche Art und Weise für andere da sind. Einfach so – weit über all das hinaus, was man eigentlich erwarten könnte. Sie helfen ihren Mitmenschen und stiften den Zusammenhalt, der unsere Gesellschaft letztlich trägt. Auf diesen Zusammenhalt wird es auch weiterhin entscheidend ankommen. Menschen machen sich Sorgen, nicht zuletzt um die Zukunft ihrer Kinder: Bekommen wir die Staatsschuldenkrise in Europa in den Griff?« Ja, die Menschen machen sich Sorgen. Sie machen sich auch Sorgen um das höchste Amt im Staat. Ob die Schuldenkrise in den Griff zu bekommen ist, fragt der Bundespräsident. Kriegt er seine Krise in den Griff? Und was machen die Schulden des Staatsoberhaupts? Christian Wulff gelingt es in seiner Ansprache nicht, Assoziationen an seine Affäre zu umschiffen. Dabei möchte er – jetzt am Abend des ersten Weihnachtsfeiertags – Zuversicht verbreiten. »Ich bin zuversichtlich: Regierung und Opposition haben in den vergangenen Monaten unter höchstem Druck gemeinsam weitreichende Entscheidungen getroffen. In diesem Geist der Gemeinsamkeit wird es auch mit unseren Freunden in Europa und der Welt gelingen, den Weg aus der Krise zu gehen.«

Das Staatsoberhaupt verliert sich in Gemeinplätzen, mutlos und uninspiriert fährt Wulff fort: Wichtig sei Europa. Na klar. Unsere gemeinsame Heimat, so Wulff, stehe für die großen Werte der Freiheit, der Menschenrechte und der sozialen Sicherheit. Bei diesen Worten muss er nicht mit Widerspruch rechnen. Auch dann ist kein Widerspruch zu fürchten, wenn der Bundespräsident in seiner Botschaft fordert, dass alle »in unserem Land in Sicherheit leben können«. Flüchtet da jemand, fragt die »Süddeutsche Zeitung« später, »in einen hohen Anspruch an alle, nachdem er bei der Erfüllung viel kleinerer Anforderungen an sich selbst schlecht aussah«?[123]

Schließlich weicht der Bundespräsident vom Großen ins Kleine aus. Er bezieht seinen dreijährigen Sohn Linus mit in die Ansprache ein.

»Das fängt schon im Alltag an: Es hängt auch von mir selbst ab, welches geistige Klima in meiner eigenen Familie, in meiner religiösen Gemeinde, in meinem Stadtteil oder in meinem Verein herrscht. Offenheit für Fremde und Fremdes fängt ganz im Kleinen an – und vor allen Dingen bei den Kleinen. Mein dreieinhalbjähriger Sohn freut sich, wenn ich ihm abends das Buch ›Irgendwie anders‹ vorlese. Er schläft dann selig ein, weil er weiß, es ist gut, dass wir alle verschieden sind. Wir können gar nicht früh genug begreifen, wie dumm und schädlich Ausgrenzung oder gedankenlose Vorurteile sind. (…) Liebe Mitbürgerinnen und Mitbürger, liebe Gäste hier im Schloss Bellevue, Weihnachten ist das Fest des Friedens und der Gemeinschaft. Jede Gemeinschaft braucht Zeit. Das gilt für Partnerschaften, für Familien und für Freundschaften. Nehmen wir uns alle diese Zeit füreinander. Meine Frau und ich wünschen Ihnen frohe, gesegnete Weihnachten und dann ein gutes, erfülltes neues Jahr 2012!«[124]

Christian Wulff beschäftigt sich in seiner Ansprache mit dem Ruf, den Deutschland hat. Er sagt:»Deutschland hat in der Welt einen guten Ruf. Auch deshalb, weil fast nirgendwo sonst die Bereitschaft, anderen zu helfen, so groß ist wie bei uns – bei Katastrophen, Unglücksfällen und bei den regelmäßigen Aufrufen der großen Hilfsorganisationen.

Dafür sagen mir viele im Ausland immer wieder ihren Dank – und diesen Dank will ich heute an Sie alle weitergeben. Denn wir können stolz sein auf unser Land.«[125]

Auf seinen Ruf, auf seine Kredit-Affäre – darauf geht der Bundespräsident mit keinem Wort ein.

Überhaupt – jeder Satz, ja schon jedes Wort kann in seiner Situation ein Stolperstein sein. Es geht in seiner Ansprache immer wieder um das In-der-Schuld-Stehen. Er sagt:»Wir schulden den Angehörigen …«, »Wir schulden nicht nur den Opfern …«, »Wir schulden uns allen Wachsamkeit …«. Vor allem aber schuldet der Bundespräsident den Bürgern, an die er sich gerade wendet, selbst etwas: Aufklärungsbereitschaft, Einsicht – und ein Verhalten, das seines Amtes würdig wäre. Die Resonanz auf die Weihnachtsansprache ist verhalten.»stern. de« urteilt:»Präsidiales Gesäusel.«[126] Das Feuilleton der»Frankfurter Allgemeinen Zeitung« bezieht sich in seinem Kommentar auf den kleinen Wulff-Sohn Linus und die Vorleseabende, die der Bundespräsident in seiner Weihnachtsansprache erwähnt hatte. Beinahe zynisch heißt es:»Der dreieinhalbjährige Sohn von Bettina und Christian Wulff schläft also, das hat uns sein Vater erzählt, beruhigt ein, wenn ihm der Vater diese Geschichte vorgelesen hat. Ja, ausdrücklich heißt es, dass der Junge selig einschläft, im Vollbesitz der kindlichen Unschuld gleich dem Christkind im Weihnachtslied. Es wäre ein Sinnbild des Bösen, ein Kind aus dem Schlaf zu reißen, um ihm zu sagen, dass etwas nicht stimmt an der Geschichte, die der Vater erzählt hat.«[127]

Mit Spott spart der FDP-Abgeordnete Erwin Lotter auch zum Fest der Liebe nicht.»Ich bin zumindest positiv überrascht, dass er wenigstens die Weihnachtsansprache nicht auch noch von Anwälten hat verlesen lassen.«[128]

1. JANUAR 2012:
DIE MAILBOX-AFFÄRE – »GUTEN ABEND, HIER SPRICHT CHRISTIAN WULFF ...«

Es waren ruhige Tage für Christian Wulff. Zumindest in der öffentlichen Wahrnehmung. Das mediale Trommelfeuer blieb zwischen Weihnachten und Neujahr aus. Das Fest hatte der Bundespräsident mit seiner Familie und seinen Schwiegereltern in der Dienstvilla im Berliner Stadtteil Dahlem verbracht. Den Jahreswechsel beging das Präsidentenpaar mit seinen Söhnen Linus und Leander zu Hause in Großburgwedel. Als Wulffs kleine Patchwork-Familie um Mitternacht im Wendehammer vor dem Klinkerhaus mit Nachbarn einige Raketen in den niedersächsischen Himmel schickte, konnte der Bundespräsident noch Grund zu der Annahme haben, das

»Stahlgewitter« könne bald vorübergehen. »Stahlgewitter« – so hatte Christian Wulff ein paar Tage zuvor gegenüber seinen Mitarbeitern während der internen Weihnachtsfeier im Schloss Bellevue die Kette von immer neuen Vorwürfen gegen ihn bezeichnet. Im Kriegsjargon tat er es. In Anspielung auf Ernst Jünger und dessen Buch »In Stahlgewittern«, in dem der Schriftsteller die nicht enden wollenden Schlachten an der deutschen Westfront im Ersten Weltkrieg beschrieb.

Vielleicht, so hoffte Wulff – nun, knapp 100 Jahre nach Ernst Jünger –, könne er nach inzwischen drei Wochen eigenem »Stahlgewitter« zum Jahresbeginn endlich wieder zur Tagesordnung übergehen. Doch es kommt anders.

Die Reste der Silvesterböller liegen am Neujahrstag noch auf den Straßen Großburgwedels, da erfahren die Bundesbürger, wie es ihr Staatsoberhaupt mit Artikel 5 des Grundgesetzes hält. Dort heißt es: »Jeder hat das Recht, seine Meinung in Wort, Schrift und Bild frei zu äußern und zu verbreiten und sich aus allgemein zugänglichen Quellen ungehindert zu unterrichten. Die Pressefreiheit und die Freiheit der Berichterstattung durch Rundfunk und Film werden gewährleistet. Eine Zensur findet nicht statt.«[129]

Eins ist klar: Die Pressefreiheit ist im Dezember 2011 in keinem Augenblick in Gefahr. Allerdings ist es doch bemerkenswert, welchen Umgang das Staatsoberhaupt mit Journalisten pflegt. Schon zwei Wochen zuvor, am 19. Dezember 2011, hatte es Gerüchte über einen angeblichen Anruf Wulffs und eine Nachricht auf der Mailbox von BILD-Chefredakteur Kai Diekmann gegeben, in der der Bundespräsident im Zusammenhang mit einer bevorstehenden Veröffentlichung zu seinem dubiosen Hauskredit massiv gedroht haben soll: Nils Minkmar, Feuilleton-Chef der »Frankfurter Allgemeinen Zeitung«, veröffentlichte an diesem 19. Dezember 2011 eine TV-Kritik zu Günther Jauchs Politik-Talk unter dem Titel »Die 500.000-Euro-Frage – Ist Christian Wulff noch der richtige Bundespräsident?«. Fast beiläufig formuliert Minkmar den Satz: »In Journalistenkreisen erzählt man sich von umständlichen, gewundenen Mailbox-Ansagen bei Medienchefs, in denen der Bundespräsident bald drohend, bald bittend noch vor Veröffentlichung interveniert.«[130]

Jetzt, am Neujahrstag 2012, geht es in einem Bericht der »Frankfurter Allgemeinen Sonntagszeitung« erstmals konkret um die Nachricht Wulffs auf der Mailbox von BILD-Chefredakteur Kai Diekmann. Die Zeitung schreibt: »Am Montag, dem 12. Dezember, versuchte er vom Persischen Golf aus den BILD-Chefredakteur Kai Diekmann zu erreichen. Da das nicht gelang, sprach er ihm auf die Mobilbox seines Telefons. Er klagte, dass ein BILD-Journalist seit Monaten eine ›unglaubliche‹ Geschichte plane, die am nächsten Tag veröffentlicht werden solle. Wulff kündigte für diesen Fall den ›endgültigen Bruch‹ mit dem ›Springer‹-Verlag an. Der Präsident bat um eine Unterredung, in der man über alles sprechen könne. Er sprach aber auch vom ›Kriegführen‹. Für ihn und seine Frau sei der ›Rubikon‹ überschritten.«[131]

So wird erstmals der Öffentlichkeit bekannt, dass Christian Wulff durch einen Anruf bei Diekmann am Abend des 12. Dezember 2011 die für den nächsten Tag geplante Veröffentlichung stoppen lassen wollte.

Die »Süddeutsche Zeitung« bestätigt am nächsten Tag den Verdacht: »Bundespräsident Christian Wulff hat versucht, die Veröffentlichung der Recherchen zur Finanzierung seines Privathauses in der BILD-Zeitung persönlich zu verhindern. Demnach kündigte Wulff am 12. Dezember 2011, einen Tag, bevor das Boulevard-Blatt mit der ersten Geschichte zur Immobilien-Finanzierung durch ein befreundetes Unternehmerpaar auf den Markt kam, dem BILD-Chefredakteur Kai Diekmann den ›endgültigen Bruch‹ mit dem Springer-Verlag an für den Fall, dass diese ›unglaubliche‹ Geschichte tatsächlich erscheine. Nach Informationen der ›Süddeutschen Zeitung‹ landete der Anruf auf Diekmanns Mailbox. Wenn das Blatt ›Krieg führen‹ wolle, dann solle man darüber mit ihm nach seiner Rückkehr von einem Staatsbesuch in der Golfregion sprechen.«[132]

3. JANUAR 2012:
BLANKES ENTSETZEN

Die Reaktion auf den Drohanruf des Bundespräsidenten ist pure Fassungslosigkeit. Aus der Kredit-Affäre Wulff ist binnen zwei Wochen die Kredit-und-Mailbox-Affäre geworden. Spätestens jetzt erwarten politische Beobachter in Berlin Wulffs Rücktritt. Die Tragweite dieses Drohanrufs hatte Olaf Glaeseker schon am Abend des 14. Dezember 2011 erkannt, als Wulffs Sprecher erstmals vom Anruf und dem Inhalt der Nachricht auf Diekmanns Mailbox erfährt. Umgehend schickt er dem Bundespräsidenten eine SMS: Der Hauskredit sei bislang »Pipifax« gewesen, tippt Glaeseker in sein Handy. Sinngemäß schreibt er weiter, dass Wulff jetzt ein echtes Problem habe und er für ihn schwarz sehe, er solle sich am besten am nächsten Tag entschuldigen. Wulff folgte diesem Rat dann auch.

Ein Bundespräsident, der Journalisten bedroht, ist seines Amts nicht würdig – dieses Urteil zieht sich durch alle Parteien.

Alexander Schweitzer, Generalsekretär der SPD in Rheinland-Pfalz, fordert: »Entweder er befreit das Land von dieser peinlichen Debatte, indem er endlich alles bezüglich seine Hauskredits und seiner Einladungen transparent macht. Oder – wenn er dazu nicht imstande ist – er zieht zurück in sein Einfamilienhaus.«[133]

Und selten sind sich die Kommentatoren und Leitartikler so einig. Das Medien-Echo auf den Anruf des Bundespräsidenten ist verheerend. Die »Rhein-Neckar-Zeitung« geht besonders hart mit dem Staatsoberhaupt ins Gericht: »Das eigentliche Problem in der Causa Wulff liegt im mangelnden Unrechtsbewusstsein des Delinquenten, der mit seinem Wutanruf bei BILD auch noch bewies, dass das Amt für ihn im Grunde eine Nummer zu groß ist. Christian Wulff versucht nun, seinen präsidialen Terminkalender zu füllen und zum Tagesgeschäft überzugehen. Das wird nicht funktionieren. Will der Präsident seine politische Haut retten, so muss er öffentlich Demut bekennen, seine Fehler als solche eingestehen. Gegen diese offensive Strategie spräche nur eines: dass vielleicht immer noch nicht alles raus ist. Dann wäre Wulff aber ohnehin nicht mehr zu retten. Selten hat ein Politiker seine Reputation so leichtfertig verspielt.«[134]

Erstmals erreicht die Wulff-Affäre auch Angela Merkel:»Warum die Geht-mich-nichts-an-Kanzlerin handeln muss: Nach allem, was bislang über den Umgang von Christian Wulff mit seinen Freunden, seinen Finanzen, der Wahrheit und der Presse bekannt wurde, ist das Amt des Bundespräsidenten beschädigt. Wulff hat nach alledem nicht nur sich selbst, sondern auch das ihm anvertraute Amt entwürdigt. Dafür trägt er die Verantwortung – aber er trägt sie nicht allein. Christian Wulff ist nicht zum Bundespräsidenten gewählt worden wegen seiner Lebensleistung, seiner Beliebtheit oder moralischen Autorität«, schreibt die»Süddeutsche Zeitung«.
»Christian Wulff ist Bundespräsident, weil die Kanzlerin und CDU-Vorsitzende es so wollte. Wenn in der Politik nur ansatzweise das Verursacherprinzip gilt, muss auch Angela Merkel zur Rechenschaft gezogen werden.«[135]

Die»Thüringische Landeszeitung« fordert:»Wulff müsste sowohl aus Selbstachtung wie auch aus Achtung vor dem Amt jetzt so schnell wie möglich einen Schlussstrich ziehen. Auch der zweite Rücktritt eines Bundespräsidenten innerhalb kurzer Zeit würde keine Staatskrise auslösen. Dafür ist unsere Demokratie zu gefestigt und ist das Amt des Staatsoberhaupts viel zu wichtig.«[136]

Die»Neue Zürcher Zeitung« urteilt über die Vorgänge in Deutschland:»Ein Präsident, der die unfassbare Dummheit begeht, angesichts einer drohenden Blamage wie Rumpelstilzchen zu toben und seine Suada auch noch auf einer Mailbox zu hinterlassen, verströmt nicht die Würde, die das Amt benötigt.«[137]

Michael Konken, Vorsitzender des Deutschen Journalistenverbandes, erklärt:»Prominente müssen sich kritische Berichterstattung als Teil der Meinungsfreiheit gefallen lassen. Das müsste niemand besser wissen als der erste Mann im Staat.«[138]

Aber wie ungewöhnlich ist es überhaupt, dass ein Spitzenpolitiker – in diesem Fall der Bundespräsident – Einfluss auf Veröffentlichungen über seine Person direkt und in diesem Ton nehmen will? Stefan Aust, langjähriger»Spiegel«-Chefredakteur, erklärt:»Natürlich habe ich auch in meiner Zeit als ›Spiegel‹-Chefredakteur häufig Anrufe von Leuten gehabt, von Politikern, Wirtschaftsleuten, über die wir berichtet haben. Entweder haben sie sich nachträglich beschwert oder sie haben vorher mal angerufen. Aber dass jemand Drohungen, für die er sich dann ja auch anschließend offenbar entschuldigt hat, auf Mailbox, also auf den Anrufbeantworter, auf Tonband spricht – das habe ich noch nie erlebt. Und so etwas Irres, ehrlich gesagt, ist mir noch nie vorgekommen.« Sein Fazit: »Das macht einen ja wirklich fassungslos – das klingt fast wie ein politisches Selbstmordkommando, was er da vollzogen hat. Ich kann das gar nicht verstehen.«[139]

Das Bundespräsidialamt reagiert umgehend auf die Vorwürfe und lässt per Pressemitteilung verbreiten: »Die Presse- und Rundfunkfreiheit ist für den Bundespräsidenten ein hohes Gut. Er hat deshalb zu den Krediten für sein Eigenheim und zu Urlaubsaufenthalten Transparenz hergestellt, Erklärungen abgegeben und mehrere Hundert Medienanfragen beantwortet. Über Vieraugengespräche und Telefonate gibt der Bundespräsident aber grundsätzlich keine Auskunft.«[140]

Selbst hat der höchste Mann im Staat nichts zu sagen. Er schweigt! BILD entschließt sich angesichts der Spekulationen zu einer Mitteilung »In eigener Sache«, die am 3. Januar 2012 auf Seite zwei veröffentlicht wird. Darin heißt es:

In einigen Medien sind gestern telefonische Kontakte zwischen Bundespräsident Christian Wulff und BILD-Chefredakteur Kai Diekmann zum Thema geworden. Richtig ist, dass BILD dem Bundespräsidenten vor der Veröffentlichung der Recherchen zu seinem umstrittenen privaten Hauskredit Gelegenheit zu einer ausführlichen Stellungnahme gegeben hat. Eine solche Stellungnahme hatte der Bundespräsident am Montag, dem 12. Dezember, zunächst abgeben lassen, dann aber kurz vor Redaktionsschluss wieder zurückgezogen.
Im Anschluss daran versuchte der Bundespräsident BILD-Chefredakteur Kai Diekmann, der sich zu der Zeit auf einer

Dienstreise befand, direkt zu erreichen. Als das nicht gelang,
hinterließ der Bundespräsident eine längere Nachricht auf der
Handy-Mailbox des Chefredakteurs.
Der Bundespräsident zeigte sich darin empört über die Recher-
chen zu dem Hauskredit und drohte u. a. mit strafrechtlichen
Konsequenzen für den verantwortlichen BILD-Redakteur. Zwei
Tage nach der ersten BILD-Veröffentlichung zu dem Hauskre-
dit (Dienstag, 13.12.2011) suchte der Bundespräsident erneut
den Kontakt zum BILD-Chefredakteur und bat in einem Tele-
fonat persönlich um Entschuldigung für Ton und Inhalt seiner
Äußerungen auf der Handy-Mailbox.
Deshalb hat die BILD-Zeitung nach breiter redaktioneller De-
batte davon abgesehen, eigens über den Vorfall zu berichten.
Dieser Verzicht hatte und hat jedoch keinerlei Auswirkungen
auf die weiteren Recherchen in allen offenen Fragen, die sich
u. a. im Zusammenhang mit dem Hauskredit stellten oder noch
stellen könnten.[141]

Der Ton wird schärfer. Die Forderungen nach Wulffs Rücktritt kommen nicht nur aus den Medien. Der FDP-Bundestagsabgeordnete
Erwin Lotter erklärt: Mit seinem »kruden Verfassungsverständnis
von Pressefreiheit« habe sich Wulff endgültig für das höchste Staatsamt diskreditiert: »Der Präsident muss Schloss Bellevue räumen
(…). Ich schäme mich, ihm meine Stimme gegeben zu haben.«[142]
    Rücktrittsforderungen gehören zur Politik wie gebrochene Wahl-
versprechen. Doch nie zuvor ist ein Bundespräsident zum Rücktritt
aufgefordert worden. Bei Christian Wulff stehen Drohanrufe, Gratis-Urlaube und Billig-Kredite im Raum. Viele Politiker in Deutschland sind schon für viel weniger zurückgetreten.
    Der FDP-Politiker Jürgen Möllemann gab 1993 seine Ämter als
Wirtschaftsminister und Vizekanzler auf, weil er auf dem Briefbo-
gen des Ministeriums Werbung für ein Produkt eines Verwandten
gemacht hatte.
    Im April 2002 trat Kurt Biedenkopf als sächsischer Ministerpräsi-
dent zurück. In der sogenannten »Mietaffäre« wurde ihm vorgewor-

fen, für seine Wohnung im Gästehaus der sächsischen Regierung zu wenig Miete gezahlt zu haben.

Zuletzt musste Karl-Theodor zu Guttenberg im März 2011 als Verteidigungsminister zurücktreten. Der neue Hoffnungsträger der CSU hatte bei seiner Doktorarbeit die wissenschaftlichen Zitatregeln verletzt und Texte anderer Autoren abgeschrieben, ohne das entsprechend zu kennzeichnen.

Alles eher Kleingeld im Vergleich zu den Affären, die Schloss Bellevue seit Tagen erschüttern. Doch der Bundespräsident – er klebt am Amt und lehnt weiter seinen Rücktritt ab.

4. JANUAR 2012:
EIN BUNDESPRÄSIDENT IM TV-VERHÖR

Es ist der erste Arbeitstag für Christian Wulff nach dem Weihnachtsurlaub, den er mit seiner Familie im Thüringer Wald verbrachte. Um 11.40 Uhr verbreitet die Deutsche Presse-Agentur die Eilmeldung. »Bundespräsident Wulff will sich noch heute zu den gegen ihn gerichteten Vorwürfen äußern. Nach dpa-Informationen gibt Wulff ARD und ZDF ein gemeinsames Fernsehinterview. Der Zeitpunkt war zunächst nicht bekannt. Der Bundespräsident war am Morgen aus dem Weihnachtsurlaub zurückgekehrt. Nach der Affäre um seinen Hauskredit ist er wegen des Versuchs, die Berichterstattung darüber in der BILD-Zeitung zu verhindern, massiv in die Kritik geraten.«[143]

Die BILD-Reporter sind erstaunt. Seit Tagen hatten sie wie andere Medien auch in der Pressestelle des Bundespräsidialamtes und direkt beim Wulff-Vertrauten Olaf Glaeseker um ein Interview mit Christian Wulff gebeten. Stets hieß es, der Bundespräsident habe zu den wichtigsten Fragen alles gesagt. Nun wählt er plötzlich die beiden öffentlich-rechtlichen Fernsehsender für ein Interview – was hat den Bundespräsidenten dazu veranlasst?

Vielleicht war es die Morgenlektüre, dieses verheerende Presseecho? Das »Handelsblatt« zitiert die ehemalige DDR-Bürgerrechtlerin Vera Lengsfeld mit den Worten: »Unser Bundespräsident ist endgültig zur Witzfigur geworden. Die überwältigende Mehrheit der Bevölkerung kann ihn nicht mehr ernst nehmen.«[144]

Nach der Stellungnahme seines Sprechers am 13. Dezember 2011, seiner eigenen zweiseitigen schriftlichen Mitteilung am 15. Dezember 2011 und seiner persönlichen Erklärung vor der Presse am 22. Dezember 2011, bei der übrigens keine Nachfragen erlaubt waren, reagiert das Staatsoberhaupt nun zum vierten Mal auf die Vorwürfe. Es wird sein letztes Gefecht sein.

So viel ist am 4. Januar 2012 in der Redaktion klar: Das wird ein langer Abend, ein spannender. Zwar wird das Gespräch, das 21 Minuten dauern wird, bereits um 17.15 Uhr im ARD-Hauptstadtbüro aufgezeichnet. Vor der Ausstrahlung um 20.15 Uhr aber werden keinerlei Inhalte bekannt.

Das Echo auf die Ankündigung, dass Wulff sich lediglich den Fragen von ARD und ZDF stellen wird, fällt kritisch aus. Der Journalistenverband und die Vertreter der Privatsender RTL, ProSiebenSAT.1, n-tv und N24 beklagen in einem gemeinsamen Brief an den Bundespräsidenten eine »Wettbewerbsverzerrung«. Es sei nicht nachvollziehbar, so die Senderchefs, dass die Hälfte der Zuschauer beim Interview nicht berücksichtigt würde.[145] Michael Konken, Vorsitzender des Deutschen Journalistenverbandes, fordert: »Der Präsident sollte sich den Fragen aller Hauptstadtmedien stellen.«[146] Dafür wäre ein Auftritt vor der Bundespressekonferenz, zu der alle akkreditierten Hauptstadt-Journalisten einen Zugang hätten, ein probates Mittel gewesen.

Bis nach Mitternacht soll sich Christian Wulff mit seinen Beratern besprochen und auf das Fernsehinterview vorbereitet haben. Welche Fragen werden gestellt? Wie kann er antworten? Welche neuen Vorwürfe können ihm begegnen? Und in erster Linie: Wie soll er wirken? Soll er sich präsidial und staatstragend geben, dem höchsten Amt entsprechend? Oder eher persönlich, von der menschlichen Seite?

Christian Wulff ist zunächst unentschlossen, wie es später aus seinem Beraterstab heißt. Diese Situation ist selbst für einen Berufspolitiker neu, der 37 Jahre alle Ränkespiele des politischen Betriebs verinnerlicht hat.

Das Fernsehinterview werden Bettina Schausten, Leiterin des ZDF-Hauptstadtstudios, und Ulrich Deppendorf, Chefredakteur Fernsehen im Hauptstadtstudio der ARD, führen. Sie sitzen mit Christian Wulff an einem halbrunden Tisch. Die Atmosphäre ist einerseits irgendwie bedrückend, andererseits aber auch feierlich, fast präsidial. Schon wegen der Kulisse, die das Schloss Bellevue und das Brandenburger Tor bilden. Christian Wulff trägt einen dunklen Anzug und eine blau gestreifte Krawatte. Die meiste Zeit sind seine Hände gefaltet. Seine Stimme klingt belegter als sonst.

Deppendorf, der in der Mitte sitzt, begrüßt das Publikum:»Guten Abend, meine Damen und Herren. Bettina Schausten und ich begrüßen Sie zu einem Gespräch aus gegebenem Anlass mit dem Bundespräsidenten Christian Wulff, der ganz besonders in den letzten Tagen sehr heftig in die Kritik geraten ist.«[147]

Mehr als elf Millionen Zuschauer werden Zeuge einer Präsidenten-Dämmerung. Auszüge aus dem Fernseh-Verhör belegen, wie Christian Wulff mit Halbwahrheiten an der Lüge vorbeischrammt. Das Wort-Protokoll – überprüft auf den Wahrheitsgehalt – zeigt, dass das Staatsoberhaupt uneinsichtig und unehrlich bleibt. Bettina Schausten stellt die erste Frage:

Schausten:»Sie sind heute am ersten Tag wieder im Schloss Bellevue am Arbeitsplatz. Der Jahreswechsel liegt hinter Ihnen. Haben Sie in den letzten Tagen auch mal ernsthaft an Rücktritt gedacht?«

Wulff:»Nein, denn ich hatte die ganzen Wochen über große Unterstützung von vielen Bürgerinnen und Bürgern, meinen Freunden, auch der Mitarbeiter. Ich nehme meine Verantwortung gerne wahr. Ich habe sie für fünf Jahre übernommen und ich möchte nach fünf Jahren eine Bilanz vorlegen, dass ich ein guter, erfolgreicher Bundespräsident war. Und ich mache das mit Freude und aus Überzeugung und weiß, dass ich nichts Unrechtes getan habe, aber nicht alles richtig war, was ich getan habe.«

Tatsache ist: Schon mit der ersten Antwort zielt Christian Wulff an Wahrheit und Wirklichkeit vorbei. Eine »große Unterstützung der Bürgerinnen und Bürger« gibt es zu diesem Zeitpunkt längst nicht mehr. Die Mehrheit der Deutschen fordert stattdessen inzwischen seinen Rücktritt. Innerhalb einer Woche fallen seine Umfragewerte dramatisch. Nur noch 27 Prozent der Bundesbürger halten ihr Staatsoberhaupt überhaupt noch für glaubwürdig. Eine Woche zuvor waren es noch 55 Prozent. Schlimmer noch: Nach einer Umfrage des Meinungsforschungsinstituts Infratest dimap sagen lediglich noch 22 Prozent, dass Christian Wulff ehrlich ist.[148] Große Unterstützung der Bürgerinnen und Bürger – wie von Wulff behauptet – sieht anders aus. Interessant ist auch: Wulff räumt gleich in seiner ersten Antwort ein, dass »nicht alles richtig« gewesen sei, was er getan habe. Damit gibt er Fehler zu. Doch er behauptet auch, »nichts Unrechtes« getan zu haben. Er differenziert damit: Auf der einen Seite das Recht, also das Gesetz. Da sei ihm nichts vorzuwerfen. Auf der anderen Seite das vielleicht menschliche Fehlverhalten, das aber juristisch nicht relevant ist. Damit will er sagen: Ich habe mich nicht strafbar gemacht.

Schausten: »Waren Sie das bisher nicht, ein guter Bundespräsident?«

Wulff: »Doch, aber es wird ja im Moment gerade über die letzten Wochen gesprochen. Und da steht das in Abrede. Und man muss am Ende nach fünf Jahren bewerten und beurteilen. Ich glaube auch: Vor drei Wochen, über die ersten anderthalb Jahre, wäre ein gutes Urteil ausgefallen.«

Tatsache ist: Die Frage ist doch in Wirklichkeit: Worüber sollen die Menschen denn sonst sprechen, wenn nicht über diese letzten drei Wochen, in denen sein seltsames Verhältnis zu reichen Freunden und deren generöse Gefälligkeiten in den vergangenen sechs Jahren bekannt geworden waren? Wenn nach der Überzeugung von Christian Wulff die Deutschen drei Wochen zuvor ein »gutes Urteil« gesprochen hätten, dann doch nur, weil ihnen zu diesem Zeitpunkt noch nicht bekannt war, dass er als Ministerpräsident von

Niedersachsen den Landtag täuschte und kostenlose Luxusurlaube bei reichen Unternehmern verbrachte.

Deppendorf: »Jetzt kommen wir mal zu den Kritikpunkten, die Ihnen vorgeworfen werden. Sie sind in den letzten Tagen besonders in die Kritik geraten wegen der Anrufe bei dem Chefredakteur der BILD-Zeitung, Kai Diekmann, und bei dem Vorstandsvorsitzenden des Springer-Konzerns, Herrn Döpfner. Ihnen wird Verletzung des Grundrechts der Pressefreiheit vorgeworfen. Sie sollen auf dem Band beide Herren bedroht haben. Sie sprechen von ›Krieg führen‹, vom endgültigen Bruch. Ist so etwas nicht unwürdig für einen Präsidenten, der eine kritische Berichterstattung auf diese Art und Weise verhindern will?«

Wulff: »Der Anruf bei dem Chefredakteur der BILD-Zeitung war ein schwerer Fehler, der mir leidtut, für den ich mich entschuldige. Ich habe das auch sogleich nach der Rückkehr aus dem Ausland persönlich getan, es ist auch akzeptiert worden. Ich habe mich in der Erklärung vor Weihnachten ausdrücklich zum Recht der Presse- und Meinungsfreiheit bekannt und halte das für mein eigenes Amtsverständnis nicht vereinbar. Denn ich will natürlich besonnen, objektiv-neutral mit Distanz als Bundespräsident agieren. Und ich möchte vor allem Respekt vor den Grundrechten, auch dem der Presse- und Meinungsfreiheit, haben, und habe mich offenkundig in dem Moment eher als Opfer gesehen, als denjenigen, der eine Bringschuld hat gegenüber der Öffentlichkeit, Transparenz herzustellen und auch berechtigte Fragen zu beantworten.«

Tatsache ist: Der Bundespräsident war lediglich zu seiner Täuschung des Parlaments im Zusammenhang mit seinem Hauskredit befragt worden. Nicht mehr und nicht weniger. Wie konnte sich Wulff – wie er sagt – in dieser Situation »als Opfer« sehen? Wenn er nun betont, er habe sich in seiner Erklärung am 22. Dezember 2011 »ausdrücklich zum Recht der Presse- und Meinungsfreiheit bekannt« – was will er damit sagen? Sollte das nicht eine Selbstverständlichkeit sein?

Deppendorf: »Aber besonnen – haben Sie gerade genannt – wollen Sie agieren. Das ist aber kein Zeichen von Besonnenheit, wenn dann ein Präsident zu einem Telefonhörer greift und einen Chefredakteur mehr oder weniger auf der Mailbox beschimpft.«

Wulff: »Nein. Ich muss mein Verhältnis zu den Medien herstellen, neu ordnen, anders mit den Medien umgehen, sie als Mittler stärker einbinden und anerkennen. Sie haben eine wichtige Aufgabe in der Demokratie. Die Medien haben auch ihre Verantwortung, aber die müssen sie selber unter sich ausmachen. Vielleicht muss man die Situation auch menschlich verstehen. Wenn man im Ausland ist, in vier Ländern in fünf Tagen, zehn Termine am Tag hat und erfährt, dass Dinge während dieser Zeit in Deutschland veröffentlicht werden sollen, wo man mit Unwahrheit in Verbindung, wo man also Vertrauensverlust erleidet, dann muss man sich auch vor seine Familie stellen.

Wenn das Innerste nach außen gekehrt wird, private Dinge, eine Familienhaus-Finanzierung, wenn Freunde den Kredit gegeben haben, in die Öffentlichkeit gezogen werden, dann hat man eine Schutzfunktion und man fühlt sich hilflos. Und ich habe dann gebeten, um einen Tag die Veröffentlichung zu verschieben, damit man darüber reden kann, damit sie sachgemäß ausfallen kann. Und ich hatte vor meiner Auslandsreise, nachdem in meinem Umfeld, im Dorf, recherchiert worden war von den Redakteuren – es ging um Korruption, das hat das ganze Dorf aufgeschreckt –, den Vertrag offengelegt, die Bedingungen gezeigt und die private Kreditgeberin genannt, und war dann doch erstaunt, dass während meines Auslandsaufenthaltes diese Veröffentlichung erfolgen sollte.

Trotzdem, das ist keine Entschuldigung, das ist auch keine ausreichende Erklärung, aber vielleicht der Impuls, der dazu geführt hat. Das wiederum ist menschlich, aber man muss eben als Bundespräsident die Dinge so im Griff haben, dass einem das eben nicht passiert. Und trotzdem ist man Mensch und man macht Fehler.«

Tatsache ist: In dieser Antwort entlarvt sich der Bundespräsident gleich dreimal. Bei seinem »Verhältnis zu den Medien«, wie er es ausdrückt. Bei seiner Feststellung, er habe bei seiner Mailbox-

Nachricht lediglich um Aufschub bei der Berichterstattung gebeten. Und schließlich – drittens – bei der Behauptung, Reporter hätten in Großburgwedel »das ganze Dorf aufgeschreckt«.

Zunächst die Frage: Wie besonnen reagierte Wulff? Temperamentausbrüche dieser Art, so Vertraute des Bundespräsidenten, seien zu dieser Zeit nicht unüblich gewesen. Wo dem Mann aus Osnabrück früher mangelndes Selbstbewusstsein nachgesagt wurde, wird nun pure Selbstüberschätzung des Christian Wulff registriert. In Situationen wie dieser – angegriffen und zur Rede gestellt – soll er selbstherrlich und wirsch mit der Feststellung reagiert haben: »Ich, ich und nur ich bin der Bundespräsident.«[149]

Vielleicht war es einer jener Momente, in denen er sich »unantastbar und jeglicher Kritik enthoben« fühlend, wie der »Focus« ihn beschreibt, zum Handy griff. In der Überzeugung, das Volk würde ihn verehren.[150]

Bettina Wulff – sie ist anwesend während des Staatsbesuches in Kuwait – zeigt für die Reaktion ihres Mannes in ihrer Biografie übrigens Verständnis: »Ich kann das Verhalten meines Mannes bei diesem Anruf nachvollziehen. Es war ein hochaufgeladener, emotionaler Moment. Es ging um unser ganz privates Leben. Christian dachte nur: Meine Familie wird da vorgeführt, meine Freunde leiden, mein ganzes Umfeld wird von der Presse belagert.«[151]

Doch mit diesen Sätzen schreibt die damalige First Lady Unsinn. Die Familie wurde nie vorgeführt. Und um »unser ganz privates Leben« ging es auch nicht. Es ging vielmehr darum, dass ihr Ehemann wegen des Hauskredits das Parlament und damit die Öffentlichkeit getäuscht hat. Das ist nicht privat, das hat vor allem eine politische Dimension.

Aber der Reihe nach. Was bedeutet es, wenn ein Bundespräsident im Fernsehen erklärt, er müsse »sein Verhältnis zu den Medien neu ordnen«? Welches Verhältnis hatte der Politiker Wulff dann vorher zu den Medien, wenn er dieses nun »neu ordnen« muss? Er hat die Presse in Wirklichkeit schon in der Vergangenheit beeinflussen und manipulieren wollen. Er hat in anderen Fällen schon früher versucht, Berichte durch Drohungen zu verhindern. Und wie banal ist es, wenn ein Bundespräsident in dieser Situation noch betonen muss, die Medien hätten »eine wichtige Aufgabe in der Demokratie«?

Wenn Christian Wulff im Fernsehen behauptet, er habe lediglich gebeten, die Berichterstattung zu seinem Kredit um einen Tag zu verschieben, dann ist das angesichts seiner Wortwahl – er sprach von »Krieg« – eindeutig die Unwahrheit. Mit einer Veröffentlichung der Mailbox-Nachricht könnten diesbezügliche Missverständnisse ausgeräumt werden.

Und: Haben Reporter wirklich »das ganze Dorf aufgeschreckt«, wie Christian Wulff es vor 11,5 Millionen Fernsehzuschauern behauptet? Die Wochenzeitung »Die Zeit« geht später dieser Frage nach und macht sich auf Spurensuche in Großburgwedel. Ihr Fazit: »Allmählich fragt sich der Besucher, von welchem Dorf der Präsident gesprochen hat? Wie können Journalisten ein Dorf aufschrecken, in dem sie niemand auch nur zur Kenntnis nimmt?«, schreibt der »Zeit«-Reporter. »Offenbar gibt es nur einen Großburgwedeler, den die BILD-Zeitung wirklich aufgeschreckt hat. Und der wohnt zurzeit in Berlin.«[152]

Übrigens: In seiner Antwort versucht sich der Bundespräsident hinter »Freunden« zu verstecken, die »in die Öffentlichkeit gezogen« würden. Als ginge es ihm bei seiner Verteidigungsschlacht gar nicht um ihn selbst, sondern vielmehr um seine Freunde und seine Familie, die zu Unrecht in die Affäre hineingezogen würden.

Schausten: »Aber am Anfang stand eine Auskunft an den Niedersächsischen Landtag, die – sagen wir mal – mindestens unvollständig war. Sie haben das eingeräumt, haben sich dafür auch entschuldigt. Aber warum haben Sie nicht von Anfang an klipp und klar gesagt, dass Herr Egon Geerkens auch an diesem Kreditgeschäft beteiligt war?

Wulff: »Ja das ist ja nun langsam auch – finde ich jedenfalls – sehr, sehr klar. Frau Geerkens hat mir das angeboten, hat mir die 500.000 Euro zur Verfügung gestellt von ihrem Konto. Ich habe auf ihr Konto die Zinsen gezahlt. Und auf ihr Konto ist der Betrag von der Bank dann abgelöst worden ... Ich habe bereits am 15. Dezember gesagt, dass Herr Geerkens, der langjähriger Freund ist, seit Schulzeiten, väterlicher Freund, den ich seit 35 Jahren als Begleiter habe und der auch die Verbindung zur Bank hergestellt hat, was dann auch als Neuigkeit verkündet wurde. Im Landtag hätte ich sagen sollen: Es ist zwar nicht nach Frau Geerkens gefragt worden, sondern nach Herrn Geerkens, seinen Firmen, seinen Unternehmungen. Da habe ich keine Beziehung. Aber ich räume hier ein, dass ich Beziehungen zu Frau Geerkens habe. Das hätte ich sagen sollen. Und wenn ich es heute noch mal entscheiden könnte von vornherein, dann würde ich heute in dem Moment, wo ich das Haus kaufe, ein Interview geben und sagen: Ich habe dieses Haus gekauft mit Hilfe von Freunden, die mir für die Anfangszeit und die Sanierung Geld zur Verfügung gestellt haben, ordentlich verzinst ...«

Tatsache ist: Marktüblich sind die vier Prozent nicht, auf die er sich mit dem Ehepaar Geerkens verständigt hatte. Ohne Sicherheiten, ohne Eigenkapital und ohne Tilgungsvereinbarungen hätte das Ehepaar Wulff zu diesem Zeitpunkt bei keiner Bank in Deutschland ein Darlehen zu diesen Konditionen bekommen.

Im Oktober 2008, als die Wulffs das Geld brauchten, sah es für Bauherren auf dem Kapitalmarkt alles andere als günstig aus. Der Politiker hätte statt vier Prozent mindestens fünf, wenn nicht gar acht Prozent Zinsen – wie Finanzexperten berechnen – zahlen müssen. Wenn das Ehepaar überhaupt als kreditfähig eingeschätzt worden wäre angesichts eines Darlehens über 500.000 Euro, das für den Kauf einer Immobilie im Wert von lediglich 415.000 Euro fließt. Über den vereinbarten Zeitraum, so berechnen Experten, hätten Christian und Bettina Wulff 60.000 Euro bei ihrem Billig-Darlehen der Geerkens gespart.[153]

Schausten: »Am 15. Dezember – bleiben wir an dem Punkt noch mal – war es so, dass Sie auch schon erklärt haben, dass Sie nun, wie Sie gesagt haben, inzwischen das Ganze in ein langfristiges Bankdarlehen festgeschrieben hätten. Und da ist wieder so ein Punkt, Herr Bundespräsident, dass man das Gefühl hat, Sie müssen auch zu Transparenz getrieben werden. Denn es gab bis dato eben noch keine Unterschriften. Sie haben den Eindruck erweckt, das ist längst alles schon in trockene Tüchern gebracht. Aber es beginnt eben jetzt überhaupt erst am 16. Januar und auch das müssen dann erst Medien sozusagen wieder nachweisen. Dadurch entsteht der Eindruck von scheibchenweiser Salamitaktik.«

Wulff: »Ich glaube, manchmal ist auch sozusagen die Suche vielleicht auch von einem Misstrauen geprägt, was die Sachlage nicht rechtfertigt. Denn wenn Sie am 25. November sich geeinigt haben und die Bank das eingebucht hat, sich dafür abgesichert hat, dann ist der Vertrag geschlossen. Am 25.11. Dass der dann noch sozusagen vertraglich unterschrieben wird, die Bank mir das zuschickt, ich das zurückschicke, ist eine Durchführung, die aber gar nicht notwendig ist. Weil ein mündlicher Vertrag reichen würde. Es gilt auch Handschlagqualität in diesem Bereich, wenn man sich mit einer Bank verständigt.«

Tatsache ist: Auch das ist Unsinn. Und Christian Wulff wird das als Jurist genau wissen: Ein Hypotheken-Darlehen über 500.000 Euro wird rechtlich nicht nach mündlicher Vereinbarung gültig. Es gibt diese »Handschlagqualität« nicht, von der Wulff spricht. Gemäß Paragraf 492 des Bürgerlichen Gesetzbuches bedürfen Kreditverträge der Schriftform.

Von Bedeutung ist auch der Tag, an dem Christian Wulff die Kreditvereinbarung per »Handschlagqualität« getroffen haben will: am 25. November 2011.

Wäre Christian Wulff in diesem 21-minütigen TV-Interview wirklich ehrlich gewesen, hätte er vielleicht sagen müssen, dass er damals, am 25. November 2011, nach einem neuen Darlehen suchte, weil BILD-Reporter genau einen Tag zuvor den Vorbesitzer des Hauses zur Abwicklung des Kaufes befragen wollten. Und er hätte auch noch erwähnen können, dass er seinen Sprecher gebeten hat, sich wegen dieser Recherche in der Chefredaktion von BILD zu beschweren. Nur: Das eben sagte Christian Wulff nicht.

Deppendorf: »Aber Sie waren auch Gast bei einem Vorstandsvorsitzenden einer großen deutschen Versicherungsfirma …«

Wulff: »… mit dem ich seit Jahren eng befreundet bin. Der ausgeschieden ist, der heute sozusagen Pensionär ist. Und der gesagt hat: Wenn Sie jetzt gerade die Scheidung geheim gehalten haben, die Hochzeit geheim gehalten haben und alle Ihnen sozusagen auf den Fersen sind …«

Tatsache ist: Zunächst ist auffällig, dass sich die langjährigen angeblichen Freunde offenbar siezen.

Und: Auch mit diesen Aussagen werden über 11 Millionen Zuschauer gezielt getäuscht. Fakt ist: Versicherungsmanager Baumgartl, in dessen Ferienvilla die Wulffs ihre Flitterwochen verbrachten, ist nicht – wie Wulff behauptet – »sozusagen Pensionär«. Als das Ehepaar Wulff den Gratis-Urlaub in der Ferienvilla des Top-Managers in der Toskana verbrachte, war Baumgartl Aufsichtsratsvorsitzender der Versicherungsgruppe Talanx.

Deppendorf: »Haben Sie da kein Unrechtsbewusstsein gehabt, als Ministerpräsident sich einladen zu lassen?«

Wulff: »Nein! Wenn man als Ministerpräsident keine Freunde mehr haben darf und wenn alle Politikerinnen und Politiker in Deutschland ab sofort nicht mehr bei Freunden übernachten dürfen, sondern, wenn sie bei den Freunden im Gästezimmer übernachten, nach einer Rechnung verlangen müssen, dann verändert sich die Republik zum Negativen.«

Tatsache ist: Die Antwort von Christian Wulff entlarvt den Bundespräsidenten erneut. Es geht nicht darum, dass Politiker in Gästezimmern – wie er es ausdrückt – mal übernachten. Es geht auch nicht um Freundschaften, die ein Ministerpräsident haben darf. Es geht darum, wer die Freunde sind und warum sie den Regierungschef einladen.

Hat Christian Wulff sich je gefragt, warum ihn der Aufsichtsratschef einer der größten Versicherungskonzerne für die Flitterwochen in seine Ferienvilla in der Toskana eingeladen hat? Vielleicht, weil der CDU-Politiker so ein charmanter Zeitgenosse ist? Hat sich Christian Wulff wohl je die Frage gestellt, warum steinreiche Unternehmer seine Nähe suchen? Vielleicht aus Sympathie? Oder vielleicht eher aus Kalkül, weil sie sich Vorteile durch ihn erhoffen? Nein, diese Fragen stellen auch Ulrich Deppendorf und Bettina Schausten nicht.

Im TV-Interview gibt Christian Wulff auch ein Versprechen, das er lange Zeit nicht einlösen wird. Er kündigt an:»Morgen früh werden meine Anwälte alles ins Internet einstellen. Dann kann jede Bürgerin, jeder Bürger jedes Details zu den Abläufen sehen und bewertet sie auch rechtlich. Und ich glaube nicht, dass es das oft in der Vergangenheit gegeben hat, und wenn es das in Zukunft immer gibt, wird es auch unsere Republik offenkundig auch zu mehr Transparenz positiv verändern.«

Zum erhofften Befreiungsschlag wird das historische Fernsehinterview nicht. Zwar schalten fast 11,5 Millionen Zuschauer ein.[154] Eine Quote übrigens, die sonst nur »Wetten dass..?« oder Fußball-Länderspiele erzielen und die das große Interesse der Deutschen an dem Thema dokumentiert. Doch 61 Prozent der Zuschauer sagen später laut Umfrage:»Ich fand das Auftreten im Fernsehinterview nicht überzeugend.«[155]

Der Auftritt von Christian Wulff ist eine krude Mischung aus Mitleidstour und Märchenstunde. Und der Abend der TV-Ausstrahlung hinterlässt nur Verlierer. Der erfahrene Ulrich Deppendorf enttäuscht. Er hakt nicht nach, wenn Wulff mit seinen Antworten trickst und täuscht. Traut er sich nicht, weil ihm der erste Mann im Staat gegenübersitzt? Oder gab es im Vorfeld Absprachen?

ZDF-Moderatorin Bettina Schausten erntet nach der Sendung im Internet Hohn und Spott. Die TV-Journalistin hatte auf eine Gegenfrage von Wulff allen Ernstes behauptet, sie zahle für private Übernachtungen bei Freunden 150 Euro.

Und Christian Wulff selbst verliert weiter. Er trickst, wo Transparenz gefordert ist. Er täuscht, wo Bedauern und Einsicht notwendig gewesen wären. Die letzte Chance eines Bundespräsidenten auf Abruf – sie wurde vertan.

5. JANUAR 2012:
FREMDSCHÄMEN UND FASSUNGSLOSIGKEIT

Der Tag danach. Mitarbeiter im Bundespräsidialamt erstellen den Pressespiegel für den 5. Januar 2012. Wie an jedem Morgen werten sie alle Veröffentlichungen über das Staatsoberhaupt aus. Sie beginnen damit schon ab vier Uhr in der Frühe. Bereits um 7.30 Uhr liegt die Presseschau des Bundespresseamtes Christian Wulff und seinen Beratern als E-Mail vor. Ob Christian Wulff alle Kommentare liest, die über sein Fernsehinterview am Vortag geschrieben wurden, ist unklar. Klar ist an diesem Tag nur eins: Die Kommentare sind vernichtend. Der Tenor: Wulff ist gescheitert. Der Auftritt des Staatsoberhaupts – er hinterlässt bei den politischen Beobachtern ein Gefühl von Fremdschämen und Fassungslosigkeit.

Auf einer ganzen Seite berichtet BILD über den Fernsehauftritt. »Chance vertan« – so überschreibt Politikchef Ulrich Becker seinen Leitartikel, der um 0.30 Uhr bei bild.de erscheint: »Nein, dieser 21 Minuten kurze Auftritt war kein Befreiungsschlag. Christian Wulff hat die letzte Karte gezogen: Menschen machen Fehler und aus diesen Fehlern wolle er lernen, erklärte der Bundespräsident reumütig im öffentlich-rechtlichen Fernsehen. Er sei als Bundespräsident ins kalte Wasser geschmissen worden – das höchste Amt im Staate als Lehrberuf? Nein, an dieser Stelle war nicht allein zerknirschte Rechtfertigung, sondern wahrhaftige Aufklärung gefragt. Doch die ist Christian Wulff sowohl zu seinem Anruf bei BILD als auch zu seinen umstrittenen Hauskrediten schuldig geblieben.

Damit hat Wulff eine weitere, womöglich die letzte Chance vertan, seine Amtszeit mit Würde fortzusetzen. ›Die Persönlichkeit des Amtsinhabers prägt zwangsläufig die Amtsführung in besonderem Maße‹, heißt es auf der Internet-Homepage des Bundespräsidenten. Christian Wulff hat das Amt in den letzten Wochen tatsächlich geprägt. Aber das Amt wird Jahre brauchen, bis es sich davon erholt.«[156]

Die »Süddeutsche Zeitung« kommentiert: »Christian Wulff verbraucht all seine Kraft damit, sich zu erklären und seine Fehler zu entschuldigen. Er ist ein Präsident Laokoon – einer, der sich in seinen Widersprüchen verwickelt hat, von ihnen gewürgt wird und sich mit einer und noch einer öffentlichen Erklärung Luft zu verschaffen sucht. Er ist ein Präsident, der sich in seiner Schwäche an seinem Amt festhält, weil ihm das Amt den Halt gibt, den er ansonsten nicht hat. Der Bundespräsident übt, so steht es im Grundgesetz, das Gnadenrecht aus; Christian Wulff ist der erste Bundespräsident, der sich selbst begnadigt.«[157]

»Hat der Bundespräsident im Fernsehen seine Freiheit wieder gewonnen?«, fragt die »Westdeutsche Allgemeine Zeitung« und beschäftigt sich mit dem Charakter Wulffs: »Er ist, aus eigenem Verschulden, nicht einmal ein halber Spitzenstaatsbeamter. Das hat sich auch durch seinen TV-Auftritt nicht geändert. (…) Ein Präsident, der seine Familie nach vorne schiebt. Und auch einer, der die seltsamsten Spekulationen um seine Frau noch selbst befeuert, indem er diese als ›Fantasie‹ bezeichnet. Einer, der sich am Ende selbst freisprechen muss, weil es kein anderer tut. Zum Fremdschämen.«[158]

Der »Spiegel« widmet sich dem System Wulff, dem Bundespräsidenten, der nur stückchenweise zugibt, was er nicht mehr leugnen kann. »Wieder einmal verließ sich Wulff auf seine große Gabe, den Eindruck von Unschuld zu erwecken. Es ist eine Fähigkeit, die er so perfektioniert hat, dass er sogar dann noch unschuldig wirkt, wenn er Fehler zugibt«, urteilt der »Spiegel«. »Er wirkte seriös, er wirkte demütig, er wirkte sanft, er ließ es so aussehen, als sei er da einfach nur in etwas reingerutscht. Halb gutmütig, halb gedankenlos. Man wird sich doch noch von seinen Freunden einladen lassen dürfen, oder? Diese Art ist zu seiner Masche geworden, sie ist inzwischen seine politische Lebensversicherung. Aber es fällt ihm inzwischen schwer, damit sein taktisches Verhältnis zur Wahrheit zu kaschieren, das die ganze Affäre um seinen Hauskredit und die Gratis-Urlaube bei befreundeten Unternehmern prägt.«[159]

Als »Gipfel der Selbst-Demontage« bezeichnet Christoph Lütgert den Auftritt des Bundespräsidenten. »Es gibt Politiker, die werden als ›Grüß-Gott-August‹ verspottet. Wulff ist inzwischen ein Entschuldigungs-Präsident«, schreibt der ehemalige Chefreporter des Norddeutschen Rundfunks. »Er gab sich reumütig, zweifellos. Aber wie er sich gleich darauf auch als Opfer stilisierte, das konnte einem die Sprache verschlagen. Denn die BILD-Zeitung stellte inzwischen den Fragenkatalog ins Internet; jenen Fragenkatalog, der den Präsidenten in die Raserei getrieben hatte. Sechs Fragen, allesamt sachlich und die meisten – wie wir inzwischen wissen – absolut berechtigt. ›Unwahrheiten‹, von denen das selbst ernannte Opfer Wulff im ARD/ZDF-Interview Mitleid heischend schwadronierte, finden sich im BILD-Fragenkatalog jedenfalls nicht.«[160] Lütgert bezieht sich auf den Fragenkatalog, den Wulff am 11. Dezember 2011, zwei Tage vor der ersten Veröffentlichung, erhielt. Es waren jene Fragen, die den Bundespräsidenten zu seinem Drohanruf veranlassten.

Auch am Tag nach dem TV-Interview ist noch immer unklar, was genau der Bundespräsident auf die Mailbox von Kai Diekmann sprach. Wäre es nicht besser, so die Diskussion der Kollegen in der Redaktion, wenn der Wortlaut endlich veröffentlicht würde? Dann könnte sich jeder selbst ein Bild darüber machen, ob der Bundespräsident den Artikel mit wüsten Drohungen verhindern wollte oder ob er – wie er selbst im TV-Interview behauptet hat – nur um Aufschub gebeten hat. Noch am 5. Januar 2012 bittet BILD-Chefredakteur Kai Diekmann den Bundespräsidenten deshalb in einem offenen Brief, der am folgenden Tag in BILD abgedruckt wird, den Wortlaut der Nachricht zur Veröffentlichung freizugeben. Er schreibt:

Sehr geehrter Herr Bundespräsident,
mit Verwunderung haben wir gestern Ihre Aussage im Fernsehen zur Kenntnis genommen, bei Ihrem Anruf auf meiner Mailbox sei es nicht darum gegangen, Berichterstattung zu Ihrem Hauskredit zu verhindern, sondern diese lediglich um einen Tag zu verschieben.
Um Missverständnisse auszuräumen, was tatsächlich Motiv und Inhalt Ihres Anrufes angeht, halten wir es deshalb für notwendig, den Wortlaut Ihrer Nachricht zu veröffentlichen. Wir möchten dies nicht ohne Ihre Zustimmung tun und bitten Sie deshalb im Sinne der von Ihnen angesprochenen Transparenz um Ihr Einverständnis zur Veröffentlichung.

Was die Frage des Aufschubs angeht, möchten wir Folgendes klarstellen: Einer solchen Bitte hatten wir bereits einmal entsprochen, nachdem wir Ihnen unseren Fragenkatalog bezüglich des Hauskredits am 11. Dezember 2011 übermittelt hatten (siehe Anlage).

Nach der Einigung auf diesen von Ihrem Hause gewünschten Aufschub übermittelte uns Herr Glaeseker am Montag, 12. Dezember 2011 um 16.06 Uhr, schriftlich die Antworten auf die von uns gestellten Fragen.

Zu unserer Überraschung wurden die Antworten kurz vor Redaktionsschluss von Ihrer Seite zurückgezogen. Dann erfolgte Ihr Anruf auf meiner Mailbox. Ebenfalls im Sinne dieser von Ihnen gewünschten Transparenz werden wir diese Anfrage öffentlich machen.

Mit freundlichen Grüßen
Kai Diekmann [161]

Doch der Bundespräsident lehnt die Freigabe ab. Er antwortet noch am gleichen Tag schriftlich, ebenfalls in einem offenen Brief, der am 6. Januar 2012 veröffentlicht wird:

Sehr geehrter Herr Diekmann,
für Ihr heutiges Schreiben danke ich Ihnen. Meine Nachricht vom 12. Dezember 2011 auf Ihrer Telefon-Mailbox war ein schwerer Fehler und mit meinem Amtsverständnis nicht zu vereinbaren. Das habe ich gestern auch öffentlich klargestellt. Die in einer außergewöhnlich emotionalen Situation gesprochenen Worte waren ausschließlich für Sie und für sonst niemanden bestimmt.

Ich habe mich Ihnen gegenüber kurz darauf persönlich entschuldigt. Sie haben diese Entschuldigung dankenswerterweise angenommen. Damit war die Sache zwischen uns erledigt.

Dabei sollte es aus meiner Sicht bleiben. Es erstaunt mich, dass Teile meiner Nachricht auf Ihrer Mailbox nach unserem klärenden Telefongespräch über andere Presseorgane den Weg

in die Öffentlichkeit gefunden haben. Es stellen sich grund-
sätzliche Fragen zur Vertraulichkeit von Telefonaten und Ge-
sprächen. Hier haben die Medien ihre eigene Verantwortung
wahrzunehmen.

Wie ich gestern auf Nachfrage im Fernsehinterview sagte, ging
es mir darum, der BILD-Zeitung meine Sicht darzulegen, be-
vor sie über eine Veröffentlichung entscheidet. Da ich mich
auf Auslandsreise in der Golfregion mit engem Programm
befand, konnte ich das aber erst nach meiner Rückkehr nach
Deutschland am Abend des Dienstag, 13. Dezember, tun. Wie
sich aus der Ihrem Schreiben beigefügten Mail ergibt, hatte
deshalb mein Sprecher den recherchierenden Redakteur der
BILD-Zeitung um Verschiebung der Frist zur Beantwortung
des differenzierten Fragenkatalogs zu meinem Eigenheimkredit
gebeten. Der Redakteur hatte aber nur Verlängerung bis zum
Nachmittag des Montag, 12. Dezember, zugesagt. Es gab für
mich keinen ersichtlichen Grund, warum die BILD-Zeitung
nicht noch einen Tag warten konnte, wo die erfragten Vorgänge
schon Jahre, zum Teil Jahrzehnte zurückliegen.

Das habe ich nach meiner Erinnerung auf der Mailbox-Nach-
richt trotz meiner emotionalen Erregung auch zum Ausdruck
gebracht.

Angesichts der Veröffentlichung Ihres Schreibens an mich ma-
che ich auch meine Antwort öffentlich.
Mit freundlichem Gruß
Christian Wulff[162]

Was die Mailbox-Nachricht betrifft, steht also Aussage gegen Aussage. Wäre es da nicht naheliegend gewesen, der Bundespräsident hätte die Veröffentlichung freigegeben? So bleibt der Verdacht, er habe
Angst, die Worte seines Drohanrufs würden doch noch bekannt.

Die Opposition fordert bei Kanzlerin Merkel die Transparenz
ein, die das Staatsoberhaupt angekündigt hatte. »Ich habe kein Verständnis dafür, dass Christian Wulff gestern Transparenz ankündigt
und heute die erste Chance dafür verstreichen lässt«, erklärt Tho-

mas Oppermann, der Parlamentarische Geschäftsführer der SPD-Bundestagsfraktion. »Wenn Frau Merkel ein Interesse hat, dieses scheinheilige Schauspiel zu beenden, dann sollte sie Christian Wulff davon überzeugen, der Veröffentlichung zuzustimmen.«[163] SPD-Generalsekretärin Andrea Nahles fordert: »Dieser Bundespräsident hat ein chronisch unsauberes Verhältnis zur Wahrheit. Christian Wulff muss jetzt endlich alles auf den Tisch legen und einer Veröffentlichung seines Anrufs auf der Mailbox von BILD-Chefredakteur Kai Diekmann zustimmen. Nur so kann sich der Bürger selbst ein Bild machen.«[164]

Die »Financial Times Deutschland« fasst den Tag nach dem Interview am treffendsten zusammen. »Schloss Bellevue verkommt zum Gespensterschloss. Sein Herr ist von allen guten Geistern verlassen.«[165]

6. JANUAR 2012: BETTINA WULFF, IHRE GARDEROBE – UND DIE FRAGE: WARUM MUSS SICH EINE FIRST LADY KLEIDER LEIHEN?

Plötzlich gerät erstmals Bettina Wulff in den Mittelpunkt der Berichterstattung. Das Magazin »Focus« beschäftigt sich mit der Garderobe der First Lady. Das Nachrichtenmagazin berichtet am 6. Januar 2012, Bettina Wulff habe kostenlos edle Abendgarderobe von Designern wie Rena Lange und Basler erhalten und für diese nicht bezahlt.[166]

Die Meldung ist Wasser auf den Mühlen derer, die den Journalisten vorwerfen, sie wollten sich den Skalp des Staatsoberhaupts an ihren Gürtel hängen. Um jeden Preis. Ganz nach dem Motto: Falls die Vorwürfe gegen Christian Wulff den Bundespräsidenten nicht in die Knie zwingen – vielleicht gelingt es mit Angriffen gegen seine Ehefrau.

Doch darum geht es in der Sache nicht. Die Annahme der Leih-Garderobe ist nun wirklich kein Skandal – und erst recht kein Rücktrittsgrund. Der Vorgang belegt aber, dass den Wulffs jede Sensibilität verloren gegangen ist, die das höchste Amt erfordert. Und es rundet das Bild ab, das die Deutschen inzwischen von ihrem Staatsoberhaupt und seiner Ehefrau haben. Diese nehmen Vorteile an, ohne auf Anstand und Moral zu achten. Nein, die Annahme kostenloser Abendkleider ist in dieser Situation keine belanglose Bagatelle.

Zwar ist es nicht unüblich, dass namhafte Firmen Prominenten Designerroben zur Verfügung stellen. Der Grund ist ganz simpel: Sie versprechen sich Werbung, wenn Stars ihre Kollektionen bei öffentlichen Auftritten tragen. Nur: Bisher galt diese Art von Sponsoring in erster Linie für Schauspielerinnen und Sängerinnen – also für die Prominenz aus dem Showgeschäft, aber nicht für Prominente aus dem Polit-Betrieb. Jetzt kommt plötzlich auch Deutschlands First Lady, Bettina Wulff, in diesen Genuss. Für den Designer Basler zahlt sich die Ausstattung der First Lady aus. Über den Auftritt von Bettina Wulff bei der Operngala für die Deutsche Aids-Stiftung in Berlin im November 2011 schrieb die Illustrierte »Bunte«: »Sie strahlte in einem zauberhaften Kleid von Basler.«[167] Und Brian Rennie, der Chefdesigner von Basler, berichtete der Illustrierten noch, wie Bettina Wulff an die edle Robe kam. Über seine Audienz im Schloss Bellevue sagt er: »Ich hatte der First Lady drei Kleider mitgebracht, aber sie hat sofort nach dem champagnerfarbenen Tüllkleid gegriffen. Es ist mit Swarovski-Kristallen bestickt.«[168]

Das Präsidialamt erkennt, dass es sich bei den Gratis-Roben nicht um eine Petitesse handelt. Immerhin kosten diese Designer-Kleider selten unter 5000 Euro. Wulffs Rechtsanwalt Gernot Lehr sieht sich veranlasst, eine Erklärung zu den gesponserten Kleidern der First Lady zu veröffentlichen: »Frau Wulff werden vereinzelt Bekleidung und Schmuck aus den im Handel käuflichen Kollektionen zur Verfügung gestellt. Diese werden durch die Familie Wulff gekauft, manchmal gegen eine Gebühr geliehen und durch sie bezahlt. (…) Frau Wulff macht keine Werbung für Mode und Schmuck.« Es würde sich nur um einige wenige Kleider handeln, behauptet der Rechtsanwalt, die unentgeltlich leihweise zur Verfügung gestellt und in den Steuererklärungen angegeben würden.[169]

So weit ist es inzwischen gekommen. Ein Rechtsanwalt muss öffentlich erklären, unter welch ungewöhnlichen Umständen die Ehefrau des deutschen Staatsoberhaupts an ihre Kleidung kommt.

Hätte sich jemals ein Bundesbürger vorstellen können, dass Marianne von Weizsäcker, die Ehefrau des sechsten deutschen Bundespräsidenten, einem Hersteller von Edel-Roben eine Audienz im Schloss Bellevue gewährt hätte, um sich später in den teuren Kleidern zeigen zu können? Ob Roman Herzog, der siebte Bundespräsident, wohl Urlaub in der Ferienvilla eines Versicherungsmillionärs verbracht hätte? Wäre es vorstellbar gewesen, dass Elly Heuss-Knapp, die erste First Lady der Republik, bei einer Party den Chef einer Fluggesellschaft auf ihren Urlaubsflug mit dessen Airline angesprochen hätte, um später ein Upgrade von der Holzklasse in die Business-Class zu bekommen?

Übrigens: Theodor Heuss finanzierte sein Häusle auf dem Killesberg in Stuttgart mit drei Wüstenrot-Verträgen, die er bei der Bausparkasse angezahlt hatte. »Papa Heuss«, wie die junge Republik das Staatsoberhaupt respektvoll nannte, verzichtete nach seiner Amtszeit auf Fahrer und Büro. Der Schwabe bezahlte auch seine Halbtagssekretärin aus eigener Tasche. Die Verdoppelung des Ehrensolds, die vor seinem Ausscheiden auf die vollen Amtsbezüge erfolgte, soll übrigens nicht in seinem Sinne gewesen sein.[170]

Am Nachmittag des 6. Januar 2012 besuchen 55 Sternsinger des Bistums Essen den Bundespräsidenten. »Christus segne dieses Haus«, bitten sie vor Schloss Bellevue. 120 Journalisten sind gekommen. Einer von ihnen spottet: »Da kann auch der liebe Gott nicht mehr helfen.« Wulff verspricht bei dieser Gelegenheit, sich wieder »seinen eigentlichen Aufgaben« zuwenden zu wollen.[171]

7. JANUAR 2012:
WULFF DEN SCHUH ZEIGEN

Nun weiß auch Bundespräsident Wulff, was er BILD-Chefredakteur Kai Diekmann 25 Tage zuvor am 12. Dezember 2011 bei seinem

Anruf auf die Mailbox gesprochen hat. BILD übermittelte seinem Staatssekretär Lothar Hagebölling am 6. Januar 2012 eine Abschrift des Wortlauts. Ob das Staatsoberhaupt nun, in dem Wissen, was er tatsächlich sagte, eine Veröffentlichung der Nachricht freigibt?

Dazu fordert ihn Sigmar Gabriel in einem Interview auf, das BILD-Redakteur Paul Ronzheimer mit dem SPD-Vorsitzenden führt. Bisher hatte Gabriel Wulffs Rücktritt öffentlich nie gefordert. »Die SPD hat sich aus Respekt vor dem Amt bewusst zurückgehalten. Es ist nicht die Aufgabe der SPD, den Bundespräsidenten zum Rücktritt aufzufordern«, erklärt Gabriel im BILD-Interview. »Wir haben ihn nämlich nicht gewählt. Bei uns ist klar, dass wir einen besseren Bundespräsidenten wollten: Joachim Gauck. Christian Wulff war und ist der Kandidat von Frau Merkel.« Doch der SPD-Chef mischt sich in dem Interview in die Debatte um die Mailbox-Nachricht ein und fordert: »So bitter und unwürdig das alles auch ist – jetzt muss er alles offenlegen, auch den Wortlaut seiner Nachricht. Sonst kann die Öffentlichkeit nicht entscheiden, ob er die Wahrheit gesagt hat oder nicht. Bislang hat er Transparenz nur versprochen, aber nicht geliefert. Wenn er das nicht von alleine versteht, muss ihm das jemand raten. Und das kann nach Lage der Dinge nur die Bundeskanzlerin. Sie hat ihn ins Amt geholt, sie muss das jetzt auch klären. Es kann nicht sein, dass das höchste Amt im Staat immer weiter beschädigt wird.«[172]

Wie stark das Amt inzwischen beschädigt ist, kann jedermann an diesem Tag sehen, und zwar direkt vor dem Amt. 300 Demonstranten stehen trotz kalten Nieselregens vor dem Schloss Bellevue und drücken mit hochgehaltenen Schuhen Protest und Verachtung aus. »Wulff den Schuh zeigen«, ist das Motto der Demonstration. »Shoe for you, Mr. President.« Auf Facebook hatte der Veranstalter »Creative Lobby of Future« zur Demonstration aufgerufen. Außer Schuhen halten die Menschen auch Plakate hoch: »Schäm dich, Wulff« steht auf einem. Mit Trillerpfeifen drücken sie ihren Protest und ihre Wut aus. Und in Sprechchören rufen sie: »Wulff muss weg!«

In der arabischen Welt ist das Hochhalten von Schuhen die schärfste Form, einem Menschen Verachtung zu zeigen. Die Deutschen kennen diese Szenen nur aus dem Ausland. Diese Bilder sahen sie zuletzt im Februar 2011 auf dem Tahrir-Platz in Kairo. 200.000 Demonstranten hielten ihrem Präsidenten Hosni Mubarak ihre Schuhe entgegen. Zwei Jahre zuvor hatten Milliarden Menschen weltweit verfolgt, wie ein Journalist aus dem Irak während einer Pressekonferenz den damaligen US-Präsidenten George W. Busch mit einem Schuh beworfen hatte. »Das ist der Abschiedskuss, du Hund«, rief er dabei verächtlich. Im Jahr 2003 attackierten Iraker Statuen von Saddam Hussein mit ihren Schuhen.

Nun – Anfang 2012 – zeigen Demonstranten den Schuh auch in Deutschland, direkt vor dem Amtssitz des Staatsoberhaupts. Der Bundespräsident ist nicht zu sehen. »Der macht mal wieder Urlaub bei Freunden«, höhnt ein Passant. Die ARD kündigt derweil die nächste Talkshow von Günther Jauch an. Das Thema diesmal: »Der Problem-Präsident – Wie glaubwürdig ist Christian Wulff?«

Diese Frage stellt BILD-Redakteur Paul Ronzheimer in seinem Interview auch Sigmar Gabriel: »Die Glaubwürdigkeitswerte von Christian Wulff sind im Keller. Kann er aus der Krise noch einmal herauskommen?« Gabriels Antwort: »Das liegt an ihm. Wir sind in der Debatte mittlerweile auf einem Niveau angekommen, das für das Amt des Bundespräsidenten beschämend ist. Viele Menschen fragen sich doch: Was ist das für ein Land, in dem der Bundespräsident live im TV verhört werden muss und es danach nur noch mehr neue Fragen gibt?« Und der SPD-Chef sagt auch: »Kassiererinnen im Supermarkt werden schon entlassen, weil sie nur einen Pfandbon eingesteckt haben, aber der Bundespräsident meint, für ihn können Sonderregeln gelten.« Andere Politiker, so Gabriel, hätten wegen Bonusmeilen zurücktreten müssen. Und was solle man dem kleinen Beamten sagen, der bei der Annahme eines Geschenks seinen Job verliert? Das Fazit des SPD-Vorsitzenden lautet: »Christian Wulff und Angela Merkel verschieben die Maßstäbe für Anstand, Respekt, Ehrlichkeit und Glaubwürdigkeit in der Politik in die falsche Richtung. Sie zerstören die bürgerlichen Werte, für die sie angeblich stehen. Der Bundespräsident hatte die Chance, die Debatte mit Offenheit und Ehrlichkeit zu beenden. Leider hat er sie nicht genutzt.«[173]

9. JANUAR 2012:
ZU GAST BEI JOURNALISTEN

Diese Frau geht ihren Weg. Das ist spätestens am 9. Januar 2012 klar. Mit ihm, und wenn es sein muss auch ohne ihren Mann. Auf einem neuen Höhepunkt der Affäre um ihren Ehemann besucht die First Lady in Hamburg den Neujahrsempfang des »Hamburger Abendblatts«, das wie BILD im Verlag Axel Springer erscheint. Im Blitzlichtgewitter schüttelt Bettina Wulff im Cruise Center Altona Hände – als sei nichts gewesen.

Obwohl sie spüren muss, wie andere Gäste hinter ihrem Rücken tuscheln, wirkt sie unverkrampft. Ihr selbstbewusstes Auftreten ist eine Demonstration. Bettina Wulff will Normalität bekunden. In einer Phase, in der ihr Ehemann und das höchste Amt nur noch der Lächerlichkeit preisgegeben, in der Hohn und Spott jetzt auch ihre dauerhaften Begleiter sind.

Die First Lady antwortet beim Neujahrsempfang auf alle Fragen. Es sei »natürlich schon eine angespannte Stimmung. Alles andere wäre ja auch merkwürdig.« So gewährt sie einen kleinen Einblick in ihr Seelenleben. »Aber das Wichtigste ist jetzt für mich, dass ich meine Themen und Projekte, für die ich mich engagiere, weiter vorantreibe.« Was ihr vorrangigstes Ziel in dem noch jungen Jahr sei, wird sie gefragt. »Mein jüngster Sohn Linus ist jetzt dreieinhalb«, antwortet Bettina Wulff. »Ich hoffe, dass er bis Ende des Jahres Fahrrad fahren und schwimmen kann.«[174]

Erst als sie direkt auf die Affäre angesprochen wird, reagiert die First Lady knapp: Es müsse für sie und ihren Mann »wieder Ruhe einkehren«, sagt sie. Und: »Es ist alles gesagt. Und jetzt ist es wichtig zu zeigen, dass man weitermacht.«[175] Sie wahrt die Würde.

Aber warum ging die First Lady überhaupt zum Neujahrsempfang der Journalisten, die seit Wochen nun über die Affäre ihres Mannes schreiben und dabei in jede Nische seines Lebens blicken? Genau das hat Christian Wulff seine Ehefrau auch gefragt. Ob sie sich diesen Empfang wirklich antun wolle? Bettina Wulff sah keinen Grund, der schon viele Wochen zuvor ausgesprochenen Einladung nicht nachzukommen. »Es gab nichts, wofür ich mich schämen musste«, schreibt sie später in ihrer Biografie »Jenseits des Protokolls«. »Umso mehr haben mich die Reaktionen der anderen Gäste überrascht. Die Leute haben mich angestarrt, als sei ich das achte Weltwunder, und ich dachte nur: ›Was guckt ihr denn so? Was habt ihr denn für ein Problem? Ihr seht doch, dass ich ganz normal bin.‹ Vielleicht bin ich da auch zu naiv in meinem Denken. Ich merkte aber, dass ich mir durch den Auftritt bei diesem Neujahrsempfang ein Stück Respekt zurückgeholt habe.«[176]

12. JANUAR 2012:
JETZT AUCH BONUSMEILEN – HÖRT DAS NIE AUF?

Der 12. Januar 2012 ist ein besonderer Tag im Schloss Bellevue. Der Bundespräsident lädt zum Neujahrsempfang. Eigentlich ein Routinetermin. In der Vergangenheit fand dieser Empfang zum Jahresbeginn nie große Aufmerksamkeit. Doch diesmal ist alles anders. Die Fragen sind: Wer kommt überhaupt? Und: Wie geben sich die Wulffs? Es ist ein buntes Völkchen, das im Schloss Bellevue zusammentrifft. Der BILD-Reporter sieht den päpstlichen Botschafter des Vatikans, Jean-Claude Périsset, den Chef des Diplomatischen Corps. Ethel Davis, die liberianische Botschafterin. Auch der mongolische Botschafter ist erschienen.

Das Schwiegersohn-Lächeln des Bundespräsidenten ist am Vormittag des 12. Januar 2012 erstarrt, Wulff wirkt gezeichnet. Die First Lady dagegen spielt ihre Rolle gut, so wie drei Tage zuvor. Bettina Wulff lächelt tapfer, als Außenminister Guido Westerwelle sie auf beide Wangen küsst. Woher nimmt sie die Kraft, fragen Beobachter. Der Außenminister sagt noch: »Man kann ruhig zeigen, wenn man sich mag.«[177] Der Satz ist offenbar an die Journalisten gerichtet.

Man kann auch zeigen, wenn man etwas nicht mag. SPD-Chef Sigmar Gabriel und SPD-Fraktionschef Frank-Walter Steinmeier tun das an diesem Tag und bleiben dem Neujahrsempfang demonstrativ fern. Auch Michael Konken, Vorsitzender des Deutschen

Journalistenverbandes, folgt der Einladung des Bundespräsidenten nicht. Er boykottiert den Empfang, seine Absage begründet er als Protest gegen die »Desinformationspolitik des deutschen Staatsoberhaupts«, das sich den Fragen der Journalisten nicht ausreichend stelle.[178]

Edda Müller, die Vorsitzende der Antikorruptionsorganisation Transparency International Deutschland, erklärt ihr Fernbleiben im ZDF mit der Feststellung, man habe inzwischen den Eindruck, Wulff spekuliere im Moment auf das Vergessen der Leute. »Und das ist für mich und unsere Organisation unerträglich.«[179]

Schlimmer noch: Der Tag wird überschattet von neuen Vorwürfen gegen das Staatsoberhaupt. Wieder geht es um ein Upgrade von der Economy-Class in die Business-Class während eines privaten Ferienfluges der Wulffs in die USA. Diesmal stammen die Hinweise von einem Leser, der sich telefonisch bei BILD-Reporter Peter Rossberg meldet. Der Anrufer erwähnt zunächst, er sei eigentlich kein Freund der BILD-Zeitung. Er würde sich auch nur deshalb melden, weil BILD die Kredit-Affäre von Wulff aufgedeckt habe.

Dann berichtet er über einen Vorfall aus dem April 2007, den er während eines Fluges von Miami nach Frankfurt erlebt haben will. Nur wenige Minuten nach dem Start habe eine Stewardess Christian Wulff, dessen damalige Lebensgefährtin Bettina sowie deren Sohn von der Economy-Class in die Business-Class geführt. Andere Fluggäste hätten ihre Plätze tauschen müssen, damit der damalige Ministerpräsident von Niedersachsen mit seiner Familie zusammensitzen könne. Der Vorfall sei ihm so gut in Erinnerung, so der Anrufer, weil sich einige Passagiere über die Vorzugsbehandlung des Politikers beschwert hätten.

Mit einem kostenlosen Upgrade während eines Florida-Flugs mit der Fluggesellschaft Air Berlin war Wulff 2010 bereits in die Schlagzeilen gekommen. Damals, am 21. Januar 2010, hatte er sich vor dem Parlament mit den Worten entschuldigt: »Das Upgrade hätte nicht in Anspruch genommen werden dürfen. Es war ein Fehler, das räume ich ohne Wenn und Aber ein.«[180] Und er ließ gegenüber dem Landtag betonen, er sei selbst der Überzeugung, dass er »jeden auch noch so vagen Verdacht der Annahme eines Vorteils oder gar der Beeinflussung in seiner Amtsführung vermeiden muss«.[181] Ein Satz, an dem er später gemessen wird.

Ein Upgrade während eines privaten Fluges – kostenlos oder durch Einsatz von Bonusmeilen – entwickelt im politischen Betrieb eine beinahe toxische Wirkung. Spätestens seit der Grüne Cem Özdemir und der Linke Gregor Gysi im Jahr 2002 wegen Bonusmeilen zurücktreten mussten. Sie hatten dienstlich erworbene Meilen für Privatreisen eingesetzt. Das war ein klarer Verstoß gegen die Vorschriften des Bundestagspräsidenten, nach denen dienstlich erworbene Meilen nur für dienstlich genutzte Flüge eingesetzt werden dürfen. Jetzt, zehn Jahre danach, geht es um ein Upgrade während eines privaten Fluges von Christian Wulff, das – wie er später erklärt – durch den Einsatz gesammelter Bonusmeilen erfolgt sein soll. Die Frage ist: Woher stammen diese Bonusmeilen? Auch Ministerpräsidenten dürfen dienstlich erworbene Meilen nicht für private Flüge einsetzen.

Allerdings: Stimmt die Geschichte überhaupt, die der Anrufer erzählt hat? Oder ist er einer der vielen Trittbrettfahrer, die sich in diesen Tagen auf Kosten des Bundespräsidenten wichtig machen wollen? Die ungeheuerlichsten Geschichten über das Ehepaar Wulff werden inzwischen kolportiert, in anonymen Briefen, aber auch am Telefon. Doch jetzt prüfen die Reporter erst einmal, was sich tatsächlich bei dem Flug abspielte, von dem der anonyme Anrufer berichtet hatte. Die Recherchen, die schon im Dezember 2011 aufgenommen worden waren, ergeben zunächst, dass die Wulffs tatsächlich zum fraglichen Zeitpunkt eine Reise auf einem Kreuzfahrtschiff in den USA gemacht hatten. Deshalb geht am 20. Dezember 2011 eine schriftliche Anfrage an das Bundespräsidialamt und den Rechtsanwalt des Bundespräsidenten:

Sehr geehrter Herr Glaeseker, sehr geehrter Herr Lehr,
für die für morgen geplante Berichterstattung bitten wir den
Bundespräsidenten freundlich um Beantwortung folgender
Fragen:

1. *Wo haben Christian und Bettina Wulff mit Sohn den Urlaub im Frühjahr 2007 verbracht?*
2. *Trifft es zu, dass Christian und Bettina Wulff im April 2007 mit der Lufthansa von Miami nach Frankfurt geflogen sind?*
3. *Hatten Christian und Bettina Wulff ein Business-Ticket oder ein Economy-Ticket für diesen Flug gebucht?*

Der Rechtsanwalt des Bundespräsidenten teilt mit: »Herr Wulff und Frau Körner machten eine Kreuzfahrt mit Leander.« Man sei mit der Lufthansa hin- und zurückgeflogen. Die Business-Tickets seien in Form von Economy-Tickets plus privat gesammelter Meilen erworben worden.

Eine Anfrage bei der Lufthansa ergibt: Für ein Upgrade einer dreiköpfigen Reisegruppe bei einem Flug von Miami nach Frankfurt müssen – je nach Reisezeit und Buchungsstatus – zwischen 100.000 und 150.000 Meilen eingesetzt werden. Das bedeutet: Um nur 100.000 Meilen zu sammeln, hätte Wulff zum Beispiel 200-mal mit einem durchschnittlichen Economy-Ticket von Hannover nach München fliegen müssen – und das privat.

Darauf hingewiesen, lässt der Bundespräsident durch seinen Rechtsanwalt erklären: »Das Meilenkonto besteht seit Ende der achtziger Jahre. Herr Wulff nützt für alle privaten Ausgaben ausschließlich die Kreditkarte der Lufthansa.« Wenn das stimmt, hätte Wulff für 100.000 Meilen private Ausgaben in Höhe von 100.000 Euro mit der Lufthansa-Karte begleichen müssen.

Doch auch hier operiert das Staatsoberhaupt mit Unwahrheiten. Denn die Redakteure finden heraus: Das »Miles & More«-Programm – das ergibt eine Anfrage bei der Lufthansa – bietet das Unternehmern erst seit 1993 an. Und: Die Lufthansa-Kreditkarte, die Wulff nach Angaben seines Anwaltes »seit Ende der achtziger Jahre« für »alle privaten Ausgaben« genutzt haben will, ist sogar erst seit 1999 im Kundenservice-Programm. Deshalb ist die naheliegende Frage: Wie will Christian Wulff mit dieser Karte bereits Ende der achtziger Jahre bezahlt haben? Mit einer Kundenkarte, die es zu diesem Zeitpunkt überhaupt nicht gab? Um Meilen zu sammeln, was damals in dieser Form noch nicht möglich war? Um die Widersprüche seiner Aussagen im Zusammenhang mit seinem Bonusmeilen-Flug in die USA geht es in dem Bericht, der am 13. Januar 2012 unter dem Titel »Widersprüche um Bonus-Meilen-Flug des Bundespräsidenten« in BILD erscheint:

Berlin – Verglichen mit den bisherigen Vorwürfen scheint es wie eine Lappalie, aber ... in der Affäre um Bundespräsident Christian Wulff gibt es erneuten Aufklärungsbedarf.

Die SPD-Fraktion im Niedersächsischen Landtag fordert die Landesregierung auf, Auskünfte zu einer Urlaubsreise von Wulff in die USA zu geben.

Nach BILD-Informationen flog Wulff im April 2007 nach einer Kreuzfahrt mit seiner heutigen Ehefrau Bettina und deren Sohn von Miami zurück nach Frankfurt. Ein Passagier dieses Fluges berichtet BILD, dass der damalige Ministerpräsident während des Fluges plötzlich ein Upgrade von der Economy- in die teurere Business-Class bekommen haben soll.

Auf BILD-Anfrage bestritt Wulffs Rechtsanwalt Gernot Lehr dies zunächst: »Die Flugtickets waren von Anfang an in der Business-Class gebucht. Der Aufpreis im Vergleich zur Economy-Class wurde durch private Meilen beglichen.«

Laut Auskunft der Lufthansa müssen für ein Upgrade einer dreiköpfigen Reisegruppe je nach Buchungsklasse zwischen 210.000 und 300.000 Bonusmeilen für Hin- und Rückflug eingesetzt werden. Das bedeutet: Um nur 210.000 Bonusmeilen zu sammeln, hätte Wulff zum Beispiel 420-mal mit einem durchschnittlichen Ticket in der Economy-Class von Hannover nach München fliegen müssen – wohlgemerkt privat. WIE IST DAS MÖGLICH? Sechs Tage danach ergänzte Wulffs Anwalt: »Das Meilenkonto besteht seit Ende der achtziger Jahre. Herr Wulff nutzt für alle privaten Ausgaben ausschließlich die Kreditkarte der Lufthansa.«

Um 210.000 Bonusmeilen mit der Kreditkarte zu sammeln, hätte Wulff 210.000 Euro mit der Karte umsetzen müssen

– wohlgemerkt privat. Die Auskünfte von Wulff, er setze die
Karte seit Ende der achtziger Jahre ein, werfen erneut Wider-
sprüche auf. Denn: Laut Lufthansa gibt es anders als vom Bun-
despräsidenten mitgeteilt das »Miles & More«-Programm erst
seit 1993, die Lufthansa-Kreditkarte sogar erst seit 1999.
In einer weiteren Erklärung am 5. Januar teilte der Wulff-An-
walt zu einem Upgrade bei der USA-Reise mit: »Für ein Upgra-
de von der Economy-Class zur Business-Class während eines
Fluges in die USA mit der Lufthansa setzte Herr Wulff seine
privat erworbenen Bonusmeilen ein.«
KANN DAS STIMMEN?
Die Lufthansa entgegnet, dass Meilen-Upgrades an Bord über-
haupt nicht möglich sind. Schwer nachvollziehbar ist auch, wie
Wulff dienstlich und privat erworbene Meilen auf einem Mei-
lenkonto voneinander trennte. Die Lufthansa sagt: »Bei einem
Meilenkonto können dienstlich und privat erworbene Meilen
nicht getrennt voneinander gesammelt werden.«[182]

Am Abend des 12. Januar 2012 widmet sich in der ARD mal wieder
Reinhold Beckmann dem deutschen Staatsoberhaupt. Thema der
Sendung: »Macht, Medien, Moral – wo sind Deutschlands Vorbil-
der?« Und bei Maybrit Illner im ZDF geht es am gleichen Abend in
der Talkshow um die Frage: »Affäre Wulff – Vorhang zu und viele
Fragen offen?«

14. JANUAR 2012:
DIE DEBATTE – EIN ZWISCHENSTAND

Tag 33 in der Affäre Wulff. Über einen Monat steht der Bundespräsident jetzt in der Kritik. Am 14. Januar 2012 erteilt der Bundespräsident seinem Rechtsanwalt Gernot Lehr die Erlaubnis, die
Fragenkataloge der Medien und seine Antworten ins Internet zu
stellen. Das geschieht exakt zehn Tage, nachdem es Wulff im Interview mit ARD und ZDF angekündigt hatte.

Viele Deutsche sind des Themas zu dieser Zeit müde. Inzwischen ist auch die Rolle der Medien in der Affäre Wulff ein Thema und auch die Rolle von BILD. Jetzt ist Gelegenheit für eine Momentaufnahme – Auszüge aus einer öffentlichen Debatte:

Friedrich Nowottny, langjähriger Chef des ARD-Magazins »Bericht aus Bonn« und ehemaliger Intendant des Westdeutschen Rundfunks, erklärt im Deutschlandfunk: »Das sind ja unglaubliche Vorgänge, die wir in diesen Tagen erleben. Da macht sich die BILD-Zeitung zum Kämpfer für die Pressefreiheit ganz allgemein. Sie hat sich von all den Banden gelöst, die ein Teil ihrer Geschichte ausgemacht haben. Sie steht wirklich haushoch an der Spitze der Medien und versucht, die Medienfreiheit zu sichern, so wie das Grundgesetz es befiehlt. Das finde ich einen bemerkenswerten Vorgang. Der Bundespräsident muss damit leben lernen.«[183]

Hans-Ulrich Jörges, Mitglied der »stern«-Chefredaktion, schreibt am 12. Januar 2012: »Mit Wulffs Mailbox-Eseleien vom 12. Dezember trieb BILD danach ein zynisches Spiel. Hätte das Blatt sofort darüber berichtet, wäre es glaubwürdig. Doch erst als die Kredit- und Urlaubsvorwürfe ihre Wucht verloren hatten, juristisch blieb nichts hängen, wurden die Anrufe nach außen lanciert. Exakt so, dass die über Weihnachten ausgebrannte Empörung zu Jahresbeginn frisch entfacht wurde.«[184]

Günter Wallraff, Journalist und Buchautor (»Der Aufmacher«), sagt der »Frankfurter Rundschau« im Interview auf die Frage: »Haben Sie etwa Verständnis für Wulffs abendlichen Drohanruf auf der Mailbox des BILD-Chefredakteurs?«: »Wulffs Abhängigkeit von BILD ist schon bedenklich, diese Preisgabe bis hin zur Selbstaufgabe. Aber bei einem vertraulichen Gespräch, da sollte man sich eigentlich darauf verlassen, dass es vertraulich bleibt. Und wenn sich jemand entschuldigt und diese Entschuldigung auch angenommen wird, dann müsste so etwas eigentlich ausgeräumt sein. Was man auf eine Mailbox spricht, sollte auf jeden Fall vertraulich bleiben. Auch wenn einem da mal der Kragen platzt. Den Inhalt dieses Gesprächs dann auch noch scheibchenweise und zeitversetzt und über andere Medien gestreut rauszuhauen, finde ich unanständig.

Menschlich habe ich Mitgefühl mit Wulff – jemand der sich der BILD-Zeitung so zugehörig fühlt, der so embedded war, der muss sich fühlen, als ob er auf dem elektrischen Stuhl gebraten wird.«[185]

Ulrike Simon schreibt in der »Berliner Zeitung« unter dem Titel »Wulffs Werk und Diekmanns Beitrag«: »Kritikern der BILD-Zeitung fällt es schwer, dem Springer-Blatt die Rolle zuzugestehen, die es derzeit einnimmt: als unkorrumpierbare Aufklärerin von Missständen und Hüterin von Tabus. (…) Manche verurteilen die Berichterstattung über die Causa Wulff. Sie reden von einer Kampagne, einer medialen Hetzjagd gegen den Bundespräsidenten und kritisieren, dass sich die Leitmedien von BILD über ›FAZ‹ bis ›Spiegel‹ einträchtig die Bälle zuspielten (…). Wer das sagt, verkennt, dass es der Bundespräsident war, der die BILD-Zeitung in die Rolle der Handelnden gedrängt hat. Keiner hat Christian Wulff gezwungen, bei Springer wegen der zu erwartenden Berichterstattung zu intervenieren.«[186]

Johan Schloemann, Literaturredakteur, in der »Süddeutschen Zeitung«: »Die eigentliche Aufwertung hat denn auch BILD nicht etwa durch die Recherche des Hauskredits erfahren, sondern durch das Geschenk der Mailbox-Nachricht von Christian Wulff. Und, ach, die Pressefreiheit – ein schmutziger Geselle wird ja nicht sauberer, wenn ihn ein anderer geschlagen hat, und trotzdem ist er davor zu schützen (…). Umgekehrt sollten die anderen Medien mit der Aussage vorsichtig sein, ›seriös‹ recherchiert sei eine Meldung immer nur dann, wenn sie nicht von der BILD-Zeitung stamme. Der Boulevard gehört mit zur Nachrichtenmaschine, ob man will oder nicht, und so hängt das übrige Nachrichtengeschäft eben mitunter auch von ihm ab.«[187]

Stefan Niggemeier, »Spiegel«-Autor, auf »stefan-niggemeier.de«: »Ich verstehe den Frust darüber, in welchem Maße sich die Berichterstattung auf den Bundespräsidenten konzentriert und wie wenig sie sich um die Rolle von BILD kümmert. Es gibt dafür aber immerhin einen guten Grund: Es geht auf der einen Seite um die Ansprüche an das deutsche Staatsoberhaupt und auf der anderen Seite nur um die an eine Boulevardzeitung. Anders gesagt: Wir haben in den vergangenen Wochen einiges Neues über den Charakter von Christian Wulff gelernt. Und nichts Neues über den Charakter der BILD-Zeitung.«[188]

Gertrud Höhler, Politikberaterin, im Deutschlandradio: »Was bei Wulff passiert ist, ist ganz simpel zu beschreiben: Er hat gedacht, als Politiker und dann als erster Mann im Staate habe ich Macht über die Presse. Und wenn ich die größte Macht in der Presse, nämlich Springer, bedrohe mit einem endgültigen Bruch unserer Beziehung, dann werden die gehorchen. Und dies ist ein folgenschwerer Irrtum.«[189]

Marc Brost, Leiter des Hauptstadtbüros, schreibt in »Die Zeit«: »Am Anfang stand – und das muss man anerkennen – eine wahrhaft journalistische Leistung: Aufklärung und Recherche, auch gegen Widerstände. Journalisten kämpften um Einsicht in die Akten der Wulffschen Hausfinanzierung, und sie zogen dafür auch vor Gericht. Es waren BILD und ›Spiegel‹, die Christian Wulff der Unwahrhaftigkeit überführten. Dennoch hielt sich der Präsident. Und so rollt jetzt die zweite Welle, es geht nicht mehr um grobe Verfehlungen, sondern nur noch um seinen Kopf. Ganz zufällig findet die Abschrift einer privaten Mailbox-Nachricht ihren Weg in die Redaktionen anderer Zeitungshäuser, diese Medien berichten und zitieren, und BILD wiederum kann darüber berichten, ohne sich selbst die Finger zu beschmutzen.«[190]

Jan Fleischhauer, Kolumnist, auf »spiegel.de«: »Anderswo riskieren Journalisten Leib und Leben, wenn sie sich mit den Mächtigen anlegen, hierzulande gelten schon ein paar unfreundliche Worte auf der Mailbox als versuchte Nötigung, die sofort den Presserat auf den Plan ruft und zur Einsetzung des öffentlich-rechtlichen Fernsehgerichts führt.«[191]

Michael H. Spreng, ehemaliger Chefredakteur der BILD am SONNTAG, in seinem Internet-Blog »sprengsatz.de«: »Die Enthüllungsberichte von BILD über Wulffs Kreditaffäre und Carsten Maschmeyers Buch-Sponsoring waren verdienstvoll und erfüllten die kritische Funktion der Presse. Nicht aber das falsche Spiel um das Telefonat. Wenn BILD so erschüttert über diesen tatsächlichen oder vermeintlichen Anschlag auf die Pressefreiheit war, wie die Zeitung heute tut, dann hätte die Zeitung sofort nach dem Anruf den Inhalt selbst veröffentlichen und dafür auch das Risiko tragen müssen.«[192]

Volker Zastrow, Journalist, in der »Frankfurter Allgemeinen Sonntagszeitung«: »Am Anfang jedenfalls stand ein Gerücht: Wulff habe für seinen Hauskauf Geld von Carsten Maschmeyer erhalten. Auf dieses ›jahrelange Gerücht‹ bezieht sich der Präsident in seinem Mailbox-Anruf bei der BILD-Zeitung. Mit der Nennung des Namens Geerkens und dem Siegel der Freundschaft will er das widerlegt haben; der Preis für diese Offenheit sollte das Schweigen der Medien sein. Andere haben ihn gezahlt und sich damit zufriedengegeben, die BILD-Zeitung nicht.«[193]

Ulrich Schulte, Leiter des Parlamentsbüros der »taz«: »Mitleid mit Christian Wulff ist fehl am Platze. Er hat BILD und allen anderen Medien jede nur denkbare Vorlage gegeben, um harte Nachfragen und Recherchen zu rechtfertigen. BILD-Redakteure haben die Enthüllungen über Wulffs Vorleben mit ihren Recherchen angestoßen, die Zeitung hat in der Affäre viel aufgeklärt. (…) Doch was Diekmann mit der BILD-Zeitung gerade macht, ist eine Grenzverletzung. Die Zeitung gibt ihre Beobachterfunktion weitgehend auf und verfolgt nur mehr das Ziel: Wulff soll zur Strecke gebracht werden. Dahinter steht die Anmaßung, ein Medium solle und könne über Wohl und Wehe eines Politikers entscheiden. BILD inthronisiert und entlässt – Parteien oder die Bürger sind nur noch Spielbälle. Auch diese Verletzung journalistischer Ethik ist kein Alleinstellungsmerkmal des Boulevardblatts.«[194]

Jakob Augstein, Verleger von »Der Freitag«, auf »freitag.de«: »Die BILD-Zeitung mag sonst Springers Sturmgeschütz der Demagogie sein, aber hier hat sie die Arbeit geleistet, die man von der investigativen Presse erwartet. Vielleicht ist das übrigens die wichtigste Lehre aus diesem Skandal: Die BILD-Zeitung erweitert ihr Repertoire. Sie kann jetzt auch seriös, wenn sie will. Es steht ihr frei, jederzeit vom populistischen ins politische Fach zu wechseln, vom boulevardesken ins investigative. Das macht die Zeitung noch gefährlicher.«[195]

In der Debatte gerät im Zusammenhang mit der Veröffentlichung der Mailbox-Nachricht also auch BILD in die Kritik. Die Frage ist: Wie kamen die Redaktionen der »FAZ«, der »FAS« und der »Süddeutschen Zeitung«, die als Erstes über den Drohanruf berichteten, an diese Informationen? Haben die Kollegen der »Süddeutschen« vielleicht bei BILD nach dem Wortlaut gefragt? Das gilt unter Journalisten als eher unwahrscheinlich. Dafür ist die Beziehung zwischen den Blättern zu unterkühlt. Die »taz« hakt nach und fragt am 13. Januar 2012: »Warum entschied sich die Redaktion, die Mailbox-Nachricht nicht zu veröffentlichen? Was waren die Argumente gegen die Veröffentlichung, beziehungsweise gegen eine Berichterstattung der BILD über den Anruf des Bundespräsidenten – und was waren die Argumente dafür? Gab es in Ihrem Haus rechtliche Bedenken, die Mailbox-Nachricht zu veröffentlichen? Wenn ja: welche?«[196]

BILD-Verlagssprecher Tobias Fröhlich antwortet:»Üblicherweise erklären wir Reaktionsentscheidungen nicht, in diesem Fall machen wir eine Ausnahme: Zum damaligen Zeitpunkt ging es in erster Linie um die umstrittenen Aussagen von Christian Wulff vor dem Niedersächsischen Landtag, seine private Hausfinanzierung betreffend. BILD war die erste Zeitung, die über eine mögliche Verschleierung der Kreditgeberschaft geschrieben und den Namen des Kreditgebers veröffentlicht hat. Am 13. und 14. Dezember 2011 stand dieses Thema im Fokus der Berichterstattung. Aus folgenden Gründen hat BILD über den Anruf nicht berichtet. 1. Dem Ansinnen des Bundespräsidenten, die geplante Geschichte nicht zu veröffentlichen, hat sich BILD nicht gefügt, sondern wie geplant berichtet. 2. Kai Diekmann hat noch am Abend des 12. Dezember 2011, wie von Christian Wulff erbeten, ausführlich mit dem Chef des Bundespräsidialamtes, Staatssekretär Hagebölling, telefoniert und ihm ausführlich erläutert, warum wir veröffentlichen und warum es keinen Anlass für eine nochmalige Verschiebung gibt. 3. Gerade weil BILD direkt betroffen war, hat sich die Redaktion in den Diskussionen die Entscheidung nicht leicht gemacht und auch andere Meinungen extern eingeholt. Bevor ein abschließendes Urteil zum Umgang mit dem Anruf gefällt wurde, kam nach zweieinhalb Tagen die telefonische Entschuldigung des Bundespräsidenten. Von diesem Zeitpunkt an wurde der Vorgang in der Redaktion nicht weiterverfolgt. Rechtliche Bedenken gegen eine Veröffentlichung gab es nicht.«Der BILD-Chefredakteur habe seinerzeit persönlich mit zwei externen Journalisten über den Anruf gesprochen – so Verlagssprecher Fröhlich weiter – und ihnen in diesem Zusammenhang auch den Text zukommen lassen. Gerade aufgrund der eigenen Betroffenheit sei es Diekmann dabei um das Einholen von Einschätzungen nicht betroffener Kollegen außerhalb der Redaktion gegangen.[197]

Die »taz«-Kollegen haken nach:»Was bedeutet ›seinerzeit‹? Zu welchem Zeitpunkt hat Kai Diekmann ›zwei externen Journalisten‹ den Text zukommen lassen? Können Sie ausschließen, dass es sich bei besagten Journalisten um Kollegen der ›Süddeutschen Zeitung‹ und der ›Frankfurter Allgemeinen Sonntagszeitung‹ handelte? Hat Kai Diekmann besagten Journalisten den gesamten Inhalt der Mailbox-Nachricht weitergeleitet oder nur Ausschnitte?«[198]

Die Antwort von BILD:»›Seinerzeit‹ bedeutet, nachdem der Anruf auf die Mailbox gesprochen wurde und bevor sich der Bundespräsident entschuldigte und danach die Sache von der Redaktion nicht weiterverfolgt wurde.« Die Antwort endet mit dem Hinweis: »Natürlich können wir verstehen und respektieren, dass Sie als Medienjournalist an einer möglichst detaillierten Darstellung der Ereignisse interessiert sind. Ich muss Sie aber auch darum bitten zu respektieren, dass wir grundsätzlich zu Inhalten von vertraulichen Gesprächen, die wir mit Journalisten führen, keinem anderen Journalisten Auskunft geben können – und das ganz unabhängig vom aktuellen Fall.«[199]

15. JANUAR 2012: OZAPFT IS, HERR PRÄSIDENT!

Noch ein Gratis-Urlaub, noch eine fragwürdige Einladung – dann ist der Bundespräsident nicht mehr zu halten. Das sagen selbst Wulff-Vertraute Mitte Januar, zermürbt von Schlagzeilen und Sondersendungen, genervt von immer neuen Vorwürfen gegen das Staatsoberhaupt. Die Reihen derer, die sich noch öffentlich vor Wulff stellen, lichten sich. Schlimmer noch: Angriffe kommen nun auch aus den eigenen Reihen.

Der CDU-Bundestagsabgeordnete Karl-Georg Wellmann befürchtet in einem Gespräch mit dem ZDF, dass die Diskussionen um das Staatsoberhaupt so schnell nicht enden würden. Ein Ende mit Schrecken, so der Parteifreund, sei deshalb besser als ein Schrecken ohne Ende. Es ist eine indirekte Aufforderung zum Rücktritt. Der Berliner CDU-Politiker schiebt noch nach, das Amt sei jetzt schon beschädigt und er würde Wulff raten, diese Debatte seiner Familie und seinem Amt nicht länger zuzumuten.[200]

Hans-Georg von der Marwitz, ebenfalls CDU-Bundestagsabgeordneter, erklärt: »Aufgrund der unwürdigen Diskussion der vergangenen Wochen lege ich es dem Bundespräsidenten nahe, Verantwortung zu übernehmen und Konsequenzen zu ziehen.«[201]

Für die Redakteure der Talkshows wird es zu dieser Zeit immer mühsamer, noch Persönlichkeiten aus Wulffs Umfeld zu finden, die den Bundespräsidenten gegen die Angriffe verteidigen wollen.

Am 15. Januar 2012 schlagen BILD am SONNTAG und »Der Spiegel« dann ein weiteres Kapitel aus dem Leben des verführbaren Präsidenten auf. Christian Wulff und Ehefrau Bettina – so heißt es übereinstimmend in den Berichten – ließen sich vom Berliner Film-Finanzier David Groenewold am letzten September-Wochenende 2008 zum Oktoberfest nach München einladen.[202]

Ein schöner Ausflug muss es gewesen sein. Am Tag danach waren in den Münchner Zeitungen die Bilder von der Wiesn-Sause zu sehen. Die Wulffs, zünftig gekleidet, vor Bierkrügen. Daneben: David Groenewold.

Das Wochenende verbrachten die Wulffs in einer Suite in der Nobel-Herberge »Bayerischer Hof«. Groenewold hatte den Aufenthalt mit seiner privaten Kreditkarte von American Express gebucht. Als der Oktoberfest-Trip – jetzt, drei Jahre später – bekannt wird, gerät Christian Wulff erneut in Erklärungsnot. Über seinen Rechtsanwalt lässt der Bundespräsident ausrichten, er habe vor Ort im

»Bayerischen Hof« am 28. September 2008 selbst eine Rechnung bekommen und den dort aufgeführten Betrag beglichen. Die Hotelkosten für die München-Reise – auch das ist bemerkenswert – habe er später »gegenüber der Staatskanzlei und der niedersächsischen CDU« abgerechnet. Schließlich habe er in München auch Termine als Regierungschef und für die Partei wahrnehmen müssen.

Film-Finanzier Groenewold erklärt nach der Veröffentlichung, er habe lediglich die Kosten für ein Upgrade der Wulffs in einer Suite übernommen und die Rechnung für einen Babysitter bezahlt, der im Hotel auf den vier Monate alten Sohn der Wulffs aufgepasst hatte. Die Kosten für den Babysitter habe Wulff ihm noch vor Ort bar erstattet. Von den Kosten für das Upgrade, die Groenewold übernahm, habe Wulff gar nichts gewusst.

Ob diese Version stimmt? Oder ist es wieder nur eine Schutzbehauptung? Die Recherche ergibt schnell, dass diese Angaben kaum stimmen können. Kosten für ein Upgrade, so ermitteln die BILD-Reporter, sind bei der Oktoberfest-Reise für Christian und Bettina Wulff überhaupt nicht entstanden. Die Auswertung von Dokumenten, die sich die Reporter beschaffen, ergibt einen ganz anderen Vorgang. Tatsächlich, so geht aus Rechnungen und anderen Unterlagen hervor, hatte der Film-Finanzier für sich und die Wulffs vor der Anreise ein normales Doppelzimmer gebucht. Dieses Zimmer kostete wegen des großen Andrangs zum Oktoberfest 430 Euro pro Übernachtung.

Als Christian Wulff am Nachmittag des 26. September 2008 an der Rezeption eincheckt, so ergeben die Recherchen der Reporter vor Ort, erhält er von der Hotelleitung ein kostenloses Upgrade in eine Suite, offenbar als Promi-Bonus. Niemand – auch nicht Wulff-Freund Groenewold – muss demnach für die Suite auch nur einen Cent zusätzlich zahlen.

Bei der Abreise – auch das geht aus den Unterlagen hervor – wurde an der Rezeption um ein Rechnungs-Splitting gebeten. Dieses Splitting sah laut den Rechnungen folgendermaßen aus: Christian Wulff zahlte statt der 430 Euro pro Nacht nur 230 Euro. Also 460 Euro für zwei Nächte. Den Differenzbetrag – demzufolge

400 Euro für zwei Nächte – ließ sich Groenewold auf seine Rechnung schreiben. An der Rezeption soll Groenewold zudem darum gebeten haben, dass die Zimmernummern auf der Rechnung gelöscht werden.

Die Rechnung ließ sich Groenewold vom Hotel an die Filmfirma Odeon Film AG schicken, deren Geschäftsführer er zu dieser Zeit ist. Im Begleitschreiben heißt es: »Wie besprochen erhalten Sie in der Anlage die Rechnung über den Aufenthalt von Herrn Groenewold und seinen Gästen. Wie von Herrn Groenewold gewünscht, haben wir bei der Logis die Zimmernummern gelöscht.« Ob er die Rechnung gegenüber dem Finanzamt abgesetzt hat – möglicherweise als betriebliche Aufwendung für die Kontaktpflege und dienstliche Gespräche mit dem Ministerpräsidenten Niedersachsens – ist nicht bekannt.

Aber warum sollten die Nummern auf der Hotelrechnung eigentlich gelöscht werden? Und: Warum lässt sich der Ministerpräsident überhaupt von einem Film-Finanzier zum Oktoberfest einladen, dessen Firma zuvor eine Bürgschaftszusage des Landes Niedersachsen in Millionenhöhe bekommen hatte?

Es kommt, wie es kommen muss: Wegen der Oktoberfest-Sause und der fragwürdigen Erklärungen zur Bezahlung des Aufenthaltes prasseln erneut Rücktrittsforderungen auf Wulff ein. »Die ganze Affäre zeigt, dass man als Politiker sehr vorsichtig sein sollte, auch was seinen Freundeskreis anbelangt«, sagt der CDU-Bundestagsabgeordnete Steffen Bilger.[203]

Für David Groenewold hat der Wirbel um den Wiesn-Trip unangenehme Folgen. Weil er in einer eidesstattlichen Versicherung – abgegeben im Dezember 2011 – behauptet hatte, er habe im »Bayerischen Hof« lediglich die Kosten für ein Upgrade Wulffs in die Suite übernommen, weitet die Staatsanwaltschaft Hannover im Mai 2012 die Ermittlungen gegen ihn wegen des Verdachts der Abgabe einer falschen Versicherung an Eides statt aus.

Die Korruptionsermittler glauben ihm und den Angaben Wulffs offenbar nicht.

17. JANUAR 2012:
VORSICHT, BOBBY-CAR! – DIE MEDIENDEBATTE

»Die Häme, mit der die Kredit-Affäre um Bundespräsident Christian Wulff begleitet wird, ist reiner Populismus. Bei der Bewertung von Politikern haben sich die Maßstäbe drastisch verschoben.«[204] Das ist das Urteil von Michael Naumann, damals Chefredakteur des Monatsmagazins »Cicero«, nachdem der erste Bericht über die Kredit-Affäre von Christian Wulff erschienen ist.

Ein Vergleich mit Knut, dem inzwischen verschiedenen knuffigen Eisbären aus dem Berliner Zoo, muss für die Mitgliederzeitschrift des Deutschen Journalistenverbandes herhalten, um die Dimension der Veröffentlichungen zu beschreiben. Die Zeitschrift »Journalist« kommentiert: »Mal abgesehen vom Eisbären Knut stand die Berichterstattung über ein Ereignis wohl nie zuvor in so eklatantem Missverhältnis zur Relevanz.«[205]

Aber ist es wirklich ein eklatantes Missverhältnis? Fehlt tatsächlich die Relevanz, wenn es um das deutsche Staatsoberhaupt geht, das nun schon seit einem Monat mit seiner Salamitaktik aus Halbwahrheiten und Teilgeständnissen auf immer neue Vorwürfe reagiert? Vorwürfe, die am Ende den Staatsanwalt zwingen, wegen eines Korruptionsdelikts gegen Christian Wulff zu ermitteln?

Es ist Mitte Januar, seit Wochen nun steht der Bundespräsident mit immer neuen Enthüllungen im Zentrum der Berichterstattung. Titelseiten, Talkshows, Sondersendungen – viele Deutsche können es nicht mehr sehen und hören, sie sind es leid. 57 Prozent der Bundesbürger, so eine Umfrage von ARD-DeutschlandTrend, glauben: Die Medien wollen Wulff fertigmachen.[206]

Die Titelseiten und Schlagzeilen, die Sondersendungen und Talkshows zeigen, mit welcher Wucht die Affäre um den Bundespräsidenten das Land erfasst.

Doch seit einigen Tagen verändert sich in diesem Medien-Tsunami die Bewertung der Affäre und damit die Stimmung. Im Mittelpunkt der Diskussionen stehen jetzt nicht mehr allein die Gratis-Urlaube und Billig-Kredite. Deutschland diskutiert nicht mehr allein über einen möglichen Rücktritt des Bundespräsidenten, sondern auch über den Umgang der Medien mit der Affäre.

Am 18. Januar 2012 liefert die »Berliner Zeitung« neuen Stoff für die Medien-Debatte. Das Hauptstadt-Blatt berichtet über ein Bobby-Car, ein rotes Spielzeugauto – 60 Zentimeter lang, 40 Zentimeter hoch, vierrädrig und aus Kunststoff, ab 23 Euro im Handel erhältlich.

Dieses Bobby-Car – so die »Berliner Zeitung« – sei ein Geschenk für den kleinen Sohn der Wulffs gewesen. Der Besitzer eines Berliner Autohauses habe das Gefährt im Zusammenhang mit einem Autoleasing ins Schloss Bellevue geschickt.[207]

Weil Wichtiges und Unwichtiges in der Causa Wulff kaum noch auseinandergehalten werden, verbreitet auch die Deutsche Presse-Agentur den Vorgang um das rote Bobby-Car. Um jeden Anschein der Vorteilsannahme im Keim zu ersticken, lässt der Bundespräsident eiligst durch seinen Rechtsanwalt erklären, dieses geschenkte Spielzeugauto stünde in der Spielecke von Schloss Bellevue und könne dort von allen Besuchskindern genutzt werden.[208]

Nikolaus Blome, Leiter des Hauptstadtbüros und stellvertretender Chefredakteur von BILD, kommentiert den Vorgang mit der Feststellung: »Es wird lächerlich!« Er schreibt: »Der Bundespräsident hat ein Bobby-Car als Geschenk für seinen Sohn angenommen! Und sich auch noch bedankt!! Im Ernst: Die ›neuen Vorwürfe‹ gegen Wulff werden immer kleiner, lächerlich klein. Da wendet sich das Publikum mit Grausen ab – zu Recht. Als Nächstes wird man Wulff vorhalten, dass seine Frau Rabattmarken im Supermarkt kriegt. Oder dass, wie die ›Süddeutsche‹ spottet, ihm beim Oktoberfest ›der Bierkrug besser eingeschenkt‹ wird als anderen. Das kann es nicht sein. Und das ist es auch nicht. Nein. Die Affäre Wulff wiegt schwer. Es verbinden sich darin Unwahrheiten, anstands- wie gedankenlos angenommene Vergünstigungen und die mangelnde Fähigkeit, aus Kritik und Fehlern zu lernen. Die Mehrheit der Bürger hat laut Umfragen ihr Urteil gefällt: Wulffs Glaubwürdigkeit sehen sie schwer beschädigt, aber zurücktreten soll er nicht. Wenn die Parteien, auf die es ankommt, ihn unbedingt im Amt halten wollen, dann wird er bleiben. Und über Bobby-Car-Vorwürfe zu Recht lachen ...«[209]

Die Münzen werden immer kleiner. Jetzt fallen Begriffe wie »Hetzjagd«. Es sei eine Kampagne, die einige Medien gegen den Bundespräsidenten fahren würden. Von Medienoligarchie ist die Rede, weil sämtliche Zeitungen – von BILD bis »taz«, von »Frankfurter Rundschau« bis »Frankfurter Allgemeine Zeitung« – in ihren Kommentaren über das Verhalten Wulffs zu einer ähnlichen Bewertung kommen. In diesem Zusammenhang ist auch von einer Gleichschaltung der Presse die Rede, doch das ist absurd. Richtig ist aber, dass die veröffentlichte Meinung und die öffentliche Meinung tatsächlich für einen Augenblick die Balance verlieren.

Die »taz« kommentiert: »Die Gefahr, die in diesen medialen Umdrehungen liegt, ist, dass eine ernste Affäre den Ruch des Unernsten bekommt.« Es könne der Eindruck hängen bleiben, die Medien betrieben eine »ungerechtfertigte Hetzjagd auf einen an sich doch sehr netten Präsidenten. Wulff, das schuldlose Opfer – genau diese Inszenierung wünscht man sich im Bundespräsidialamt. Und die relevanten Punkte gehen im Brei des Beliebigen unter. Ein solcher Effekt wäre fatal.« Und die Zeitung kommt zu der Schlussfolgerung: »Das ist die Ironie in der Affäre: Indem die Medien seit kurzem mit aller Macht versuchen, immer neuen Kleinkram ans Licht zu zerren, wirken sie daran mit, den öffentlichen Diskurs ins Lächerliche zu verschieben. Und sie helfen so einem gescheiterten Präsidenten.«[210]

In der Bevölkerung zeichne sich angesichts des medialen Trommelfeuers ein »Solidarisierungseffekt mit Wulff« ab, so WDR-Chefredakteur Jörg Schönenborn.[211] Doch die Bewertung des ARD-Mannes ist fragwürdig. Denn ausgerechnet die ARD lässt zu dieser Zeit die Endlos-Schleife mit Wulff-Talkshows in immer höheren Geschwindigkeiten laufen.

»Unser Bundespräsident – ein Wulff im Schafspelz?« ist das Thema bei »Menschen bei Maischberger«. »Die Schnorrer-Republik – sind wir alle ein bisschen Wulff?«, fragt Sandra Maischberger nur zwei Wochen später. Frank Plasberg tritt in seiner Talkshow mit dem Thema an: »Der Pattex-Präsident – was lehrt der Fall Wulff?«

Bei Reinhold Beckmann heißt es:»Macht, Medien, Moral – wo sind Deutschlands Vorbilder?« Aber warum können die ARD-Talkmaster vom ersten Mann im Staat und dessen Verständnis von Anstand und Moral nicht lassen? Mit der Diskussion um den beschädigten Bundespräsidenten steigen die Einschaltquoten der Sendungen. An diesem Knochen nagen die Talkmaster.

Der Bundespräsident, ein Quoten-Garant. Aber warum? Ist es die Person Christian Wulff, für die sich die Deutschen interessieren? Wohl eher nicht. Dafür ist der Mann aus Osnabrück zu wenig charismatisch. Woran liegt es dann? Die Antwort ist vergleichsweise einfach und banal. Es geht zwar um einen Politiker – sogar um den ersten Mann im Staat –, aber es geht nicht allein um Politik. Der Fernsehzuschauer muss also nicht politisch interessiert oder politisch gebildet sein, um die Zusammenhänge dieser spätabendlichen Daily Soap zu verstehen. Jeder kann mitreden. Alle wissen, worum es geht. Das liegt daran, dass es in der Causa Wulff auch um die Wünsche und Sehnsüchte eines jeden einzelnen Zuschauers geht: Geld und Eigenheim, Urlaub und Freunde.

Wer möchte nicht gerne mal im Flugzeug in der Business-Class sitzen? Und nicht hinten in der Holzklasse? Wer möchte nicht einmal Gratis-Urlaub in der Ferienvilla eines Freundes in Florida machen? Und nicht im Sauerland? Wer lebt schon lieber in einer Mietwohnung als in einem Eigenheim? Auch wenn er es sich eigentlich gar nicht leisten kann. Und welcher Familienvater, der gerade seine Frau und seine Tochter verlassen hat, möchte der neuen Partnerin nicht mit Hilfe seiner reichen Freunde etwas bieten?

Dennoch beginnen die Menschen irgendwann, des Themas müde zu werden. Von Heuchlern in den Redaktionen ist die Rede, die den Kopf des Bundespräsidenten rollen sehen wollen. Inzwischen wird von mehreren Zeitungen das Interview mit Günter Wallraff aus der »Frankfurter Rundschau« zitiert, der kritisch anmerkte:»Das ist keine Demontage. Das ist Vernichtungswille.«[212]

Dabei wird übersehen, dass die Presse lediglich ihrem Auftrag nachgeht. Sie ist die vierte Gewalt im Staat. Der Presse obliegt die Wächterfunktion.

Die Staatsgewalt unterliegt der klassischen Dreiteilung in Parlament, Regierung und Gerichte. Die Presse wird in Ergänzung hierzu als vierte Gewalt bezeichnet. Sie kontrolliert Parlament, Regierung und Gerichte in Bund, Ländern und Gemeinden und natürlich auch auf europäischer Ebene. Eine funktionsfähige und vom Grundsatz der Presse- und Meinungsfreiheit geschützte Presse ist Ausweis einer freiheitlichen Gesellschaft. Die genau dann aufdecken muss, wenn in der Politik etwas vertuscht werden soll. Die dann recherchiert und berichtet, wenn im Parteien- und Politbetrieb gegen Recht und Ordnung verstoßen wird, wenn durch Korruption und Kriminalität die Interessen der Bürger verletzt werden.

Die Mutter aller politischen Enthüllungen ist die Watergate-Affäre in den USA. US-Präsident Richard Nixon musste 1974 zurücktreten, nachdem die Journalisten Bob Woodward und Carl Bernstein in der »Washington Post« über den Missbrauch von Regierungsvollmachten berichtet hatten.

Manchmal führen auch kleine Enthüllungen zu Rücktritten. Wäre der CSU-Politiker Karl-Theodor zu Guttenberg, ehemaliger Bundesminister der Verteidigung, als nächster Kanzlerkandidat der Union nominiert worden, wenn die »Süddeutsche Zeitung« auf Grundlage der Rezension des Bremer Jura-Professors Andreas Fischer-Lescano die Plagiatsaffäre zur Doktorarbeit des CSU-Politikers nicht enthüllt hätte?

Und: Wäre Christian Wulff überhaupt zum Bundespräsidenten gewählt worden, wenn Medien schon vor seiner Wahl über seine Verfehlungen als Ministerpräsident von Niedersachsen berichtet hätten? Wäre er überhaupt nominiert worden angesichts einer öffentlichen Debatte, die sein bis dahin unbekanntes Verhalten ausgelöst hätte?

Die Affäre Wulff lehrt noch etwas, und zwar über das Internet. In der vernetzten Welt geht es in Sachen Wulff nicht um Wahrheiten und Recherche. In den Foren verbreiten sich Verleumdungen und Unterstellungen. Ehrabschneidende Hass-Artikel, Behauptungen, die jeder Grundlage entbehren. Oft mit vollem Namen der Autoren. Ungeprüft und unbeanstandet.

Die Affäre Wulff im Internet – sie ist mit all ihren Unwahrheiten in den Blogs, Foren und Kommentaren auch ein Beleg für Bedeutung und Qualität des Journalismus, der gedruckten Presse und der journalistischen Nachrichten-Websites. Ein eindrucksvoller Beweis für den Wert der aufwendigen und professionellen Recherche, die zu belastbaren Fakten kommt.

18. JANUAR 2012:
TRIFFT ES ZU, HERR PRÄSIDENT? – 400 FRAGEN

Es ist ein Versprechen, das der Bundespräsident lange Zeit nicht einlöste. Obwohl er es vor über elf Millionen Fernsehzuschauern gab. Im Interview mit ARD und ZDF hatte Christian Wulff am 4. Januar 2012 angekündigt, schon am nächsten Tag werde er alle Anfragen von Journalisten und seine Antworten dazu ins Internet stellen. Damit wolle er maximale Transparenz herstellen und »neue Maßstäbe« setzen.[213] 400 Fragen von Journalisten habe er seit Bekanntwerden der Kredit-Affäre beantworten müssen. Fragen zur Finanzierung seines Eigenheims in Großburgwedel. Fragen zu kostenlosen Urlaubsreisen. Fragen zu seinen Kontakten zu wohlhabenden Unternehmern. Nun könne jeder im Internet lesen, welche Antworten er auf die immer neuen Vorwürfe und Fragen gegeben habe.

14 Tage ist das her. Zwei Wochen schon ist Wulff seiner Zusage nicht gefolgt. Nichts passiert. Stattdessen verweist Wulffs Rechtsanwalt Gernot Lehr auf seine Verschwiegenheitspflicht, deretwegen er die Antworten nicht veröffentlichen könne. »Der im Mandantenauftrag geführte Schriftverkehr zwischen Anwälten und Dritten fällt unter die anwaltliche Verschwiegenheitspflicht«, teilt er in einer Pressemitteilung mit.[214] Zudem müssten das Urheberrecht der Journalisten sowie Persönlichkeitsrechte Dritter berücksichtigt werden. Als Reaktion stellen die »Welt« und die »Welt am Sonntag« ihre Fragen an den Bundespräsidenten und die BW-Bank selbst ins Netz. Andere Medien folgen dem Beispiel und machen damit weiter Druck auf Wulff.

Ausgerechnet Wulffs Parteifreund Peter Altmaier, der sich in Talkshows immer wieder hinter den Bundespräsidenten gestellt hatte, fordert im Kurznachrichten-Dienst Twitter, dass Wulff seine Anwälte an die Leine legen und die Fragen und Antworten ins Netz stellen solle. Es sei »unglücklich«, so Altmaier zuvor im »Hamburger Abendblatt«, »wenn der Eindruck entstünde, dass die Anwälte des Bundespräsidenten jetzt hinter dem zurückblieben, was er selbst in einem Fernsehinterview angekündigt hat«.[215]

Am 18. Januar 2012 schließlich lässt der Bundespräsident einen Teil der Fragen und Antworten veröffentlichen. Anwalt Lehr teilt dazu erläuternd in einer Presseerklärung mit:

Christian Wulff hat uns am 05.01.2012 beauftragt, eine Zusammenfassung der bis dahin erteilten Auskünfte zu veröffentlichen. In Ergänzung dieses Auftrages hat er uns am 13.01.2012 gebeten, die Fragen der Journalistinnen und Journalisten, die diese zur Veröffentlichung freigegeben haben, sowie unsere Antworten hierauf zu veröffentlichen, soweit diese Veröffentlichung zu keinen Rechtsverletzungen führt. Diesem Auftrag kommen wir gern nach und verbinden dies mit folgenden erläuternden Hinweisen:

Seit unserer Mandatierung am 16.12.2011 haben wir mehr als 500 Einzelfragen beantwortet, die von Medienvertretern an uns herangetragen worden sind. (…) Soweit dies aufgrund der unserem Mandanten vorliegenden Informationen möglich war, haben wir uns bemüht, diese Fragen unmittelbar zu beantworten. (…)

Wir haben die Medienvertreter gebeten, ihre Fragen schriftlich (per E-Mail) zu stellen. Es handelt sich hierbei um eine übliche Vorgehensweise, die in diesem Fall in besonderem Maße geboten war. (…)

Alle Fragen wurden nach bestem Wissen und Gewissen beantwortet. Bei einigen Fragen haben wir die Beantwortung abgelehnt, weil sie Sachverhalte zum Gegenstand hatten, die den Kernbereich des Privat- und Familienlebens von Christian

Wulff und seiner Familie betrafen und außer Zusammenhang
zu seiner Amtstätigkeit standen.[216]

Doch wie gläsern ist der Bundespräsident wirklich? Die entscheidenden Fragen und Antworten fehlen. Jene Anfragen von BILD, die zur Enthüllung der Kredit-Affäre am 13. Dezember 2011 geführt hatten. Warum?

Auf eine entsprechende Frage der BILD-Reporter erklärt Rechtsanwalt Lehr, er selbst habe erst nach der Veröffentlichung des ersten Berichtes das Mandat übernommen. Fragen an das Bundespräsidialamt und Antworten aus dem Bundespräsidialamt für die Zeit davor fehlen deshalb komplett.

Das ist schade! Es wäre sehr interessant gewesen, zu lesen, wie sich der Bundespräsident bei den ersten Anfragen windet, wie er die Journalisten bei den Fragen nach dem Kreditgeber für sein Eigenheim ganz bewusst auf eine falsche Fährte führt.

237 Seiten mit mehr als 400 Fragen und Antworten stellt Rechtsanwalt Gernot Lehr am Morgen des 18. Januar 2012 auf die Webseite der Kanzlei Redeker Sellner Dahs.[217] Nun kann jedermann in allen Details lesen, welche Schlacht sich der Bundespräsident in den vergangenen vier Wochen mit der freien Presse seines Landes lieferte. Doch das gestaltet sich schwierig. Die Veröffentlichung im Internet ist ein Wust an Fakten und Unterstellungen, an Antworten und Ausflüchten. Schwer lesbar, weil Fragen und Antworten nicht immer direkt zugeordnet sind. Viel Kraut und Rüben in insgesamt drei Dokumenten-Paketen. Personenbezogene Daten wie E-Mail-Adressen und Telefonnummern sind geschwärzt.

Die BILD-Reporter vertiefen sich in die Lektüre. Da ist die Anfrage der »Süddeutschen Zeitung«: Sie fragt am 21. Dezember 2011, warum Wulff den letzten Kredit nicht bei einer Bank in Niedersachsen, sondern in Baden-Württemberg aufgenommen habe. Anwalt Lehr antwortet: »Gerade für einen niedersächsischen Ministerpräsidenten bietet es sich an, solche Kreditaufnahme nicht im eigenen Bundesland vorzunehmen, um nicht den Anschein der Verquickung von privaten und amtsbezogenen Interessen zu erwecken.«[218]

Dieser Satz ist ein Hohn angesichts der Versuchungen, denen Christian Wulff nicht widerstehen konnte.

Die Illustrierte »stern« fragt an: »Trifft es zu, dass Herr Carsten Maschmeyer im Frühjahr 2006 auf seinen Namen eine Wohnung in Hannover angemietet hat, die Herr Christian Wulff seinerzeit unter anderem für Treffen mit der damaligen Frau Bettina Körner nutzte? Wenn ja: Hat Herr Maschmeyer die Miete dieser Wohnung gezahlt? Hat Herr Maschmeyer auch die Wohnung in der Spinozastraße 3 in Hannover angemietet, in die Herr Wulff und Frau Körner offenbar im Oktober 2006 einzogen?« Die Fragen werden allesamt mit Nein beantwortet.[219]

Die »Rheinische Post« interessiert sich für die Mailbox-Nachricht und fragt: »In den Medien ist von einem Telefonat des Bundespräsidenten mit der Mailbox des BILD-Chefredakteurs die Rede. Stimmt diese Information? Und ist es auch richtig, dass Herr Wulff in diesem Zusammenhang auch mit Frau Springer und Herrn Döpfner telefoniert hat?«

Wulffs Rechtsanwalt weicht der Frage aus, antwortet lediglich: »Die Presse- und Rundfunkfreiheit ist für Christian Wulff ein hohes Gut. Er hat deshalb zu den Krediten für sein Eigenheim und zu Urlaubsaufenthalten Transparenz hergestellt, Erklärungen abgegeben und mehrere hundert Medienanfragen beantwortet. Über Vieraugengespräche und Telefonate gibt Herrn Wulff aber grundsätzlich keine Auskunft.«[220]

Mittlerweile trauen die Journalisten dem Bundespräsidenten sogar zu, dass er Geschenke, die seine Ehefrau bei Staatsbesuchen erhält, nicht wie vorgeschrieben an die Staatskanzlei übergibt, sondern einfach behält. Die BILD am SONNTAG fragt: »Herrn Christian Wulff und hochrangigen Managern des Volkswagen-Konzerns sowie der Porsche SE sind anlässlich einer Delegationsreise in das Emirat Katar im März 2010 seitens der Gastgeber kostbare Geschenke gemacht worden. Was geschah mit den Geschenken für Herrn Wulff nach dem Reiseende?«

Die Antwort von Wulffs Rechtsanwalt: »Nach Erinnerung von Herrn Wulff hat er auf der Delegationsreise in das Emirat Katar keine kostbaren Geschenke des Gastgebers erhalten. Kostbare Geschenke wurden nach der Erinnerung von Herrn Wulff anlässlich einer Delegationsreise in die Vereinigten Arabischen Emirate gemacht. Herr Wulff hat sämtliche ihm gemachte Geschenke an die Staatskanzlei übergeben.«[221]

Die dokumentierte Flut an Fragen und Antworten macht noch etwas deutlich: Der Kampf gegen Justiz und Medien wird für Christian Wulff nicht billig. Aber wer trägt die Kosten? Dafür interessiert sich der Norddeutsche Rundfunk in seiner Anfrage vom 19. Dezember 2011: »Hat Herr Bundespräsident Christian Wulff Sie in seiner Funktion als Bundespräsident mit der Organisation und Durchführung der Veröffentlichung der Vertragsunterlagen beauftragt oder kam der Auftrag von dem Privatmann Christian Wulff? Falls der Auftrag von Herrn Wulff in seiner Funktion als Bundespräsident erteilt wurde, dann interessiert mich, mit welchen Kosten Sie für Ihre Arbeit rechnen.« Die Antwort des Rechtsanwalts: »Herr Wulff hat uns als Privatmann mandatiert.« Soll heißen: Herr Wulff zahlt selbst. Wie hoch die Kosten sind, das sagt Lehr nicht. Experten gehen davon aus, dass die Anwaltskosten schon zum jetzigen Zeitpunkt mehr als 200.000 Euro betragen.

Neue Hinweise geben die nun veröffentlichten Fragen und Antworten nicht. Der Knochen, sagt man so schön, ist offenbar abgenagt. Oder doch nicht?

19. JANUAR 2012:
DER FILMBALL – EINE KLEBRIGE SACHE

Schauspielerin Uschi Glas war gekommen. Hannelore Elsner, die Grande Dame des Fernsehens. Senta Berger, »Bully« Herbig, Verona Pooth saßen zusammen. Die Schickeria feierte am 16. Januar 2010 im Hotel »Bayerischer Hof« in München den 37. Deutschen Filmball. Und mittendrin: Christian Wulff mit Ehefrau Bettina. Gegen Mitternacht tanzten sie zum Gesang von Stargast Bernie Paul. »It's A Real Good Feeling.«

Das Gefühl der Wulffs ist exakt zwei Jahre später nicht mehr so gut. Die Münchner »Abendzeitung« berichtet am 19. Januar 2012: Der Marmeladen-Hersteller Zentis bezahlte den kompletten Aufenthalt der Wulffs beim Deutschen Filmball. Anreise, Übernachtung, Eintrittskarten. Erst vier Wochen zuvor, schreibt die »Abendzeitung« zudem, habe Ministerpräsident Wulff einen Vortrag bei der Jahresabschlusskonferenz des Marmeladen-Multis in einem niederländischen Hotel gehalten.[222]

Eine Hand wäscht die andere. Christian Wulff hat dieses Spiel in seiner Amtszeit offenbar häufig gespielt. Aber: Wie schmutzig hat er sich die Finger dabei gemacht? Warum zahlt ein Marmeladen-Hersteller mit Firmensitz im nordrhein-westfälischen Aachen einem niedersächsischen Ministerpräsidenten die Reise, das Hotel und die Eintrittskarten für einen Filmball im bayerischen München? Als kleines Dankeschön für den Vortrag, den Wulff für die Zentis-Mitarbeiter hielt? Das sind berechtigte Fragen. BILD-Reporter Guido Brandenburg stellt sie am 20. Januar 2012 der Pressesprecherin der Firma Zentis.

Sehr geehrte Frau Alberti,
wie schon telefonisch besprochen hat BILD mehrere Fragen zur Zentis-Einladung an Herrn Christian Wulff:

1. *Warum wurde Herr Wulff von Zentis vor zwei Jahren zum Filmball in München eingeladen?*
2. *Wie hoch waren die entstandenen Gesamtkosten für Flug, Übernachtung und mögliche weitere Posten für Herrn Wulff, Frau Wulff und die Begleitung (Sicherheitskräfte, weitere Personen)?*
3. *Wann wurde die Einladung zum Filmball an Herrn Wulff ausgesprochen?*
4. *Wie hoch war die Hotelrechnung, die die niedersächsische Staatskanzlei Zentis in Rechnung stellte?*
5. *Wie kam es zum Vortrag von Herrn Wulff vor Zentis-Mitarbeitern im Dezember 2009 in den Niederlanden?*

BILD bittet um Beantwortung der Fragen bis heute, Freitag,
20. Januar, 16 Uhr.
Mit freundlichen Grüßen
Guido Brandenburg

Die Pressestelle von Zentis antwortet am selben Tag:

Vielen Dank für Ihre Anfrage, die wir gern beantworten.
Zentis hat seit 1893 seinen einzigen deutschen Standort in
Aachen, Nordrhein-Westfalen. Als Unternehmen mit einer fast
120-jährigen Geschichte fühlen wir uns auch der Allgemein-
heit verpflichtet und unterstützen eine Reihe von Projekten.
Der Deutsche Filmball ist für die gesamte Kulturbranche ein
außerordentlich wichtiges Ereignis. Zentis fördert die Initiative
seit Jahren, weil wir der Meinung sind, dass der deutsche Film
ein sehr wichtiges Kulturgut in unserer Gesellschaft darstellt.
Wir freuen uns daher immer, wenn Personen, denen ohnehin
eine hohe Aufmerksamkeit zukommt, uns dabei unterstützen,
die breite Öffentlichkeit für die Bedeutung des deutschen Films
zu interessieren. Aus diesem Grund haben wir auch die Ein-
ladung an Herrn Wulff und seine Gattin ausgesprochen.
Mit freundlichen Grüßen
Zentis Pressestelle

Keine Antwort auf die Fragen zu den Kosten. Kein Wort über den
Vortrag, den Christian Wulff nur vier Wochen zuvor bei der Jahresabschlusskonferenz des Unternehmens für den Marmeladen-
Hersteller gehalten hatte. Dabei ist die Abwicklung der Bezahlung
interessant. Ursprünglich ließ Wulff die Übernachtung im »Bayerischen Hof« durch seine Staatskanzlei in Hannover buchen. Im
Fünf-Sterne-Hotel kostet eine Suite zwischen 890 und 3600 Euro
die Nacht. Die Rechnung für Wulffs Übernachtung wurde an die
Firma Zentis geschickt, die sie umgehend beglich.

Für Wulff und seinen Rechtsanwalt Gernot Lehr ist das alles
völlig unbedenklich: »Auf Grundlage der neuen Durchführungs-

regeln zum niedersächsischen Ministergesetz konnten die Gastgeber Reise- und Übernachtungskosten für Regierungsmitglieder
übernehmen, sofern ausgeschlossen war, dass die Annahme einer
unentgeltlichen Leistung das betreffende Regierungsmitglied in der
Erfüllung seiner Amtsaufgaben beeinflusst oder behindert.«[223]

Warum er zum Deutschen Filmball nach München gekommen
sei, wurde Christian Wulff noch während der Party gefragt. Seine
Antwort: »Mein Frau wollte schon immer mal zum Filmball.«[224]

19. JANUAR 2012:
RAZZIA – DÜRFEN WIR REINKOMMEN?

Genau vier Wochen liegt die Entlassung von Wulffs Sprecher zurück. Seitdem haben auch enge Vertraute jeglichen Kontakt zu Olaf
Glaeseker verloren. Wer den ehemaligen niedersächsischen Staatssekretär per Mobiltelefon erreichen will, hört nur die Mailbox-An-
sage, auf der Glaeseker noch »Frohe Weihnachten« wünscht. Doch
plötzlich gerät der entlassene Sprecher und Vertraute des Bundespräsidenten wieder in die Schlagzeilen.

Am frühen Morgen des 19. Januar 2012 erhält BILD-Reporter
Heidemanns einen Anruf aus Hannover. Wenn sich Fotografen umgehend in Bewegung setzten, so der Informant, könne man Zeuge
eines besonderen Hausbesuchs werden. Genauer gesagt: Fahnder
des Landeskriminalamtes aus Hannover seien gerade auf dem
Weg nach Steinhude, um Olaf Glaeseker einen unangekündigten
Besuch abzustatten. Zeitgleich würden Fahnder auch eine Hausdurchsuchung bei Partykönig Manfred Schmidt vornehmen. Seit
drei Wochen ermittelt die Staatsanwaltschaft gegen den ehemaligen
Staatssekretär Glaeseker wegen des Verdachts der Bestechlichkeit.
Er soll mehrfach kostenlos Urlaub bei Schmidt in dessen Domizilen
in Spanien und Frankreich verbracht haben und diesem im Gegenzug bei der Organisation des Nord-Süd-Dialogs – einem Treffen
von Politik und Wirtschaft aus Niedersachsen und Baden-Württemberg – geholfen haben. Jetzt suchen die Fahnder nach Beweisen.

Und tatsächlich: Gegen zehn Uhr hält ein blauer VW-Bus vor dem Eigenheim Glaesekers in Steinhude. Der ehemalige Wulff-Vertraute muss sieben Stunden zusehen, wie die Ermittler Zimmer für Zimmer durchsuchen, auf Anweisung der Staatsanwaltschaft Hannover schließlich Akten und Computerdateien beschlagnahmen und in gelben Kisten zum Auto tragen. Doch das ist erst der Anfang. Am Morgen des 26. Januar 2012 fahren Fahnder des Landeskriminalamtes Hannover in die Hauptstadt. Ihr Ziel: Spreeweg 1, der Amtssitz des Bundespräsidenten. Jetzt durchsuchen sie die Büros des ehemaligen Pressesprechers. Ein einmaliger Vorgang in der Geschichte der Bundesrepublik Deutschland.

Thomas Oppermann, Parlamentarischer Geschäftsführer der SPD-Bundestagsfraktion, macht die Dimension deutlich: »Die ganze Affäre beschädigt nicht nur Wulff, sondern inzwischen auch das Amt des Bundespräsidenten und Deutschlands Ansehen in der ganzen Welt. Es wäre an der Zeit für einige klärende Worte von Angela Merkel. Es reicht.«[225] Erwin Lotter, der erste Abgeordnete aus der Koalition, der Wulffs Rücktritt gefordert hatte, erklärt: »Man fragt sich, ob der prominente Mieter in Bellevue noch irgendetwas vom realen Leben draußen mitbekommt oder sich schon im Panikraum des Schlosses verschanzt hat.«[226] SPD-Generalsekretärin Nahles hat eine andere Vermutung: »Ich habe den Eindruck, er hat sich Wachs in die Ohren gestopft.«[227]

In diesen Tagen ist noch nicht vorstellbar, was später passieren wird. Am 2. März 2012 rücken sechs Beamte der »Zentralstelle Korruption« zur Hausdurchsuchung im Privathaus von Christian Wulff in Großburgwedel an. Drei Stunden und 40 Minuten dauert die Hausdurchsuchung. Die Fahnder kopieren Computer-Festplatten und Handy-Dateien.

27. JANUAR 2012:
DER PRÄSIDENT DARF LÜGNER GENANNT WERDEN

»Das gesprochene und geschriebene Wort ist eines der stärksten politischen Mittel, über die der Bundespräsident verfügt. Mit seinen Reden und Ansprachen kann er die Aufmerksamkeit der Öffentlichkeit und der Verantwortlichen in Regierung, Parteien und Verbänden auf bestimmte Themen und Probleme in Politik und Gesellschaft lenken, er kann Anregungen geben und Anstöße.«[228]

So steht es auf der Internetseite des Bundespräsidenten. Aber was ist das gesprochene und geschriebene Wort eines Bundespräsidenten wert, wenn es Halbwahrheiten und Unwahrheiten ausdrückt? Wenn es sich um Worte handelt, die gewählt werden, um zu tricksen und zu täuschen? Das Wort und die damit verbundene Glaubwürdigkeit des Bundespräsidenten sind in der Öffentlichkeit nicht mehr viel wert. Das Staatsoberhaupt entpuppt sich als Schnäppchen-Präsident. Christian Wulff hat seine Glaubwürdigkeit verloren.

Der Höhepunkt: Der zehnte Präsident der Bundesrepublik Deutschland darf seit dem 27. Januar 2012 ungestraft als »Lügner« bezeichnet werden. Das entscheidet die Staatsanwaltschaft Hannover, nachdem drei Bürger Strafanzeigen wegen Verunglimpfung und übler Nachrede gegen den Politiker Stefan Wenzel bei der Behörde erstattet hatten.

Der Fraktionsvorsitzende der Grünen im Landtag Niedersachsens hatte am 21. Januar 2012 in einem Interview mit dem Deutschlandfunk wörtlich gesagt: »Wulff ist ein Lügner. Und er sollte seinen Hut nehmen, bevor er Recht und Gesetz und Anstand noch mehr in den Dreck zieht.«[229]

Eine Lüge ist laut Wikipedia eine Aussage, von der der Lügner weiß oder vermutet, dass sie unwahr ist. Lügen dienen dazu, einen Vorteil zu erlangen, einen Fehler oder eine verbotene Handlung zu verdecken und so Kritik oder Strafe zu entgehen.[230]

Offenbar wollte Christian Wulff im Zusammenhang mit seinem Hauskredit nicht ganz die Wahrheit sagen. Und er wollte möglicherweise mit seiner Aussage einen Fehler verdecken, um Kritik oder

Strafe zu entgehen. Aber darf man den amtierenden Bundespräsidenten deshalb als Lügner bezeichnen?

Die Verunglimpfung des Bundespräsidenten steht laut Strafgesetzbuch unter Strafe. In Paragraf 90 heißt es:

> *(1) Wer öffentlich, in einer Versammlung oder durch Verbreiten von Schriften (§ 11 Abs. 3) den Bundespräsidenten verunglimpft, wird mit Freiheitsstrafe von drei Monaten bis zu fünf Jahren bestraft.*
>
> *(2) In minder schweren Fällen kann das Gericht die Strafe nach seinem Ermessen mildern (§ 49 Abs. 2), wenn nicht die Voraussetzungen des § 188 erfüllt sind.*
>
> *(3) Die Strafe ist Freiheitsstrafe von sechs Monaten bis zu fünf Jahren, wenn die Tat eine Verleumdung (§ 187) ist oder wenn der Täter sich durch die Tat absichtlich für Bestrebungen gegen den Bestand der Bundesrepublik Deutschland oder gegen Verfassungsgrundsätze einsetzt.*
>
> *(4) Die Tat wird nur mit Ermächtigung des Bundespräsidenten verfolgt.*[231]

Das bedeutet: Die Staatsanwaltschaft kann nur Ermittlungen einleiten, wenn der Bundespräsident persönlich bei der Staatsanwaltschaft die Strafverfolgung beantragt. Doch das tut er nicht.

Warum nicht? BILD fragt im Bundespräsidialamt, ob Christian Wulff die Staatsanwaltschaft ermächtigen werde, Ermittlungen gegen den Politiker Stefan Wenzel aufzunehmen. Die Frage von BILD lautet: »Der Fraktionsvorsitzende der Grünen im Niedersächsischen Landtag, Stefan Wenzel, nannte den Herrn Bundespräsidenten in einem Interview mit dem Deutschlandfunk einen ›Lügner‹. In diesem Zusammenhang bitte ich Sie um Beantwortung nachfolgender Fragen: Wird Christian Wulff diesbezüglich eine Ermächtigung zur Strafverfolgung im Sinne des § 90 Abs. 4 StGB erteilen? Falls nein – warum nicht?«

Die Antwort des Bundespräsidialamtes erfolgt am 23. Januar 2012. Kurz und knapp erklärt Petra Diroll, die kommissarische

Sprecherin des Bundespräsidenten, man wolle »die Äußerungen seitens des Bundespräsidenten nicht kommentieren«. Dennoch muss die Staatsanwaltschaft Hannover wegen der drei Strafanzeigen prüfen, ob sie ein Ermittlungsverfahren gegen den Grünen-Politiker einleitet. Sie lehnt dies mit dem Hinweis ab, der Politiker habe seine Aussage im Rahmen einer politischen Debatte gemacht. Diese sei durch das Recht auf freie Meinungsäußerung gedeckt. »Das ist nicht nur beachtlich, sondern dramatisch«, kommentiert die »Berliner Zeitung«. »Denn Wulff hat damit unwiederbringlich verloren, was im Zeitalter der Duelle die Satisfaktionsfähigkeit war. Ein Ehrloser konnte nicht beleidigt werden, also auch nicht im Duell seine Ehre wieder herzustellen versuchen. Duelle werden heutzutage vor Gerichten ausgetragen. Aber eben das hat die Justiz dem Lügner Wulff verweigert. Er ist ehrlos. Aber er bleibt Präsident.«[232]

Aber was würde passieren, wenn man Christian Wulff wegen seiner Nehmermentalität als »korrupten Bundespräsidenten« bezeichnen würde?

Darüber hat sich Harald Martenstein im »Zeit-Magazin« Gedanken gemacht. Er fragt: »Wissen Sie, wie man die Sache garantiert beenden könnte?« Und liefert die Antwort: »Man müsste bei jedem Wulff-Bericht das Wort ›korrupt‹ hinzufügen. Der korrupte Präsident Wulff empfängt heute in Schloss Bellevue die Sportler des Jahres. – Der korrupte Präsident Wulff und seine Gattin zeichneten verdiente Mitbürger mit dem Bundesverdienstkreuz aus. – Das korrupte Staatsoberhaupt rief die Deutschen dabei zu mehr Engagement und Bürgersinn auf. – Das müsste man so lange machen, bis er gezwungen ist, zu klagen. Dann müsste ein Gericht prüfen, ob er wirklich korrupt ist. Und dann wäre Ruhe. So oder so. Ist doch genial.«[233]

Der Präsident der Bundesrepublik Deutschland darf zu dieser Zeit nicht nur als Lügner bezeichnet werden. Er ist plötzlich die Lachnummer der Nation. In Karikaturen. Bei den Comedians. Und später auch im Karneval.

Mehr als 50 Karikaturen werden allein zu der Rolle von BILD in der Affäre Wulff veröffentlicht. Je dünner das Eis für Christian

Wulff wird, desto derber und respektloser sind der Spott und die Späße, die auf Kosten des Staatsoberhaupts gemacht werden. Zwei Beispiele:

Christian Wulff und Ehefrau Bettina sitzen am Frühstückstisch. Der Bundespräsident liest die BILD-Zeitung. Er:»Die Springer-Presse lügt.« – Sie:»Aber dann könntest du dich doch bei denen bewerben – als junges kreatives Talent.« Oder: Eine Dame an der Eingangstür von Schloss Bellevue ruft beim Anblick des Weihnachtsmanns an der Tür:»Chef, da will jemand Geschenke abgeben.« – Die Frage aus dem Schloss:»Geerkens oder Maschmeyer?«

Für Harald Schmidt geraten die Krisen-Monate der Wulffs zu satirischen Festwochen. Sein Spott ist bitterböse, seine Sprüche in der Late-Night-Show von SAT.1 beschreiben die Affäre vom Hauskredit bis zum Zapfenstreich. Kostproben:

- *Bundespräsident Wulff hat für 415.000 Euro ein Haus gekauft in Großburgwedel. Wer in dieser Welt gibt 415.000 Euro aus für eine Hütte in Großburgwedel?*
- *Als Wulff seinen Gastgebern in Kuwait heute erzählte, dass er Ärger hat wegen 500.000 Euro, haben sich die Scheichs weggeschmissen vor Lachen.*
- *Warum tritt Wulff nicht zurück? Ganz einfach: Für dieses Jahr gibt es keinen Platz mehr im »Dschungelcamp«.*

Mit seinen Wulff-Festspielen läuft Harald Schmidt zur Hochform auf. Doch seine Einschaltquoten sind trotz des strauchelnden Staatsoberhaupts eine Katastrophe. Die Marktanteile purzeln unter fünf Prozent.[234]

Von der Furcht, das Amt könne beschädigt werden, war zu Beginn der Affäre die Rede. Von der Würde des Amtsträgers wurde gesprochen. Und von der Kraft seiner Worte, die allein die Kraft eines Bundespräsidenten ausmache. Jetzt legen sie ihm die Worte in den Mund. Der letzte Respekt vor dem Bundespräsidenten – endgültig dahin. Die NDR-Satire-Sendung »Extra 3« sendet Loriots legendären Sketch »Der Lottogewinn« in einer Wulff-Version. Jetzt sitzt ein

Comic-Bundespräsident im Fernsehstudio, in dem der legendäre Lottogewinner Erwin Lindemann im Loriot-Sketch zum Interview saß. Auf die erste Frage des Reporters stammelt der Comic-Wulff:

Bundespräsident: »*Ich heiße, äääh, Christian Bundespräsident. Und mit Frau Geerkens habe ich Urlaub gemacht in einem Haus in Großburgwedel – für 500.000 Euro …*«
Reporter: »*Und dafür entschuldigen Sie sich?!*«
Bundespräsident: »*Ja …*«
Kameramann: »*Kamera läuft!*«
Reporter: »*War das Geld nicht von Frau Geerkens?*«
Bundespräsident: »*Ehm, ja. Stimmt. Von Frau Geerkens. Also noch mal: Ich heiße Christian Wulff (das Licht geht aus), bin Chefredakteur der BILD-Zeitung und ich habe meine Frau Bettina auf der Mailbox beschimpft. Dann habe ich mir 500.000 Euro geliehen für ein Einfamilienhaus für mich und Kai Diekmann (Licht geht wieder an), und dafür entschuldige ich mich. War das jetzt gut?*«[235]

Und auch der persönlichen Erklärung von Christian Wulff, mit der er sich am 22. Dezember 2011 erstmals seit Beginn der Kredit-Affäre an die Öffentlichkeit wendet, verpasst der großartige TV-Kritiker Oliver Kalkofe eine neue Version:

Sehr verehrte Mitbürger, liebe Mitbürgerinnen, Kinder und Haustiere und meine lieben Freunde aus der Wirtschaft, ich möchte mich heute persönlich an Sie wenden, müssen, weil mein bisheriges, ehrlich empfundenes Schweigen anscheinend nicht alle Fragen ausreichend beantworten konnte. (…) Es tut mir leid, dass all diese kleinen Mauschelein jetzt ans Licht gekommen sind. Dafür entschuldige ich mich! (…) Ich bitte um Ihr Verständnis, dass ein Rücktritt von diesem Amt für mich zu diesem Zeitpunkt nicht in Frage kommt, da wir uns gerade erst im Schloss neu eingerichtet haben. Das war nicht billig. Und meine bezaubernde Ehefrau – übrigens auch nicht gerade billig – wies mich zu Recht darauf hin, dass wir die Möbel in unserem älteren, kleineren Haus gar nicht aufstellen könnten. (...) Bis dahin würde ich Sie gerne persönlich, auf Kosten meines Freundes Maschmeyer, auf einen Glühwein oder Kleinkredit einladen. (...) Frohe Weihnachten.[236]

Stefan Wenzel, der den deutschen Bundespräsidenten im Deutschlandfunk als »Lügner« bezeichnet, ist von Beginn an die treibende Kraft in der politischen Beurteilung der Wulff-Affäre. Stefan Schostok, SPD-Fraktionschef im Niedersächsischen Landtag, und sein FDP-Kollege Christian Dürr bleiben zunächst defensiv. Die SPD offenbart kein Interesse, dass die Sozialdemokraten von der Vergangenheit der Wulff-Vorgänger Gerhard Schröder, Sigmar Gabriel und Gerhard Glogowski eingeholt werden. Die FDP gibt sich in der Koalition zunächst loyal, schließlich sitzt sie in der Landesregierung mit Wulff-Nachfolger David McAllister.

So bleibt es Stefan Wenzel, der unnachgiebig Aufklärung fordert und vorantreibt. Der niedersächsische Fraktionschef der Grünen war es, der am 18. Februar 2010 den damaligen Ministerpräsidenten zu dessen Kontakten zu Egon Geerkens befragte. Ohne zu wissen, dass die Wulffs 500.000 Euro von dessen Ehefrau bekommen hatten. Dass er bei Wulffs Antwort im Landtag getäuscht wurde, erfährt Wenzel 22 Monate später aus der Zeitung.

Der gebürtige Däne, der in Niedersachsen aufwuchs und die deutsche Staatsbürgerschaft besitzt, ist menschlich und politisch eine Art Gegenentwurf zu Christian Wulff. Er gilt als sachlich-korrekt arbeitender Politiker, der Glanz und Glamour meidet. Der Agrarexperte – verheiratet, drei Kinder – lebt mit seiner Familie in einer Wohnanlage mit acht Niedrigenergiehäusern. Seine Reden sind rhetorisch geschliffen, verbale Frontalangriffe sind eher selten. Der Mann, der den Bundespräsidenten einen Lügner nannte, legte sich in der Affäre Wulff frühzeitig fest: »Bei Wulff sind die Wahrheiten offenbar so selten wie die selbst bezahlten Urlaube.«[237]

8. FEBRUAR 2012:
WER ZAHLTE DAS LUXUSHOTEL AUF SYLT?

Wenn Politiker ein zu großes Maß an Nähe und Vertrautheit zulassen, bleibt die Seriosität auf der Strecke. Distanz und Diskretion sind für die Vertrauensbildung unentbehrlich. Volksnähe ist gut. Sie aber bis zur Kumpelhaftigkeit überzustrapazieren, nicht. Christian Wulff im Jahr 2006 [238]

Die schlechten Nachrichten reißen nicht ab. Ausgerechnet in der »Neuen Osnabrücker Zeitung«, der Regionalzeitung seiner Heimatstadt, muss Wulff lesen, dass die Entscheidung über seine Ehrenbürgerschaft wegen der anhaltenden Affäre erst einmal auf Eis gelegt ist. Der örtliche Verkehrsverein hatte den berühmtesten Bürger der Stadt am 9. Dezember 2011, nur vier Tage vor Bekanntwerden der Kredit-Affäre, für die hohe Auszeichnung vorgeschlagen.[239] Daraus wird nun nichts, die Gremien im Stadtrat Osnabrücks beraten gar nicht über das Ansinnen. Vielleicht später, wenn der Bundespräsident a. D. nicht angeklagt wird, wie Fritz Brickwedde, CDU-Fraktionschef wie einst Wulff, sagen wird: »Wulff hat unbestrittene Verdienste um Osnabrück. Sieht man nur die – und zwar unbefangen und mit zeitlichem Abstand –, wäre eine Verleihung eine Selbstverständlichkeit, die sich sehr anbieten würde«, erklärt der CDU-Mann im August 2012.[240]

Jetzt, am 8. Februar 2012, bereitet sich der Bundespräsident auf seine zweitägige Auslandsreise nach Helsinki vor. Das »Arraiolos-Treffen« steht an, eine Konferenz der nicht-exekutiven Staatsoberhäupter einiger Mitgliedsstaaten der Europäischen Union. Er wird auf Amtskollegen aus Lettland, Slowenien, Ungarn und Finnland treffen, ein Pflichtbesuch. Wichtiger in diesen Tagen ist für Wulff die Vorbereitung seiner Rede, die er in Gedenken an die Opfer der Neonazi-Mordserie halten wird.

In den Jahren 2000 bis 2006 waren acht türkische und ein griechischer Kleinunternehmer hingerichtet worden, in den Medien wurden die Taten zunächst als »Döner-Morde« bezeichnet. Erst im

November 2011 war bekannt geworden, dass die Mord-Serie einer rechtsradikalen Organisation zuzurechnen ist, die unter der Bezeichnung »Nationalsozialistischer Untergrund« (NSU) auftrat. Die Gedenkfeier soll am 23. Februar 2012 in Berlin im Konzerthaus am Gendarmenmarkt stattfinden. Es soll Wulffs erster großer Auftritt seit Beginn der Affäre sein. Die Familienmitglieder der Ermordeten sind eingeladen und 1400 Vertreter aus Politik, Kultur und Religion. Doch diese Rede wird Christian Wulff nicht mehr halten.

Die NDR-Sendung »Menschen und Schlagzeilen« hatte am 24. Januar 2012 über einen Urlaubsaufenthalt Wulffs auf Sylt im Jahr 2008 berichtet. Der Berliner Filmproduzent und Wulff-Freund David Groenewold habe eine Ferienwohnung für Hannovers Regierungschef gemietet, dieser habe die Kosten in Höhe von 1540 Euro vor Ort in bar erstattet. Der Beitrag endet mit dem Hinweis: »Heute teilt uns Wulffs Anwalt mit, es gab einen weiteren Urlaub auf Sylt, den das Büro Groenewold organisierte und zunächst auch bezahlt habe. Wulff habe die 774 Euro vor Ort übergeben. In bar – natürlich.«[241] Mehr hatten die Redakteure des NDR nicht herausbekommen.

Viele Fragen bleiben offen: Wann und wo verbrachten die Wulffs den Urlaub auf Sylt? In welchem Hotel übernachteten sie? Und wer zahlte in Wirklichkeit für den Aufenthalt? Die letzte Frage ist berechtigt. Denn wenn der CDU-Politiker in aller Welt kostenlosen Urlaub macht – von Florida bis zur Toskana –, warum soll er dann vor seiner Haustür auf der Nordseeinsel bezahlen?

Doch das Interesse an diesem Urlaubs-Trip von Wulff ist bei den BILD-Reportern zunächst nicht besonders groß. In der Redaktion stellt sich inzwischen längst die Frage: Hat es wirklich noch Sinn, einen weiteren umstrittenen Urlaubsaufenthalt des Bundespräsidenten zu recherchieren? Die kostenlosen Flitterwochen in der Toskana, die Oktoberfest-Sause im »Bayerischen Hof«, die Einladung eines Marmeladen-Herstellers zum Münchner Filmball. Die Deutschen sind nach sieben Wochen genervt vom Skandal-Wulff und die Reporter fast schon gelangweilt.

Reporter Harbusch reist Ende Januar 2012 dennoch nach Sylt. Er will wissen, in welchem Hotel die Wulffs ihren Urlaub verbrachten, erst danach sollen Groenewold und der Bundespräsident befragt und mit den Erkenntnissen konfrontiert werden.

Die Recherche ist nicht einfach, in den Archiven gibt es keinerlei Hinweise auf einen zweiten Aufenthalt auf der Insel. Vielleicht liegt der Urlaub, um den es nun geht, auch schon mehrere Jahre zurück. 75.000 Gästebetten bietet die Insel Sylt an. 870.000 Touristen kommen jedes Jahr. 6,9 Millionen Übernachtungen und Tagesgäste. 13.000 Strandkörbe an 40 Kilometern Strand. Wo also anfangen?

Der Hunger führt BILD-Reporter Harbusch zunächst zur bekanntesten Fischbude der Insel. Vielleicht erinnert sich jemand, ob und wann der Ministerpräsident Niedersachsens hier einmal einen Bismarckhering bestellt oder Krabben gegessen hat. Der Reporter erfährt außer Ablehnung nichts. Danach geht's zum Fremdenverkehrsamt, wo die Antwort wie erwartet ausfällt. Auch wenn man etwas über einen Aufenthalt des Ministerpräsidenten von Niedersachsen auf Sylt wüsste – man würde es nicht sagen. »Sie wollen ja schließlich auch nicht, dass Ihre Reisedaten herausgegeben werden.« Der Reporter spricht mit Taxifahrern, blättert sich durch die Archive der Lokalzeitungen. Fehlanzeige. Auch vorsichtige Nachfragen in den bekanntesten Herbergen der Insel führen nicht weiter.

Im Krimi hilft oft Kommissar Zufall – bei dieser Recherche hilft ein anonymer Anruf. Der geht zwei Tage nach der Rückkehr von Sylt am 31. Januar 2012 im Verlag ein. Die Anruferin will »jemanden von BILD sprechen, der sich bei Wulff auskennt«. Die Leserredaktion protokolliert den Anruf. Die Kollegin berichtet von einer jungen Frau, die sich mit unterdrückter Telefonnummer meldete und sich als Tamara vorstellte.[242] Sie habe um Anonymität gebeten und von einem Urlaub der Wulffs in einem Hotel auf Sylt erzählt. Den Aufenthalt – so behauptet sie – habe sich der damalige Ministerpräsident komplett vom Film-Finanzier David Groenewold bezahlen lassen. Am 16. Januar 2012 – also erst wenige Tage zuvor – habe Groenewold die Hotelleitung telefonisch gebeten, der Presse keine Auskünfte über Wulffs Aufenthalt zu geben. Darüber seien dann auch die Mitarbeiter über einen Vermerk an der Rezeption informiert worden. Den Namen des Hotels habe die Anruferin nicht nennen wollen, aber entsprechende Dokumente und Belege wolle sie in den nächsten Tagen anonym mit der Post an die Redaktion schicken. Die Kollegin der Leserredaktion erwähnt noch, dass die Anruferin durchaus vernünftig und glaubwürdig geklungen habe.

Dass die Frau, die mit unterdrückter Telefonnummer anruft, sich unter einem falschen Namen meldet, ist klar. Aber würde sie auch tatsächlich die versprochenen Belege schicken? Sie tut es. Ein Dokument – anonym versendet – ist zwei Tage später in der Post. Das Papier stammt offensichtlich aus dem »Hotel Stadt Hamburg« auf Sylt. Eine Luxusherberge, direkt gegenüber dem Rathaus von Westerland. Es ist eine Gesprächsnotiz, datiert vom 16. Januar 2012. Der Inhalt: »lt. Tel. 16.1. keine Details von Herrn Groenewold rausgeben! (War 2007 mit Hr. Wulff hier & hat den Aufenthalt übernommen.)«

Die Frau kündigt an, weitere Dokumente vorlegen zu können. Übergeben will sie die Papiere bei einem Treffen. Man einigt sich schließlich auf einen Ort, an dem sie am nächsten Tag zu finden sein sollen. Wie die Übergabe erfolgt, auch das bleibt Redaktionsgeheimnis. Auf jeden Fall können die Reporter schon am nächsten Abend die Unterlagen auswerten.

Da ist zunächst die Hotel-Reservierung, die David Groenewold für die Wulffs wenige Tage vor dem Aufenthalt vorgenommen und mit Kreditkarte bezahlt hatte. In den Papieren sind außerdem Rechnungen für den Aufenthalt über Garage, Restaurant, Minibar und Zeitungen zu finden. Und da ist die erwähnte To-do-Liste aus dem »Hotel Stadt Hamburg«. Diese Liste, auf der steht, was man am Tag zu tun und zu lassen hat, ist einigen Mitarbeiter im Hotel zugänglich. Unter dem 17. Januar 2012 ist notiert: »Hr. David Groenewold hat gestern angerufen, wir sollen keinerlei Infos über ihn rausgeben. Er war 2007 mit Hr. Wulff im HSH und hat den gesamten Aufenthalt übernommen … Falls also Bild oder Spiegel anruft, wir wissen von nichts!«

Jetzt wird es spannend. Es wäre ein ungeheurer Vorgang. Denn jetzt geht es nicht mehr nur um einen weiteren Gratis-Urlaub. Jetzt steht plötzlich ein Vertuschungsverdacht im Raum.

Aber: Ist das Dokument auch echt? Waren die Wulffs im Jahr 2007 überhaupt im »Hotel Stadt Hamburg«? Vor der ersten Anfrage an das Bundespräsidialamt wird das Dokument auf Authentizität und Plausibilität geprüft.

Auf der To-do-Liste des Hauspersonals sind weitere Anordnungen notiert. Etwa: »Anreise Familie K. mit Baby 15 Monate, Transfer BHF, bitte Kindersitz bis 3 Jahre besorgen. ABR am 22.01.2012.« Oder: »Bitte für Ehepaar B. ein Taxi um 7.55 zum HBF rufen. Evtl. lassen sie noch einen Koffer per Hermes verschicken, da Fr. B. ja seit gestern einen Bänderriss hat.«

Die To-do-Liste ist offenbar authentisch. Familie K. – so ergibt die Recherche – wohnte zur fraglichen Zeit im »Hotel Stadt Hamburg«. Auch Frau B., die Dame mit dem Bänderriss.

Recherchen in Wulffs Umfeld und in der Staatskanzlei Hannover ergeben, dass der damalige Ministerpräsident in der fraglichen Zeit vom 31. Oktober bis 3. November 2007 tatsächlich nicht im Dienst war. Das passt.

Wieder fährt BILD-Reporter Harbusch nach Sylt. Jetzt will er das Hauspersonal im »Hotel Stadt Hamburg« befragen. Wohnte Christian Wulff im Herbst 2007 im Haus? Wer buchte den Aufenthalt? War ein gewisser David Groenewold in Begleitung des Regierungschefs? Diskretion ist neben gutem Service und sauberen Betten das höchste Gut eines jeden Hotelbetriebs. Entsprechend verschlossen reagieren die Mitarbeiter des Hotels, die gewünschten Auskünfte werden nicht erteilt.

Reporter Harbusch quartiert sich kurzerhand im »Hotel Stadt Hamburg« ein. Seine Rechnungen – von der Minibar über das Restaurant bis zur Übernachtung – sehen in der äußeren Form genauso aus wie die für Wulff, die BILD zugespielt worden waren. Kurabgabe, Zeitung, Garage, Weißwein, Restaurant – der Reisegruppe fehlte es offenbar an nichts. Nur: Wer hat Suite 135 gezahlt, in der Christian Wulff mit seiner damaligen Lebensgefährtin Bettina schlief?

Da ist noch der Reservierungsträger der TUI Deutschland GmbH, aus dem hervorgeht, dass Wulffs Freund David Groenewold den Aufenthalt für sich und Wulff schon Tage vorher gebucht hat, bezahlt mit seiner Kreditkarte. Die Recherche ist abgeschlossen. Jetzt gilt der journalistische Grundsatz: Rede und Gegenrede, jetzt werden Christian Wulff und sein Freund David Groenewold mit den Vorwürfen konfrontiert.

Am 6. Februar 2012 schickt Reporter Heidemanns erneut Fragen an das Bundespräsidialamt und Wulffs Rechtsanwalt:

Sehr geehrte Frau Diroll, sehr geehrter Herr Lehr,
im Herbst 2007 verbrachten Christian Wulff und seine damali-
ge Lebensgefährtin Bettina Körner einen Kurz-Urlaub auf Sylt.
In diesem Zusammenhang bitten wir den Bundespräsidenten
um Beantwortung folgender Fragen:
1. In welchem Hotel hielt sich das Ehepaar Wulff auf?
2. Wie lange dauerte der Aufenthalt?
3. Wie und wo wurde der Kurz-Urlaub gebucht?
4. Wie, wann und wo bezahlte das Ehepaar Wulff die Hotel-
*   rechnung?*
Mit freundlichen Grüßen
Martin Heidemanns

Die Antwort kommt noch am gleichen Tag per E-Mail von Wulffs Rechtsanwalt Gernot Lehr. Die Wulffs, teilt er mit, seien vom 31. Oktober bis zum 3. November 2007 Gäste im »Hotel Stadt Hamburg« gewesen, die Organisation des Aufenthaltes sei durch Herrn David Groenewold erfolgt. Über die Bezahlung teilt der Rechtsanwalt mit: »Herr Groenewold hatte die Hotelkosten verauslagt. Herr Wulff erstattete Herrn Groenewold die verauslagten Kosten während des Aufenthalts in den Räumlichkeiten des ›Hotel Stadt Hamburg‹.«

Auch David Groenewold wird befragt. Sein Rechtsanwalt Christian-Oliver Moser teilt schriftlich mit: »Da die gesamte Buchung des dreitägigen Sylt-Aufenthaltes auf Veranlassung unseres Mandanten über eine Agentur erfolgt ist und die Bezahlung vor Ort über einen Voucher des Reiseveranstalters erfolgte, war es Herrn Wulff gar nicht möglich, die Übernachtungskosten direkt an das Hotel zu zahlen. Unser Mandant hat deshalb das Geld für den dreitägigen

Hotelaufenthalt im Jahr 2007 von Herrn Wulff in bar erhalten. Nach Erinnerung unseres Mandanten hat er hierfür keine Quittung ausgestellt.« Es habe seitens seines Mandanten keine Versuche gegeben, Unterlagen verschwinden zu lassen oder Beweise zu vertuschen.

Der Fall ist klar: Wieder buchte Groenewold für die Wulffs, wieder bezahlte der Unternehmer den Aufenthalt und wieder will der Bundespräsident seinem Gönner die Kosten für den Aufenthalt vor Ort in bar erstattet haben. Doch diesmal – das ist der neue Verdacht – sollten alle diese Vorgänge offenbar vertuscht werden.

Der gesunde Menschenverstand verbietet es, die Version von Wulff und Groenewold ohne Vorbehalte zu glauben. Im Gegenteil: Nach allen Vorwürfen gegen den Bundespräsidenten aus den letzten Wochen liegt vielmehr der begründete Verdacht nahe, dass sich hier einer der einflussreichsten Politiker des Landes und seine Ehefrau von einem bekannten Unternehmer aushalten ließen. Am 8. Februar 2012 veröffentlicht BILD den Bericht. Die Schlagzeile lautet: »Vertuschungs-Verdacht – Wer zahlte Wulffs Sylt-Urlaub?« Neben dem Text ist ein Foto abgebildet, das David Groenewold mit Christan Wulff und seiner damaligen Lebensgefährtin Bettina zeigt. Der Text:

(...) Vom 31. Oktober bis 3. November 2007 übernachtete Christian Wulff mit seiner heutigen Ehefrau Bettina (38) im vornehmen »Hotel Stadt Hamburg« (HSH) auf Sylt. Der Preis in der Suite 135 betrug für den damaligen Ministerpräsidenten pro Nacht 258 Euro – inklusive Frühstück.

Zeitgleich war der Berliner Filmfonds-Manager David Groenewold (38), ein enger Freund von Christian Wulff, in dem Luxushotel untergebracht. Jener Film-Finanzier, der in der Wulff-Affäre schon in die Schlagzeilen geraten war, weil er ein Upgrade für eine Suite für Wulff im »Bayerischen Hof« in München bezahlt hatte.

Nach BILD-Recherchen hatte Groenewold seinen und Wulffs Sylt-Aufenthalt beim VIP-Service von Airtours gebucht und vor Reiseantritt mit seiner Platinum-Kreditkarte von American Express bezahlt.

Jetzt steht der Wulff-Freund im Verdacht, diesen Vorgang vier Jahre später vertuschen zu wollen.

Vor rund drei Wochen, am 16. Januar 2012, rief Groenewold im »Hotel Stadt Hamburg« an. In der BILD vorliegenden Notiz des Hotels über diesen Anruf heißt es:

»lt. tel. 16.1. keine Daten von Hr. Groenewold rausgeben! (War 2007 mit Hr. Wulff hier & hat den Aufenthalt übernommen.)«

Am 17. Januar notiert das Hotel in seiner internen Aufgabenliste für Mitarbeiter, die BILD vorliegt:

»Hr. David Groenewold hat gestern angerufen, wir sollen keinerlei Infos über ihn rausgeben. Er war 2007 mit Hr. Wulff im HSH und hat den gesamten Aufenthalt übernommen. Falls also Bild oder Spiegel anruft, wir wissen von nichts!«

Zur gleichen Zeit interessierte sich die Opposition im Niedersächsischen Landtag für die Beziehungen zwischen Wulff und Groenewold. Am 19. Januar fragt der SPD-Fraktionsvorsitzende Stefan Schostok im Parlament: »Mit wie viel Geld wurden Filmprojekte bzw. Firmen, an denen Herr Groenewold beteiligt ist, durch das Land bzw. durch nordmedia gefördert?«

Die SPD will – wie schon beim umstrittenen Hauskredit von Wulff-Freund Egon Geerkens – wissen, ob es eine geschäftliche Beziehung zwischen der Wulff-Regierung und dem Wulff-Freund Groenewold gab.

Ausgerechnet an diesem 19. Januar fährt Filmproduzent Groenewold wieder nach Sylt und bucht sich erneut im »Hotel Stadt Hamburg« ein.

(…) Die Antwort von Wulffs Anwalt: »Die Organisation des Aufenthalts erfolgte durch Herrn Groenewold. Herr Groenewold hatte die Hotelkosten verauslagt. Herr Wulff erstattete Herrn Groenewold die verauslagten Kosten des Aufenthalts in den Räumlichkeiten des ›Hotels Stadt Hamburg‹.« Die Zahlung sei bar erfolgt. (…)

Bereits für die Zeit von 9. bis 16. August 2008 hatte Groenewold für das Ehepaar Wulff eine Ferienwohnung für einen weiteren Sylt-Urlaub gebucht und bezahlt. Kosten: 1540 Euro.

Auch in diesem Fall, so behauptet Groenewolds Anwalt, habe Wulff dem Freund das Geld in bar gegeben.

Und der Verfassungsrechtler Professor Hans Herbert von Arnim sagt BILD: »Verheimlichungshandlungen sind nach Auffassung des Bundesgerichtshofes mögliche Beweisanzeichen bei Korruptionsdelikten wie der Vorteilsannahme. Was Wulff und seine Anwälte mit ihren andauernden Ausflüchten dem gesunden Menschenverstand antun, geht auf keine Kuhhaut.«

Ist der Film-Finanzier Groenewold nur einer der reichen Freunde Wulffs? Oder hatte er auch geschäftliche Beziehungen zum Land Niedersachsen, wie die SPD in ihrer Anfrage wissen will? Tatsache ist: Groenewold gründete 2007 in Niedersachsen mit seinem Unternehmen »Odeon« eine Filmfirma und bekam dafür eine Millionen-Bürgschaft des Landes Niedersachsen zugesagt.

Groenewold damals in einer Pressemitteilung: »Den Standort Niedersachsen haben wir für unsere Firmengründung ganz bewusst gewählt, da hier Ministerpräsident Christian Wulff mit viel persönlichem Einsatz wichtige Impulse für die Weiterentwicklung der Medienwirtschaft gibt und damit optimale Voraussetzungen für Investitionen und neue Arbeitsplätze geschaffen hat.«

Diese Presseerklärung hatte Groenewold damals mit Wulffs inzwischen entlassenem Sprecher Olaf Glaeseker abgestimmt. Für Glaeseker soll Groenewold wenig später ein Geburtstagswochenende für dessen Frau Vera im Hotel »Jörg Müller« auf Sylt gebucht und bezahlt haben.

Auch der Wulff-Vertraute Glaeseker, gegen den die Staatsanwaltschaft inzwischen wegen Bestechlichkeit ermittelt, soll die Kosten später in bar erstattet haben. (…)[243]

Jörg Quoos, Stellvertreter des BILD-Chefredakteurs, kommentiert den Bericht unter der Überschrift »Ziemlich beste Freunde«: »Wohl dem, der Freunde hat. Nach dieser Volksweisheit muss Christian Wulff ein sehr glücklicher Mensch sein. Gleich mehrmals hat ein reicher Unternehmerfreund dem damaligen Regierungschef Niedersachsens Urlaube und verlängerte Wochenenden in Top-Hotels gebucht und vorerst bezahlt. Derselbe Freund hat auch eine Bürgschaftszusage vom Land Niedersachsen für seine Geschäfte erhalten. Kleinkram oder Korruption? Wulff hat angeblich immer wieder die Auslagen erstattet. In bar, erklärt der Wulff-Anwalt. Diese Antwort kann man jetzt glauben, aber so viel Fantasie fällt verdammt schwer: Ein Ministerpräsident mit riesigem Apparat kann nicht selbst buchen? Und schleppt im Urlaub einen Haufen Bargeld herum, um sie dem ziemlich besten Freund bar in die Hand zu drücken? Wer als Normalsterblicher so eine Geschichte dem Finanzamt erzählt, wird erst Lachkrämpfe und dann eine Steuerprüfung auslösen. Und genau hier liegt das tiefere Problem in der Causa Wulff: Die entscheidenden Antworten auf die wichtigsten Fragen haben alle eines gemein: Sie beleidigen die Intelligenz der Leute.«[244]

9. FEBRUAR 2012:
DER RUF NACH DEM STAATSANWALT

Empörung. Wut. Kopfschütteln. Das Echo auf die Enthüllung um Wulffs Sylt-Urlaub ist bitter. 59 Tage hält die Affäre nun schon an. Und ein Ende ist nicht in Sicht. Vielmehr ist jetzt klar: Nur ein Staatsanwalt, der gegen Wulff ermitteln will, kann dem Spuk im Schloss Bellevue noch ein Ende bereiten.

Und der Ruf nach dem Staatsanwalt ertönt. Der Druck aus der Politik nimmt zu. SPD-Fraktionsgeschäftsführer Thomas Oppermann verschärft die Gangart und kommentiert die neue Enthüllung mit den Worten: »Ein Fall für den Staatsanwalt.«[245]

Die Grünen-Vorsitzende Claudia Roth höhnt: »Wir haben offensichtlich einen Bundespräsidenten, der eine Handkasse dabeihat. Erst lässt er sich einladen, und dann zahlt er in bar.« Wulffs »Schnäppchenjägermentalität« bezeichnet die Politikerin als »richtig furchtbar«. Und sie bezweifelt, ob es der Bundespräsident mit der Treue zum Gesetz »besonders ernst« nimmt.[246]

Hätte sich das irgendjemand jemals in der Geschichte der Bundesrepublik vorstellen können, dass die Parteivorsitzende einer im Bundestag vertretenen Partei daran zweifelt, ob der höchste Repräsentant des Staates es mit der Gesetzestreue ernst nimmt?

Doch das ist längst noch nicht alles. Wolfgang Kubicki, FDP-Urgestein und Vorsitzender der Liberalen im Schleswig-Holsteinischen Landtag, legt dem Bundespräsidenten den Rücktritt nahe. Es werde Zeit, fordert Kubicki, »dass er eine Entscheidung trifft und die auch öffentlich macht«.[247]

Verheerend ist das Presseecho: »Mein Gott, Wulff! Gibt es irgendein Schnäppchen, das dieser Mann jemals nicht hat mitgehen lassen?«, kommentiert die »Westdeutsche Allgemeine Zeitung« und folgert: »So viel haben wir inzwischen gelernt: Der einstige niedersächsische Ministerpräsident hatte eine fatale Neigung, es sich auf Kosten von Geschäftsleuten wohl sein zu lassen, die er seine Freunde nannte, und von denen der eine oder andere sich womöglich politische Gefälligkeiten erhoffte.«[248]

Die »Financial Times Deutschland« schreibt: »Es hat in jüngster Zeit einige Skandalmeldungen über den Bundespräsidenten gegeben, die bei genauerem Hinsehen ziemlich kleines Karo waren. Die Enthüllung über das Bobby-Car für Wulffs Sohn etwa zog die Causa sogar fast ins Lächerliche. Aber gerade jetzt, wo die Affäre schon gemächlich dahinzuplätschern schien, kommen Erkenntnisse ans Tageslicht, die eine neue Qualität haben.«[249]

Die Kommentierung nimmt groteske Züge an. Statt eines Leitartikels kommentiert Berthold Kohler, Herausgeber der »FAZ«, die Farce um den höchsten Repräsentanten im Staat mit einem Gedicht. Kohler schickt Christian Wulff nach Lummerland, auf die fiktive Insel aus dem Buch »Jim Knopf und Lukas der Lokomotivführer«. Jedes Kind kennt dieses Lied aus der »Augsburger Puppenkiste«, dem Marionetten-Theater, das Jahrzehnte das Kinderprogramm prägte. Kohler schreibt den Text um und veröffentlicht die Zeilen am 9. Februar 2012 auf der Kommentarseite der »Frankfurter Allgemeinen Zeitung«. Das Gedicht beginnt mit dem Vers:

Eine Insel mit zwei Freunden,
einer davon hat das Geld,
na, was soll man dazu sagen,
es regiert halt doch die Welt.

Und es endet mit den Zeilen:

Unter Freunden tut's auch Bares,
wer braucht da denn viel Tamtam,
besser noch man weiß erst gar nichts,
denn dann bleibt man Unschuldslamm.[250]

Die »Kieler Nachrichten« werfen einen Blick in den Klinkerbau der Wulffs in Großburgwedel: »Man kann es sich bildlich vorstellen: Wie der Christian mit seiner Bettina abends im Wohnzimmer darüber grübelt, welche Dummheiten sie in den wenigen Jahren ihrer Beziehung schon angehäuft haben. Wie sie sich Vorwürfe machen, weil der eine gewarnt und der andere nicht gehört hat. Angesichts der Kleingeistigkeit, die sich hinter diesen Episoden offenbart, könnte fast schon Mitleid aufkommen – wenn es sich nicht um den formal ersten Mann im Staate handeln würde.«[251]

Im Schloss Bellevue herrscht helle Aufregung. Politische Beobachter sind sich zu diesem Zeitpunkt sicher: Der Drops ist gelutscht. Dabei hatte man im Stab der Wulff-Berater gedacht, mit der richterlich angeordneten Durchsuchung des Büros von Wulffs entlassenem Sprecher Olaf Glaeseker am 26. Januar im Bundespräsidialamt habe man das Schlimmste hinter sich.

Selbst die Lokalpresse in Hannover, dem ehemaligen Ministerpräsidenten des Landes lange gewogen, geht komplett auf Distanz. Die »Neue Presse« spricht dem einstigen Landesvater die Glaubwürdigkeit ab: »Gerade wenn man denkt, jetzt kann eigentlich nichts mehr kommen, gibt es neue Nachrichten darüber, wie Christian Wulff von Freunden Geschenke annahm, denen er als Politiker Vorteile verschaffen konnte. Auch im aktuellen Fall, einem teuren Hotelaufenthalt mit dem Filmunternehmer Groenewold auf Sylt, verteidigt sich der Bundespräsident nach dem bekannten Muster: Für ihn gezahlte Beträge habe er bar erstattet, Gegenleistungen gab es nicht. Man muss es nur glauben.«[252]

Die »Hannoversche Allgemeine Zeitung« schreibt: »Viele stutzen jetzt und kratzen sich am Kopf: Warum gab es überhaupt ein so kompliziertes Hin und Her, nur weil Wulff ein paar Tage auf Sylt übernachten wollte? Warum war es dem niedersächsischen Ministerpräsidenten nicht möglich, die Rechnung direkt gegenüber dem Hotel zu begleichen – ob bar, mit Kreditkarte oder wie auch immer?«[253]

In der Hauptstadt ertönt der Ruf nach der Justiz: Der Kommentar in der »Berliner Zeitung«: »Zu Christian Wulff – dem in den vergangenen Wochen verdampften Bundespräsidenten – ist alles gesagt, und es ist auch von allen auf jede nur denkbare Weise gesagt. Allein die Justiz hat sich noch nicht verbindlich geäußert.«[254] Auch der Bundespräsident äußert sich nicht mehr. Wulff schweigt.

10. FEBRUAR 2012:
DER FREUND UND DAS HANDY

Gerade zwei Tage sind seit der Enthüllung über den dubiosen Sylt-Urlaub des Bundespräsidenten vergangen. Noch immer rätselt die Republik: Wer ist David Groenewold, der Filmproduzent, mit dem der Politiker einen Kurz-Urlaub auf Sylt verbrachte? Und wer hat in Wirklichkeit die Kosten für die Unterbringung in der Luxusherberge »Hotel Stadt Hamburg« gezahlt?

Da taucht der Name David Groenewold erneut im Geflecht von Vergünstigungen und Schnäppchen in der Wulff-Affäre auf.

»Wulff nutzte Handy von einer Firma Groenewolds«, berichtet die Tageszeitung »Die Welt« am 10. Februar 2012 in einer Vorabmeldung im Internet und am nächsten Tag auch in der Printausgabe.[255] Von Oktober 2005 bis mindestens Juni 2006 habe der Filmproduzent dem damaligen Ministerpräsidenten ein Handy der Marke Nokia überlassen, 931 Euro Kosten sollen in dieser Zeit aufgelaufen sein. Das alles geschieht nur wenige Monate, bevor die Landesregierung in Hannover am 20. Dezember 2006 unter Ministerpräsident Wulff einer Firma, an der Groenewold beteiligt ist, eine Bürgschaftszusicherung in Höhe von maximal vier Millionen Euro gewährte. Die Bürgschaft kam letztlich nicht zum Tragen. Wulff und seinem Freund Groenewold muss an dieser Stelle bewusst sein, dass sich der Staatsanwalt für eine solche Gefälligkeit interessieren wird. Noch am gleichen Tag erklärt Groenewolds Rechtsanwalt kleinlaut: »Mein Mandant bedauert es zutiefst, dass ein weiterer Freundschaftsdienst ein falsches Licht auf seine Beziehung zu Christian Wulff wirft.«[256] Wie ein Karnickel aus dem Hut gezaubert präsentieren die Juristen einen sogenannten »Überlassungsvertrag«, der jeden Anschein von Vorteilsannahme im Keim ersticken soll. In der Vereinbarung steht:

Überlassungsvertrag zwischen David Groenewold, 14193 Berlin, und Christian Wulff, 49066 Osnabrück.
§ 1 Überlassung: David Groenewold überlässt Wulff das Nokia-Mobiltelefon/Simkarte mit der Telefonnummer (Simkarte) zum entgeltlichen Gebrauch.
Berlin, 26.10.2005, Unterschrift Wulff

Die Unterschrift von Groenewold fehlt.[257] Auch dieser Vorgang stinkt zum Himmel. Doch viel interessanter ist: Warum muss sich der Ministerpräsident des Landes Niedersachsen, einer der mächtigsten Politiker der Republik, dessen Jahreseinkommen 155.363 Euro brutto beträgt, überhaupt ein Handy bei seinem jungen Freund leihen? Drei Antworten sind möglich:

Erstens: Die Staatskanzlei in Hannover hat die Rechnungen seines Diensthandys nicht bezahlt und der Anschluss wurde nach mehreren Mahnungen kurzerhand gesperrt. Zweitens: Der Ministerpräsident möchte private und dienstliche Gesprächskosten strikt trennen, um auszuschließen, dass private Gespräche vom Steuerzahler gezahlt werden. Oder drittens: Der Landesvater hat eine Geliebte, von der die Landesmutter – zum Beispiel durch einen Blick auf das Display des Handys – nichts erfahren soll.

Die BILD-Reporter befragen Groenewolds Rechtsanwalt Christian-Oliver Moser, warum sein Mandant dem CDU-Politiker ein Handy überlassen habe. Die Überlassung des Handys, so antwortet der Rechtsanwalt, sei aus »privaten Gründen« geschehen.

Man muss kein Detektiv sein, um diese »privaten Gründe« herauszufinden. Erst recht nicht, wenn man auf die jeweiligen Rechnungen blickt. Diese zeigen, wann und in welchem Zeitraum und wie intensiv Christian Wulff das vom guten Freund für private Zwecke überlassene Handy nutzte.

In den Monaten April und Mai 2006 liegen die Handykosten mit mehr als 200 Euro monatlich am höchsten. Die Gründe dafür liegen auf der Hand. Am 6. April 2006 hatte Christian Wulff während einer Auslandsreise als Ministerpräsident in Südafrika die junge Pressereferentin der Continental AG kennengelernt. Bettina Körner, wie seine spätere Ehefrau damals hieß, gehörte der Delegation an. Noch während der Reise bat Christian Wulff die hochgewachsene Pressereferentin freundlich um deren Visitenkarte. Während der Ministerpräsident mit seiner Delegation weiterreiste, flog Bettina Körner zurück nach Hannover. Schon am nächsten Tag schickte Christian Wulff ihr die erste SMS auf das Handy. »Wir begannen einen regen SMS-Austausch, telefonierten miteinander, verabredeten und verliebten uns«, schreibt Bettina Wulff in ihrer Biografie »Jenseits des Protokolls«.[258] Das erklärt die hohen Kosten für das Handy, das sich der CDU-Politiker von seinem Freund aus dem Filmgeschäft lieh.

Im Juni 2006 gibt der CDU-Politiker die Trennung von seiner Ehefrau Christiane bekannt und stellt Bettina Körner als seine neue Lebensgefährtin vor. Danach benutzte Wulff sein Zweit-Handy kaum noch.

Der Vertrag über die Handy-Leihgabe ist die eine Sache. Die andere aber ist: Wie beglich der Ministerpräsident eigentlich die Kosten für das über Monate ausgeliehene Handy? Angeblich sollen beide Parteien vereinbart haben – so heißt es später –, dass Wulff drei Tage nach Rechnungserhalt die Rechnung begleicht. Allein die Rechnung über die vom Ministerpräsidenten Wulff geführten Gespräche in fremden Händen – das ist ein unkalkulierbares Risiko.

Über den Verbindungsnachweis ist zu erkennen, wann und mit wem und wie lange er telefonierte, der Ministerpräsident könnte damit erpressbar sein.

Nun sind Menschenverstand und Lebenswirklichkeit gefordert: Ist es vorstellbar, dass der Ministerpräsident von Niedersachsen seinem Freund David Groenewold monatlich die Kosten für das überlassene Handy in bar erstattet? Überweisungen vom gemeinsamen Familienkonto würden zwangsläufig Nachfragen seiner Ehefrau Christiane provozieren. Oder fährt der Landesvater aus Hannover jeden Monat einmal nach Berlin, um dem dort lebenden Freund das Geld bar auszuhändigen? Ob der Freund eventuell alle vier Wochen in der niedersächsischen Staatskanzlei erscheint, um das Geld für das Handy bar beim Ministerpräsidenten abzuholen? Vielleicht steckt Christian Wulff das Geld – monatlich zwischen 50 und 200 Euro – einfach in einen Briefumschlag und schickt die Scheine auf dem Postweg von Hannover in die Bundeshauptstadt, drei Tage nach Rechnungserhalt, wie sie angeblich vereinbart haben?

Bundespräsident Christian Wulff stellte als Ministerpräsident die Bildung ins Zentrum seiner Politik. Verkauft er jetzt sein Volk für dumm? Das alles muss die Staatsanwaltschaft klären – abwägend zwischen der Unschuldsvermutung und der Lebenswirklichkeit.

WER IST DAVID GROENEWOLD, ÜBER DEN WULFF STÜRZT?

Erst der Oktoberfest-Trip, dann der Sylt-Urlaub, nun das Leih-Handy – immer wieder spielt David Groenewold eine fragwürdige Rolle, wenn es um Gefälligkeiten für Christian Wulff geht. Wer ist der Mann, über den der zehnte Bundespräsident schließlich stolpert?

Der Wulff-Freund hatte bis dahin seine Spuren in erster Linie auf dem Berliner Parkett, dessen roten Teppichen und Nobel-Restaurants hinterlassen. Jetzt interessieren sich die Medien bundesweit für den Filmproduzenten, der in die deutsche Geschichte eingehen wird.

So viel vorweg: Der Filmproduzent ist ein Mann mit Bildung und Manieren. Auch wenn er in der Hauptstadt gelegentlich als Schnösel beschrieben wird, obwohl er zweifelsfrei aus bestem Stall kommt. Sein Vater ist angesehener Steueranwalt, er finanzierte Filme wie »Christiane F. – Wir Kinder vom Bahnhof Zoo«.

David Groenewold, geboren 1973 in Berlin, ist für kurze Zeit eine Art Wunderkind der Medienwirklichkeit. Die Karriere des Wulff-Freundes? Sie hätte angesichts seiner familiären Herkunft, seiner Erziehung und seiner Bildung eine bessere Wendung nehmen können. Sein Abitur macht David Groenewold am renommierten Internat Schloss Salem. Danach Studium der Volkswirtschaftslehre und Politikwissenschaften an der London School of Economics, Abschluss als Bachelor. Weiterführendes Studium an der European Business School in Oestrich-Winkel, mit Abschluss Immobilienökonom. Praktikant bei der legendären Late-Night-Show von David Letterman in New York, tätig für die Investmentbank Merrill Lynch in London.[259] Das sind seine nächsten Stationen, wirklich beste Voraussetzungen.

»Seinen Einstieg in der Filmbranche begann er, indem er ganz keck Visitenkarten verteilte, auf denen er sich als ›Geschäftsführer‹ ausgab. ›Hallo, guten Tag. Ich finanziere Filme – und hier ist meine Karte‹«, notierte die »Berliner Morgenpost«.[260] 100 Millionen Euro soll er für seine Fonds GFP I bis III in den Jahren zuvor bei privaten Investoren eingesammelt haben.

David Groenewold liebt das Leben auf großem Fuß. Er bekennt sich dazu – und redet darüber. Nachdem während eines Urlaubs an der Côte d'Azur in sein Ferienanwesen eingebrochen worden war, erklärte Society-Darling Groenewold: »Ich bin erleichtert, dass hauptsächlich Sachen wegkamen, die wieder beschaffbar sind. Tragisch wäre, wenn sie meine 40 Jahre alte Rolex mitgenommen hätten.«[261] Erleichtert zeigt er sich in Gesprächen mit Berliner Zeitungen zudem, dass die Einbrecher den Champagner-Vorrat nicht gefunden hätten.

Nicht nur die Hauptstadt-Presse findet Gefallen an dem jungen Unternehmer, den die Klatschreporter inzwischen als Film-Mogul bezeichnen. Sie feilschen mit Filmsternchen um die Wette, wer zu seinen privaten Dinner-Partys kommen darf. »Er kam, sah und spendierte«, schreiben sie über Groenewolds Auftreten in der Sylter »Sansibar« oder dem Berliner »Borchardt«. Der Mann mit der schwarzen Kreditkarte – plötzlich ist der Blondschopf jedermanns Liebling.[262]

Auch die Redakteure der »Frankfurter Allgemeinen Zeitung« muss David Groenewold bei einer Begegnung beeindruckt haben. »Groenewold ist ein gewinnender Gesprächspartner, der sich blitzschnell auf Situationen einstellen kann«, schreibt die »FAZ«. »Er wirkt dabei entschieden, sicher und so überzeugend, dass man sich leicht vorstellen kann, warum viele Politiker auf sein Urteil vertrauen.«[263]

Bald zählt auch Christian Wulff dazu. Der CDU-Politiker lernt den Film-Finanzier im Jahr 2003 in Hannover bei der Premiere des SAT.1-Films »Das Wunder von Lengede« kennen. Groenewold hatte ihn mitproduziert. Wulff ist gefesselt: »Ich finde es spannend zu sehen, wie die Menschen in diesem Land nach Vorbildern suchen. Es ist für mich kein Zufall, dass der in Niedersachsen entstandene Fernsehfilm ›Das Wunder von Lengede‹ so großartig angekommen ist.«[264]

Groenewold und Wulff – da prallen bei der ersten Begegnung zwei Welten aufeinander. Auf der einen Seite der eher farblose und biedere Ministerpräsident von Niedersachsen, lange der ewige Verlierer, gewählt erst im dritten Anlauf. Auf der anderen Seite der 14 Jahre jüngere Filmproduzent aus der Hauptstadt. Umgeben von Glamour, Geld und Girls. Alles das, was der CDU-Politiker aus Osnabrück in dieser Form nicht kennt. David Groenewold umgarnt den CDU-Politiker, macht ihm den bunten, den anderen Teil des Lebens schmackhaft. Er zieht ihn rein in diese Welt. Und der Politiker zeigt sich verführbar.

Groenewold gibt sich in der neuen Freundschaft als Gönner. Er richtet im Berliner »China Club« im Juli 2005 einen – wie es auf der Einladung heißt – »Abend zu Ehren des Ministerpräsidenten von Niedersachsen, Christian Wulff« aus. Sternchen aus der Hauptstadt speisen mit an der Tafel. Zwei Monate später sitzt Wulff in den vier Wänden des Film-Finanziers. Gemeinsam mit Freunden verfolgen sie das TV-Duell zwischen Angela Merkel und Gerhard Schröder zur Bundestagswahl.

Der Film-Finanzier umgarnt auch die spätere Ehefrau des Ministerpräsidenten. Sechsmal soll er Bettina Körner – damals noch nicht mit Wulff verheiratet – teure Blumensträuße geschickt haben. »Und es waren keine mickrigen Sträuße, die er bei Blumen-Koch in Berlin in Auftrag gab«, recherchiert der »Spiegel«.[265]

Die Wulffs und der Film-Finanzier – sie verlieren sich in den Jahren nicht aus den Augen. Während der CDU-Politiker am 1. Juni 2010 in Berlin mit Kanzlerin Merkel über seine Kandidatur für das Amt des Bundespräsidenten berät, ist Ehefrau Bettina mit Groenewold im »Soho House«, einem exklusiven Club am Prenzlauer Berg in der Hauptstadt, verabredet.[266]

Wer suchte am Anfang dieser ungewöhnlichen Freundschaft die Nähe zum anderen? Und: Wer bekam was? Dafür wird sich später die Staatsanwaltschaft interessieren, die sich der Männerkumpanei annimmt und nach den Buchstaben des Gesetzes abklopft.

Während sich Christian Wulff im Februar 2012 gegen immer neue Vorwürfe stemmt und sich in einem Orkan von Presseanfragen in Widersprüche verstrickt, muss sich Freund Groenewold vor Gericht gegen Investoren wehren, die ihm vorwerfen, der Prospekt seines Fonds GFP sei fehlerhaft gewesen. Groenewold bestreitet das. Bis Oktober 2012 – so erklärt sein Rechtsanwalt Christian-Oliver Moser – sei es nicht zu einer Verurteilung gekommen, vielmehr seien einige Klagen abgewiesen worden.

Christian Wulff und David Groenewold – die ungleichen Freunde – verbindet im Februar 2012 eins: Gegen beide Herren – gegen den Bundespräsidenten a. D. und den erst gönnerhaften, dann gestrauchelten Film-Finanzier – ermittelt die Staatsanwaltschaft Hannover wegen eines Korruptionsdelikts.

13. FEBRUAR 2012:
DER LETZTE STAATSBESUCH – MIT DEN WULFFS ÜBER DEN RUBIKON

Diesmal sitzt er dort, wo er kraft seines beschädigten Amtes sitzen darf. Ganz vorn in der Maschine, ohne Upgrade und ohne Bonusmeilen. Diesmal hat kein Filmproduzent für ihn das Hotel gebucht und kein Marmeladen-Hersteller wird später für ihn die Rechnungen für den Flug bezahlen müssen.

Denn Bundespräsident Christian Wulff geht am 13. Februar 2012 mit Ehefrau Bettina auf Auslandsreise nach Italien. Es ist der erste Staatsbesuch seit Beginn der Affäre. Am 10. und 11. Februar 2012 war Wulff noch in Helsinki beim »Arraiolos-Treffen« und führte außerdem bilaterale Gespräche mit der Republik Finnland. In Deutschland interessiert sich dafür keiner.

Umso größer ist zwei Tage später das Interesse an seinem Staatsbesuch in Italien. Eine 17-köpfige Wirtschaftsdelegation ist mit an Bord des Luftwaffen-Airbus »Konrad Adenauer«. Dieter Rampl ist dabei, Vorsitzender des Verwaltungsrats der UniCredit Group. Andreas Barner, Geschäftsführer der Boehringer Ingelheim GmbH. Ingrid Sehrbrock, stellvertretende Vorsitzende des Deutschen Gewerkschaftsbundes. Es ist eine hochkarätige Delegation. Egon Geerkens, früher oft Mitglied der Wirtschaftsdelegation des Ministerpräsidenten Wulff, ist nicht dabei.

Aber 20 Journalisten, darunter auch BILD-Reporter Martin Heidemanns, dessen Bericht 63 Tage zuvor die Kredit-Affäre um das Staatsoberhaupt ausgelöst hatte. Nun werden sie die nächsten 54 Stunden gemeinsam in Italien verbringen. Rom, Mailand und Bari sind die Stationen. Die Reise ist seit Herbst geplant, noch ehe die Lawine mit immer neuen Vorwürfen Schloss Bellevue erreichte.

Berlin ist verschneit am Morgen des 13. Februar 2012. Am Vorabend hatte der Bundespräsident im Rahmen der Berlinale die Filmschaffenden zu einem Empfang ins Schloss Bellevue geladen. Viele Prominente nehmen die Einladung nicht an, sie wollen die Nähe zum Staatsoberhaupt offenkundig meiden. Eine Schmach. »Der Empfang für Filmschaffende, zu dem Bundespräsident Christian Wulff für heute Abend ins Schloss Bellevue eingeladen hat, droht zu einem protokollarischen Debakel zu werden«, schreibt »Der Tagesspiegel«, »nur ein Bruchteil der 250 Gäste will der Einladung folgen.«[267] Filmregisseur Hans Weingartner begründet seine Absage mit den bitterbösen Worten: »Es wäre mir peinlich, wenn Herr Wulff mich nach Freikarten für meinen neuen Film fragt.«[268]

Gegen 7.30 Uhr besteigen der Bundespräsident und seine Ehefrau den Airbus A340 »Konrad Adenauer«. Der Abflug verzögert sich, denn die Tragflächen, so erklärt Luftwaffenpilot Christian Meurer, müssten noch enteist werden. Das ist die Gelegenheit für Christian Wulff, die Journalisten an Bord zu begrüßen. Der Bundespräsident betritt die Kabine. Er scheint in den vergangenen Wochen an Format verloren zu haben, auch körperlich, er wirkt schmaler, in 30 Tagen um viele Jahre gealtert. Wulff schreitet mit langsamem Schritt durch den Kabinengang, gefolgt von Ehefrau Bettina. Es wirkt wie ein Probelauf, doch der geht schief. Die Präsidenten-Maschine steht noch auf dem Rollfeld des militärischen Teils des Flughafens Berlin-Tegel, da erfasst die erste Frage den Bundespräsidenten mit voller Wucht. »Treten Sie nur aus Angst vor Mittellosigkeit nicht zurück?«, fragt Hans-Martin Tillack, der Reporter des »stern«.

Offenbar steht die Hamburger Illustrierte an diesem Montag kurz vor dem Andruck und will noch schnell einen O-Ton des angeschlagenen Staatsoberhaupts abfangen. Den O-Ton gibt es. Wulff reagiert mit gespielter Höflichkeit. Er will Gelassenheit demonstrieren – und entgegnet: »Erst mal guten Morgen.« Dann flüchtet er in Ironie: »Wenn das einer herausfindet«, gibt er dem Reporter zurück, »dann Sie.«

Draußen auf dem Rollfeld ist es an diesem Februarmorgen bitterkalt. Die Stimmung an Bord ist eisig. Von der ersten Minute an, von der ersten Begegnung. Eine Mischung aus Unverständnis und Verachtung schlägt dem ersten Mann im Staat entgegen – auf seiner Reise, in seinem Flugzeug, bei seinen Gästen.

Dann wird es spannend. Christian Wulff entdeckt den Reporter, der ihm – so könnte er denken – das alles eingebrockt hat, der ihm wochenlang Fragen stellte, die er nicht befriedigend beantworten konnte. Mit freundlichem Blick geht der Bundespräsident auf BILD-Reporter Martin Heidemanns zu. Sein Lächeln wirkt wie eine Maske. Ein fester Händedruck, mehr nicht.

Hinter ihm steht Ehefrau Bettina. Sie macht im Gegensatz zu ihrem Mann zumindest äußerlich einen völlig entspannten Eindruck. Weiß die First Lady wirklich nicht, wie es um ihren Mann steht? In welchem Gefechtsstand er sich hier befindet? Auch sie streckt dem BILD-Reporter die Hand zum Gruß entgegen.

Wenig später wird das Präsidenten-Paar gebeten, den Gurt anzulegen. An Bord ertönt die Ansage mit der Begrüßung: »Sehr geehrter Herr Bundespräsident, sehr verehrte gnädige Frau, verehrte Fluggäste.«

Vielleicht ist es von Vorteil, dass Wulffs erster Staatsbesuch seit den Enthüllungen in ein Land führt, in dem die Menschen andere Kaliber von Politiker-Skandalen gewohnt sind. Ein Land, das die Berlusconi-Jahre moralisch und wirtschaftlich an den Rand des Abgrunds geführt haben. In dem die Menschen unter dem neuen Ministerpräsidenten Mario Monti auf einen Neuanfang hoffen. Italienische Medien haben über die Vorwürfe gegen den deutschen Bundespräsidenten anfangs nur klein berichtet. Im Heimatland von Mafia, Korruption und Bunga Bunga sind dubiose Kredit-Geschäfte, geschnorrte Urlaube bei Unternehmern und andere Mauscheleien eines Staatsoberhaupts kaum eine Meldung wert.

Noch 20 Minuten bis Rom, die Präsidenten-Maschine hat gerade den Fluss Rubikon überflogen. Wulff bittet die Journalisten nach vorn in seinen kleinen Besprechungsraum. Es ist ein weiteres vorsichtiges Abtasten. Wie ist die Stimmung? Was erwarten die mitreisenden Journalisten? Christian Wulff erklärt in einem kurzen Monolog eindringlich, aber mit leiser Stimme, warum sein Staatsbesuch in Italien jetzt so wichtig und bedeutend sei. Es ginge um die Euro-Rettung, die Arbeitsmarktpolitik in Italien und den Reformkurs des neuen Ministerpräsidenten Mario Monti.

Doch die Journalisten machen Wulff sofort deutlich, dass sie jetzt und hier ganz andere Fragen haben. »Mir ist klar, dass Ihnen egal ist, wo wir hinfahren«, knurrt Wulff sie an. Dann verweist er auf den Grundsatz, dass Innenpolitik im Ausland kein Thema sei. Das habe nicht er so entschieden, erklärt Wulff trotzig, sondern »klügere Köpfe vor mir«.

Der BILD-Reporter will von Wulff wissen, was die dubiosen Kredite des Präsidenten und die weiteren Vorwürfe gegen ihn mit der deutschen Innenpolitik zu tun hätten. Wulff reagiert nicht. Er will über die Finanzkrise in Europa reden, nicht über seine eigene. Stattdessen bittet er die Mitgereisten: »Öffnen Sie Ihr Herz für Italien.«

Ein bizarrer Augenblick. Die Journalisten müssen sich fragen: Hat Christian Wulff überhaupt begriffen, was in den vergangenen Tagen mit dem Amt des Bundespräsidenten und dessen Ansehen geschehen ist? Weiß er wirklich nicht, wie die Deutschen in den Büros und in den Kneipen inzwischen über ihr Staatsoberhaupt reden? In welche Parallelwelt hat sich der erste Mann im Staat geflüchtet?

Es ist das erste Mal seit Beginn der Affäre, dass Christian Wulff wieder direkten Kontakt zu Journalisten hat – sieht man von seinem Interview mit ARD und ZDF zum Jahresbeginn ab. Bei seiner Presseerklärung im Schloss Bellevue Tage zuvor war er zwar auch schon auf Journalisten getroffen, doch da waren Nachfragen nicht erlaubt gewesen.

Plötzlich – in 10.000 Metern Höhe – kann der Bundespräsident keiner Frage mehr ausweichen. Eine groteske Situation. »Der Präsident leidet an einer Art politischem Locked-in-Syndrom. Er sieht die anderen, die anderen sehen ihn – aber die Verständigung ist unmöglich«, notiert die Reporterin der Wochenzeitung »Die Zeit«.[269]

10.45 Uhr, blauer Himmel, vier Grad: Ankunft auf dem Flughafen Rom-Fiumicino. Ein würdevoller Empfang. Es könnte für die Wulffs alles so schön sein, wären da nur die Probleme aus der Heimat nicht mit im Gepäck. Ehrenposten salutieren. Moavero Milanesi, der Minister für Europapolitik, begrüßt den Bundespräsidenten. Er begleitet den Gast zum Palazzo del Quirinale, dem Präsidialpalast. Im Ehrenhof schreitet Christian Wulff mit Staatspräsident Giorgio Napolitano die Formation ab. Die Nationalhymnen erklingen.

Während der kurzen Rede ihres Mannes im Spiegelzimmer des Präsidialpalastes sitzt Bettina Wulff in der ersten Reihe. Sie trägt einen schlichten dunkelgrauen Hosenanzug mit einem langen Blazer. Das Haar hat sie zum Pferdeschwanz gebunden, hier jetzt bloß kein Glamour. Nun dürfen die Journalisten im prunkvollen Rokokosaal ihre Fragen stellen. Plötzlich schaut die First Lady auf. Sie begreift, dass ein deutscher Journalist ihrem Mann gerade eine Falle stellt, dass seine Frage ihn vorführen und provozieren soll. Der Journalist will vom deutschen Bundespräsidenten wissen, was beide Länder verstärkt gegen Korruption tun könnten. Wulff erkennt die Brisanz. Dann spricht er über gute Gesetze in Deutschland, die sehr konsequent angewendet würden, die rechtsstaatlichen Verfahren seien weltweit anerkannt.

1564 Kilometer entfernt prüft die Staatsanwaltschaft Hannover zur gleichen Zeit, ob sie wegen eines Korruptionsdelikts gegen den Bundespräsidenten offiziell ein Ermittlungsverfahren einleiten muss und deshalb die Aufhebung der Immunität betreiben soll. Im Ausland ist das Staatsoberhaupt in Sicherheit. Solange sich Wulff zum Staatsbesuch in Italien aufhält, erfahren die BILD-Reporter aus Niedersachsen, wird die Staatsanwaltschaft Hannover die Aufhebung seiner Immunität nicht beantragen.

Am nächsten Morgen trifft Wulff am Flughafen Rom wieder auf die Journalisten, die ihm in den vergangenen zwei Monaten mehr als 500 Fragen zu Krediten, Freundschaftsdiensten und Gratis-Urlauben ins Schloss Bellevue geschickt haben. Um 10.30 Uhr hebt die »Konrad Adenauer« Richtung Mailand ab.

An der Wirtschaftsuniversität »Luigi Bocconi« redet der Bundespräsident am Nachmittag vor Studenten. Wieder geht es um Europa. Wulff kritisiert eine »exzessive öffentliche und private Schuldenaufnahme«. Er spricht über Kredite, über Krise, über Vertrauen. Spätestens jetzt muss Christian Wulff begreifen, dass es nicht mehr geht. Das Wort kann nicht mehr sein wichtigstes Instrument sein, weil seiner Sprache plötzlich Wörter fehlen, Wörter, die er nicht aussprechen kann, ohne dass es doppeldeutig wird und die Menschen ihn auslachen.

Schulden? Da sind die Schulden, die er beim Kauf des Eigenheimes bei den Geerkens machte.

Krise? Die Krise des Bundespräsidenten geht während des Staatsbesuchs schon in die zehnte Woche.

Vertrauen? Christian Wulff spricht im Hörsaal der Mailänder Universität über Vertrauen und Ehrlichkeit. Während der Bundespräsident durch Rom, Mailand und Bari eilt, werden in der Heimat neue Umfragewerte veröffentlicht: 76 Prozent halten ihren Bundespräsidenten inzwischen für unehrlich.[270] Die Deutschen haben kein Vertrauen mehr zu ihrem Staatsoberhaupt.

Bettina Wulff ist nicht mit zur Universität gefahren. Die First Lady absolviert an diesem Nachmittag das Damenprogramm. Ihre Leichtigkeit beeindruckt, sie lächelt die Sorgen weg. Die First Lady geht auch am zweiten Tag freundlich auf den BILD-Reporter zu, dessen Veröffentlichungen ihre beschauliche und sichere Welt ins Wanken brachte. Es ist Valentinstag, der Tag der Verliebten. Sie erklärt, dass ihr der Valentinstag nichts bedeute.

In einer Staats-Limousine wird Bettina Wulff zur Giuseppe-Verdi-Stiftung chauffiert, begleitet von einer Polizei-Eskorte. Im Altenheim »Casa Verdi« wohnen verarmte Musiker. Sie möge sich ins Goldene Buch eintragen, bittet der Direktor und zeigt ihr die vorderen Seiten. In diesem Buch haben sich schon die Komponisten Richard Strauss und Giacomo Puccini verewigt.

»So wichtige und bedeutende Menschen«, entfährt es Bettina Wulff. Ob auch wirklich sie sich eintragen soll? Dann führt ihre linke Hand den Füllfederhalter über die mehr als 100 Jahre alte Seite.

Der Direktor geleitet die First Lady in die oberen Geschosse. Dort sind die Ateliers, in denen betagte Künstler musizieren, basteln und malen. »Sie sind eine schöne Frau«, sagt eine Bewohnerin, »wie ein Mannequin.« Bettina Wulff lächelt verlegen.

Zum Abschied geht es in die Aula. Heimbewohner spielen der First Lady auf Klavier und Flöte vor. Bettina Wulff zeigt sich von diesem kleinen Konzert berührt. Sie sagt, dass diese Senioren der Beweis dafür seien, dass Musik den Menschen jung hält. Als sie geht, schauen ihr die Heimbewohner dankbar nach. Wie Großeltern, die nach langer Zeit mal wieder Besuch von der geliebten Enkeltochter bekamen.

Vom Altenheim »Casa Verdi« geht's zum »Abendmahl« von Leonardo da Vinci. Es ist der spontane Wunsch von Bettina Wulff, sich das berühmte Gemälde aus der Renaissance anzusehen. Wer glaubt, dass sich die junge Frau aus Großburgwedel in Mailand mehr für Versace und Gucci als für Verdi und da Vinci interessiert – der täuscht sich.

Der letzte Tag des Staatsbesuchs. Um 8.25 Uhr verlassen die Wulffs das »Hotel Four Seasons« in Mailand. Der Flug führt nach Bari. In der drittgrößten Stadt Süditaliens besucht der Bundespräsident die Niederlassung der Firma Bosch. Um 13.45 Uhr fährt der Konvoi in der Via degli Oleandri in Modugno vor. Der Aufsichtsratsvorsitzende Hermann Scholl begrüßt das Staatsoberhaupt. Das Protokoll sieht die Besichtigung des Werkes und Begegnungen mit Mitarbeitern vor.

2200 Beschäftigte, darunter auch Deutsche, fertigen hier Hochdruckpumpen und Bremsen. Was sagen sie über die Affäre und die Wulffs? Auf die Frage des BILD-Reporters zucken sie mit den Schultern und schweigen. Dafür sind später Komplimente für die First Lady zu vernehmen, über ihre blonden Haare, ihre langen Beine und ihr freundliches Lächeln.

Pünktlich um 15.50 Uhr hebt der Regierungs-Airbus »Konrad Adenauer« auf dem Flughafen »Karol Wojtyla« in Bari ab. Die Flugzeit nach Berlin beträgt zweieinhalb Stunden.

Christian Wulff greift zum Mikrofon. Er dankt seiner Delegation. Der Leiterin der Sicherheit, den Personenschützern, der Besatzung des Flugzeugs, dem Ärzteteam. Und besonders Petra Diroll, seiner kommissarischen Pressesprecherin. Die habe – so Wulff angesichts der turbulenten Wochen – »zuletzt mehr Arbeit gehabt, als frühere Sprecher des Bundespräsidenten gehabt haben könnten«. Wahrlich, das stimmt.

Dann richtet sich Wulff noch an Luftwaffenpilot Christian Meurer. »Vor unserem Start habe ich Herrn Meurer zum Oberstleutnant befördert. Diese Beförderung gilt rückwirkend zum 1. Dezember 2011. Als Major ist Herr Meurer in Berlin gestartet, als Oberstleutnant kehrt er zurück.«[271] Die Beförderung des Luftwaffenpiloten

Christian Meurer ist die letzte Amtshandlung in der Amtszeit des zehnten Bundespräsidenten.

Ein letztes Mal die Ansage: »Sehr geehrter Herr Bundespräsident, sehr verehrte gnädige Frau, verehrte Fluggäste, wir beginnen mit dem Landeanflug auf Berlin …«

40 Stunden nach der Landung erklärt der Bundespräsident seinen Rücktritt.

16. FEBRUAR 2012:
STAATSANWALT VERSUS STAATSOBERHAUPT

Am Mittag des 16. Februar, um 12.15 Uhr, empfängt der Bundespräsident rund ein Dutzend Journalisten eines europapolitischen Hintergrundkreises, mit dabei Nikolaus Blome, Leiter des BILD-Hauptstadtbüros. Blome berichtet hinterher: »Es ging, wie vorher besprochen, zunächst um die Euro-Krise. Wulff berichtete von seiner Italien-Reise, machte engagiert deutlich, wie immens wichtig der Fortbestand des Euro für Deutschland sei. Klar wurde: Wulff ist fakten- und detailsicher und will sich stärker in die Debatte einmischen. Zudem läge ihm eine Einladung des griechischen Staatspräsidenten vor, über die aber noch nicht entschieden sei.

Dann tat Wulff einen weiten Ausblick auf seine Amtszeit. Die Jahre 2013 und vor allem das Jahr 2014 seien voll von großen historischen Jubiläen – der Ausbruch des Ersten Weltkriegs jährt sich zum 100. Mal, der Ausbruch des Zweiten Weltkriegs zum 75. Mal, die Gründung der Bundesrepublik liegt 65 Jahre zurück –, und dazu plane er bereits jetzt große Reden.

In den letzten 20 Minuten ging es dann um die Affären, ein beklemmender Moment. Wulff argumentierte mehrfach, dass alle Vorwürfe gegen ihn so lange ›haltlos‹ seien, wie sie strafrechtlich nicht abschließend und voll erwiesen seien. Die politische Dimension schien er vollständig ausgeblendet zu haben. Wulff wirkte ausgezehrt, aber er gab sich kämpferisch: ›Man wird sich an mir die Zähne ausbeißen.‹

Zum Abschied, nach circa 90 Minuten, gab er jedem Journalisten die Hand und sagte zu mir: › Was immer passiert ist, Herr Blome, es wird persönlich nichts zwischen uns bleiben.‹«

Am Abend des 16. Februar kommt es um 19 Uhr im Restaurant »Visconti«, einem Italiener am Berliner Kurfürstendamm, zur ersten persönlichen Begegnung zwischen BILD-Reporter Martin Heidemanns und David Groenewold. 24 Stunden zuvor war der Reporter mit den Wulffs vom Staatsbesuch aus Italien zurückgekehrt. Der Filmproduzent erscheint in Begleitung seines Rechtsanwalts Christian-Oliver Moser.

David Groenewold wirkt trotz des großen Aufsehens um seine Person, den die Berichterstattung zu seinen fragwürdigen Kontakten zu Wulff und den gemeinsamen Urlauben ausgelöst hatte, gelassen. Der Kellner serviert Insalata Spinaci, Fettuccine Visconti, eine Cola light und ein Spezi.

Zwischen dem BILD-Reporter und dem Filmproduzenten ist zunächst vereinbart, dass Zitate aus dem Gespräch nicht ohne ausdrückliche Genehmigung Groenewolds veröffentlicht werden. Es ist ein Hintergrundgespräch, wie man so schön sagt, in dem die gegenseitigen Positionen und Interessen abgeklopft werden sollen. Von Interesse ist, in welchem Kontakt Groenewold noch zu Wulff steht. Haben sie seit der Veröffentlichung über den fragwürdigen Sylt-Urlaub eine Woche zuvor miteinander gesprochen? Wie reagiert der Mann auf die Turbulenzen der vergangenen Tage, welcher Strategie folgt er?

David Groenewold wirkt tatsächlich so, wie er in den Medien und von Freunden beschrieben wird. Höflich und sympathisch, ausgestattet mit ordentlichen Manieren und bemerkenswertem Allgemeinwissen. Er hat ein gewinnendes Auftreten und zwangsläufig stellt sich die Frage, was ihn und den 14 Jahre älteren Bundespräsidenten in ihrer Männerfreundschaft verbindet. Vielleicht sind es die Gegensätze der beiden Männer, die Bettina Wulff in ihrer Biografie beschreibt. »Ich weiß, dass Christian die Lockerheit und extrovertierte Art von David schätzte. David ist einfach ein ganz anderer Typ als Christian.« Als Bettina Wulff den Filmemacher kennenlernte, sei sie »von seiner unkomplizierten Art und mitreißenden Offenheit begeistert« gewesen.[272]

Der umtriebige Filmproduzent schenkt dem BILD-Reporter beim Treffen den Roman »Vincent«, von dem Groenewold sagt, es sei sein Lieblingsbuch. Der Schriftsteller Joey Goebel aus Kentucky beschreibt in »Vincent« auf satirische Weise die Popkultur im Westen der USA. In Groenewolds Lieblingsbuch geht es um ein Wunderkind, das die Flachheit und Dummheit der Unterhaltung mit hochwertigen Werken untergraben soll. Die Kritiker urteilen über dieses Buch: »Ein furioses Debüt. Goebel zerlegt unsere Medienwirklichkeit mit ätzender Ironie in ihre unappetitlichsten Bestandteile.«[273]

Jetzt steht Groenewold, von den Medien lange Zeit auch als eine Art Wunderkind gefeiert, in der Mitte der Medienwirklichkeit. In der Berichterstattung wird sein Umgang mit dem damaligen Ministerpräsidenten Christian Wulff in die möglicherweise unappetitlichen Bestandteile zerlegt.

Der Filmproduzent schreibt BILD-Reporter Heidemanns eine Widmung ins Buch, die angelehnt ist an das berühmte Zitat des Schriftstellers Kurt Tucholsky: »Die schärfste Waffe eines guten Journalisten ist das Totschweigen«, und fügt an »Herzlichst, Ihr David Groenewold«.

Doch es gibt nichts totzuschweigen. Nun, an diesem 16. Februar 2012, nimmt der Abend eine überraschende Wendung. Kurz vor 20 Uhr vibriert das Handy. Groenewold, Moser und Heidemanns lesen die Nachricht, dass die Staatsanwaltschaft Hannover beim Bundestagspräsidenten Norbert Lammert beantragt hat, die Immunität des Bundespräsidenten aufzuheben, um gegen Christian Wulff ermitteln zu können. Es geht im Ermittlungsverfahren, so berichten die Nachrichtenagenturen, in erster Linie um den Sylt-Urlaub, den Groenewold für das Ehepaar Wulff gebucht hatte.

Der Mann, dessen Name im Zusammenhang mit der Wulff-Affäre noch an diesem Abend in allen Nachrichten Erwähnung finden wird, berät sich kurz mit seinem Rechtsanwalt. Dann vibriert das Handy erneut. Diesmal erfährt die Runde, dass die Staatsanwaltschaft Hannover auch gegen ihn ein Ermittlungsverfahren einleiten wird. Der Vorwurf lautet Vorteilsgewährung gegenüber dem ehemaligen Ministerpräsidenten Christian Wulff im Zusammenhang mit dem gemeinsamen Sylt-Urlaub und anderen Gefälligkeiten.

David Groenewold reagiert – zumindest augenscheinlich – relativ gelassen. Dann verabschiedet sich der Filmproduzent, er habe noch einen Termin. Um 20.46 Uhr bringt der Kellner die Rechnung.

Oberstaatsanwalt Hans-Jürgen Lendeckel hatte die Pressemitteilung der Staatsanwaltschaft Hannover am 16. Februar 2012 um 19.36 Uhr veröffentlicht. Die Überschrift lautet: »Anfangsverdacht gegen Bundespräsident Christian Wulff und David Groenewold.«[274]

Der Anfangsverdacht ist nach Paragraf 152 der Strafprozessordnung eine Verdachtsstufe, bei der die Strafverfolgungsbehörden zur Aufnahme von Ermittlungen verpflichtet sind. Der Anfangsverdacht setzt voraus, dass zureichende tatsächliche Anhaltspunkte für eine verfolgbare Straftat vorliegen.

Bei Christian Wulff liegen im Februar 2012 nach Auffassung der Staatsanwaltschaft zureichende tatsächliche Anhaltspunkte für eine verfolgbare Straftat vor. Nur: Der Bundespräsident genießt Immunität, wie sie auch die Abgeordneten in den Landtagen und im Bundestag genießen. Die Immunität schützt die Abgeordneten wie auch das Staatsoberhaupt vor Strafverfolgung. Erst wenn die Immunität nach Antrag der Staatsanwaltschaft mit einfacher Mehrheit im Parlament aufgehoben wird, darf die Staatsanwaltschaft formal Ermittlungen einleiten.

In ihrer Pressemitteilung erklärt die Staatsanwaltschaft Hannover, warum die Behörde bei Bundestagspräsident Norbert Lammert um die Aufhebung der Immunität von Bundespräsident Christian Wulff bittet:

Nach umfassender Prüfung neuer Unterlagen und der Auswertung weiterer Medienberichte sieht die Staatsanwaltschaft Hannover nunmehr zureichende tatsächliche Anhaltspunkte (§ 152 Abs. 2 StPO) und somit einen Anfangsverdacht wegen Vorteilsannahme bzw. Vorteilsgewährung.

Sie hat deshalb bei dem Präsidenten des Deutschen Bundestages die Aufhebung der Immunität des Bundespräsidenten beantragt.

Diese Entscheidung hat die Staatsanwaltschaft Hannover unabhängig nach intensiver kollegialer Beratung getroffen. Weisungen vorgesetzter Behörden hat es nicht gegeben.

Aufgabe der angestrebten Ermittlungen ist es, den Sachverhalt in einem förmlichen Verfahren zu erforschen. Nach dem gesetzlichen Auftrag (§ 160 Abs. 2 StPO) hat die Staatsanwaltschaft dabei nicht nur zur Belastung, sondern auch zur Entlastung dienende Umstände zu ermitteln. Selbstverständlich gilt auch nach Bejahung des Anfangsverdachts die Unschuldsvermutung.

Über die Aufhebung der Immunität befindet der Deutsche Bundestag. Die Staatsanwaltschaft Hannover ist deshalb aus rechtlichen Gründen an weiteren Stellungnahmen gehindert.[275]

Die Politik reagiert umgehend noch am Abend. »Das ist das Aus für Christian Wulff«, erklärt der SPD-Abgeordnete Gerold Reichenbach. »Jetzt muss er zurücktreten.«[276] Christian Ströbele von den Grünen fordert: »Christian Wulff sollte die Konsequenzen ziehen. Jetzt reicht's.«[277]

Nikolaus Blome, Leiter des BILD-Hauptstadtbüros, überschreibt seinen Kommentar mit dem Satz: »Rücktritt, Herr Präsident!« Und er begründet dies an diesem Abend in seinem Kommentar: »Es geht nicht mehr. Nach einigem Zögern will die Staatsanwaltschaft Hannover die Immunität des ersten Mannes im Staat aufheben lassen. Vor der Justiz hat Christian Wulff weiterhin als unschuldig zu gelten, weil eine strafrechtliche Schuld nicht erwiesen ist.

Aber auch wenn es Christian Wulff bis heute nicht wahrhaben will: Das ist nicht der alleinige Maßstab. Schon gar nicht für einen Bundespräsidenten, dessen einziges Gewicht das seiner persönlichen Glaubwürdigkeit ist. Gemessen am Anspruch und Wesen seines Amtes macht die Aufhebung seiner Immunität den Präsidenten in seinem Amt unmöglich. Mehr noch: Sie macht ihn unerträglich.

Deutschland hat Anspruch auf mehr als auf einen Bundespräsidenten, der nur noch von sich behaupten kann, dass ihm strafrechtlich bislang nichts nachgewiesen ist. BILD hat als erste Zeitung über die Affäre Wulff berichtet. Aber BILD hat in den zwei Monaten seitdem nie seinen Rücktritt gefordert, weil immer weitere Fragen und Vorwürfe auftauchten, die es erst zu klären galt. Weil die Geschichte dieses Präsidenten noch nicht zu Ende erzählt schien. Das ist sie jetzt. Christian Wulff muss zurücktreten.«[278]

Viele Strafanzeigen waren bis zu diesem 16. Februar 2012 bei Staatsanwaltschaften in ganz Deutschland gegen den Bundespräsidenten eingegangen. Mal ging es um den Verdacht, die Wulffs hätten ein Auto kostenlos genutzt. Mal wurde gefordert, die Konditionen der diversen Kreditverträge auf Strafbarkeit zu prüfen. Ein offizielles Ermittlungsverfahren jedoch wurde bis dahin in keinem der Fälle eingeleitet. Allein in Hannover, Wulffs Heimat, zählt die Behörde über 100 Strafanträge.

Doch zunächst passiert nichts. Den Staatsanwälten sind die Hände gebunden. Sie dürfen – solange die Immunität nicht aufgehoben ist – nicht aktiv ermitteln. Sie beziehen ihr Wissen und die neuesten Vorwürfe gegen Wulff allein aus den Medien.

Und überhaupt: Welcher Staatsanwalt hat schon den Mut, die Aufhebung der Immunität des Bundespräsidenten zu beantragen? Er ginge auf jeden Fall in die Geschichte ein, so oder so. Wenn die Ermittlungen zur Anklage und Verurteilung führen genauso, wie wenn die Ermittlungen aus Mangel an Beweisen eingestellt werden müssen. Schon der Antrag auf Aufhebung der Immunität des Staatsoberhaupts ist in der deutschen Geschichte beispiellos.

Clemens Eimterbäumer aus Hannover ist ein mutiger Staatsanwalt. Der Experte für Korruptionsdelikte war fünf Jahre Dezernent der Zentralstelle organisierte Kriminalität beim Generalstaatsanwalt in Celle. Erst seit drei Monaten ist er in Hannover Chef in der Zentralstelle für Korruptionsstrafsachen.

In den vergangenen Wochen war seine Behörde öffentlich in die Kritik geraten und sogar bedroht worden. Der Bundespräsident genieße, so die Vorwürfe, offenbar Sonderrechte, wie inzwischen auch

Rechtsexperten und Politiker öffentlich beklagten. Die Verkäuferin, die einen Pfandbond mitnehme, lande vor Gericht. Ein Mitarbeiter des Ordnungsamtes müsse mit einem Verfahren rechnen, wenn er Fahrtickets für das Kettenkarussell beim örtlichen Volksfest annehmen würde. Den ersten Mann im Staate aber lasse die Justiz laufen.

Sie tut es nicht. Staatsanwalt Clemens Eimterbäumer beantragt am 16. Februar 2012 die Aufhebung der Immunität. Der Korruptionsermittler muss damit rechnen, dass sein Antrag auf Aufhebung der Immunität Christian Wulff das Amt kosten wird. Der Rücktritt des Staatsoberhaupts wäre unabwendbar.

Wenn der Bundespräsident zurücktritt – was er einen Tag später auch tatsächlich tun wird –, kann Eimterbäumer auch formal das Ermittlungsverfahren gegen die Privatperson Christian Wulff und dessen Freund David Groenewold einleiten. Der Bundestag muss dann nicht mehr über die Aufhebung der Immunität abstimmen.

In dem Strafverfahren geht es um die zentrale Frage: Hat Christian Wulff im Amt Vorteile von Groenewold angenommen, nachdem dieser zuvor vom Land Niedersachsen zeitnah eine Bürgschaftszusage in Höhe von vier Millionen Euro für eine der Firmen bekommen hatte, an denen er beteiligt ist?

Drei Vorgänge werden in den nächsten Monaten mit Hilfe von richterlich genehmigten Hausdurchsuchungen von der Staatsanwaltschaft untersucht. Die Fragen sind:

Erstens: Bezahlte Filmproduzent David Groenewold den Aufenthalt des Ehepaars Wulff im »Hotel Stadt Hamburg« im Jahr 2007, den Groenewold über seine Kreditkarte gebucht hatte? Oder erstattete der Bundespräsident die verauslagten Kosten zurück? In bar, wie er behauptet.

Zweitens: Finanzierte Groenewold den Urlaub des Ehepaars Wulff im Jahr 2008 in einer Ferienwohnung auf Sylt, den er für den damaligen Ministerpräsidenten Niedersachsens gebucht hatte? 1540 Euro für eine Woche. Oder gab Wulff dem Freund, dessen Unternehmen die Landesregierung Niedersachsens zuvor eine Bürgschaftszusage gewährt hatte, das Geld zurück? In bar, wie der Bundespräsident versichert.

Drittens: Ließ sich Christian Wulff die Kosten für das Kindermädchen bei seinem Aufenthalt im Münchner Hotel »Bayerischer Hof« im Jahr 2008 vom Filmproduzenten bezahlen? Oder erstattete der CDU-Politiker die Kosten zurück? In bar.

In allen drei Fällen hätte sich der damalige niedersächsische Ministerpräsident möglicherweise der Vorteilsannahme im Amt schuldig gemacht. Im Strafgesetzbuch heißt es unter Paragraf 331, Absatz 1: »Ein Amtsträger oder ein für den öffentlichen Dienst besonders Verpflichteter, der für die Dienstausübung einen Vorteil für sich oder einen Dritten fordert, sich versprechen lässt oder annimmt, wird mit Freiheitsstrafe bis zu drei Jahren oder mit Geldstrafe bestraft.«[279] Das ist der Vorwurf gegen Christian Wulff.

Für David Groenewold gilt Paragraf 333, Absatz 1 Strafgesetzbuch. Vorteilsgewährung. »Wer einem Amtsträger, einem für den öffentlichen Dienst besonders Verpflichteten oder einem Soldaten der Bundeswehr für die Dienstausführung einen Vorteil für diesen oder einen Dritten anbietet, verspricht oder gewährt, wird mit Freiheitsstrafe bis zu drei Jahren oder mit Geldstrafe bestraft.«[280]

Korruptionsdelikte sind sogenannte Spiegeldelikte. Das gilt für Bestechlichkeit wie für Vorteilsannahme im Amt und bedeutet: Hat sich der Begünstigte strafbar gemacht, dann auch die Person, die ihn begünstigte. Die Folge: Gesteht der eine, ist auch der andere dran.

Korruption ist sehr schwer nachzuweisen. Meistens gibt es nur zwei Leute, die davon wissen: der Schmierer und der Geschmierte. Weil sich beide strafbar gemacht haben, bleibt Korruption meistens unter der Decke. Der Bundesgerichtshof sagt, dass es sogenannte Beweisanzeichen für Korruption gibt. Ein solches Beweisanzeichen sind Verheimlichungshandlungen – und die ziehen sich wie ein roter Faden durch die Affäre Wulff.

Es beginnt schon im notariellen Kaufvertrag der Wulffs. Da wird vereinbart, dass die Kaufpreiszahlung an die Vorbesitzer direkt zwischen den beteiligten Banken erfolgen soll, doch so geschah es nicht. Tatsächlich hat Christian Wulff dem beurkundenden Notar aus Hannover einen anonymen Bundesbankscheck über 500.000 Euro weitergereicht. Woher Wulff diesen Scheck hatte, blieb im Dunklen. Verheimlichungshandlung Nummer eins.

Üblicherweise sind Gläubiger im Grundbuch eingetragen. Auf die Wulff-Immobilie aber ist im Grundbuch nur ein Grundschuldbrief zugunsten des Ehepaars Wulff verzeichnet. Ob und wenn ja an wen Wulff diesen Grundschuldbrief verpfändet hat, ist bis heute unklar. Verheimlichungshandlung Nummer zwei.

Die Sylt-Urlaube Wulffs in den Jahren 2007 und 2008 wurden von Groenewold gebucht und bezahlt. Durch Buchung und Zahlung entstanden zunächst kaum Spuren zu Wulff. Verheimlichungshandlung Nummer drei.

Im »Hotel Stadt Hamburg« auf Sylt hatte David Groenewold gebeten, dass bei Nachfragen der Presse keine Informationen über den Aufenthalt mit dem Ehepaar Wulff erteilt werden. Verheimlichungshandlung Nummer vier.

Und bei der Bezahlung im Münchner Hotel »Bayerischer Hof« verlangte Groenewold an der Rezeption die Löschung von Wulffs Zimmernummer auf der Rechnung. Verheimlichungshandlung Nummer fünf.

Christian Wulff und David Groenewold schildern eine identische Version für die Vorgänge auf Sylt. Beide behaupten: Groenewold buchte und bezahlte Suite 331 im »Hotel Stadt Hamburg«, in der die Wulffs vom 31. Oktober bis 3. November 2007 auf Sylt wohnten. Wulff, so geben beide an, erstattete Groenewold den Betrag vor Ort, und zwar in bar.

Eine Quittung über diesen Zahlungsvorgang gibt es nicht. Aber gibt es Zeugen? Oder andere Beweise? Nicht Wulff und Groenewold sind in der Beweispflicht. Der Staatsanwalt muss beweisen, was die Behörde dem Bundespräsidenten a. D. und dem Filmproduzenten vorwirft.

Die Staatsanwaltschaft wird Zeugen vernehmen, die zur Aufklärung all dieser Fragen beitragen könnten. Aber wie glaubwürdig wäre die Aussage etwa von Bettina Wulff, die bei einer Vernehmung bestätigen würde, ihr Ehemann habe dem reichen Freund das Geld vor Ort in bar erstattet? Wie glaubwürdig wäre die Aussage von

Groenewolds damaliger Freundin, die auf Sylt mit dabei war? Wie also will Staatsanwalt Eimterbäumer beweisen, dass Filmproduzent David Groenewold in Wirklichkeit die Suite der Wulffs im »Hotel Stadt Hamburg« bezahlte?

Wenn er, der Staatsanwalt, keine belastbaren Beweise hat, müssen Indizien eine mögliche Anklage stützen, Indizien auch in Bezug auf die Lebenswirklichkeit.

Deshalb die Fragen: Ist es vorstellbar, dass der Ministerpräsident von Niedersachsen im »Hotel Stadt Hamburg« am Tag vor der Abreise die verauslagten Kosten von 774 Euro in bar erstattet und dem Freund die Scheine in die Hand blättert? Würde David Groenewold, der wohlhabende und oft spendable Freund, dieses Geld überhaupt annehmen? Dessen Rechtsanwalt schildert die angebliche Geldübergabe detailliert: »Mein Mandant kann sich noch daran erinnern, dass Herr Wulff und Frau Körner in der Hotel-Lobby in ihren Portemonnaies kramten. Zusammen schafften sie es, die 800 Euro zu begleichen.«[281]

Wenn Christian Wulff dem Freund das Geld tatsächlich gab, dann muss es entsprechende Abhebungen von seinem Konto geben. Wulff könnte dies anhand seiner Kontoauszüge nachweisen. Beispielsweise mit einem Beleg, der beweist, dass er am Tag vor der Abreise bei einer Bank auf Sylt einen hohen Betrag von seinem Girokonto abgehoben hat, um Freund Groenewold die verauslagten Kosten zu erstatten. So hatte es sein Rechtsanwalt zunächst behauptet. Das wäre zwar kein Beweis dafür, dass die Zahlung in bar erfolgte, aber es wäre ein Indiz. Doch die Wulff-Verteidigung verstrickt sich in Widersprüche. Belege für eine zeitnahe Abhebung auf Sylt gibt es nicht.

Woher stammt dann also das Geld, mit dem Christian Wulff seinem Freund die Kosten für seine Suite im »Hotel Stadt Hamburg« erstattet haben will? Am 15. Februar 2012, der Bundespräsident hatte im süditalienischen Bari gerade seinen dreitägigen Staatsbesuch beendet, befragt BILD Wulffs Rechtsanwalt erneut per E-Mail zu den Urlauben auf Sylt:

Sehr geehrter Herr Lehr,
besten Dank für Ihre Antwort. Leider ist unsere letzte Frage
zur Aktennotiz von Herrn Wulff gar nicht beantwortet worden.
BILD bittet hier um nachträgliche Beantwortung.
Des Weiteren ergeben sich aus den Antworten weitere Fragen:
Zu den Sylt-Urlauben schreiben Sie, dass die Bar-Zahlung des
2008er-Urlaubs auf Sylt durch Konto-Abhebungen belegbar
sei. Bezogen auf den 2007er-Urlaub auf Sylt schreiben Sie dies
nicht. Ist es also richtig, dass diese Barzahlung an Herrn Groe-
newold nicht durch Kontoabhebungen belegt werden kann?
Warum werden die Belege im Sinne der von Herrn Wulff ver-
sprochenen Transparenz nicht übermittelt?
Sind diese Belege der Staatsanwaltschaft Hannover zur Ver-
fügung gestellt worden?
Mit der Bitte um Beantwortung bis heute, 16 Uhr

Diesmal lautet die Antwort von Wulffs Rechtsanwalt:

Bettina Wulff brachte einen Geldbetrag in Höhe von 1000 Euro
nach Sylt mit. Herr und Frau Wulff verwendeten diesen Geld-
betrag für das Sylt-Wochenende. Herr Wulff musste das Hotel
am 03.11.2007 frühmorgens kurz nach 7.00 Uhr wegen eines
dienstlichen Termins vorzeitig verlassen. Aus diesem Grunde
erfolgte die Abrechnung bereits am Abend zuvor.

Woher das Geld stammt, das Bettina Wulff angeblich mit nach Sylt
brachte, um Groenewold die Hotelkosten zu erstatten, teilten die
Verteidiger des Bundespräsidenten in ihrer Einlassung auch mit.
Demnach habe Bettina Wulff von ihrer Mutter Helga Körner zu
Weihnachten 2006 ein Geldgeschenk in Höhe von 2500 Euro be-
kommen. In bar. Dieses Geld habe Bettina Wulff aufgehoben, um
Anfang November 2007 – also gut zehn Monate später – damit die
Kosten für die Suite zu bezahlen.

Die Staatsanwaltschaft bezweifelt die Version mit der Schwieger-
mutter Wulffs. Das sei schon deshalb wirtschaftlich unvernünftig und

nicht plausibel, da das Girokonto von Wulff zu diesem Zeitpunkt um mehr als 10.000 Euro überzogen war. Wer legt 2500 Euro etwa in die Keksdose und zahlt stattdessen hohe Überziehungszinsen?

Sechs Monate – so kalkuliert die Staatsanwaltschaft nach Eröffnung des Verfahrens zunächst – werden die Ermittlungen mindestens in Anspruch nehmen. In dieser Zeit gilt einerseits juristisch die Unschuldsvermutung, andererseits steht die Lebenswirklichkeit im Raum. Inzwischen sind neun Monate vergangen, 93 Zeugen vernommen und 380 Aktenordner sichergestellt worden.

Warum buchte Christian Wulff seine Urlaube und Hotelaufenthalte eigentlich nicht selbst? Warum war sein Freund David Groenewold eine Art Reisebüro für den Ministerpräsidenten Niedersachsens? Eine Art Reisebüro, für das die Bezahlung der Reise vielleicht nicht ganz so wichtig ist?

V.

Der Rücktritt

GESCHEITERT NACH
598 TAGEN

17. FEBRUAR 2012:
DER BUNDESPRÄSIDENT TRITT ZURÜCK

Bettina Wulff hatte ihrem Mann schon Mitte Januar die finale Frage gestellt. Eines Abends, irgendwann nach dem Fernsehinterview, das der Bundespräsident ARD und ZDF gegeben hatte. Nur ein paar Tage, nachdem der Drohanruf ihres Mannes auf der Mailbox von BILD-Chefredakteur Kai Diekmann bekannt geworden war und auch die ersten Unions-Politiker Wulff zum Rücktritt drängten.

»Meinst du, dass das hier noch zu einem guten Ende führt?«, fragte Bettina Wulff ihren Mann. »Dass selbst, wenn sich die Wogen glätten, du dieses Amt noch so weiterführen kannst wie bisher? Dass wir beide mit dieser Begeisterung und diesem Elan dabei sind, wo wir doch wissen, wie Menschen und Medien unter Umständen mit einem umgehen?!«[282]

Spätestens am Abend des 16. Februar 2012, dem vorletzten Tag in der Amtszeit des Christian Wulff, ist diese Frage beantwortet. Soeben hatte die Staatsanwaltschaft Hannover beim Bundestagspräsidenten Norbert Lammert beantragt, die Immunität von Christian Wulff aufzuheben. Spätestens jetzt – so viel ist klar – ist der Rücktritt nicht mehr abwendbar.

»Als wir an diesem Abend in unserem Wohnzimmer in der Pücklerstraße zusammensaßen, uns erneut vor Augen führten, wie zermürbend die Lage ist und wie wahrscheinlich ganz ähnlich zermürbend auch die Zukunft sein würde, war klar, dass dies das Amt nicht mehr aushält und dass dies auf keinen Fall mit den Aufgaben eines Bundespräsidenten zu vereinbaren ist.« So beschreibt Bettina Wulff in ihrer Biografie »Jenseits des Protokolls« den alles entscheidenden Abend vor dem Rücktritt. »So traurig ich in diesem Moment war, denn zu akzeptieren, dass man in weiten Teilen einfach machtlos ist, so froh war ich: Endlich gab es eine Entscheidung.«[283]

Schon am Vorabend des 17. Februar 2012 hatte sich im politischen Berlin herumgesprochen, dass Christian Wulff am nächsten Morgen seinen Rücktritt erklären würde. Die Deutsche Presse-Agentur sendet an diesem Morgen um 9.43 Uhr eine Eilmeldung:

»Wie informierte Quellen aus dem Umfeld des Bundespräsidenten berichten, will Wulff noch am heutigen Freitag seinen Rücktritt erklären und damit die Konsequenzen aus der geforderten Aufhebung seiner Immunität ziehen.«[284]

Um 11 Uhr öffnet sich die Tür zum Großen Saal im Schloss Bellevue. Mit langsamen Schritten, gefolgt von Ehefrau Bettina, schreitet der Bundespräsident zum Mikrofon. Ihm gegenüber eine Wand aus Fotografen und deren nicht enden wollendes Blitzlichtgewitter. Christian Wulff hebt an:

Sehr geehrte Damen und Herren, liebe Bürgerinnen und Bürger, gerne habe ich die Wahl zum Bundespräsidenten angenommen und mich mit ganzer Kraft dem Amt gewidmet. Es war mir ein Herzensanliegen, den Zusammenhalt unserer Gesellschaft zu stärken. Alle sollen sich zugehörig fühlen, die hier bei uns in Deutschland leben, eine Ausbildung machen, studieren und arbeiten – ganz gleich, welche Wurzeln sie haben. Wir gestalten unsere Zukunft gemeinsam. Ich bin davon überzeugt, dass Deutschland seine wirtschaftliche und gesellschaftliche Kraft am besten entfalten und einen guten Beitrag zur europäischen Einigung leisten kann, wenn die Integration auch nach innen gelingt.

Unser Land, die Bundesrepublik Deutschland, braucht einen Präsidenten, der sich uneingeschränkt diesen und anderen nationalen sowie den gewaltigen internationalen Herausforderungen widmen kann; einen Präsidenten, der vom Vertrauen nicht nur einer Mehrheit, sondern einer breiten Mehrheit der Bürgerinnen und Bürger getragen wird. Die Entwicklung der vergangenen Tage und Wochen hat gezeigt, dass dieses Vertrauen und damit meine Wirkungsmöglichkeiten nachhaltig beeinträchtigt sind. Aus diesem Grund ist es mir nicht mehr möglich, das Amt des Bundespräsidenten nach innen und nach außen so wahrzunehmen, wie es notwendig ist. Ich trete deshalb heute vom Amt des Bundespräsidenten zurück, um den Weg zügig für die Nachfolge frei zu machen. Bundesratspräsident Horst

Seehofer wird die Vertretung übernehmen. Bundeskanzlerin Angela Merkel wird auf der wichtigen Gedenkveranstaltung für die Opfer rechtsextremistischer Gewalt am Donnerstag der kommenden Woche sprechen.

Was die anstehende rechtliche Klärung angeht, bin ich davon überzeugt, dass sie zu einer vollständigen Entlastung führen wird. Ich habe mich in meinen Ämtern stets rechtlich korrekt verhalten. Ich habe Fehler gemacht, aber ich war immer aufrichtig. Die Berichterstattungen, die wir in den vergangenen zwei Monaten erlebt haben, haben meine Frau und mich verletzt.

Ich danke den Bürgerinnen und Bürgern, die sich für unser Land engagieren. Ich danke den Mitarbeiterinnen und Mitarbeitern im Bundespräsidialamt und anderen Behörden, die ich als exzellente Teams erlebt habe.

Ich danke meiner Familie, vor allem danke ich meiner Frau, die ich als eine überzeugende Repräsentantin eines menschlichen und modernen Deutschlands wahrgenommen habe. Sie hat mir immer – gerade in den vergangenen Monaten – und den Kindern starken Rückhalt gegeben.

Ich wünsche unserem Land von ganzem Herzen eine politische Kultur, in der die Menschen die Demokratie als unendlich wertvoll erkennen und vor allem – das ist mir das Wichtigste – sich gerne für die Demokratie engagiert einsetzen. Ich wünsche allen Bürgerinnen und Bürgern, denen ich mich vor allem verantwortlich fühle, eine gute Zukunft und schließe Sie alle dabei ausdrücklich mit ein.

Vielen Dank.[285]

Dann verlassen Christian und Bettina Wulff den Großen Saal von Schloss Bellevue. Die Situation am Morgen des 17. Februar 2012 ist die gleiche wie bei Wulffs Amtsvorgänger Horst Köhler 20 Monate zuvor. Doch die Bilder sprechen eine völlig andere Sprache. Der neunte Präsident der Bundesrepublik Deutschland hatte den Großen Saal von Schloss Bellevue Hand in Hand mit Ehefrau Eva Luise betreten. Als Köhler die Gründe für seinen Rücktritt mit Tränen in den Augen erklärte, stand Ehefrau Eva Luise dezent hinter ihm. Fast unsichtbar. Und dennoch konnte jeder sehen, wie eng dieses Ehepaar miteinander verbunden ist. Hand in Hand verließen sie den Saal.

Christian Wulff und Ehefrau Bettina betreten den Großen Saal von Schloss Bellevue nicht Hand in Hand und sie werden ihn nach der kurzen Rücktrittsrede auch nicht Hand in Hand verlassen.

Während das Staatsoberhaupt in wenigen Sätzen seinen Rücktritt erklärt, steht Ehefrau Bettina Wulff links neben ihm, auf gleicher Höhe und ebenfalls auf dem Podest. Sie will sich in diesem Augenblick als starke Frau geben, wie sie später bekennt. »Die Fassade musste stimmen. Das Innenleben ging keinen etwas an«, schreibt sie über diesen Moment.[286] Eines ihrer Lieblingskostüme von Rena Lange wählte sie für diesen historischen Augenblick. Ein schwarzes Ensemble, klassisch mit Rock und kurzer Jacke. Zuletzt hatte sie dieses Kostüm beim Besuch der Sternsinger im Januar getragen.

So steht sie nun, Punkt 11 Uhr an diesem denkwürdigen Tag, neben ihrem Mann. Ganz bewusst ein Stück weit entfernt von ihm. Sie will damit zeigen, dass sie eine eigenständige, selbstständige Frau ist.[287] Was ging in diesem Augenblick in der First Lady vor? »Es war ein seltsamer Moment für mich«, schreibt sie in ihren Memoiren, die sieben Monate später erscheinen. »Ich sollte alles mittragen, mit ertragen, alles mit erleiden, aber letztlich, wo es nun zu Ende war, blieb mir nur die Besetzung als die stumme Statistin.«[288]

Für 11.30 Uhr ist eine Rede von Angela Merkel angekündigt. Die Bundeskanzlerin hatte sich 66 Tage öffentlich unbeeindruckt und uneingeschränkt vor den Bundespräsidenten gestellt, den sie im Juni 2010 vorgeschlagen und im dritten Wahlgang ins Amt gebracht hatte.

Bereits einen Tag, nachdem BILD mit der ersten Veröffentlichung die Kredit-Affäre um Christian Wulff enthüllt hatte, ließ die Kanzlerin durch ihren Regierungssprecher Steffen Seibert erklären: »Die Bundeskanzlerin hat volles Vertrauen in die Person und die Amtsführung von Christian Wulff.«[289]

Das lässt die Kanzlerin am 19. Dezember 2011 wiederholen. An dem Tag, an dem BILD berichtet, dass Christian Wulff seine Flitterwochen kostenlos in der Ferienvilla des Talanx-Aufsichtsratschefs Baumgartl verbrachte und weitere Gratis-Urlaube bei reichen Unternehmern bekannt werden, erklärt Vize-Regierungssprecher Georg Streiter: »Es hat sich nichts daran geändert, dass die Bundeskanzlerin volles Vertrauen in die Person Christian Wulff und in die Amtsführung des Bundespräsidenten hat. Er ist ein guter und anerkannter Bundespräsident.«[290]

Und obwohl Innenpolitik bei Auslandsreisen ein Tabu ist, legt Merkel am selben Tag während ihres Besuches der Bundeswehrsoldaten im Kosovo nach: »Der Bundespräsident macht eine hervorragende Arbeit, und das, was im Raume steht, wird von ihm persönlich aufgeklärt.«[291] Doch der Bundespräsident klärt wenig auf. Er gibt nur das zu, was ohnehin nicht zu bestreiten ist. Er verwickelt sich so lange in Widersprüche und Halbwahrheiten, bis der Rücktritt unabwendbar ist.

Wie wird die Bundeskanzlerin darauf reagieren? Christian Wulff hatte Merkel am Vorabend über den Schritt informiert, nachdem die Staatsanwaltschaft die Aufhebung seiner Immunität beim Bundestagspräsidenten beantragt hatte.

Angela Merkel hat durch die Wulff-Affäre keinen Schaden genommen. Im Gegenteil. Die Umfragewerte für die CDU und die Kanzlerin sind gestiegen. 77 Prozent der Deutschen sind laut einer Umfrage des ZDF-Politbarometers im Februar 2012 der Auffassung, die Kanzlerin leiste ganz allgemein gute Arbeit.[292] Es ist – trotz der Wulff-Krise – der höchste Wert für die Regierungschefin seit zwei Jahren. Und das, obwohl sie es war, die Wulff 20 Monate zuvor durchgeboxt hatte.

Offenbar sehen die Deutschen während der Krise des Bundespräsidenten Angela Merkel zunehmend als eine Art Gegenentwurf zu Christian Wulff. Die Frau aus dem Osten steht für Bescheidenheit und nicht für Schnäppchenjägermentalität. Für harte Arbeit und nicht für schrillen Glamour, für den der Mann aus Osnabrück in den vergangenen Jahren zusehends empfänglicher wurde.

Es ist 11.30 Uhr, als Angela Merkel den Saal der Bundespresse-konferenz betritt. Sie wirkt gefasst. Links und rechts die National-flaggen, hinter ihr der Bundesadler. Dann beginnt sie ihre Rede:

Meine Damen und Herren, ich habe die Erklärung des Bundes-präsidenten mit größtem Respekt und ganz persönlich auch mit tiefem Bedauern zur Kenntnis genommen.
Christian Wulff hat sich in seiner Amtszeit voller Energie für ein modernes, offenes Deutschland eingesetzt. Er hat uns wich-tige Impulse gegeben und deutlich gemacht, dass die Stärke die-ses Landes in seiner Vielfalt liegt. Diese Anliegen werden mit seinem Namen verbunden bleiben. Er und seine Frau Bettina haben dieses Land, die Bundesrepublik Deutschland, im In-und Ausland würdig vertreten. Ich danke beiden dafür und ich bin überzeugt, dafür gebührt ihnen unser aller Dank.
Der Bundespräsident hat davon gesprochen, dass es ihm nicht mehr möglich sei, sein Amt auszuüben. Tatsächlich ist es eine Stärke unseres Rechtsstaats, dass er jeden gleich behandelt, wel-che Stellung auch immer er einnimmt. Mit seinem Rücktritt stellt Bundespräsident Wulff nun seine Überzeugung, rechtlich korrekt gehandelt zu haben, hinter das Amt zurück, hinter den Dienst an den Menschen in unserem Land. Ich zolle dieser Hal-tung ausdrücklich meinen Respekt.[293]

Mit Respekt – aber auch mit Erleichterung –, so kommentieren Deutschlands Spitzenpolitiker den Rücktritt Wulffs.

Horst Seehofer, CSU-Chef und Bundesratsvorsitzender: »Mit diesem Schritt rückt Christian Wulff die Würde und die Bedeu-tung des höchsten Staatsamtes an die erste Stelle. Niemand hat sich diesen bedauerlichen Gang der Dinge gewünscht.«[294]

FDP-Chef Philipp Rösler: »Die FDP nimmt die Entscheidung mit größtem Respekt zur Kenntnis.« Und weiter: »Seine Leistungen für Toleranz und Integration werden sicher nicht vergessen.«[295]

SPD-Chef Sigmar Gabriel: »Die Entscheidung von Christian Wulff war längst überfällig. Deutschland braucht einen Neuanfang.«[296]

Hessens CDU-Ministerpräsident Volker Bouffier: »Die Entscheidung des Bundespräsidenten ist nachvollziehbar und war aus seiner Sicht auch notwendig.« Wulff habe innenpolitisch mit seiner Rede zum Islam »sehr wichtige und zukunftsweisende Aspekte angesprochen«.[297]

Renate Künast und Jürgen Trittin für die Grünen: »Wir sind erleichtert, dass Christian Wulff mit seinem Rücktritt das Land von quälenden Debatten erlöst hat. Unabhängig vom Ausgang der staatsanwaltschaftlichen Ermittlungen war dieser Rücktritt unausweichlich.«[298]

Niedersachsens CDU-Ministerpräsident David McAllister: »Als niedersächsischer Ministerpräsident von 2003 bis 2010 hat Christian Wulff sehr viel Positives für Niedersachsen geleistet. Auch im Amt des Bundespräsidenten hat er wichtige Akzente gesetzt und Denkanstöße für eine menschliche Gesellschaft gegeben.«[299]

Der Abgesang auf einen Politiker, der an sich selbst gescheitert ist. Nachdem die Schlacht nach quälend langen Wochen endlich geschlagen ist, fallen die Töne beinahe versöhnlich aus. Doch eine Frage bleibt: Hätte der Bundespräsident den Sturz durch ein besseres Krisenmanagement verhindern können?

Mit der Causa Wulff beschäftigte sich Martin Zechner, einer der erfahrensten Krisenkommunikationsexperten Österreichs. Der Leiter des Instituts für Krisenmanagement und Krisenkommunikation erklärt nach dem Rücktritt: »Wulff war über den gesamten Verlauf der Affäre immer in der Defensive. Das Vorliegen einer Krisensituation muss mit dem Jahr 2009 festgelegt werden, da in diesem Jahr erstmals drei führende deutsche Medien die Finanzierung seines Hauses zu recherchieren versuchten.« Wulff habe permanent mit einer breiteren Debatte rund um den Kredit für sein Haus rechnen müssen, da Journalisten über den Gang bis zum Bundesgerichtshof versuchten, die Wahrheit über die Finanzierung herauszufinden. Zechner sagt: »Wulff war daher eigenverursacht immer in der Defensive. Hätte er selbst die Finanzierungskonstruktion bereits im Jahr 2009 offen gelegt, wäre es vielleicht nicht zu dieser massiven Ausweitung der Affäre gekommen.« Die Bilanz seiner Analyse:

»Wenn, dann hätte Wulff bereits im Latenzstadium der Krise agieren müssen und nicht erst dann, als das Thema evident war. Eine Eindämmung der Krise hätte er nur dadurch erreichen können, dass er die von ihm angekündigte Transparenz (über Urlaubsreisen etc.) auch durchgezogen hätte. Davon ist Wulff dann (offensichtlich auf Anraten seiner Anwälte) wieder abgekommen.«[300]

DEUTSCHLAND,
EINIG MEDIENLAND

Selten zuvor waren sich politische Kommentatoren so einig in der Bewertung von Ursache und Wirkung, die den Bundespräsidenten – einmalig in der deutschen Geschichte – das Amt kosteten. Es sind Kommentierungen ohne Häme, ohne parteipolitische Verblendungen, ohne Nachtreten. Und in allen Kommentaren schwingt ein Gedanke mit: Gut, dass es endlich vorbei ist. Deutschland – in Sachen Wulff diesmal einig Medienland.

Claus Heinrich aus dem ARD-Hauptstadtstudio kommentiert: »Fast egal ist auch, warum Wulff nun tatsächlich gestürzt ist: Wegen seiner immer unerträglicher werdenden Salamitaktik bei der Aufklärung der zahlreichen zum Teil lächerlichen, zum Teil aber auch schwerwiegenden Verdächtigungen oder wegen tatsächlicher Verfehlungen. Das muss noch aufgeklärt werden. Das ist keine Petitesse, denn für Wulff steht der Ehrensold von immerhin 200.000 Euro im Jahr auf dem Spiel, auf den er rechtlich, aber vor allem moralisch wohl keinen Anspruch hätte, wenn er tatsächlich wegen Vorteilsnahme oder Vorteilsgewährung verurteilt würde.«[301]

Thomas Lanig von der Deutschen Presse-Agentur schreibt: »Bundeskanzlerin Angela Merkel hat lange gebraucht, bis sie den Rücktritt ›ihres‹ Präsidenten als unausweichlich erkannt hat. Erst die Ankündigung der Staatsanwaltschaft, die Aufhebung der Immunität zu fordern, brachte das Fass zum Überlaufen. Wochenlang hatte Merkel gezögert, ›volles Vertrauen‹ bekundet, sogar ›vollstes Vertrauen‹. Genützt hat es nicht.«[302]

Walter Roller schreibt in der »Augsburger Allgemeinen Zeitung«: »Im Sturz noch hat Wulff den Eindruck erweckt, als ob er letzten Endes einer Art Kampagne zum Opfer gefallen sei. Aber der jüngste Präsident in der Geschichte der Bundesrepublik ist nicht wegen der Berichterstattung der Medien, sondern an sich selbst gescheitert. Er ist dem politisch-moralischen Anspruch, der an das hohe Amt gestellt ist, nicht gerecht geworden.«[303]

Thomas Schmoll von der »Financial Times Deutschland« meint: »Endlich! Endlich ist sie vorbei, die *Hauskredit-Ablösedarlehen-Kriegsdrohung-Mailbox-Handyvertrag-Bobby-Car-Gratisurlaube-Upgrade-Erste-Klasse-Flüge-Nord-Süd-Dialog-Auto-Leasing-Hotel-rechnungen-Affäre*. Endlich ist er weg. Endlich ist die Bundesrepublik das schlechteste Staatsoberhaupt ihrer Geschichte los. Und endlich hat auch Christian Wulff einmal etwas richtig gemacht: seinen Rücktritt erklärt.«[304]

Christian Bommarius in der »Frankfurter Rundschau«: »Er war der falsche Mann für dieses Amt. Dass ihm die charakterlichen Voraussetzungen für die Präsidentschaft fehlten, wusste Merkel nicht und konnte es nicht wissen. Das dürfte der Grund sein, warum sein Niedergang ihrem Ansehen in der Bevölkerung bis heute nicht geschadet hat.«[305]

Oliver Stock im »Handelsblatt«: »Christian Wulff ist Geschichte. Drei Minuten haben ausgereicht, um ein unwürdiges Schauspiel zu beenden, das schon viel zu lange gedauert hat. Seine Begründung, nicht mehr vom Vertrauen der Bürger getragen zu sein, ist richtig. Seine Analyse, deswegen keine Wirkungsmöglichkeit mehr zu erzielen, war überfällig. Wulff, der mit seiner Arbeit Deutschland dienen wollte, hat jetzt mit seinem Rücktritt dem Land den besten Dienst erwiesen.«[306]

Günther Nonnenmacher stellte in der »Frankfurter Allgemeinen Zeitung« heraus: »Die Stärke der Demokratie liegt in der Qualität und der Kraft ihrer Institutionen. Die Bundeskanzlerin hat mit ihrer Erklärung nach dem Rücktritt von Bundespräsident Wulff das unsinnige Geschwätz von einer ›Staatskrise‹ (Sigmar Gabriel) umgehend widerlegt. Wenn ein Repräsentant des Staates zurücktritt, gezwungenermaßen oder freiwillig, dann mag er unter Umständen als Person ›beschädigt‹ sein, das Amt ist es nicht. (…) Es gibt wichtigere Erwägungen. Sie betreffen Alter und Reife, schließlich die Frage, ob es – nach zehn Männern – nicht Zeit für eine Frau als Staatsoberhaupt wäre.«[307]

Roland Peters berichtete im Nachrichtensender n-tv: »Es ist vorbei. Christian Wulff ist nicht mehr der Bundespräsident Deutschlands. Warum er sich so lange Zeit gelassen hat, vor Mitarbeitern im Bundespräsidialamt Anfang Januar sogar behauptete, ›in einem Jahr ist all das vergessen‹ – das weiß so richtig niemand. Fühlte er sich zu sicher, verkannte die Situation? Wenn sich die Spirale der Aufklärung einmal dreht, ist sie schwer zu stoppen. Sie bohrt sich tiefer und tiefer, weil alle Beteiligten doppelt so genau hinschauen oder hinschauen wollen; Ermittler, Presse, Wähler.«[308]

Roland Nelles bei »Spiegel online«: »Wulff hat es selbst vermasselt. Es bleibt das Bild eines Gernegroß, der zu klein war für das Amt, dem letztlich seine Mittelmäßigkeit zum Verhängnis wurde. Es ist unerheblich, ob er ›stets rechtlich korrekt‹ gehandelt hat, wie er selbst sagt. Sein Versagen liegt in der Art, wie er mit der endlosen Reihe an kleinen und großen Vorwürfen umgegangen ist.«[309]

Joachim Dorfs kommentiert in der »Stuttgarter Zeitung«: »Wulff war kein so schlechter Bundespräsident, als der er bisweilen dargestellt wird. Er hat mit dem Zusammenhalt der Gesellschaft ein wesentliches Thema gesetzt, er hat im Umfeld des Papstbesuchs klare und wohlgesetzte Worte zur Ökumene gefunden, und er hat im persönlichen Auftritt überzeugt. Das ändert freilich nichts daran, dass er sich viel zu sehr auf die Nähe zu betuchten Freunden eingelassen hat, die ihn mit Gunstbeweisen vielfältiger Art hofierten.«[310]

Und Ines Pohl, Chefredakteurin der »taz«, schreibt: »Jetzt ist es also soweit: Wulff hat seinen Rücktritt erklärt. Bundeskanzlerin Angela Merkel sind damit schon zwei Bundespräsidenten abhanden gekommen. Zwei Männer, die sie ausgesucht und damit zu verantworten hat. Den einen, damit er ihr den Rücken freihält (Köhler). Den zweiten, damit er ihr nicht in den Rücken fällt (Wulff).«[311]

Andrea Seibel in »Die Welt«: »Dass er in seiner Rücktrittsrede alle Schuld von sich weist und seine Aufrichtigkeit betont, mutet merkwürdig an angesichts des staatsanwaltschaftlichen Verdachtes auf Vorteilsnahme, der eine Aufhebung der Immunität bedeutet. Wieder ein Politiker sucht den Medien, die doch nur ihrer Aufklärungspflicht folgen, die Schuld an seinem Scheitern zu geben.«[312]

Doch nicht nur in den Medien wird kommentiert, auch beim anstehenden Karneval ist Wulff Thema Nummer eins. Bei der Prunksitzung der Grün-Weißen Funken kalauert Bernd Stelter: »Der Name Christian kommt ursprünglich aus dem Griechischen und bedeutet ›der Gesalbte‹. Heute spricht man nur noch von ›dem Geschmierten‹.« Und: »Wulff hat viele Freunde. Gegen diese Hannover-Mischpoke ist der kölsche Klüngel ein Gesprächskreis gläubiger Chorknaben mit karitativem Charakter.«[313]

Der Kölner Büttenredner Marc Metzger begrüßt die Gäste bei der Prinzenproklamation mit den Worten: »Die Gäste in den hinteren Reihen haben ihre Karten gekauft. Die hier vorne haben gewulfft.«[314]

Guido Cantz, Moderator von »Verstehen Sie Spaß?« und feste Größe im Kölner Karneval, vergleicht Christian Wulff mit dem ein Jahr zuvor wegen der Plagiatsaffäre zurückgetretenen Verteidigungsminister Karl-Theodor zu Guttenberg: »Beide hatten Probleme mit Bürogeräten. Guttenberg ist am Kopierer gescheitert, Wulff am Anrufbeantworter.«[315]

Im ZDF-Klassiker »Mainz bleibt Mainz« tritt Friedrich Hofmann als »Der Till« vor das Mikrofon und bezeichnet Wulff als »Krisenbundespräsident« und »Wulff im Schafspelz«. Zehn Stunden, nachdem Christian Wulff seinen sofortigen Amtsverzicht erklärt hatte. Jetzt hören Millionen Deutsche, wie die Narren den Mann verspotten, der gestern noch im Schloss Bellevue residierte.[316]

5,86 Millionen Zuschauer haben bei »Mainz bleibt Mainz« eingeschaltet. In der ARD läuft zeitgleich eine Sondersendung. »Brennpunkt: Wulffs Rücktritt« sehen nur 2,94 Millionen.[317]

Einen Tag zuvor – an Weiberfastnacht – hatten die Wagenbauer und Redenschreiber noch gehofft, Wulff möge noch bis Dienstag durchhalten. Die Karnevalisten basteln noch an ihren Motivwagen, da tritt der Bundespräsident zurück. Bis zu den Rosenmontags-Umzügen muss umgebaut werden, keine 72 Stunden bleiben Zeit.

Dann hängt Christian Wulff mit blutunterlaufenen Augen, einem Pflaster auf der Stirn und schwarz-rot-goldener Krawatte als geprügelter Boxer in der Ecke eines Boxrings. »Angeschlagen«, sollte es ursprünglich heißen. Rosenmontag hängt das Staatsoberhaupt zwar noch immer in den Seilen. Doch diesmal heißt es: »K. o.«

Bei den Kölner Jecken liegt der Pappmaschee-Wulff auf der Schlachtbank. Hinter ihm der Metzger. Der Bundespräsident – ein Opfer? Der Metzger hält ein Handy am Ohr – hört er die Mailbox ab? Auf einem anderen Wagen zieht der deutsche Michel einen Mini-Wulff aus einem viel zu großen Präsidenten-Anzug. Die Szene spielt vor einem Warenhaus. Es heißt »Vorteilsnahme«. Dem Mini-Wulff fallen Bestechungsgroschen aus den Taschen.

Die Narren in Düsseldorf zeigen Christian Wulff als gerupften Bundesadler im Sturzflug. Sein Schnabel ist gierig weit geöffnet. »Und tschüss …« ist auf dem Wagen zu lesen. Sie haben ihn rasch noch umgebaut. Jetzt steht Gauck mit auf dem Umzugswagen. Er schlüpft gerade aus dem Ei.

DER EHRENSOLD

Die Höhe der Ruhebezüge, die ein deutscher Bundespräsident nach seinem Ausscheiden aus dem Amt auf Lebenszeit bezieht, beträgt beim Rücktritt von Christian Wulff 199.000 Euro im Jahr und wird im Gesetz geregelt: »Scheidet der Bundespräsident mit Ablauf seiner Amtszeit oder vorher aus politischen oder gesundheitlichen Gründen aus seinem Amt aus, so erhält er einen Ehrensold in Höhe der Amtsbezüge mit Ausnahme der Aufwandsgelder.«[318] Zusätzlich werden dem ausgeschiedenen Bundespräsidenten ein Büro, ein Fahrer und eine Sekretärin auf Lebenszeit gestellt.

Gibt das Staatsoberhaupt sein Amt aus privaten Gründen auf – auch das sieht das Gesetz vor –, besteht kein Anspruch auf den lebenslänglichen Ehrensold. Private Gründe könnten hochkarätige

Angebote aus der Wirtschaft sein, aber auch ein hoher Lottogewinn oder einfach der Wunsch, mit einer jungen Geliebten ein neues Leben zu beginnen.[319]

Die Ehrensoldregel gilt seit 1959, in ihr ist auch die Versorgung der First Lady festgesetzt. Stirbt das Staatsoberhaupt, erhält sie zunächst drei Monate den vollen Ehrensold, danach 55 Prozent als Witwengeld.

Beim Rücktritt von Christian Wulff entzündet sich eine leidenschaftliche Debatte um den Ehrensold. Die Auseinandersetzung wird auf zwei Ebenen geführt – auf der moralischen und auf der juristischen. Moralisch ist die Frage, ob Christian Wulff – gerade mal 52 Jahre alt – nach seinem desaströsen Scheitern im Amt bis an sein Lebensende die Ruhebezüge erhalten muss. Viele Deutsche empfinden das schlicht als ungerecht. 84 Prozent der Bundesbürger – so ergibt eine Umfrage im März 2012 – halten dies nicht für richtig.[320]

Auch in der Politik ist das Thema Ehrensold umstritten. »Herr Wulff hätte die einmalige Chance, mit einer freiwilligen Verzichtserklärung vieles von dem wiedergutzumachen, was er angerichtet hat«, erklärt Nordrhein-Westfalens Ministerpräsidentin Hannelore Kraft von der SPD.[321]

Jürgen Koppelin, Haushaltsexperte der FDP, empfiehlt dem gestürzten Staatsoberhaupt: »Es wäre am besten, Herr Wulff würde auf den Ehrensold verzichten oder das Geld an gemeinnützige Einrichtungen spenden. Damit würde er ein Stück seiner Glaubwürdigkeit zurückgewinnen.«[322]

So weit die moralische Debatte. Aber steht dem gefallenen Bundespräsidenten der Ehrensold rechtlich überhaupt zu? War sein Rücktritt wirklich politisch begründet?

Christian Wulff formulierte seine Rücktrittsrede in Abstimmung mit einem befreundeten Juristen und seinem Staatssekretär. Sie ist – vorsichtig gesagt – so spitzfindig formuliert, dass politische Gründe gedeutet werden sollen. Die entscheidende Passage in Wulffs Rede lautet: »Unser Land, die Bundesrepublik Deutschland, braucht einen Präsidenten, der sich uneingeschränkt diesen und anderen nationalen sowie den gewaltigen internationalen Herausforderungen widmen kann; einen Präsidenten, der vom Vertrauen nicht nur einer Mehrheit, sondern einer breiten Mehrheit der Bürgerinnen und Bürger getragen wird. Die Entwicklung der vergangenen Tage und Wochen hat gezeigt, dass dieses Vertrauen und damit meine Wirkungsmöglichkeiten nachhaltig beeinträchtigt sind. Aus diesem Grund ist es mir nicht mehr möglich, das Amt des Bundespräsidenten nach innen und nach außen so wahrzunehmen, wie es notwendig ist.«[323]

Das Bundespräsidialamt erkennt bei Christian Wulff am 29. Februar 2012 dann auch tatsächlich politische Gründe für den Rücktritt an. Das Amt erweist Wulff damit einen letzten Dienst. Der Leiter des Personalreferats Z 1, Andreas Wegend, unterzeichnet den Beschluss für die Gewährung des Ruhegeldes. Der zuständige Abteilungsleiter Rüdiger Hütte und der Chef des Bundespräsidialamtes, Lothar Hagebölling, billigen diese Entscheidung.[324]

Pikant dabei ist: Lothar Hagebölling, ausgebildeter Jurist und Beamter mit preußischen Tugenden, zählt zu den engsten Vertrauten Wulffs. Er diente Wulff schon als Chef der Staatskanzlei in Hannover, als der CDU-Politiker noch Regierungschef in Niedersachsen war.

Verfassungsrechtler Hans Herbert von Arnim, Professor an der Deutschen Hochschule für Verwaltungswissenschaften in Speyer, schließt nicht aus, dass die Beamten des Bundespräsidialamtes bei ihrer Entscheidung »möglicherweise befangen« waren.[325] Das Bundespräsidialamt hätte, so der Verfassungsrechtler, über den Ehrensold für Wulff eigentlich gar nicht befinden dürfen, ohne vorher die Entscheidung des Innenministeriums und der Bundesregierung einzuholen. Das Präsidialamt dürfe nur die genaue Höhe berechnen, so von Arnim. Die Vorentscheidung, ob Wulff der Ehrensold überhaupt zusteht, sei Sache der Regierung. Die Entscheidung sei rechtswidrig und könne zurückgenommen werden.[326]

»Hier fehlt es an Fingerspitzengefühl«, urteilt Stefan Müller, Parlamentarischer Geschäftsführer der CSU-Fraktion im Bundestag, gegenüber BILD: »Präsidialamtschef Hagebölling hätte die Entscheidung über den Ehrensold für seinen Freund Wulff besser seinem Nachfolger überlassen.« Wolfgang Nešković, Bundestags-abgeordneter der Linken, fordert den Haushaltsausschuss auf, den Ehrensold so lange nicht zu zahlen, bis das Ermittlungsverfahren gegen Wulff eingestellt ist. Die Gewährung des Ehrensolds durch das Bundespräsidialamt – so Nešković – sei »unehrenhaft« gewesen, weil sie »gesetzeswidrig und jedenfalls voreilig« getroffen worden wäre.[327]

In dem Prüfungsbericht des Bundespräsidialamtes zur Gewäh-rung des Ehrensolds heißt es schließlich: »Die Festsetzung des Eh-rensoldes ist Bundespräsident a. D. Christian Wulff durch Bescheid des Referates mitgeteilt worden.« Es handele sich dabei rechtlich um einen »Verwaltungsakt des Bundespräsidialamtes als zuständi-ger Verwaltungsbehörde«. Die Begründung lautet: »Die öffentliche Wahrnehmung konzentrierte sich nahezu ausschließlich auf Sach-verhalte aus der Amtszeit als niedersächsischer Ministerpräsident und dem Privatleben des Bundespräsidenten. Der Bundespräsident fand mit seiner Amtsausübung kaum noch Gehör. Die Medien be-richteten zunehmend weniger über die politischen Botschaften bei seinen Terminen im In- und Ausland. (…) Die Umfrageergebnisse machten kontinuierlich deutlich, dass das Amt, aber auch der Bun-despräsident persönlich, an Vertrauen, Glaubwürdigkeit und Auto-rität verlor. Es kam zu bislang nicht gekannten Demonstrationen. (…) Beteiligte an Terminen des Bundespräsidenten reagierten zu-nehmend mit Absagen oder Verunsicherung. (…) Amt und Person wurden immer weniger respektiert.«[328]

Damit folgt das Präsidialamt in der Begründung den politischen Motiven für den Rücktritt, die Christian Wulff in seiner Rede vor-gegeben hatte. Es ist ein verheerendes Zeugnis, ausgestellt vom eige-nen Amt. Ein Schlag ins Gesicht des Ex-Bundespräsidenten, der ihm aber immerhin 199.000 Euro jährlich garantiert.

Für Verfassungsrechtler Hans Herbert von Arnim dagegen liegen allein persönliche Gründe für den Rücktritt vor. In seiner Analy-se kommt der Rechtswissenschaftler zum Ergebnis: »Persönliche Gründe sind solche, die in der Person des Bundespräsidenten wur-zeln, so zum Beispiel, wenn er vorzeitig demissioniert, weil er sich auf sein Privatleben konzentrieren oder ein lukratives Angebot aus der Wirtschaft annehmen will. In Betracht kommen auch Straftaten oder andere grob unangemessene Verhaltensweisen, die auch vor Beginn des Amts begangen sein können, erst recht, wenn der Präsident durch ihr nachhaltiges Verheimlichen und unvollständiges Darstellen gegenüber Parlament und Medien den Eindruck eines schlechten Gewissens erweckt. Tritt der Bundespräsident ihretwegen zurück, liegen weder politische noch gesundheitliche Gründe vor, sondern moralische bzw. charakterliche, die natürlich auch in der Person wurzeln, so dass er keinen Ehrensold erhält. Hätten solche Verhaltensweisen ihn, wären sie vorher bekannt geworden, für die Übernahme des Amts disqualifiziert, kann es nach einem deshalb erfolgten Rücktritt keinen Ehrensold geben. So dürfte es auch im Falle Wulff liegen. Daran dürfte sich auch dadurch nichts ändern, dass Medien das grob unangemessene Verhalten aufgedeckt haben und Wulff auch auf Grund seiner vielen nur halb wahren Verlautbarungen, die immer wieder neue Nachfragen provozierten, zunehmend unter Druck gerät und seine mangelnde Eignung für das Amt immer deutlicher zu Tage tritt.«[329]

Im Zusammenhang mit der umstrittenen Gewährung des Ehrensolds erinnert SPD-Chef Sigmar Gabriel an eine Diskussion zum Ruhegeld, die Christian Wulff vor seinem Amtsantritt selbst angestoßen hatte. Es sei »kaum auszuhalten«, beklagt Gabriel, dass Christian Wulff sich nicht an seine eigenen Vorschläge halte, die er vor seiner Wahl machte – nämlich den Ehrensold zu halbieren. »Und dass er nun auch noch bis zu seinem Lebensende die volle Amtsausstattung mit Büro, Schreibkraft, Auto und Fahrer haben will.«[330] Tatsächlich hatte Christian Wulff nach seiner Nominierung öffentlich eine Reduzierung des Ehrensolds für Altbundespräsidenten angeregt. Erst neun Tage vor seiner Wahl zum Bundespräsidenten sprach sich der CDU-Politiker im Juni 2010 in der ZDF-Sendung »Was nun, Herr Wulff?« klar und deutlich für Abstriche beim Ruhegeld aus.

Auf die Frage von ZDF-Chefredakteur Peter Frey, ob ein lebenslanger Ehrensold angesichts der allgemeinen Sparzwänge noch in die Zeit passe, erklärte Wulff wörtlich: »Ich denke, da muss ein Zeichen gesetzt werden.« Beim Ehrensold, erklärt er klipp und klar, müsse man »Abstriche« machen.

Freys ZDF-Kollege Peter Hahne hakt nach: »Auch finanziell?« Wulff darauf: »Ja sicher.«[331]

An dieses Versprechen erinnern ihn ARD-Journalisten einen Tag nach der Wahl in der Sendung »Farbe bekennen«. Und Wulff bekennt Farbe und kündigt erneut eine Änderung beim Ehrensold an. Er sagt: »Wir werden einen Vorstoß machen.«

»Wer ist wir?«, lautet die Nachfrage.

Wulffs Antwort: »Das Bundespräsidialamt. Also, wir lassen es ausarbeiten, was man da machen kann. Ich halte es für ganz wichtig, dass man ein Zeichen setzt. Denn wenn insgesamt das Zeichen gegeben werden muss, wir alle müssen mit weniger auskommen, dann gilt das in erster Linie auch für den Bundespräsidenten.«[332]

Das nennt man Doppelmoral.

Vielleicht wäre Christian Wulff an diesem 17. Februar 2012 besser beraten gewesen, wenn er seiner Rücktrittsrede drei Sätze angefügt hätte:

Erstens: Ich verzichte auf den lebenslangen Ehrensold von 199.000 Euro jährlich.

Zweitens: Ich verzichte auf den lebenslangen Anspruch auf Fahrer, Büro und Sekretärin.

Drittens: Ich verzichte auf den Großen Zapfenstreich, solange die Staatsanwaltschaft Hannover das Ermittlungsverfahren wegen eines Korruptionsdelikts gegen mich nicht wegen erwiesener Unschuld eingestellt hat.

Doch Christian Wulff sagt diese drei Sätze nicht. Dabei hätte er damit Türen öffnen können, die nun weiter verschlossen für ihn bleiben. Denn es geht ihm offenkundig nicht um die Ehre, es geht ihm wohl eher um den Sold, um das Büro und die Mitarbeiter, um die Limousine und den Chauffeur – und das sein Leben lang.

Jetzt muss der Bundespräsident a. D. damit leben, dass ihn die Menschen schief angucken, wenn er im Restaurant ein Steak oder bei Heimspielen von Hannover 96 in der AWD-Arena eine Wurst bestellt. Dass sie hinter seinem Rücken tuscheln und schimpfen. Wenn sie ihm ihre Meinung nicht gleich direkt ins Gesicht sagen.

Christian Wulff ist im Sommer 2010 sicher nicht wegen der Bezüge von jährlich 199.000 Euro plus Aufwandsentschädigung ins Schloss Bellevue gezogen. Aber vielleicht will er wegen des vielen Geldes das schöne Schloss im Winter 2011/2012 so lange nicht verlassen.

DER ZAPFENSTREICH – UND DANN?

Warum tut er sich das an? Warum sucht er noch einmal die große Bühne und das Scheinwerferlicht? Das ist die Frage am 8. März 2012, am Tag des Großen Zapfenstreichs für Christian Wulff. Der unwürdige Abschied wirft ein letztes Schlaglicht auf die Amtszeit des zehnten Bundespräsidenten.

Walter Scheel, Richard von Weizsäcker, Roman Herzog und Horst Köhler – alle vier noch lebenden Altbundespräsidenten – sagen ihre Teilnahme am Großen Zapfenstreich für Christian Wulff ab.

Schlimmer noch: Der SPD-Fraktionsvorsitzende Frank-Walter Steinmeier fordert, den Großen Zapfenstreich für Wulff ganz abzusagen. »Wenn alle noch lebenden Altbundespräsidenten eine Teilnahme an der Zeremonie ablehnen«, so Steinmeier, »kann ich Christian Wulff nur raten, nicht auf einem Zapfenstreich zu bestehen.«[333]

SPD-Chef Sigmar Gabriel bezeichnet die höchsten militärischen Ehren für Wulff als einfach nur »peinlich« und fragt sich, warum es jetzt noch unbedingt einen Zapfenstreich geben müsse, obwohl wirklich klar sei, dass das alles eine Katastrophe gewesen sei. »Da wird einer, der im Amt gescheitert ist, so verabschiedet, als habe er Großes für Deutschland geleistet.«[334] Und Renate Künast von den Grünen giftet wenige Tage vor dem Abschied: »Der Zapfenstreich ist überflüssig wie ein Kropf.«[335]

Zur gleichen Zeit erstellt das Bundespräsidialamt die Gästeliste für den Großen Zapfenstreich. Christian Wulff trifft allein die Auswahl, wer Einladungen bekommen soll. Die erste Frage ist: Wer wird zu der Veranstaltung in den Park von Schloss Bellevue eingeladen? Wer nicht?

Auffällig ist: Wulffs ehemalige Kabinettskollegen aus Niedersachsen sind ebenso wenig geladen wie die Fraktionsvorsitzenden der Parteien im Deutschen Bundestag. Dafür steht Torsten Anklam, der Ex-Lebensgefährte von Wulffs Ehefrau Bettina, auf der Gästeliste. Auch Angela Solaro-Meyer, die Gastronomin, in deren Pension auf Sylt die Wulffs kostenlos Urlaub verbrachten.

Zum Großen Zapfenstreich, so teilt das Bundespräsidialamt vor der Veranstaltung mit, sollten neben Politikern, Botschaftern und anderen Funktionsträgern auch »Freunde und Wegbegleiter« von Christian Wulff geladen werden.

Freunde hatte das Glamour-Paar aus Großburgwedel viele. Reiche Freunde, berühmte Freunde. Aber wo sind die nun?

Wo ist Carsten Maschmeyer, der befreundete Multimillionär und AWD-Gründer aus Hannover, der im Landtagswahlkampf die Werbung für Wulffs Buch bezahlt hatte und in dessen Luxusvilla auf Mallorca der Bundespräsident unmittelbar nach der Wahl den Sommerurlaub verbrachte? Der Freund fehlt bei der Zeremonie.

Auch Egon Geerkens, der väterliche Freund, der den dubiosen 500.000-Euro-Kredit eingefädelt hatte, ist nicht erschienen.

Wolf-Dieter Baumgartl, der Versicherungsmanager aus Hannover, in dessen Toskana-Villa das Präsidenten-Paar kostenlos seine Flitterwochen verlebte, auch er ist nicht zu sehen.

Und wo ist David Groenewold, der Filmproduzent aus Berlin, der dem Bundespräsidenten ein Zweit-Handy borgte und zwei Sylt-Aufenthalte für die Wulffs buchte und vorfinanzierte? Auch er wird nicht zum Zapfenstreich kommen.

Offenbar sind sie gar nicht eingeladen worden. Schöne Freunde.

Die zweite Frage ist spannender: Wer nimmt die Einladung an? Wer folgt ihr nicht?

Neben den vier noch lebenden Altbundespräsidenten sagt Finanzminister Wolfgang Schäuble ab. Auch die Botschafter Polens, Russlands und der Schweiz bleiben der Veranstaltung fern. Selbst

Lothar Hagebölling, Chef des Bundespräsidialamtes und Wulffs langjähriger Vertrauter in der niedersächsischen Staatskanzlei, fehlt, angeblich aus gesundheitlichen Gründen.

Am Vorabend des Großen Zapfenstreichs kann Christian Wulff die Einladungsliste einsehen. Die Zahlen spiegeln sein Ansehen wider. 369 Personen wurden eingeladen. 153 Zusagen sind eingegangen, 164 Absagen, 52 Männer und Frauen antworten auf die Einladung nicht. Sie alle verpassen ein bizarres Schauspiel, einen »Abschied in Wut und Würde«, wie »Der Tagesspiegel« schreibt.[336]

Am 8. März 2012 wird im Park von Schloss Bellevue mit dem Großen Zapfenstreich das letzte Kapitel in der Affäre Wulff aufgeschlagen. Auf dem Balkon beziehen vier Fackelträger Position. Christian Wulff steht auf einem roten Podest. Neben ihm Bayerns Ministerpräsident Horst Seehofer. Als amtierender Bundesratspräsident nimmt er gemäß Paragraf 57 des Grundgesetzes die Befugnisse des zurückgetretenen Bundespräsidenten wahr. In der ersten Reihe Bettina Wulff, links neben ihr Angela Merkel, rechts Annalena Wulff, die Tochter des Altbundespräsidenten aus erster Ehe. Der Oberstleutnant salutiert: »Herr Bundespräsident, melde den Großen Zapfenstreich zu Ihren Ehren angetreten.«

Beim Empfang im Schloss Bellevue hatte Bayerns Ministerpräsident Horst Seehofer als Gastgeber zuvor einige Worte an den Mann gerichtet, der nun mit den höchsten militärischen Ehren verabschiedet wird. »Das mutige Eintreten für die Grundwerte einer offenen Gesellschaft, für Toleranz, für Religionsfreiheit, für die Menschenrechte, das ist eine weitere wichtige Aufgabe, die ein Bundespräsident im In- und Ausland wahrnehmen kann. Sie, lieber Christian Wulff, haben dies in würdiger Form und ruhigem Ton getan. (...) Sie waren ein guter Vertreter des modernen Deutschlands. (...) Sie haben Deutschland würdig in der Welt vertreten. Dafür danke ich Ihnen.«[337]

700 Demonstranten vor Schloss Bellevue sehen das – wie die Mehrheit der Deutschen – anders. Sie sind mit Vuvuzelas, Trillerpfeifen und Tröten gekommen. Sie rufen »Schande, Schande«, bis in den Park sind die Rufe zu hören. Mit ihrem ohrenbetäubenden

Lärm machen sie den Großen Zapfenstreich zu einer Farce. Einige von ihnen haben alte Schuhe mitgebracht, die sie Richtung Schloss Bellevue halten. In den Wochen zuvor hatte es schon zwei »Schuh hoch«-Demonstrationen vor dem Amtssitz des Staatsoberhauptes gegeben. Die Buhrufe übertönen die vom Musikcorps der Bundeswehr gespielten Musiktitel, die Christian Wulff sich zu seinem Abschied gewünscht hat. Die Fackeln der 370 Soldaten des Wachbataillons geben dem Spektakel ein gespenstisches Licht.

Am Tag des Zapfenstreichs hält Christian Wulff seine letzte Rede. Er richtet die Worte an die Menschen, die seiner Einladung gefolgt sind. Was wird er sagen? 20 Tage sind seit seinem Rücktritt vergangen, seitdem hatte er sich völlig aus der Öffentlichkeit zurückgezogen.

In seiner Rede spricht Christian Wulff von »Bedauern«. Doch sein Bedauern gilt seinem Ausscheiden aus dem Amt. Er bedauert nicht die Gründe, die dazu geführt haben. Mit keinem Wort geht er auf die gegen ihn erhobenen Vorwürfe und seine Verfehlungen ein.

»Ich möchte mich erst einmal bedanken, dass Sie ins Schloss Bellevue gekommen sind«, begrüßt Wulff seine Gäste. »Diesen Anlass heute hatte ich mir eigentlich erst für 2015 vorstellen können. Ich hätte es allerdings als Niedersachse auch wissen können. Aus der Region stammt Wilhelm Busch. Und von ihm stammt der schöne Satz: Erstens kommt es anders und zweitens als man denkt.

Ich empfinde heute Bedauern, das werden Sie nachvollziehen können, aber vielmehr empfinde ich Dankbarkeit und Zuversicht. Dankbarkeit für wundervolle Begegnungen mit eindrucksvollen Menschen, die sich einsetzen für ihre Nächsten, in ihrer Umgebung, für unser Land.«

Er dankt dem Bundestagspräsidenten, der Kanzlerin und seinen Mitarbeitern, von denen »viele oft Übermenschliches geleistet haben«.

Dann wendet er sich an seine Ehefrau, die sich bei seiner Rücktrittsrede bewusst ein großes Stück neben ihn gestellt hatte, um öffentlich Distanz zu ihrem Ehemann zu demonstrieren: »Ich danke ganz herzlich meiner Frau Bettina«, erklärt Wulff nun, »die unser

Land auf großartige Weise überzeugend und mit einem enormen Zeiteinsatz repräsentiert hat.«

Sein Dank gilt auch Verteidigungsminister Thomas de Maizière, der ihm mit dem Großen Zapfenstreich die Gelegenheit gegeben habe, sich von den Soldaten zu verabschieden.

Christian Wulffs letzte Rede im Schloss Bellevue endet mit den Worten: »Meiner Nachfolge wünsche ich eine glückliche Hand für Deutschland und breite Unterstützung in Deutschland, weil man die benötigt als Bundespräsident. Und ich kann Ihnen sagen, dass meine Frau und ich uns weiterhin engagiert für unser Land, an das wir glauben, und seine Menschen, für die wir uns verantwortlich fühlen, einsetzen werden.«[338]

Danach führt das Protokoll Regie, veröffentlicht auf der Internetseite des Bundespräsidenten:

18.40 Uhr: Aufziehen der Fackelträger.
19.00 Uhr: Bundespräsident a. D. Christian Wulff begibt sich, begleitet vom Präsidenten des Bundesrates, Horst Seehofer, vom Bundesminister der Verteidigung, Dr. Thomas de Maizière, und vom Generalinspekteur der Bundeswehr, General Volker Wieker, zum Podest im Park von Schloss Bellevue.
19.00 Uhr: Anmarsch des Großen Zapfenstreichs, anschließend Meldung des Großen Zapfenstreichs.
Serenade: »Alexandermarsch« von Andreas Leonhardt (Divisionsmarsch der 1. Panzerdivision in Hannover), »Over The Rainbow« von Harold Arlen, »Da berühren sich Himmel und Erde« von Christoph Lehmann, Ode »An die Freude« von Ludwig van Beethoven.
Großer Zapfenstreich: Locken zum Zapfenstreich, Zapfenstreichmarsch, Retraite, Zeichen zum Gebet, Gebet »Ich bete an die Macht der Liebe«, Abschlagen nach dem Gebet, Ruf nach dem Gebet. Nationalhymne, Abmeldung des Großen Zapfenstreichs, anschließend Ausmarsch des Großen Zapfenstreichs.[339]

Die ARD überträgt den Großen Zapfenstreich ab 19 Uhr live, Wulffs Abschied sehen 3,46 Millionen Zuschauer.

Über die Zeit nach dem Ausscheiden aus der Politik hatte sich Christian Wulff schon Gedanken gemacht, als er noch Ministerpräsident in Niedersachsen war. »Da ich immer noch der jüngste Ministerpräsident bin, werde ich wohl dem Reiz erliegen, noch mal etwas anderes zu machen. Nach einer langen Phase als Ministerpräsident dann noch einmal einige Jahre als Jurist in der Wirtschaft tätig zu sein, das kann ich mir gut vorstellen«, erklärte Wulff im Jahr 2006. »Insofern glaube ich nicht, dass ich als Politiker in den Ruhestand treten werde.«[340] Nun tritt er als jüngster Altbundespräsident in den Ruhestand.

»Ich gehe mit dem Gefühl der Neugier und der Vorfreude auf das, was kommt«, sagt Christian Wulff bei seiner Abschiedsrede zum Zapfenstreich.[341] Aber was soll jetzt kommen? Welches Dax-Unternehmen könnte es sich leisten, Christian Wulff als Berater zu beschäftigen? Soll er zurück in die Gemeinschaftskanzlei nach Osnabrück, in der er seit 1993 nicht mehr gearbeitet hat? Soll er vor dem Amtsgericht Osnabrück Mandanten bei Nachbarschaftsstreitereien oder Verkehrsdelikten vertreten? Ehemalige Staatsmänner bestreiten ihren Lebensunterhalt in der Regel auch mit Reden, die sie in der ganzen Welt halten. Honorare von 55.000 Euro sind keine Seltenheit. Aber welche Rede sollte Christian Wulff nach seiner Rücktrittsrede vom 17. Februar 2012 jetzt noch halten?

Autobiografien von ehemaligen Spitzenpolitikern werden Bestseller. Aber welches Buch sollte Christian Wulff jetzt schreiben? Wie könnte der Titel lauten? »Aufstieg und Fall des Christian Wulff«? Undenkbar. Zudem sind schon einige Bücher während seiner Zeit als CDU-Politiker erschienen. Eines trug den Titel: »Besser die Wahrheit«.

Die ehemalige First Lady Bettina Wulff entschließt sich schon im Spätsommer 2012, ihre Memoiren zu veröffentlichen. »Jenseits des Protokolls« heißt das Buch, das im September 2012 erscheint. 60.000 Euro, spekuliert »Der Spiegel«, soll sie als Garantiesumme für die Biografie erhalten haben.[342]

In der »Süddeutschen Zeitung« kündigt Bettina Wulff zudem – sieben Monate nach dem Auszug aus Schloss Bellevue – an, dass sie den ARD-Moderator Günther Jauch und den Internetsuchdienst Google verklagen werde. »Bettina Wulff, die Frau des früheren Bundespräsidenten, geht massiv gegen die Verbreitung von Gerüchten und Denunziationen über ihr angebliches Vorleben vor«, schreibt das Blatt. »Am Freitag hat die 38-Jährige Klagen beim Hamburger Landgericht gegen den Fernsehmoderator Günther Jauch und den Google-Konzern eingereicht.«[343]

Mag es der verspätete Kampf um ihre Ehre gewesen sein? Oder der richtige Zeitpunkt, Promotion für ihre Biografie mit dem Titel »Jenseits des Protokolls« zu machen, das zur gleichen Zeit erscheint?

Schon in den Monaten zuvor war Bettina Wulff mit ihren Anwälten erfolgreich gegen Blogger und andere Medien vorgegangen, die dieses ehrabschneidende Gerücht gestreut hatten. Mit Günther Jauch nun im Visier – einem der populärsten Deutschen – erzielt sie mit ihrer öffentlichen Klageankündigung die höchste mediale Aufmerksamkeit, die auch werbewirksam auf ihre Biografie abstrahlen wird. Dabei liegt der Anlass der Klage gegen Günther Jauch zu diesem Zeitpunkt schon neun Monate zurück. In seiner Talkshow vom 18. Dezember 2011 zum Thema »Die 500.000-Euro-Frage – Ist Christian Wulff noch der richtige Bundespräsident?« hatte Günther Jauch Andeutungen über das angebliche Vorleben von Bettina Wulff gemacht. Warum ging sie nicht schon vor Monaten dagegen vor?

»Als mein Mann noch Bundespräsident war, wäre das ein Ding der Unmöglichkeit gewesen«, erklärt sie in einem der Interviews, mit denen ihre Biografie im September 2012 beworben wird. »Das hätte die Aufmerksamkeit in eine absolut falsche Richtung gelenkt, nämlich auf meine Person. Und das hätte auch diesem anonymen Rufmord viel zu viel Aufmerksamkeit beschert.«[344] Bettina Wulff – aber auch ihr Ehemann – seien fest davon überzeugt gewesen, dass ein öffentliches Vorgehen gegen die Rotlicht-Gerüchte dem Ansehen des Amtes geschadet hätte, vor allem auch im Ausland.[345]

Grotesk am Rande: Christian Wulff selbst hatte während seines TV-Interviews am 4. Januar 2012 die Gerüchte – wohl versehentlich – selbst befeuert. In der von ihm zu diesem Zeitpunkt des Gesprächs gewählten Opferrolle formulierte er für ihn ungewöhnlich holprig vor immerhin über elf Millionen Zuschauern: »Wir müssen auch aufpassen, dass überhaupt noch Menschen bereit sind, sich dieser Sache – auch im Internet, wenn Sie da sehen, was da über meine Frau alles verbreitet wird an Fantasien – dann kann ich nur sagen, da müssen wir doch auch sehen, dass die Menschen noch bereit sind, sich der Öffentlichkeit zu stellen, in die Öffentlichkeit zu gehen.«[346] Damit führte er jene ins Internet, die noch nichts von den Fantasien über seine Frau gewusst hatten. Tatsächlich hatten bis zum September 2012 die wenigsten Deutschen überhaupt Kenntnis über die Gerüchte, mit denen Bettina Wulff im Internet verleumdet wurde.

»Waren Ihnen die Internet-Gerüchte, die Bettina Wulff mit dem Rotlicht-Milieu in Verbindung bringen, vor den juristischen Schritten bekannt?«, wollte BILD am SONNTAG in einer Umfrage des Meinungsforschungsinstituts Emnid wissen. Die Antwort: 81 Prozent der Befragten antworteten mit Nein. Auf die Frage, ob sie Bettina Wulff für »glaubwürdig« hielten, antworteten übrigens nur 36 Prozent mit Ja.[347]

Die Kritiken über die Biografie Bettina Wulffs sind vernichtend. »Tagebuch eines Teenies«, höhnt das Magazin »Cicero«.[348] »Die Selbstdemontage dieser Frau ist so komplett, dass es schon fast keine Rolle mehr spielt, ob an den Rotlicht-Gerüchten etwas dran ist«, schreibt die »Nürnberger Zeitung«.[349] Und tatsächlich kann man den Eindruck gewinnen, dass die Frau offenkundig nichts begriffen hat. Sonst würde sie über ein kostenloses Upgrade während eines USA-Urlaubs, für das sich ihr Mann im Parlament entschuldigen musste, nicht trotzig schreiben: »Lehnt man zum Beispiel dankend ab, wenn man, wie wir am 20. Dezember 2009, am Check-in auf dem Flughafen steht, kurz vor einem gut neunstündigen Flug von Düsseldorf nach Miami, am Hosenbein zupfend ein quengelndes Kleinkind, und eröffnet bekommt, dass es statt wie gebucht in der Economy-Class noch freie Plätze in der Business-Class gebe und diese nutzen könne? Sagt man da etwa Nein?«[350]

In dem 224-Seiten-Werk schreibt Bettina Wulff über ihre Jugend und ihre Männer, über Vorwürfe und Gerüchte, über die Wahl und den Rücktritt, über Magenschmerzen und Hautrötungen. Ihr Buch hinterlässt Ratlosigkeit. »Man versteht nicht, was sie, die diese Übergriffe in ihrem Privatleben zu erleiden hatte, nun antreibt, ihrerseits immer mehr aus ihrem Privatleben in die Öffentlichkeit zu tragen«, kommentiert die »Frankfurter Rundschau«.[351]

Tatsächlich gewährt die ehemalige Pressereferentin, die sich inzwischen mit einer Agentur für Kommunikation selbstständig gemacht hat, auch tiefe Einblicke in ihr Eheleben. In einem der vielen »Exklusivinterviews«, die sie zeitgleich »Brigitte« und dem »stern«, »Gala« und der »Bunten« gibt, offenbart sie, dass sich das Ehepaar in therapeutischer Behandlung befinde.[352] Wie beim Rücktritt ihres Mannes, als sie bewusst Distanz zu ihm zeigte, distanziert sich Bettina Wulff auch in ihrer Biografie von dem Mann, der für 598 Tage der höchste Repräsentant der Bundesrepublik war. Sie schreibt im Kapitel »Die Vorwürfe«: »Wobei dies im Grunde der Haken war und ist: Mein Mann und ich, wir als Ehepaar Wulff, wurden gerne, als es um die lange Liste der möglichen Vergehen ging, von den Medien über einen Kamm geschoren.«[353]

Die blonde Frau aus Großburgwedel – sie verbrachte mit ihrem Ehemann Gratis-Urlaube bei reichen Freunden, sie ließ sich zum Filmball auf Kosten eines Marmeladen-Herstellers ausführen, vom Filmproduzenten beim Oktoberfest umgarnen und edle Roben ins Schloss Bellevue bringen. Und nun möchte sie mit ihrem Ehemann nicht »über einen Kamm geschoren« werden.

»Sie spricht nur von sich und ›meinen Kindern‹. Warum denunziert eine Frau öffentlich ihren Mann. Eine unglaubliche Rücksichtslosigkeit«, urteilt »Die Welt«.[354] »Christian Wulff war nicht nur der falsche Präsident«, fasst »Der Spiegel« das Desaster zusammen. »Bettina Wulffs Memoiren zeigen: Er hatte für das Amt auch die falsche Frau.«[355]

ES WAR NICHT ALLES SCHLECHT

Daniel Rousta, Ministerialdirektor aus dem baden-württembergischen Wirtschaftsministerium, postet das Foto auf Facebook am 17. Februar 2012, dem Tag von Wulffs Rücktritt. Das Bild zeigt Bettina Wulff – gebückt beim Einsteigen in einen Hubschrauber. Viel Bein ist von der 1,80 Meter großen First Lady zu sehen. Unter das Foto schreibt Ministerialdirektor Daniel Rousta: »Es war nicht alles schlecht.«[356] Für diese und andere abfällige Äußerungen auf Facebook wird Rousta später entlassen.

Tatsächlich war in der kurzen Amtszeit von Christian Wulff nicht alles schlecht. Auch dank Bettina Wulff, der 14 Jahre jüngeren Ehefrau, die durch ihre offene und sympathische Art die Deutschen beeindruckt, zuletzt auch durch ihr tapferes Auftreten, mit dem sie der schweren Krise, den immer neuen Vorwürfen und den verletzenden Kommentaren trotzt.

Warum also war nicht alles schlecht in der Amtszeit von Christian Wulff? Was bleibt von seinen 598 Tagen im Schloss Bellevue? Was wird später in den Geschichtsbüchern stehen zwischen den Berichten über die zähe Wahl Wulffs und denen über sein verzweifeltes Ringen, das Amt zu halten? Was zählt neben Begriffen wie Kredit-Affäre und Gratis-Urlaube, Ermittlungen der Staatsanwaltschaft und Streit um den Ehrensold?

Da ist zum einen die öffentliche Wahrnehmung des Amtsträgers. Wulff will auch mit seinem Familienleben ein modernes Bild von Deutschland geben. Mit einer jüngeren, sehr attraktiven Frau und zwei kleinen Kindern zeigt er sich vor Schloss Bellevue. Eine junge, glückliche Patchwork-Familie, in der jeder einzelne private Turbulenzen und Brüche überstanden hatte. Mit einer First Lady, die das Leben als alleinstehende Mutter gemeistert hatte. Die selbstbewusst wirkt und ihr Tattoo zeigt, das sie sich mit 28 Jahren auf dem Oberarm stechen ließ.

Christian Wulff vertritt Deutschland bei seinen Staatsbesuchen würdig. Schon am 13. August 2010 – nur sechs Wochen nach seiner Wahl – führt ihn sein erster Antrittsbesuch nach Polen. In Warschau vereinbart er mit Polens Präsident Bronisław Komorowski gemeinsam die Schirmherrschaft über das Deutsch-Polnische Jugendwerk.

Auf seiner Auslandsreise nach Israel und in die Palästinensischen Gebiete begleitet ihn im November 2010 seine 17-jährige Tochter Annalena. In Yad Vashem, der Holocaust-Gedenkstätte, schreibt Wulff ins Gästebuch: »Die unfassbaren Verbrechen der Schoah sind Deutschland und den Deutschen eine dauerhafte Verpflichtung, für das Existenzrecht Israels einzutreten.«[357]

Auch im Inland will Wulff Akzente setzen. Gleich in seiner ersten Rede spricht er von einer »bunten Republik Deutschland«. »Mir ist es dabei wichtig, Verbindungen zu schaffen: zwischen Jung und Alt, zwischen Menschen aus Ost und West, Einheimischen und Zugewanderten, Arbeitgebern, Arbeitnehmern und Arbeitslosen, Menschen mit und Menschen ohne Behinderung.« Der frisch Gekürte fordert sein Volk zur Zusammenarbeit mit allen Teilen der Welt auf: »Das können wir schon hier bei uns einüben, in unserer Bundesrepublik, in unserer bunten Republik Deutschland.«[358]

Es ist zwar keine richtungsweisende Rede, aber 72 Prozent der Deutschen sind sich zu dieser Zeit sicher, dass Christian Wulff ein guter Präsident werden wird. Nur 13 Prozent denken, dass Wulff kein guter Bundespräsident wird – diese Minderheit wird schließlich recht behalten.[359]

Was bleibt wirklich vom zehnten Bundespräsidenten?

Da ist ein Satz. »Aber der Islam gehört inzwischen auch zu Deutschland.« Der Bundespräsident spricht diesen Satz am 3. Oktober 2010. Kurz zuvor hatte Thilo Sarrazin, Vorstandsmitglied der Deutschen Bundesbank, mit seinem Buch »Deutschland schafft sich ab« eine leidenschaftliche Debatte über die Ausländerpolitik im Land ausgelöst.

Die Rede von Christian Wulff zum 20. Jahrestag der Deutschen Einheit ist die meistbeachtete Rede des zehnten Bundespräsidenten. Wulff hält sie auf der zentralen Einheitsfeier in Bremen. Die Rede trägt die Überschrift »Vielfalt schätzen, Zusammenhalt fördern«. Der Bundespräsident appelliert an die Bundesbürger, Einwanderer als Bereicherung zu sehen. Und er spricht über seine eigenen

Kontakte und Begegnungen mit Muslimen in Deutschland. »Wenn mir deutsche Musliminnen und Muslime schreiben: ›Sie sind unser Präsident‹ – dann antworte ich aus vollem Herzen: Ja, natürlich bin ich Ihr Präsident!«, sagt Wulff. »Und zwar mit der Leidenschaft und Überzeugung, mit der ich der Präsident aller Menschen bin, die hier in Deutschland leben.«[360]

Als Ministerpräsident von Niedersachsen hatte der CDU-Politiker im April 2010 mit der türkischstämmigen Aygül Özkan die erste Muslima in sein Kabinett geholt und zur Sozialministerin ernannt.

Nun spricht Wulff bei der Einheitsfeier in Bremen die Sätze, die neben der Affäre von seiner Amtszeit bleiben: »Zuallererst brauchen wir aber eine klare Haltung. Ein Verständnis von Deutschland, das Zugehörigkeit nicht auf einen Pass, eine Familiengeschichte oder einen Glauben verengt, sondern breiter angelegt ist. Das Christentum gehört zweifelsfrei zu Deutschland. Das Judentum gehört zweifelsfrei zu Deutschland. Das ist unsere christlich-jüdische Geschichte. Aber der Islam gehört inzwischen auch zu Deutschland.«[361]

Das Echo ist – wie nicht anders zu erwarten – geteilt und hallt lange nach.

Die Kirche reagiert. Hans-Jochen Jaschke, Hamburgs Weihbischof, legt Wert auf die Feststellung, dass Deutschland immer noch stark von der christlichen Kultur geprägt sei. Er kündigt an: »Und ich kämpfe dafür, dass wir sie nicht preisgeben.«[362]

Die Politik reagiert. Innenminister Hans-Peter Friedrich widerspricht dem Staatsoberhaupt, der CDU-Politiker sagt: »Dass der Islam Teil unserer Kultur ist, unterschreibe ich nicht. Um das klar zu sagen: Die Leitkultur in Deutschland ist die christlich-jüdisch-abendländische Kultur. Sie ist nicht die islamische und wird es auch nicht in Zukunft sein.«[363]

Volker Kauder, Vorsitzender der Unionsfraktion im Deutschen Bundestag, erklärt später: »Der Islam ist nicht Teil unserer Tradition und Identität in Deutschland und gehört somit nicht zu Deutschland.«[364]

Maria Böhmer, die Ausländerbeauftragte der Bundesregierung, ist Wulff dankbar, dass er die Integrationspolitik ins Zentrum seiner

Rede stellt. Sie sagt aber auch: »Für einen radikalen Islam, der unsere Werte infrage stellt, ist kein Platz in unserem Land.«[365]

Der Schriftsteller Martin Mosebach erinnert daran, dass das Grundgesetz auf Werten des Christentums basiert. »Da gibt es kein einziges islamisches Element – woher sollte das auch kommen?« Erst wenn die muslimischen Deutschen die kulturelle Kraft besitzen sollten, »der deutschen Kultur islamische Wesenszüge einzuflechten, dann mag man in hundert Jahren vielleicht einmal sagen: der Islam gehört zu Deutschland«.[366]

Ali Kizilkaya, Vorsitzender des Islamrats in Deutschland, spricht angesichts von Wulffs Rede von »einem Meilenstein im Integrationsprozess«.[367]

Ertugrul Özkök, der berühmteste Journalist der Türkei, schreibt in BILD: »Bundespräsident Wulff gab uns vor zwei Jahren eine sehr schöne Botschaft mit: Ich bin auch der Präsident der Muslime in Deutschland. Es tut mir aufrichtig leid, dass Bundespräsident Wulff zurückgetreten ist. Er ist nämlich ein guter Mensch. Ein verantwortungsbewusster, zeitgenössischer Deutscher. Dem Bundespräsidenten Wulff möchte ich aber gleichzeitig zu seinem Entschluss gratulieren.

Denn diese Entscheidung hat gezeigt, dass er nicht nur ein guter Mensch ist, sondern auch ein Politiker, der die Demokratie achtet.

Auch gute Menschen, auch gute Demokraten können Fehler machen. Und wenn sie den Preis für ihre Fehler freiwillig zahlen, kann ihr Ansehen nur wachsen. (…) Als ein Türke empfinde ich Traurigkeit, dass der Bundespräsident, der sich der muslimischen Bürger Deutschlands angenommen hat, zurückgetreten ist. Aber auch Freude darüber, dass Demokratie und die freie Presse ihre Regeln ohne Zugeständnisse durchgesetzt haben. Gewonnen hat am Ende Deutschland.«[368]

Auch die Türkische Gemeinde Deutschlands wird den Rücktritt des Bundespräsidenten später bedauern. Deren Vorsitzender Kenan Kolat vor dem Großen Zapfenstreich: »Wulff hat zur kulturellen Vielfalt der Bundesrepublik Deutschland mehr beigetragen als viele Politiker vor ihm. Ich denke, es ist wichtig, dass ich ihm im

Namen der Türkischen Gemeinde und im Namen aller Türken in Deutschland noch einmal für seine Arbeit danke.«[369] Wulff habe zwar eindeutige Fehler gemacht, aber er habe die Messlatte beim Zukunftsthema Migration sehr hoch gelegt.[370]

Aber was denken die Deutschen über diese Rede Wulffs? Über die Feststellung des Bundespräsidenten, der Islam gehöre zu Deutschland? 66 Prozent stimmen ihrem Staatsoberhaupt laut repräsentativer Umfrage nicht zu. Noch größer ist die Ablehnung bei Wählern von CDU, CSU und FDP – aber auch bei Anhängern von Die Linke. Nur 24 Prozent der 1000 Befragten sind wie ihr Staatsoberhaupt der Auffassung, dass der Islam zu Deutschland gehöre.[371]

Joachim Gauck ist gerade zehn Wochen im Amt, als er auf die umstrittene Wulff-These reagiert. Die Reaktion kommt überraschend schnell und überraschend deutlich. Während seines Staatsbesuchs in Israel veröffentlicht »Die Zeit« ein Interview mit dem neuen Staatsoberhaupt. Der entscheidende Auszug:

»›Zeit‹: Den Satz Ihres Vorgängers, ›Der Islam gehört zu Deutschland‹, haben Sie bislang nicht übernommen.

Gauck: Nein, aber seine Intention nehme ich an. Die Absicht war die, zu sagen: Leute, bitte einmal tief durchatmen und sich der Wirklichkeit öffnen. Und die Wirklichkeit ist, dass in diesem Lande viele Muslime leben. (…) Ich hätte einfach gesagt, die Muslime, die hier leben, gehören zu Deutschland.«[372]

Was bleibt noch von Christian Wulff, dem zehnten Bundespräsidenten? Eine Frage, die noch nie zuvor öffentlich so leidenschaftlich diskutiert wurde: Brauchen die Deutschen überhaupt einen Bundespräsidenten?

18. MÄRZ 2012:
»WAS FÜR EIN SCHÖNER SONNTAG«

Ich habe mich in einer bestimmten Etappe meiner DDR-Existenz daran gewöhnt, die DDR-Bürger als »DDR-Bewohner« zu bezeichnen. Bis mir auffiel, dass auch dies ein Euphemismus

ist. Denn Bewohner eines Hauses können das Gebäude auf-
und zuschließen, sie können hinein- und hinausgehen. Wir
konnten das alles nicht.   Joachim Gauck im Jahr 2012[373]

Es wirkt wie eine Erlösung, als Joachim Gauck am 18. März 2012
im Reichstagsgebäude vor das Mikrofon tritt. Es ist 14.20 Uhr, der
ehemalige DDR-Bürgerrechtler ist gerade mit 991 von 1228 gültigen Stimmen zum elften Bundespräsidenten der Bundesrepublik
Deutschland gewählt worden. Ein Jahr und neun Monate, nachdem
er Christian Wulff im ersten Anlauf an gleicher Stelle bei der Wahl
in der Bundesversammlung unterlag. Auf Gaucks Gegenkandidatin
Beate Klarsfeld – nominiert von Die Linke – sind 126 Stimmen
entfallen.

Beate Klarsfeld? Die 73-jährige Journalistin ist eine resolute
und mutige Frau. Die Aufklärung der Nazi-Zeit – das hat sie sich
zur Lebensaufgabe gemacht. Seit Jahrzehnten spürt sie mit ihrem
Ehemann, dem französischen Rechtsanwalt und Historiker Serge
Klarsfeld, Nazi-Verbrecher auf und bringt deren Verbrechen an die
Öffentlichkeit. Sie klärt nach dem Krieg auf, wo nach der Kapitula-
tion nicht aufgeklärt wurde. Dafür erfährt Beate Klarsfeld großen
Respekt und viel Anerkennung.

Weltweit wurden 1969 auch die Bilder gesendet, die Beate Klarsfeld und den damaligen Bundeskanzler Kurt Georg Kiesinger am
7. November 1968 beim CDU-Parteitag in der Berliner Kongress-
halle zeigen. Beate Klarsfeld besteigt das Podium und ohrfeigt
Kanzler Kiesinger. Dabei ruft sie: »Nazi! Nazi! Nazi!«

Der Kandidatin Klarsfeld ist bewusst, dass sie gegen Joachim
Gauck bei der Wahl der Bundesversammlung nur verlieren kann.
Am Tag der Entscheidung sagt sie dann auch: »Dass ich heute hier
stehe und Kandidatin bin, auch wenn ich nicht gewinnen werde,
ist immerhin eine Anerkennung für die viele Arbeit, die ich seit so
vielen Jahren leiste.«[374]

»Was für ein schöner Sonntag«, beginnt Joachim Gauck seine
Rede vor der Bundesversammlung. Und was er sagt, gibt den Deutschen Hoffnung auf eine Amtszeit eines Bundespräsidenten, die

erstmals seit Johannes Rau im Jahr 2004 nicht mit einem Rücktritt enden wird.

Der 18. März 2012 hatte für Joachim Gauck mit einem ökumenischen Gottesdienst in der Französischen Friedrichstadtkirche am Berliner Gendarmenmarkt begonnen. Auch Bundeskanzlerin Angela Merkel und Bundestagspräsident Norbert Lammert waren gekommen.

Jetzt steht er im Reichstagsgebäude am Rednerpult vor der Bundesversammlung. Joachim Gauck spricht von »unendlicher Dankbarkeit« und erinnert an die letzte Volkskammerwahl am 18. März 1990 in der DDR. Es war die erste Volkskammerwahl in der Geschichte der Deutschen Demokratischen Republik, die demokratischen Grundsätzen unterlag.

Anders als bei der Wahl zuvor, die vom 8. Juni 1986 datiert. Die Wahlbeteiligung betrug damals 99,74 Prozent. Der Anteil der Ja-Stimmen für die Nationale Front der Deutschen Demokratischen Republik – den Zusammenschluss der staatstreuen Parteien und Organisation der DDR – wird mit 99,94 Prozent angegeben.

Das amtliche Endergebnis der ersten freien und demokratischen Wahl zur Volkskammer am 18. März 1990 sieht die CDU mit 40,8 Prozent als Sieger vorn. Die SPD erreicht 21,9 Prozent, die PDS 16,4 Prozent, die Deutsche Soziale Union 6,3 Prozent. Bündnis 90 und die Grünen treten getrennt an, kommen auf 2,9 und 2 Prozent.

Joachim Gauck zieht in die Volkskammer für das Bündnis 90, das sich aus dem »Neuen Forum« und den Bürgerbewegungen »Demokratie Jetzt« und »Initiative Frieden und Menschenrechte« zusammengeschlossen hatte.

Mit 265 zu 108 Stimmen und neun Enthaltungen wählt die Volkskammer am 12. April 1990 den CDU-Spitzenkandidaten Lothar de Maizière zum ersten und letzten Ministerpräsidenten der Deutschen Demokratischen Republik.

»Es war der 18. März heute vor genau 22 Jahren, und wir hatten gewählt«, fährt Gauck in seiner Rede fort. »Wir, das waren Millionen Ostdeutsche, die nach 56-jähriger Herrschaft von Diktatoren endlich Bürger sein durften. Zum ersten Mal in meinem Leben – im

Alter von 50 Jahren – durfte ich in freier, gleicher und geheimer Wahl bestimmen, wer künftig regieren solle. Die Menschen, die damals zur Wahl strömten, lebten noch im Nachhall der friedlichen Revolution, als wir ›das Volk‹ waren und dann die Mauern fielen.«[375]

Zwischen der Nominierung von Joachim Gauck am 19. Februar 2012 und dem Rücktritt von Christian Wulff lagen nur 52 Stunden. SPD und Grüne legen sich frühzeitig erneut auf Joachim Gauck als Kandidaten fest. Kanzlerin Angela Merkel ist entschlossen, eine Kandidatur des ehemaligen Bürgerrechtlers durch die Union zu verhindern.

Die Regierungsparteien CDU, CSU und FDP diskutieren nach Wulffs Rücktritt andere Namen. Die Nachrichtenagenturen Reuters und dapd berichten unabhängig voneinander, Bundestagspräsident Norbert Lammert sei von der Kanzlerin gefragt worden, ob er die Wulff-Nachfolge antreten wolle. Lammert soll abgelehnt haben. Auch Wolfgang Huber, der ehemalige Ratsvorsitzende der Evangelischen Kirche Deutschlands, wird gehandelt. Die schwarz-gelbe Koalition einigt sich schließlich auf Andreas Voßkuhle, den Präsidenten des Bundesverfassungsgerichts. Doch der lehnt ab. Eine kurze Zeit ist Klaus Töpfer, ehemaliger Umweltminister der Kohl-Regierung, im Gespräch.[376]

Plötzlich der überraschende Vorstoß von FDP-Parteichef Philipp Rösler. Am 19. Februar um 15.44 Uhr verbreitet die Deutsche Presse-Agentur als Eilmeldung: »FDP unterstützt Gauck.« Und das, obwohl die Kanzlerin zuvor ausdrücklich klargemacht hatte, dass Gauck nicht ihr Kandidat ist.

»Eins ist klar, Gauck wird's nicht«, soll sie am Nachmittag in der Telefonschaltkonferenz mit dem CDU-Präsidium gesagt haben. Merkel erklärt in dieser Runde, sie würde Gauck schätzen. Sein einziges Thema, die Idee der Freiheit, aber reiche allein nicht aus für ein deutsches Staatsoberhaupt. Sie erinnert an die Krise an den Finanzmärkten und Europa. Da brauche das Land einen Präsidenten, der den Menschen die Krise erklären könne.[377]

Um 15.52 Uhr – nur acht Minuten später – die nächste Eilmeldung der Deutschen Presse-Agentur: »Union lehnt Gauck als Präsidentenkandidat ab – Koalitionskrach.« Der Kandidat – plötzlich wird er zur Zerreißprobe zwischen Union und FDP, die Koalition droht zu platzen. Vier Stunden vergehen, bis Angela Merkel in einer Telefonschalte des CDU-Präsidiums dem Kandidaten schließlich doch zustimmt.

Gegen 20 Uhr landet Joachim Gauck auf dem Flughafen Berlin-Tegel. Er kommt von einer Matinee aus Wien. Am Terminal C wartet Taxifahrer Vadim Belon in seinem VW Caddy. Sein nächster Fahrgast wird der nächste Bundespräsident. »Ich sah einen älteren Mann, der ganz ruhig mit seinem Koffer da stand. Mir sind noch seine grauen Haare aufgefallen – dann stieg er zu mir ins Taxi«, wird Taxifahrer Belon später in Interviews sagen.[378] Er berichtet auch bei »stern tv« und in Thomas Gottschalks ARD-Show über den besonderen Fahrgast.[379]

An der Ausfahrt Kaiserdamm greift Joachim Gauck zu seinem Handy, das klingelt. Der Taxifahrer hört die letzten Worte des Gesprächs. »Okay, ich bin einverstanden. Ich mache das.« Der Taxifahrer ahnt nicht, dass der Fahrgast mit den grauen Haaren gerade mit Bundeskanzlerin Angela Merkel telefoniert hat.

Dann sagt der Fahrgast zum Taxifahrer: »Sie fahren jetzt den neuen Bundespräsidenten. Wir müssen jetzt die Richtung ändern und direkt zum Bundeskanzleramt fahren.« Die Fahrt ins höchste Amt kostet Joachim Gauck 23,20 Euro. Er gibt vor dem Kanzleramt – bereits erwartet von Fotografen und Kameramännern – ein gutes Trinkgeld.

Nach der Nominierung sitzt Gauck mit FDP-Chef Rösler, CSU-Chef Seehofer und Kanzlerin Merkel zusammen und dankt für das Vertrauen. »Ich kann Ihnen jetzt in der Verwirrung meiner Gefühle keine Grundsatzrede abliefern«, sagt Gauck. »Das ist unmöglich. Ich komme aus dem Flieger und war im Taxi, als die Frau Bundeskanzlerin mich erreicht hat. Und ich bin noch nicht einmal gewaschen.«[380]

Mit Christian Wulff und seiner zweiten Ehefrau war im Juni 2010 erstmals ein geschiedener Bundespräsident ins Amt gekommen. Joachim Gauck ist nun der erste verheiratete Bundespräsident, der nicht mit seiner Ehefrau, sondern mit seiner Lebensgefährtin ins Schloss Bellevue zieht. Der evangelische Theologe lebt seit der Trennung von Ehefrau Gerhild – der Mutter seiner vier Kinder – mit der Journalistin Daniela Schadt zusammen.

Das Ehepaar Gauck ist seit 1991 getrennt. Mit 19 Jahren hatte Joachim Gauck seine Jugendliebe geheiratet. Drei ihrer vier Kinder wanderten in den Westen aus, als die Staatssicherheit die Familie des Theologen schikanierte. Frau Gauck – inzwischen 72-jährig – sagt vor der Wahl ihres Mannes, Scheidung sei nie ein Thema gewesen. »Bisher war das so nicht angesprochen. Warum wird das jetzt wichtig?«[381]

Der CSU-Politiker Norbert Geis wirft den ersten Stein. Der Bundestagsabgeordnete fordert öffentlich, das Staatsoberhaupt habe seine persönlichen Lebensverhältnisse »so schnell als möglich zu ordnen« und zu heiraten.[382]

Die Diskussion hält nicht lange an. Dieter Wiefelspütz, Innenexperte der SPD, erklärt: »Ich kann meinem Freund Norbert Geis nur zurufen: Halt den Mund.« Volker Beck von den Grünen sagt: »Wie Herr Gauck sein Privatleben lebt, geht niemanden etwas an.« Außenminister Guido Westerwelle hält die Kritik an den persönlichen Lebensverhältnissen des nominierten Bundespräsidenten schlicht für »stillos«.[383]

Am 12. März 2012 – dem Tag der Bundespräsidenten-Wahl – äußert sich Gaucks Lebensgefährtin Daniela Schadt erstmals öffentlich: »Nur aus protokollarischen Gründen zu heiraten, das fände ich auch nicht richtig«, erklärt sie. Das ist vielleicht etwas unglücklich formuliert, doch zu diesem Zeitpunkt ist die Debatte über das Privatleben des Kandidaten längst der politischen Bewertung und Auseinandersetzung mit Joachim Gauck gewichen.

Ein unbequemer Präsident könnte er werden, glauben die Kommentatoren. 80 Prozent der Bundesbürger halten das elfte Staatsoberhaupt laut Umfrage des Meinungsforschungsinstituts Infratest dimap für glaubwürdig. 37 Prozent der Befragten aber wissen nicht, für welche Positionen das neue Staatsoberhaupt steht.[384]

Wofür steht Joachim Gauck?

»Ganz sicher werde ich nicht alle Erwartungen, die an meine Person und meine Präsidentschaft gerichtet wurden, erfüllen können«, sagt Gauck in seiner Rede. »Aber eins kann ich versprechen: dass ich mit all meinen Kräften und meinem Herzen Ja sage zu der Verantwortung, die Sie mir heute übertragen haben. Denn was ich als Bürger anderen Menschen als Pflicht und als Verheißung beschreibe, muss selbstverständlich auch Gültigkeit haben für mich als Bundespräsidenten. Das heißt auch, dass ich mich neu auf Themen, Probleme und Personen einlassen werde, auf eine Auseinandersetzung auch mit Fragen, die uns heute in Europa und in der Welt bewegen. (…) Es ist unser Land, in dem wir Verantwortung übernehmen, wie es auch unser Land ist, wenn wir die Verantwortung scheuen. Bedenken sollten wir dabei: Derjenige, der gestaltet, wie derjenige, der abseits steht – beide haben sie Kinder. Ihnen werden wir dieses Land übergeben. Es ist der Mühe wert, es unseren Kindern so anzuvertrauen, dass auch sie zu diesem Land ›unser Land‹ sagen können.«[385]

Christian Wulff äußert sich zur Wahl seines Nachfolgers nicht öffentlich. Wie denkt der gestürzte Bundespräsident über Gauck?

Am 18. November 2010 hatte Wulff eine Rede für Joachim Gauck gehalten, als dieser in der Hauptstadt-Repräsentanz der Deutschen Telekom in Berlin vom Verband Deutscher Zeitschriftenverleger den Medienpreis »Ehrenvictoria« für sein Lebenswerk erhielt.

In seiner Laudatio erklärte Bundespräsident Wulff, der frühere DDR-Bürgerrechtler und Chef der Stasi-Unterlagenbehörde habe ein leuchtendes Zeichen dafür gegeben, dass es sich lohne, für Freiheit zu kämpfen.

»Man hat versucht, Sie zu bestechen und zu verführen«, so Wulff in seiner Laudatio. Gauck habe diesen Versuchen immer widerstanden. Kaum ein anderer habe in Deutschland so persönlich, so poetisch und zugleich so politisch von der Freiheit schwärmen können wie Gauck.

Wulff beendete seine Rede mit den Worten: »Es ist eines, nach Werten zu rufen – und es ist ein anderes, Werte tatsächlich zu leben und danach zu handeln. Sie, lieber Herr Gauck, haben gehandelt und die Folgen zu spüren bekommen. Man hat Sie bedroht. Man hat versucht, Sie zu bestechen und zu verführen.

Lieber, verehrter Herr Gauck, die Menschen in unserem Land begegnen Ihnen mit großer Achtung! Und das nicht nur, weil Sie überzeugend reden! Es ist etwas anderes: Wir alle spüren, dass hinter Ihrer treffenden Rede ein mutig gelebtes Leben steckt, das Ihre Worte beglaubigt.«[386]

Genau das ist der Unterschied. Der Unterschied zwischen Christian Wulff und Joachim Gauck, zwischen dem zehnten und dem elften Bundespräsidenten. Die Menschen spüren, dass hinter Gaucks Reden ein mutig gelebtes Leben steckt, und nicht nur Jahrzehnte Parteiarbeit.

VI

Affäre Wulff und kein Ende

STAND: 6. NOVEMBER 2012

November 2012. Elf Monate sind seit der Enthüllung der Kredit-Affäre vergangen – und in der Affäre Wulff ist noch kein Ende abzusehen. Die Folgen für die betreffenden Personen:

Christian Wulff, Bundespräsident a. D.: Die Staatsanwaltschaft Hannover ermittelt weiterhin gegen Christian Wulff wegen des Verdachts der Vorteilsannahme im Amt in Zusammenhang mit einer Bürgschaftszusage für Filmproduzent David Groenewold und dessen Gefälligkeiten für Wulff.

Im Juni 2012 berichtet »Der Spiegel«, dass Christian Wulff 10.000 Euro Preisgeld, das er bei der Verleihung des »Leo-Baeck-Preises« erhielt, entgegen der üblichen Praxis nicht spendete, sondern auf sein Privatkonto überwies. Die Staatsanwaltschaft teilt mit, sie prüfe, »ob aufgrund der Verwendung des Preisgelds ein strafprozessualer Anfangsverdacht besteht«.[387] Wulff überwies das Preisgeld schließlich an den Freundeskreis des Chaim Sheba Medical Center nach Israel.

Im September 2012 werden die Ermittlungen gegen Wulff ausgeweitet. Die Staatsanwaltschaft Hannover stößt bei der Auswertung von beschlagnahmten Unterlagen auf einen Bitt-Brief, den Christian Wulff als Ministerpräsident am 15. Dezember 2008 an Siemens-Vorstand Peter Löscher geschrieben hatte. Darin bittet er den Konzern-Chef um eine finanzielle Unterstützung für den Film »John Rabe«, den sein Freund David Groenewold vorbereitet. »Ich habe die Bitte, dass die Siemens AG sich stärker als bisher in das Projekt einbringt«, schreibt Wulff.[388]

Der Film beschreibt das Leben eines Siemens-Mitarbeiters, der während der Nazi-Zeit Tausenden Menschen das Leben rettete. Siemens-Chef Löscher lehnt den Wunsch des damaligen Ministerpräsidenten ab. Pikant – und deshalb für die Staatsanwaltschaft eine neue Spur: Zwei Tage, nachdem Filmproduzent Groenewold die Wulffs zum Oktoberfest eingeladen hatte, bat Groenewold den Ministerpräsidenten schriftlich darum, seine »Kontakte« zum Siemens-Konzern für ihn einzusetzen.

David Groenewold, Filmproduzent und Wulff-Freund: Auch die Ermittlungen gegen David Groenewold wegen des Verdachts der Vorteilsgewährung sind noch nicht abgeschlossen. Im Zentrum stehen die Bürgschaftszusage des Landes Niedersachsen in Höhe von vier Millionen Euro sowie Urlaubsaufenthalte, die Groenewold dem damaligen Ministerpräsidenten Wulff gebucht hatte.

Im April 2012 weitet die Staatsanwaltschaft Hannover die Ermittlungen gegen Groenewold wegen des Verdachts der Abgabe einer falschen eidesstattlichen Versicherung aus. Der Berliner Filmproduzent hatte an Eides statt versichert, er habe in einem Münchner Luxushotel lediglich die Differenz zwischen einem gebuchten Doppelzimmer und der von den Wulffs bewohnten Suite übernommen. Das jedoch stimmt mit den Ermittlungen des Landeskriminalamtes nicht überein. Am 27. April berichtet der Norddeutsche Rundfunk, dass David Groenewold die Übernachtungskosten für Wulffs Leibwächter bei einem gemeinsamen Hotelaufenthalt übernommen hat.[389]

Olaf Glaeseker, Ex-Sprecher des Bundespräsidenten: Das Ermittlungsverfahren gegen den langjährigen Wulff-Vertrauten wegen des Verdachts der Bestechlichkeit im Zusammenhang mit kostenlosen Urlauben bei Partyveranstalter Manfred Schmidt und der Unterstützung von dessen Event Nord-Süd-Dialog dauert an. Im September 2012 machte Olaf Glaeseker nach Paragraf 55 der Strafprozessordnung von seinem Auskunftsverweigerungsrecht im Verfahren gegen Christian Wulff Gebrauch. Das ist möglich, wenn der Zeuge sich durch seine Aussagen selbst einer Strafverfolgung aussetzen würde.

Manfred Schmidt, Event-Manager: Mit Stand vom 5. November 2012 ermittelt die Staatsanwaltschaft gegen den Partyveranstalter wegen des Verdachts der Bestechung. Schmidt soll Olaf Glaeseker mit Geschenken wie kostenlosen Urlaubsaufenthalten und einem Crosstrainer bestochen haben, damit dieser ihm bei der Akquise von Sponsoren für den von Schmidt privat organisierten Nord-Süd-Dialog behilflich ist.

Staatsekretär Lothar Hagebölling, langjähriger Wulff-Vertrauter und Chef des Bundespräsidialamtes, wurde am 19. März 2012 in den einstweiligen Ruhestand versetzt. Er war nie Gegenstand staatsanwaltlicher Ermittlungen.

Petra Diroll, kommissarische Sprecherin des Bundespräsidenten, wurde ebenfalls nach der Wahl Joachim Gaucks abgelöst. Auch sie war nie Gegenstand staatsanwaltlicher Ermittlungen.

Die Staatsanwaltschaft Hannover veröffentlicht in der Affäre Wulff am 9. Oktober 2012 einen Zwischenstand der Ermittlungen:

Die unter Leitung der Zentralstelle für Korruptionsstrafsachen bei der Staatsanwaltschaft Hannover durch das Landeskriminalamt Niedersachsen gegen Christian Wulff und David Groenewold sowie Olaf Glaeseker und Manfred Schmidt geführten Ermittlungen sind fortgeschritten.

In beiden rechtlich und tatsächlich komplexen Vorgängen wurden in kurzer Zeit umfangreiche und aufwendige Beweiserhebungen durchgeführt:

Es wurden 93 Zeugen aus dem gesamten Bundesgebiet vernommen. Elektronische Dateien aus stationären Computern, Notebooks, Tablets, Festplatten, USB-Sticks und Mobiltelefonen in einem Gesamtvolumen von 5 Terrabytes waren auszuwerten. Die ca. 1 Mio. Dateien enthielten u. a. SMS und E-Mails. 380 Aktenordner mit Schriftstücken wurden sichergestellt. 45 Bankkonten mit zahlreichen Einzelbuchungen wurden ausgewertet. Die Telekommunikationsverbindungsdaten von 37 Telefonanschlüssen wurden rückwirkend überprüft. Wohn- und Geschäftsräume in acht Objekten wurden durchsucht. Drei ausländische Staaten wurden um Rechtshilfe ersucht, die bisher in zwei Fällen bewilligt und geleistet wurde. Die Ermittlungsakten umfassen zwischenzeitlich über 20.000 Blatt.

Dieses Arbeitspensum konnte nur durch das besondere Engagement der 24-köpfigen Ermittlungsgruppe des Landeskriminal-

amtes und der vier Staatsanwälte der Zentralstelle für Korrup-
tionsstrafsachen geleistet werden.

II.

In dem Verfahrenskomplex gegen Olaf Glaeseker und Manfred
Schmidt ist zu klären, ob bzw. inwieweit Olaf Glaeseker mit
der Organisation der von Manfred Schmidt privatgeschäftlich
betriebenen Veranstaltungsreihe »Nord-Süd-Dialog« dienst-
lich befasst war und mögliche Zuwendungen durch Manfred
Schmidt hiermit im Zusammenhang standen.
Eine Strafbarkeit der Beschuldigten wegen Bestechlichkeit bzw.
Bestechung würde den Nachweis voraussetzen, dass sie – zu-
mindest stillschweigend – einen inhaltlichen Zusammenhang
zwischen Zuwendungen einerseits und dienstlichem Handeln
andererseits hergestellt haben. Die Verteidiger haben nunmehr
umfassend Akteneinsicht erhalten. Sie haben angekündigt, im
November 2012 evtl. Stellung nehmen zu wollen. Anschließend
wird hier über das weitere Vorgehen entschieden.

III.

In dem Verfahrenskomplex gegen Christian Wulff und David
Groenewold sind vor allem die Buchung und Bezahlung von
drei Hotel- bzw. Ferienhausaufenthalten auf Sylt und in Mün-
chen zu klären. Zu prüfen ist u. a., ob sich die nach den öffent-
lichen Erklärungen der Beschuldigten in Betracht kommende
Kostenregelung für die Aufenthalte auf Sylt bestätigen oder wi-
derlegen lässt. Danach soll Christian Wulff seinen Kostenanteil
in bar an David Groenewold übergeben haben. Wegen des Ho-
telaufenthaltes in München wird zu klären sein, ob Christian
Wulff die Kostenübernahme durch David Groenewold bekannt
gewesen ist. Bargeldgeschäfte sind ihrer Eigenart nach schwer
zu überprüfen. Die Beweisführung muss deshalb maßgeblich
auf Ablauf, Gepräge und Zuschnitt der Aufenthalte, die finan-
ziellen Verhältnisse der Beschuldigten, das Zahlverhalten von
Christian Wulff bei anderen Gelegenheiten sowie die Motivlage

der Beschuldigten abstellen. Dazu erstellt das Landeskriminal-
amt Niedersachsen aktuell einen Zwischenbericht. Sodann soll
den Verteidigern Akteneinsicht gewährt und Gelegenheit zur
Stellungnahme gegeben werden.

IV.

Im Rahmen der Ermittlungen waren auch zahlreiche Erkennt-
nisse zu anderen Sachverhalten, etwa zur Verleihung des »Leo-
Baeck-Preises«, strafprozessual zu bewerten. Ein Anfangsver-
dacht für verfolgbare Straftaten hat sich aus diesen zeitinten-
siven Überprüfungen nicht ergeben.
Auch zu den Vorwürfen um die »Flitterwochen« im März
2008 gibt es keinen Anlass zur Änderung der bisherigen Ein-
schätzung, nach der keine zureichenden Anhaltspunkte für ein
strafbares Verhalten vorliegen: Es gab mit der kurz zuvor statt-
gefundenen Hochzeit einen plausiblen privaten Einladungs-
anlass. Deshalb erscheint ein dienstlicher Zusammenhang mit
der Bundesratssitzung im September 2007 unwahrscheinlich.
Nach Maßgabe schriftlicher Unterlagen aus der Niedersächsi-
schen Staatskanzlei stammte der Vorschlag zu dem vom Kabi-
nettsbeschluss abweichenden Stimmverhalten aus dem zuständ-
digen Fachreferat und wurde auf dem Dienstweg von mehreren
Mitarbeitern der Staatskanzlei gegengezeichnet. Die Eheleute
Wulff haben ihre Flugkosten selbst getragen und einen langjäh-
rigen Bekannten in dessen privaten Räumlichkeiten besucht.
Das Abstimmungsverhalten im Bundesrat entspricht standort-
politischen Entscheidungen und Vorstellungen des damaligen
Ministerpräsidenten Christian Wulff in anderen Fällen.

V.

Soweit Erkenntnisse aus den Ermittlungsvorgängen an die Me-
dien gelangt sind, hatten zahlreiche Verfahrensbeteiligte auch
außerhalb der Justiz- und Polizeibehörden Aktenkenntnis. In
den wegen des Verdachts des Geheimnisverrats gegen Unbe-
kannt eingeleiteten Verfahren dauern die Ermittlungen an.[390]

Aus der Affäre um Billig-Kredite, Gratis-Urlaube und andere Schnäppchen des Bundespräsidenten ziehen mehrere Unternehmen Konsequenzen. Am 4. März 2012 gibt die Deutsche Bahn zum Thema Presserabatt bekannt: »Das neue Jahr 2012 hat die Bahn zum Anlass genommen, diese Regelung intern auf den Prüfstand zu stellen.« Preisnachlässe für Journalisten, so die Deutsche Bahn, seien »nicht mehr zeitgemäß«. Die Begründung: »Nicht nur die Medienwelt hat sich grundlegend verändert, auch die gesellschaftliche Sicht der Dinge wandelt sich, ebenso die Diskussionen innerhalb des journalistischen Berufsstandes.«[391] Die Deutsche Bahn hatte in der Vergangenheit Journalisten die Bahncard 50 zum halben Preis verkauft.

Auch Air Berlin und die Deutsche Telekom streichen die Rabatte für Journalisten. Die Fluggesellschaft erklärt: »Air Berlin schafft aus Gründen der Corporate Governance die bisher geltenden Journalistenkonditionen auf Flugreisen ab dem 1. April 2012 ab.« Hintergrund der Entscheidung seien laut Air-Berlin-Chef Hartmut Mehdorn »die in der Öffentlichkeit zum Teil kontrovers geführten Debatten über die private Vorteilsnahme« von Angehörigen einzelner Berufsgruppen: »Selbst viele Journalisten haben uns durch eine Vielzahl von Anfragen in der jüngeren Vergangenheit gezeigt, dass sie selbst am Sinn solcher Rabatte zweifeln. Wir haben daher die bisherige Regelung auf den Prüfstand gestellt und sind zum Ergebnis gekommen, dass auch Journalistenkonditionen nicht mehr zeitgemäß sind.« Bisher hatte Air Berlin Journalisten gegen Vorlage eines Presseausweises 25 Prozent Rabatt auf den Nettoflugpreis für internationale Flüge gewährt. Innerdeutsche Flüge konnten zum Festpreis von 119 Euro gebucht werden.[392]

Telekom-Konzernsprecher Frank Domagala begründet die Abschaffung des Presserabattes mit dem Hinweis: »Diese Sonderkonditionen passen nicht mehr in die Zeit.« Journalisten hatten in der Vergangenheit 15 Prozent Rabatt auf bestimmte Mobilfunkverträge erhalten.[393]

Als erstes Medienhaus reagiert die Axel Springer AG und kündigt an, dass Journalisten des Unternehmens keine gewährten Rabatte und Vergünstigungen annehmen werden:»Nach breiter Diskussion und in Übereinstimmung mit ihren Redaktionen haben die Chefredakteure der Axel Springer AG vereinbart – wie bereits in einigen Redaktionen des Hauses seit mehreren Jahren praktiziert –, dass ab sofort keine dem Berufsstand Journalist zu verdankenden Vergünstigungen mehr angenommen werden.

Das bedeutet konkret: Die Journalistinnen und Journalisten bei Axel Springer verzichten freiwillig auf Presserabatte, die aufgrund ihrer journalistischen Tätigkeit – insbesondere auf Vorlage des Presseausweises – gewährt werden. Besuche von Kultur- oder Sport-Veranstaltungen und Kino- oder Theaterpremieren im redaktionellen Kontext sind hiervon ausgenommen, sofern diese das übliche bzw. notwendige Maß der beruflichen Tätigkeit nicht übersteigen. Nicht von der Regelung betroffen sind außerdem Unternehmensrabatte, da es sich hierbei in erster Linie um Mengenrabatte handelt. Informationen zum korrekten Umgang mit Geschenken und Einladungen finden sich unter anderem im Code of Conduct.

Wer zu Recht hohe ethische Maßstäbe an andere stellt, sollte auch sein eigenes Verhalten überprüfen und eine klare Haltung hinsichtlich der Annahme persönlicher Vorteile haben. Die aktuelle Debatte hat alle noch einmal besonders sensibilisiert und viele Gespräche mit den Kolleginnen und Kollegen im Haus haben gezeigt, dass im Interesse eines glaubwürdigen und unabhängigen Journalismus ein Verzicht auf Vergünstigungen ein wichtiges Signal ist. Dieses Zeichen wollen die Redaktionen auch unabhängig davon setzen, dass Journalisten – anders als Politiker – keine Amtsträger sind, die im Umgang mit Vergünstigungen deutlich höheren rechtlichen Anforderungen genügen müssen.«[394]

VII.

Chronik

**DIE AFFÄRE WULFF
IM ÜBERBLICK**

- **1. Oktober 2008**: Das Ehepaar Wulff schließt den Kaufvertrag für die Immobilie in Großburgwedel. Der Kaufpreis für das Einfamilienhaus beträgt 415.000 Euro.
- **2. Oktober 2008**: Ministerpräsident Christian Wulff nimmt seinen väterlichen Freund Egon Geerkens erstmals mit auf Auslandsreise. Der Ruheständler gehört der Wirtschaftsdelegation an, die Wulff nach China und Indien begleitet.
- **25. Oktober 2008**: Christian und Bettina Wulff schließen den Kreditvertrag mit Egon Geerkens' Ehefrau. Das Darlehen beträgt 500.000 Euro, der Zinssatz vier Prozent. Vereinbarungen über Tilgung und Sicherheiten werden nicht getroffen. Die Rückzahlung soll nach fünf Jahren erfolgen.
- **18. Februar 2009**: BILD-Reporter beantragen beim Grundbuchamt Burgwedel Einblick in das Grundbuch hinsichtlich der Wulff-Immobilie. Der Antrag wird mit dem Hinweis auf fehlendes öffentliches Interesse abgelehnt.
- **18. Februar 2010**: Im Landtag von Niedersachsen wollen Stefan Wenzel und Ursula Helmhold, Abgeordnete der Grünen, wissen, ob Christian Wulff in den vergangenen zehn Jahren»geschäftliche Beziehungen« zu Egon Geerkens unterhalten habe. Wulff antwortet, dass es zwischen ihm und dem Unternehmer Egon Geerkens in den vergangenen zehn Jahren keine geschäftlichen Beziehungen gegeben habe.
- **27. Juni 2010**: Die Wulffs haben inzwischen den vor dem Landtag verschwiegenen Kredit von Edith Geerkens durch ein rollierendes Geldmarktdarlehen bei der BW-Bank in Stuttgart abgelöst. Der Zinssatz beträgt 0,9 bis 2,1 Prozent. Christian und Bettina Wulff unterschreiben die Benachrichtigungsvollmacht für die BW-Bank drei Tage vor Wulffs Wahl zum Bundespräsidenten.
- **30. Juni 2010**: Christian Wulff wird von der Bundesversammlung in Berlin zum zehnten Bundespräsidenten der Bundesrepublik Deutschland gewählt. Noch am Abend besucht er die Feier, die der Partyveranstalter Manfred Schmidt am Gendarmenmarkt für ihn ausrichtet.

- **17. Dezember 2010:** BILD befragt den Bundespräsidenten per E-Mail nach der Finanzierung seines Eigenheims und den Kreditgebern.
- **20. Dezember 2010:** Christian Wulff beantwortet die BILD-Anfrage und erklärt:»Es ist eine Eigentümergrundschuld über 500.000 Euro im Grundbuch eingetragen. Der Grundschuldbrief liegt nebst notarieller Abtretungsurkunde bei der Bank, die die Immobilie finanziert hat. Die Finanzierung valutiert bei circa 470.000 Euro.«
- **17. August 2011:** Der Bundesgerichtshof gibt einer Klage des Nachrichtenmagazins »Der Spiegel« statt. Das Grundbuch hinsichtlich der Wulff-Immobilie darf von Journalisten eingesehen werden.
- **1. November 2011:** BILD sieht das Grundbuch ein. Ein Kreditgeber ist nicht eingetragen.
- **3. November 2011:** BILD sieht die Grundbuchakte ein, stößt im Kaufvertrag auf den Namen des vorherigen Besitzers der Immobilie.
- **24. November 2011:** Ein BILD-Reporter fährt nach Großburgwedel und will den Vorbesitzer der Immobilie nach der Abwicklung des Kaufs befragen. Ohne Erfolg. Christian Wulff erfährt von der Recherche.
- **25. November 2011:** Durch seinen Sprecher Olaf Glaeseker beschwert sich der Bundespräsident bei der Chefredaktion von BILD über die Recherche. Allerdings: Noch am gleichen Tag nimmt der Bundespräsident Kontakt zur BW-Bank in Stuttgart auf, um seinen Kredit in ein banktübliches Hypotheken-Darlehen umwandeln zu lassen.
- **11. Dezember 2011:** BILD befragt den Bundespräsidenten per E-Mail nach seinem Hauskredit: »Warum haben Sie dem Landtag verschwiegen, dass eine ›geschäftliche Beziehung‹ zwischen Ihnen und der mit Egon Geerkens in Gütergemeinschaft lebenden Ehefrau Edith durch einen im Oktober 2008 geschlossenen Darlehensvertrag über 500.000 Euro besteht?«

- **12. Dezember 2011:** Wulffs Sprecher beantwortet die Fragen, zieht die Stellungnahme aber kurz vor Redaktionsschluss wieder zurück. Stattdessen versucht Wulff während eines Staatsbesuchs in den arabischen Staaten, BILD-Chefredakteur Kai Diekmann zu erreichen. Er spricht ihm auf die Mailbox und droht mit einer Strafanzeige gegen den verantwortlichen Redakteur. Auch Mathias Döpfner, dem Vorstandsvorsitzenden der Axel Springer AG, hinterlässt er eine Nachricht auf der Mailbox.
- **13. Dezember 2011:** In BILD erscheint ungeachtet des Versuchs der Einflussnahme der erste Bericht über den dubiosen Kreditvertrag und die damit verbundene Täuschung des Landtags durch Christian Wulff. Am Abend kehrt Wulff von seiner Reise aus der Golfregion zurück.
- **15. Dezember 2011:** In einer schriftlichen Stellungnahme seines Sprechers Olaf Glaeseker bedauert Christian Wulff, dass er den Namen der Kreditgeberin bei der Anfrage im Parlament verschwiegen hat.
- **16. Dezember 2011:** Egon Geerkens gibt zu, dass er doch in die Kredit-Vergabe involviert war und dass er selbst mit Christian Wulff die Verhandlungen geführt hat.
- **18. Dezember 2011:** Christian Wulff räumt auf BILD-Anfrage ein, dass er sechsmal gratis Urlaub bei Unternehmer-Freunden gemacht hat. Die Flitterwochen habe er kostenlos in der Toskana-Villa des Talanx-Aufsichtsratsvorsitzenden Wolf-Dieter Baumgartl verbracht.
- **19. Dezember 2011:** Vize-Regierungssprecher Georg Streiter erklärt:»Es hat sich nichts daran geändert, dass die Bundeskanzlerin volles Vertrauen in die Person Christian Wulff und in die Amtsführung des Bundespräsidenten hat. Er ist ein guter und anerkannter Bundespräsident.«
- **20. Dezember 2011:** BILD enthüllt, dass Wulff-Freund und AWD-Gründer Carsten Maschmeyer im niedersächsischen Wahlkampf 2007 für 42.731 Euro Anzeigen für ein Wulff-Buch geschaltet hat.
- **22. Dezember 2011:** Am Vormittag entlässt Christian Wulff Pressesprecher Olaf Glaeseker, seinen engsten Vertrauten. Am Nach-

mittag entschuldigt er sich in einer persönlichen Erklärung für die entstandenen Irritationen.

- **1. Januar 2012:** Die Öffentlichkeit erfährt vom Anruf Wulffs und seinen Drohungen auf der Mailbox von BILD-Chefredakteur Kai Diekmann.

- **4. Januar 2012:** In einem Interview mit ARD und ZDF stellt sich der Bundespräsident erstmals den Fragen von Journalisten. Er kündigt volle Transparenz bei allen Fragen an.

- **6. Januar 2012:** Beim amtsinternen Neujahrsempfang im Schloss Bellevue versichert der Bundespräsident seinen Mitarbeitern, dass in einem Jahr alles vergessen sein würde. Er sei zuversichtlich, dass »dieses Stahlgewitter« bald vorbei sei.

- **12. Januar 2012:** Der Bundestagsabgeordnete Hans-Georg von der Marwitz, CDU-Abgeordneter im Bundestag, fordert: »Aufgrund der unwürdigen Diskussion der vergangenen Woche lege ich es dem Bundespräsidenten nahe, Verantwortung zu übernehmen und Konsequenzen zu ziehen.«

- **15. Januar 2012:** Bundeskanzlerin Angela Merkel erklärt im Deutschlandradio: »Der Bundespräsident wird, wenn neue Fragen auftreten, auch die beantworten. Und diejenigen, die gestellt wurden, sind ja zu einem großen Teil beantwortet. Und wo noch Klärungsbedarf ist, muss das eben erfolgen.«

- **19. Januar 2012:** Die Staatsanwaltschaft Hannover durchsucht die Privaträume von Wulffs entlassenem Sprecher Olaf Glaeseker und Partyveranstalter Manfred Schmidt. Gegen Schmidt wird ein Ermittlungsverfahren wegen Bestechung eingeleitet, gegen Glaeseker wegen des Vorwurfs der Bestechlichkeit. Glaeseker hatte mehrfach kostenlos Urlaub im Ferienanwesen von Schmidt verbracht.

- **22. Januar 2012:** Der Vorsitzende der niedersächsischen Grünen-Fraktion, Stefan Wenzel, nennt Wulff im Deutschlandfunk einen »Lügner« und fordert ihn zum Rücktritt auf.

- **23. Januar 2012:** Die SPD in Niedersachsen kündigt an, Christian Wulff vor dem Staatsgerichtshof zu verklagen. Der Vorwurf: Wulffs Landesregierung soll falsche Angaben zum umstrittenen Nord-Süd-Dialog gemacht haben.

- **26. Januar 2012:** Beamte des Landeskriminalamtes durchsuchen das Büro von Ex-Sprecher Olaf Glaeseker im Bundespräsidialamt. Sie beschlagnahmen Akten und Computerdateien.
- **8. Februar 2012:** BILD berichtet, dass der Berliner Filmunternehmer David Groenewold für das Ehepaar Wulff für die Zeit vom 31. Oktober bis 3. November 2007 eine Suite im »Hotel Stadt Hamburg« auf Sylt gebucht und bezahlt hat. Am 16. Januar 2012 hatte Groenewold im Hotel angerufen und gebeten, der Presse keine Auskünfte über den Aufenthalt mit Wulff auf Sylt zu geben. Christian Wulff erklärt, er habe David Groenewold die Kosten in bar erstattet.
- **13. Februar 2012:** Bundespräsident Christian Wulff und Ehefrau Bettina treten einen dreitägigen Staatsbesuch in Italien an. Stationen: Rom, Mailand, Bari.
- **15. Februar 2012:** Das Staatsoberhaupt und die First Lady kehren vom Staatsbesuch in Italien zurück.
- **16. Februar 2012:** Die Staatsanwaltschaft Hannover beantragt beim Präsidenten des Deutschen Bundestages die Aufhebung der Immunität Wulffs, um Ermittlungen wegen eines Korruptionsdelikts einleiten zu können. Grund ist der Anfangsverdacht der Vorteilsannahme wegen des Urlaubs auf Sylt im Jahr 2007.
- **17. Februar 2012:** Christian Wulff erklärt im Großen Saal von Schloss Bellevue seinen Rücktritt.
- **18. Februar 2012:** Die Staatsanwaltschaft Hannover leitet gegen Christian Wulff ein Ermittlungsverfahren wegen des Verdachts der Vorteilsannahme ein. Auch gegen David Groenewold wird ermittelt.
- **19. Februar 2012:** CDU, SPD, FDP und Grüne einigen sich auf Joachim Gauck als Kandidaten für das Amt des Bundespräsidenten.
- **22. Februar 2012:** Christian Wulff wird mit Nierenleiden in der Nacht in das Bundeswehrkrankenhaus in Berlin eingeliefert.
- **29. Februar 2012:** Das Bundespräsidialamt teilt mit, dass Christian Wulff nach 598 Tagen im Amt lebenslänglich einen Ehrensold von 199.000 Euro pro Jahr erhält. Die Entscheidung stößt auf heftige Kritik.

- **1. März 2012:** Die Staatsanwaltschaft durchsucht die Privat- und Geschäftsräume von Wulff-Freund David Groenewold.
- **2. März 2012:** Die Staatsanwaltschaft durchsucht das Privathaus der Wulffs in Großburgwedel.
- **8. März 2012:** Christian Wulff wird im Park von Schloss Bellevue mit dem Großen Zapfenstreich verabschiedet. Viele Prominente sagen ihre Teilnahme ab. Demonstranten vor Schloss Bellevue stören die Zeremonie mit ohrenbetäubendem Lärm.
- **18. März 2012:** Die Bundesversammlung wählt Joachim Gauck in Berlin mit 991 von 1228 gültigen Stimmen zum elften Bundespräsidenten der Bundesrepublik Deutschland.
- **23. März 2012:** Joachim Gauck wird in der gemeinsamen Sitzung von Bundestag und Bundesversammlung im Reichstagsgebäude vereidigt. Um 9.24 Uhr hält Gauck seine erste Rede als Bundespräsident.
- **30. März 2012:** Bundestagsverwaltung und Bundespräsidialamt gewähren Christian Wulff ein Büro, zwei Mitarbeiterinnen sowie eine gepanzerte Limousine und Fahrer. Die Regelung gilt für das Jahr 2012. Der Haushaltsausschuss des Deutschen Bundestages wird entscheiden, welche Privilegien dem Altbundespräsidenten darüber hinaus gewährt werden.
- **23. Juni 2012:** Olaf Glaeseker besucht Christian Wulff bei einem Grillfest im Garten des Klinkerhauses in Großburgwedel anlässlich des Geburtstags von Wulff.
- **29. Juni 2012:** Die Staatsanwaltschaft Hannover vernimmt im Verfahren gegen Olaf Glaeseker den Altbundespräsidenten Christian Wulff als Zeugen.
- **24. August 2012:** BILD berichtet, dass der ehemalige Chef der niedersächsischen Staatskanzlei Lothar Hagebölling bei der Nord/LB persönlich Spenden für den Nord-Süd-Dialog eingeworben haben soll.
- **8. September 2012:** Bettina Wulff kündigt an, gegen Fernsehmoderator und Talkmaster Günther Jauch und das Internet-Unternehmen Google zu klagen wegen der Verdächtigung, sie sei im Rotlicht-Milieu tätig gewesen.

- **10. September 2012:** Erstmals werden Auszüge aus dem Buch »Jenseits des Protokolls« von Bettina Wulff veröffentlicht.
- **19. September 2012:** Ex-Pressesprecher Olaf Glaeseker lässt der Staatsanwaltschaft über seinen Anwalt mitteilen, dass er im Verfahren gegen Wulff nicht als Zeuge zur Verfügung stehe. Er beruft sich auf Paragraf 55 der Strafprozessordnung.
- **28. Oktober 2012:** Erster Vortrag von Christian Wulff nach seinem Rücktritt in einer Bildungseinrichtung der Konrad-Adenauer-Stiftung in Cadenabbia am Comer See in Italien.
- **4. November 2012:** Google hat inzwischen acht Suchergebnisse gelöscht, die über Bettina Wulff falsche Rotlicht-Gerüchte verbreiteten. Die Ex-Präsidentengattin wollte mittels Klage gegen den Internetdienst 3000 Suchergebnisse und 80 automatische Suchvervollständigungen verbieten lassen.

VIII.

Die elf deutschen Bundespräsidenten

**VON THEODOR HEUSS
BIS JOACHIM GAUCK**

THEODOR HEUSS
BUNDESPRÄSIDENT VON 1949 BIS 1959

Geboren am 31. Januar 1884 in Brackenheim. Heuss studiert Geisteswissenschaften an den Universitäten in München und Berlin, arbeitet für verschiedene Zeitungen als politischer Redakteur. 1908 Hochzeit mit Elly Heuss-Knapp. 1924 Einzug für die liberale DDP in den Reichstag. Der Gründungsparteitag der FDP kürt ihn 1948 zum ersten Bundesvorsitzenden der Partei.

Nach dem Zweiten Weltkrieg wird Heuss »Kultminister« in Württemberg-Baden. Er ist Mitglied des Parlamentarischen Rates und wirkt an den Formulierungen des Grundgesetzes mit. 1949 wählt die Bundesversammlung Heuss zum ersten Bundespräsidenten. Seine bedeutendste Rede hält Theodor Heuss 1952 im Konzentrationslager Bergen-Belsen. Er appelliert an die Bundesbürger, nicht weiter zu behaupten, sie hätten von den NS-Morden nichts gewusst.

Heuss stirbt am 12. Dezember 1963 in Stuttgart im Alter von 79 Jahren an den Folgen einer Beinamputation.

HEINRICH LÜBKE
BUNDESPRÄSIDENT VON 1959 BIS 1969

Geboren am 14. Oktober 1894 als siebtes von acht Kindern eines Schuhmachers in Enkhausen im Sauerland. Abitur in Brilon, Studium an der Landwirtschaftlichen Akademie in Bonn und Volkswirtschaftslehre an der Universität in Münster und Berlin. Leutnant im Ersten Weltkrieg. 1929 Hochzeit mit Wilhelmine Keuthen.

1945 tritt der Katholik der CDU bei. Er wird Mitglied des Landtages in Düsseldorf. 1953 erfolgt die Ernennung zum Bundesminister für Ernährung, Landwirtschaft und Forsten im Kabinett von Konrad Adenauer.

1959 Wahl zum Bundespräsidenten. Heinrich Lübke setzt sich für die Bildung einer großen Koalition ein. Seine wichtigsten Ziele neben der Wiedervereinigung ist die Bekämpfung der Armut und des Hungers in der Welt. Zehn Wochen vor Ablauf seiner zweiten Amtszeit legt Heinrich Lübke gesundheitlich angeschlagen sein Amt zum 30. Juni 1969 nieder. Der zweite Bundespräsident stirbt am 6. April 1972 in Bonn nach einer Operation an den Folgen eines Blutsturzes.

GUSTAV HEINEMANN
BUNDESPRÄSIDENT VON 1969 BIS 1974

Geboren am 23. Juli 1899 im nordrhein-westfälischen Schwelm. Heinemann studiert Jura und Politik. 1922 promoviert er in Marburg zum Dr. phil. 1926 Hochzeit mit Hilda Ordemann, aus der Ehe gehen vier Kinder hervor. Seine Enkelin Christina heiratet 1982 den SPD-Politiker und späteren Bundespräsidenten Johannes Rau. 1946 Wahl zum Oberbürgermeister von Essen, ein Jahr später Einzug in den Landtag von Nordrhein-Westfalen. 1949 erfolgt seine Ernennung zum Innenminister im Kabinett Adenauers.

Heinemann ist strikter Gegner der Wiederbewaffnung. Aus Protest gegen die Wehrpolitik seiner Partei verlässt er 1952 die CDU und tritt 1957 in die SPD ein. 1966 holt ihn Bundeskanzler Willy Brandt als Justizminister in die Regierung.

1969 wählt ihn die Bundesversammlung mit 512 zu 506 Stimmen im dritten Wahlgang zum Bundespräsidenten.

Als Staatsoberhaupt unterstützt Heinemann, der für eine zweite Amtszeit nicht mehr antritt, die Ostpolitik von Willy Brandt.

Gustav Heinemann stirbt am 7. Juli 1976 im Alter von 76 Jahren.

WALTER SCHEEL
BUNDESPRÄSIDENT VON 1974 BIS 1979

Geboren am 8. Juli 1919 in Höhscheid bei Solingen. Im Krieg dient Scheel als Oberleutnant in der Luftwaffe und ist, wie erst nach seiner Amtsübernahme bekannt wird, auch Mitglied der NSDAP. 1946 Eintritt in die FDP, 1950 Einzug in den Landtag von Nordrhein-Westfalen. Nebenbei ist Walter Scheel als selbstständiger Wirtschaftsberater tätig. 1953 Wahl in den Deutschen Bundestag. 1961 wird Scheel Bundesminister für wirtschaftliche Zusammenarbeit im Kabinett von Konrad Adenauer. Im Jahr 1969 – Scheel ist inzwischen Bundesvorsitzender der FDP – erfolgt seine Berufung zum Außenminister im Kabinett von Bundeskanzler Willy Brandt.

1973 singt Walter Scheel zugunsten der ZDF-Hilfsaktion »Aktion Sorgenkind« das Lied »Hoch auf dem gelben Wagen«. Die Schallplatte wird mehr als 300.000 Mal verkauft.

Am 15. Mai 1974 setzt sich Scheel bei der Wahl des vierten Bundespräsidenten gegen seinen späteren Nachfolger Richard von Weizsäcker mit 530 Stimmen zu 498 Stimmen durch. Für eine zweite Amtszeit tritt er nach fünf Jahren nicht mehr an.

1966 stirbt nach 24-jähriger Ehe seine erste Frau Eva Charlotte. 1985 erliegt Scheels zweite Frau Mildred einem Krebsleiden. Die Ärztin hatte 1974 die Deutsche Krebshilfe gegründet.

1988 heiratet Scheel Barbara Wiese. Das Ehepaar lebt in Bad Krozingen, wo Scheel im örtlichen Rathaus ein Büro unterhält.

KARL CARSTENS
BUNDESPRÄSIDENT VON 1979 BIS 1984

Geboren am 14. Dezember 1914 in Bremen. Karl Carstens studiert Rechtswissenschaften in Deutschland, Frankreich und den USA. Von 1940 bis 1945 ist er Mitglied in der NSDAP. Der Beitritt, so erklärt er später, sei unter dem Druck seines damaligen Landgerichtspräsidenten erfolgt, für den er als Referendar tätig war. 1938 promoviert Karl Carstens zum Doktor der Rechte. 1952 habilitiert er an der Universität zu Köln. Dort wird er 1960 zum Professor für Staats- und Völkerrecht berufen. 1944 Hochzeit mit der Internistin Veronica Prior. Die Ehe bleibt kinderlos. Im Juli 1960 wird Karl Carstens zum Staatssekretär im Auswärtigen Amt berufen. Unter Bundeskanzler Kurt Kiesinger wird Carstens 1968 Chef des Kanzleramtes. 1973 übernimmt Carstens den Vorsitz der CDU/CSU-Fraktion, ab 1976 ist er Präsident des Deutschen Bundestages. Am 23. Mai 1979 wählt die Bundesversammlung Karl Carstens zum fünften Bundespräsidenten. Die Wahl wird begleitet von Diskussionen um seine Mitgliedschaft in der NSDAP. Der fünfte Bundespräsident, der für eine zweite Amtsperiode nicht mehr antrat, stirbt am 30. Mai 1992 an den Folgen eines Schlaganfalls im Alter von 77 Jahren.

RICHARD VON WEIZSÄCKER
BUNDESPRÄSIDENT VON 1984 BIS 1994

Geboren als Freiherr von Weizsäcker am 15. April 1920 in Stuttgart. Weil der Vater im diplomatischen Dienst tätig ist, verbringt Richard von Weizsäcker Kindheit und Jugend in der Schweiz, Dänemark und Berlin. Studium in Oxford und Grenoble. 1938 tritt er den Militärdienst an, dient an der Ostfront, kehrt 1945 als Hauptmann der Wehrmacht, dekoriert mit Eisernen Kreuzen Zweiter und Erster Klasse, aus dem Krieg zurück.

Von 1945 bis 1950 studiert Richard von Weizsäcker Rechtswissenschaft und Geschichte in Göttingen. 1953 Hochzeit mit Marianne von Kretschmann. 1954 Eintritt in die CDU. 1974 kandidiert Richard von Weizsäcker erstmals für das Amt des Bundespräsidenten. Er unterliegt Walter Scheel. 1981 wird er Regierender Bürgermeister von Berlin.

Die Bundesversammlung wählt Richard von Weizsäcker am 23. Mai 1984 zum sechsten Bundespräsidenten. Seine Rede am 8. Mai 1985 anlässlich des 40. Jahrestages des Kriegsendes ist die wohl bedeutendste und meistbeachtete Rede eines deutschen Staatsoberhauptes. Der Kernsatz des Bundespräsidenten lautet: »Der 8. Mai 1945 war ein Tag der Befreiung. Er hat uns alle befreit von dem menschenverachtenden System der nationalsozialistischen Gewaltherrschaft. (…) Wir dürfen nicht am Ende des Krieges die Ursache für Flucht, Vertreibung und Unfreiheit sehen. Sie liegt vielmehr in seinem Anfang und im Beginn jener Gewaltherrschaft, die zum Kriege führte.«

Nach der Wiederwahl am 23. Mai 1989 endet die zweite Amtszeit von Richard von Weizsäcker im Jahr 1994. Richard von Weizsäcker lebt mit Ehefrau Marianne in Berlin.

ROMAN HERZOG
BUNDESPRÄSIDENT VON 1994 BIS 1999

Geboren am 5. April 1934 in Landshut. Der Sohn eines Archivars erlangt das Abitur mit der Durchschnittsnote 1,0. Er studiert Jura in München. 1958 schließt Roman Herzog die Ehe mit Christiane Krauß. 1965 wird Herzog als Professor für Staatsrecht und Politik an die Freie Universität Berlin berufen. Ab 1971 leitet er die Hochschule für Verwaltungswissenschaften in Speyer.

1970 erfolgt der Eintritt in die CDU. Von 1978 bis 1980 ist Herzog Kultusminister Baden-Württembergs in der Landesregierung von Lothar Späth. Von 1980 bis 1983 ist er Innenminister von Baden-Württemberg, ehe er 1983 als Richter an das Bundesverfassungsgericht in Karlsruhe berufen wird, dessen Präsident er sieben Jahre ist.

Am 23. Mai 1994 wird Roman Herzog mit den Stimmen von CDU/CSU und FDP zum siebten Bundespräsidenten gewählt. Er setzt sich in der Bundesversammlung gegen seinen späteren Nachfolger Johannes Rau durch.

1997 hält Roman Herzog seine vielbeachtete »Ruck-Rede«: »Durch Deutschland muss ein Ruck gehen. Wir müssen Abschied nehmen von liebgewordenen Besitzständen. Alle sind angesprochen, alle müssen Opfer bringen, alle müssen mitmachen.«

Herzogs Amtszeit endet am 30. Juni 1999. Eine zweite Amtszeit schließt er von Beginn an aus. Ehefrau Christiane stirbt im Jahr 2000. Roman Herzog lebt heute mit seiner zweiten Ehefrau Alexandra Freifrau von Berlichingen in der Nähe von Heilbronn.

JOHANNES RAU
BUNDESPRÄSIDENT VON 1999 BIS 2004

Geboren am 16. Januar 1931 in Wuppertal. Mit 17 Jahren verlässt er das Gymnasium ohne Abitur, beginnt eine Ausbildung zum Verlagsbuchhändler. Johannes Rau arbeitet als Lektor und Vertreter. 1952 tritt Johannes Rau in die Gesamtdeutsche Volkspartei von Gustav Heinemann ein, der als sein politischer Ziehvater gilt. Nach der Auflösung der Partei Wechsel in die SPD. 1969 und 1970 ist Rau Oberbürgermeister von Wuppertal, anschließend Wissenschaftsminister in Nordrhein-Westfalen. Von 1978 bis 1998 amtiert Rau als Ministerpräsident von Nordrhein-Westfalen. Bis 1999 gehört er der Landessynode der Evangelischen Kirche im Rheinland an. Sein kirchliches Engagement bringt ihm die Bezeichnung »Bruder Johannes« ein. 1987 unterliegt Rau als Kanzlerkandidat der SPD dem amtierenden Kanzler Helmut Kohl.

Am 23. Mai 1999 wählt ihn die Bundesversammlung zum achten Bundespräsidenten. Sein Motto lautet: »Versöhnen statt spalten.« Im Jahr 2000 spricht Johannes Rau als erster deutsche Politiker in der Knesset, dem Parlament des Staates Israel.

Johannes Rau war seit 1982 mit Christiane Delius verheiratet, einer Enkelin des ehemaligen Bundespräsidenten Gustav Heinemann. Rau stirbt am 27. Januar 2006 in Berlin.

HORST KÖHLER
BUNDESPRÄSIDENT VON 2004 BIS 2010

Geboren am 22. Februar 1943 im polnischen Skierbieszów. Köhler studiert Wirtschaftswissenschaften an der Eberhard Karls Universität in Tübingen. Er heiratet die Lehrerin Eva Luise Bohnet. Köhler promoviert mit dem Thema »Freisetzung von Arbeit durch technischen Fortschritt«. Ab 1976 arbeitet er im Bundeswirtschaftsministerium in Bonn. 1981 tritt er in die CDU ein. Köhler wird Referent von Ministerpräsident Gerhard Stoltenberg in Schleswig-Holstein. 1990 erfolgt die Ernennung zum Staatssekretär durch Bundesfinanzminister Waigel. 1993 wird er Präsident des Deutschen Sparkassen- und Giroverbandes. 1998 erfolgt die Ernennung zum Präsidenten der Europäischen Bank für Wiederaufbau und Entwicklung in London. 2000 wechselt er als Direktor zum Internationalen Währungsfonds nach Washington.

Am 23. Mai 2004 wird Horst Köhler mit den Stimmen der Union und der FDP zum Bundespräsidenten gewählt. Den Deutschen ist das neue Staatsoberhaupt weitgehend unbekannt.

2009 wählt ihn die Bundesversammlung für weitere fünf Jahre. Am 31. Mai 2010 erklärt Horst Köhler überraschend den sofortigen Rücktritt vom Amt des Bundespräsidenten. Die Gründe sind bis heute unklar. Öffentlich beklagt Köhler mangelnden Respekt vor dem Amt des Staatsoberhaupts, nachdem er mit einem missverständlichen Interview im Zusammenhang mit dem deutschen Afghanistan-Einsatz und der Wirtschaft in die Kritik geraten war. Von Dissonanzen in der deutschen Griechenland- und Europolitik mit der Regierung Merkel ist außerdem die Rede.

Horst Köhler lebt mit Ehefrau Eva Luise in Berlin.

CHRISTIAN WULFF
BUNDESPRÄSIDENT VON 2010 BIS 2012

Geboren am 19. Juni 1959 im niedersächsischen Osnabrück. Mit 17 tritt Wulff in die CDU ein. Nach dem Studium der Rechtswissenschaften mit wirtschaftswissenschaftlichem Schwerpunkt nimmt er 1990 seine Tätigkeit als Rechtsanwalt in einer Kanzlei in Osnabrück auf. Den Beruf übt Wulff nur drei Jahre aus, fortan widmet er sich ausschließlich der Politik. 1994 zieht er mit 25 Jahren erstmals in den Niedersächsischen Landtag ein. 1997 wird er Fraktionsvorsitzender und Landesvorsitzender der CDU Niedersachsens, 1998 stellvertretender Bundesvorsitzender der CDU. Nach zwei gescheiterten Anläufen wird Christian Wulff 2003 zum Ministerpräsidenten von Niedersachsen gewählt.

Nach dem Rücktritt von Horst Köhler wählt die Bundesversammlung Christian Wulff am 30. Juni 2010 im dritten Wahlgang zum Bundespräsidenten. Auf Beachtung im In- und Ausland stößt Wulffs Rede am 20. Jahrestag der Deutschen Einheit 2010, in der er erklärt, dass der Islam auch zu Deutschland gehöre.

Am 17. Februar 2012 tritt Christian Wulff nach nur 598 Tagen im Amt mit sofortiger Wirkung zurück. Wochenlang hatte das Staatsoberhaupt wegen eines umstrittenen Hauskredits, Gratis-Urlauben bei Unternehmern und seinen engen privaten Kontakten zur Wirtschaft in der Kritik gestanden. Die Staatsanwaltschaft beantragt die Aufhebung seiner Immunität, um wegen Vorteilsannahme im Amt gegen ihn ermitteln zu können.

Christian Wulffs 1988 geschlossene Ehe mit Christiane Vogt, der Mutter seiner Tochter Annalena, wird 2007 nach 18 Jahren geschieden. Der Altbundespräsident lebt heute mit seiner zweiten Ehefrau Bettina, deren Sohn aus einer früheren Beziehung und einem gemeinsamen Kind im niedersächsischen Großburgwedel.

JOACHIM GAUCK
BUNDESPRÄSIDENT SEIT DEM 18. MÄRZ 2012

Geboren am 24. Januar 1940 in Rostock. Sein Vater wird von den Sowjets wegen Spionage und antisowjetischer Hetze in ein sibirisches Lager verschleppt. 1959 Hochzeit mit Schulfreundin Gerhild Radtke. Das Paar hat vier Kinder. Von 1958 bis 1965 studiert Gauck evangelische Theologie in Rostock. Er arbeitet als Pastor in Mecklenburg, gerät dort ins Visier der Staatssicherheit.

1989 ist er Sprecher und Mitbegründer des Neuen Forum in Rostock, stand dort an der Spitze des kirchlichen Widerstands gegen die SED-Diktatur. Bis 1990 ist Gauck als Leiter der Kirchentagsarbeit in Mecklenburg tätig. Nach der Wende tritt er bei den Volkskammerwahlen vom 18. März 1990 als Kandidat für Bündnis 90 an. Am 28. September 1990 erfolgt seine Ernennung zum Sonderbeauftragten der Volkskammer.

Gauck wird auf Vorschlag der Bundesregierung am 3. Oktober 1990 vom Bundespräsidenten zum Bundesbeauftragten für die Stasi-Unterlagen berufen, die nach ihm als Gauck-Behörde bezeichnet wird. Diese Funktion behält er zehn Jahre. Nach dem Ausscheiden aus der Behörde engagiert sich Joachim Gauck politisch. Er ist Vorsitzender des Vereins »Gegen Vergessen – Für Demokratie«. Joachim Gauck unterliegt als Kandidat von SPD und Grünen nach dem Rücktritt Horst Köhlers bei der Bundespräsidentenwahl 2010 Christian Wulff im dritten Wahlgang.

Nach Wulffs Rücktritt ist er erneut Kandidat der SPD und der Grünen für die Wahl zum Bundespräsidenten. Erst als FDP-Chef Philipp Rösler ankündigt, den ehemaligen Bürgerrechtler zu unterstützen, stimmt auch Bundeskanzlerin Angela Merkel der Nominierung Gaucks zu. Am 18. März 2012 wählt die Bundesversammlung Joachim Gauck zum elften deutschen Bundespräsidenten. Seine erste Auslandsreise führt noch im gleichen Monat nach Polen. Seit 1991 lebt Gauck mit der Journalistin Daniela Schadt zusammen.

IX.

ANHANG

ANMERKUNGEN

Alle Links wurden, soweit nicht anders vermerkt, am 26. und 27. September 2012 aufgerufen.

1   Dokumentation: Die Erklärung der Staatsanwaltschaft; http://www.bild.de/politik/inland/christian-wulff/wulff-affaere-die-erklaerung-der-staatsanwaltschaft-22682214.bild.html.

2   Thorsten Schmitz, Zurück bleibt nur ein Eimer, in: Süddeutsche Zeitung vom 21. Feb. 2012; http://www.sueddeutsche.de/politik/umzug-der-familie-wulff-zurueck-bleibt-nur-ein-eimer-1.1289239.

3   Bettina Wulff, Jenseits des Protokolls, München 2012, Seite 65.

4   Staatsanwalt bei Wulff. Um 17.21 Uhr gingen die Fahnder in sein Haus, in: BILD vom 3. März 2012; http://www.bild.de/politik/inland/christian-wulff/staatsanwalt-faehrt-bei-wulffs-vor-22949788.bild.html.

5   Giovanni di Lorenzo, Stehvermögen auf scheinbar verlorenem Posten, in: Süddeutsche Zeitung vom 24. Nov. 1992.

6   Christian Wulff, Besser die Wahrheit. Ein Gespräch mit Hugo Müller-Vogg, Hamburg 2007, Seite 19.

7   http://dejure.org/gesetze/StGB/331.html.

8   Rücktrittsrede von Christian Wulff vom 17. Feb. 2012 auf der Homepage des Bundespräsidenten; http://www.bundespraesident.de/SharedDocs/Reden/DE/Christian-Wulff/Reden/2012/02/120217-Erklaerung.html.

9   Biografie von Christian Wulff auf der Homepage des Bundespräsidenten; http://www.bundespraesident.de/DE/Die-Bundespraesidenten/Christian-Wulff/Christian-Wulff-node.html.

10 Karl Hugo Pruys, Christian Wulff. Deutschland kommt voran, Berlin 2006.

11 Ebd., Seite 176.

12 Ebd., Seite 175.

13 Ebd., Seite 175 f.

14 Ebd., Seite 178.

15 Armin Fuhrer, Christian Wulff. Der Marathonmann, München 2006, Seite 91.

16 Ebd.

17 Christian Wulff, Besser die Wahrheit. Ein Gespräch mit Hugo Müller-Vogg, Hamburg 2007, Seite 45.

18 Ebd.

19 Armin Fuhrer, Christian Wulff. Der Marathonmann, München 2006, Seite 226.

20 Ebd.

21 Manuel Bewarder / Uwe Müller / Marc Neller, Die Wulffs von nebenan, in: Welt am Sonntag vom 26. Juni 2011; http://www.welt.de/13450650.

22 Angi Baldauf / Andrea Dietrich, Christian Wulff – Deutschlands beliebtester Politiker. Ehe kaputt!, in: BILD vom 6. Juni 2006.

23 Malte Betz, Ich bin Schröders Bruder. Ich bin arbeitslos, in: BILD am SONNTAG vom 6. Juni 1999.

24 Manuel Bewarder / Uwe Müller / Marc Neller, Die Geschichte der heimlichen Schwester, in: Welt am Sonntag vom 26. Juni 2011; http://www.welt.de/13450861.

25 Jan-Eric Peters, Als Wulff die Welt am Sonntag ins Visier nahm, in: Welt am Sonntag vom 3. Jan. 2012 (online); http://www.welt.de/13796399.

26 Christian Wulff, Besser die Wahrheit. Ein Gespräch mit Hugo Müller-Vogg, Hamburg 2007, Seite 36.

27 »Fehler machen wir alle.« Regisseur Dieter Wedel spricht im Interview mit dem Münchner Merkur über Christian Wulff, die Rolle der Medien in dieser Affäre und wie ein Film darüber aussehen könnte, in: Münchner Merkur vom 9. März 2012; http://www.merkur-online.de/nachrichten/kultur/fehler-machen-alle-1757117.html.

28 Michael H. Spreng, Das Märchen vom Politiker im Glück, in: Sprengsatz.de vom 14. Feb. 2012; http://www.sprengsatz.de/?p=3813.

29 Mario Adorf als Generaldirektor Heinrich Haffenloher in »Kir Royal«, Video in: http://www.youtube.com/watch?v=CwE4mk2fbow.

30 Lothar Gorris / Thomas Hüetlin, Macht und Sex, darum geht's, in: Der Spiegel vom 16. Jan. 2012; http://www.spiegel.de/spiegel/print/d-83588401.html.

31 Wulffs Sylt-Urlaub. Finanzspritze von der Schwiegermama, in: Spiegel online vom 26. Feb. 2012; http://www.spiegel.de/politik/deutschland/wulffs-sylt-urlaub-finanzspritze-von-der-schwiegermama-a-817607.html.

32 Bettina Wulff, Jenseits des Protokolls, München 2012, Seite 38.

33 Ebd., Seite 39.

34 Bernd Schumacher, Lieber ein Häuschen auf dem Lande …, in: Bunte vom 5. Feb. 2009.

35 Gesetz über die Rechtsverhältnisse der Mitglieder der Landesregierung (Ministergesetz) in der Fassung vom 3. April 1979, zuletzt geändert durch Artikel 8 des Gesetzes vom 17. Nov. 2011, in: Niedersächsisches Gemeindeverwaltungsblatt 2011, Seite 422; http://www.nds-voris.de/jportal/portal/t/3qyp/page/bsvorisprod.psml?pid=Dokumentanze ige&showdoccase=1&js_peid=Trefferliste&documentnumber=1&numberofresults=2 3&fromdoctodoc=yes&doc.id=jlr-MinGNDrahmen%3Ajuris-lr00&doc.part=X&doc. price=0.0&doc.hl=1.

36 Runderlass »Verbot der Annahme von Belohnungen und Geschenken« vom 1. Sept. 2009, in: Niedersächsisches Ministerialblatt Nr. 37/2009, Seite 822; berichtigt Seite 874; http://www.schure.de/20411/15,3,03102,2,4.htm.

37 BVerfG, 1 BvR 1521/00 vom 7. Okt. 2000, Absatz-Nr. (1–9); http://www.bverfg.de/en/decisions/rk20001007_1bvr152100.html.

38 Übersicht über die verfassungsrechtlichen Grundlagen auf der Homepage des Bundespräsidenten; http://www.bundespraesident.de/DE/Amt-und-Aufgaben/Verfassungsrechtliche-Grundlagen/verfassungsrechtliche-grundlagen-node.html.

39 Die Meldung, am 16. Jan. 2010 bei Spiegel online veröffentlicht, erschien in der Printausgabe: Christian Wulff, in: Der Spiegel vom 18. Jan. 2010; http://www.spiegel.de/spiegel/print/d-68703803.html.

40 Niedersächsischer Landtag – 16. Wahlperiode – 60. Plenarsitzung am 21. Jan. 2010, Seite 7472; http://www.landtag-niedersachsen.de/stenoberichte_2010/.

41 Ebd.

42 Bundesgerichtshof, Beschluss vom 17. Aug. 2011 in der Grundbuchsache (Az.: V ZB 47/11); http://juris.bundesgerichtshof.de/cgi-bin/rechtsprechung/document.py? Gericht=bgh&Art=en&Datum=2011&Seite=42&nr=57746&pos=1289&anz=3711.

43 Ebd., Seite 5.

44 Sensible Daten wurden zum Schutz der Persönlichkeitsrechte aus Korrespondenzen und Dokumenten entfernt.

45 Dünnhäutig und nachtragend. Sind Einschüchterungsversuche durch Politiker die Ausnahme oder Standard?, in: Der Spiegel vom 9. Jan. 2012; http://www.spiegel.de/spiegel/print/d-83504565.html.

46 Jens Schneider, Wulffs Einflüsterer aus der Provinz, in: Süddeutsche Zeitung vom 22. Dez. 2011; http://www.sueddeutsche.de/politik/praesidentensprecher-olaf-glaesekerwulffs-einfluesterer-aus-der-provinz-1.1241648.

47 Jens Schneider, »Mephistopheles« flüstert nicht mehr, in: Süddeutsche Zeitung vom 20. Jan. 2012; http://www.sueddeutsche.de/politik/ehemaliger-wulff-sprecher-glaesekermephistopheles-fluestert-nicht-mehr-1.1262500.

48 Andreas Hoidn-Borchers, Ein teuflischer Job, in: stern vom 26. Jan. 2012; http://www.stern.de/politik/deutschland/olaf-glaeseker-und-die-bundespraesidenten-affaere-einteuflischer-job-1777904.html.

49 Niedersächsischer Landtag – 16. Wahlperiode – 63. Plenarsitzung am 18. Feb. 2010, Seite 7977; http://www.landtag-niedersachsen.de/stenoberichte_2010/.

50 Ebd., Seite 7978.

51 Martin Heidemanns / Nikolaus Harbusch, Wirbel um Privat-Kredit, in: BILD vom 13. Dez. 2011.

52 Rolf Kleine, Der Präsident hat ein Problem, in: BILD vom 13. Dez. 2011.

53 Michael König / Thorsten Denkler / Oliver Das Gupta, Opposition fordert »schnellstmögliche Aufklärung«, in: Süddeutsche.de vom 13. Dez. 2011; http://www.sueddeutsche.de/politik/taeuschungsvorwuerfe-gegen-wulff-opposition-fordert-schnellstmoegliche-aufklaerung-1.1233517.

54 Thorsten Denkler, Als moralische Instanz versagt, in: Süddeutsche.de vom 13. Dez. 2011; http://www.sueddeutsche.de/politik/kreditaffaere-um-bundespraesident-wulffals-moralische-instanz-versagt-1.1233535.

55 Ebd.

56 Hans Peter Schütz, Präsident in der Grauzone, in: stern.de vom 13. Dez. 2011; http://www.stern.de/politik/deutschland/taeuschungsvorwurf-gegen-christian-wulff-praesident-in-der-grauzone-1762210.html.

57 Stefan Kuzmany, Wulff und die Moral – Kredit verspielt, in: Spiegel online vom 13. Dez. 2011; http://www.spiegel.de/politik/deutschland/wulff-und-die-moral-kredit-verspielt-a-803517.html.

58 Ulrich Schulte, Wiederholungstäter Wulff, in: taz.de vom 13. Dez. 2011; http://www.taz.de/Kommentar-Kredit-fuer-Bundespraesidenten/!83656/.

59 dpa-Meldung vom 13. Dez. 2011; vgl. z. B. http://m.faz.net/aktuell/politik/inland/umstrittener-privatkredit-merkel-hat-volles-vertrauen-in-die-person-wulff-11562616.html.

60 Ebd.

61 Michael König / Thorsten Denkler / Oliver Das Gupta, Opposition fordert »schnellst-möglichte Aufklärung«, in: Süddeutsche.de vom 13. Dez. 2011; http://www.sueddeutsche. de/politik/taeuschungsvorwuerfe-gegen-wulff-opposition-fordert-schnellstmoe-gliche-aufklaerung-1.1233517.

62 Immer mehr Ungereimtheiten. Die Affäre Wulff, in: BILD vom 14. Dez. 2011; http:// www.bild.de/politik/inland/christian-wulff/kredit-affaere-wulff-21547686.bild.html.

63 Mitschrift der BILD-Redaktion von der Sendung von Günther Jauch am 18. Dez. 2011; vgl. auch http://daserste.ndr.de/guentherjauch/rueckblick/wulff703.html.

64 Michael König / Thorsten Denkler / Oliver Das Gupta, Opposition fordert »schnellst-möglichte Aufklärung«, in: Süddeutsche.de vom 13. Dez. 2011; http://www.sueddeutsche. de/politik/taeuschungsvorwuerfe-gegen-wulff-opposition-fordert-schnellstmoe-gliche-aufklaerung-1.1233517.

65 Pressemitteilung des Bundespräsidialamtes zur Berichterstattung der BILD-Zeitung vom 13. Dez. 2011; http://www.bundespraesident.de/SharedDocs/Pressemitteilungen/ DE/2011/12/111213-Pressemitteilung.html.

66 Frank Schirrmacher, Wulffs Schweigen. Der Kredit des Präsidenten, in: Frankfur-ter Allgemeine Zeitung vom 14. Dez. 2012; http://www.faz.net/aktuell/feuilleton/ wulffs-schweigen-der-kredit-des-praesidenten-11562994.html.

67 Privatkredit von Egon Geerkens. Wulff entschuldigt sich per SMS, in: Focus online vom 17. Dez. 2011; http://www.focus.de/politik/deutschland/wirbel-um-privatkredit-wulff-entschuldigt-sich-bei-geerkens_aid_694865.html.

68 Michael Fröhlingsdorf, Wulff-Freund Geerkens: »Christian musste sein Leben neu ord-nen«, in: Spiegel online vom 14. Dez. 2011; http://www.spiegel.de/politik/deutschland/ wulff-freund-geerkens-christian-musste-sein-leben-neu-ordnen-a-803424.html.

69 Eckart Lohse / Winand von Petersdorff, Privatkredit. Ein Häuschen mit Garten, in: Frankfurter Allgemeine Zeitung vom 18. Dez. 2011.

70 Stefan Braun / Susanne Höll, Privatkredit bringt Wulff in Bedrängnis. Bundespräsident bekam 2008 Darlehen von befreundetem Paar, ließ Niedersächsischen Landtag aber im Unklaren, in: Süddeutsche Zeitung vom 14. Dez. 2011.

71 Klaus Wallbaum, Wulffs Kredit wird politisch. Fragen an den Bundespräsidenten wegen eines 500.000-Euro-Darlehens aus seiner Zeit als Ministerpräsident, in: Der Tagesspiegel vom 14. Dez. 2011; http://www.pnn.de/titelseite/604773/.

72 Vorwürfe gegen Wulff erfüllen Berliner Koalition mit Sorge. Wurde der Niedersächsische Landtag getäuscht? Verhalten politisch »instinktlos«, in: Frankfurter Allgemeine Zeitung vom 14. Dez. 2011.

73 Wulff schafft das Amt ab, indem er es ausübt, in: Die Welt vom 14. Dez. 2011; http:// www.welt.de/13765929.

74 Lindner tritt als FDP-Generalsekretär zurück, in: Welt online vom 14. Dez. 2011; http:// www.welt.de/politik/deutschland/article13766634.

75 Video in: http://daserste.ndr.de/annewill/videos/annewill3279.html.

76 Stephan Hebel, Wir brauchen einen neuen Bundespräsidenten, in: Berliner Zeitung vom 15. Dez. 2011.

77 Henrich Wefing, Kredit verspielt. Christian Wulff und seine Freunde – der Bundes-präsident hat jetzt ein Problem, das nur er lösen kann, in: Die Zeit vom 15. Dez. 2011.

78 Pressemitteilung des Bundespräsidenten vom 15. Dez. 2011; http://www.bundespraesident. de/SharedDocs/Pressemitteilungen/DE/2011/12/111215-Erklaerung.html.

79 Jürgen Roth, Der Deutschland-Clan. Das skrupellose Netzwerk aus Politikern, Top-Managern und Justiz, Frankfurt am Main 2006, Seite 38.

80 Pressemitteilung auf der Homepage des Bundespräsidenten; http://www. bundespraesident.de/SharedDocs/Pressemitteilungen/DE/2011/12/111215-Antwaltsbuero.html.

81 Bettina Wulff, Jenseits des Protokolls, München 2012, Seite 152 f.

82 Hauskredit-Affäre. Neue Vorwürfe gegen Wulff, in: Spiegel online vom 16. Dez. 2011; http://www.spiegel.de/politik/deutschland/hauskredit-affaere-neue-vorwuerfe-gegen-wulff-a-804238.html.

83 Ebd.

84 Holger Schmale, Besser die Wahrheit, in: Berliner Zeitung vom 16. Dez. 2011.

85 Richard Wagner, Die perforierte Republik. Bundespräsident Wulff sagt: Das Tattoo meiner Frau ist kein Problem. Mal seh'n, in: Frankfurter Allgemeine Sonntagszeitung vom 4. Juli 2010.

86 Wulff demonstriert Normalität, in: Focus online vom 17. Dez. 2011; http://www.focus. de/politik/deutschland/bundespraesident-analyse-wulff-demonstriert-normalitaet_ aid_695061.html (aufgerufen am 27. Sept. 2011).

87 Ebd.

88 Rainer Woratschka, Druck auf Bundespräsident nimmt zu, SPD und Grüne attackieren Christian Wulff, in: Der Tagesspiegel vom 17. Dez. 2011; http://www.tagesspiegel. de/zeitung/druck-auf-bundespraesident-nimmt-zu-spd-und-gruene-attackieren-christian-wulff/5971654.html.

89 Wulff soll Versicherungen begünstigt haben, in: Hamburger Abendblatt vom 20. Juli 2012; http://www.abendblatt.de/region/niedersachsen/article2345379/Wulff-soll-Versicherungen-beguenstigt-haben.html.

90 Pressemeldung von Gernot Lehr vom 18. Dez. 2011; http://www.redeker.de/main-V2. php/de/news/pm20111218.html.

91 Bettina Wulff, Jenseits des Protokolls, München 2012, Seite 158.

92 Pressemitteilung von Gernot Lehr vom 5. Jan. 2012; http://www.redeker.de/main-V2. php/de/news/pm20120105.html.

93 Die neuen Leben der Wulffs, in: Focus vom 10. Sept. 2012.

94 Stefan Braun, Privatkredit bringt Wulff in Bedrängnis, in: Süddeutsche Zeitung vom 14. Dez. 2011.

95 Jauch stellt die 500.000-Euro-Frage, in: stern.de vom 19. Dez. 2011; http://www.stern. de/kultur/tv/tv-kritik-zu-guenther-jauch-jauch-stellt-die-500000-euro-frage-1764321. html.

96 Zum Umfragewert in der Sendung von Günther Jauch vgl.: Harry Nutt, Die Karriere eines Braven, in: Frankfurter Rundschau vom 26. Dez. 2011; http://www.fr-online.de/ meinung/analyse-zu-christian-wulff-die-karriere-eines-braven,1472602,11355784. html.

97 Martin Heidemanns / Nikolaus Harbusch, Willem Tell, 6-mal Ferien bei Unternehmer-freunden, in: BILD vom 19. Dez. 2011.

98   Hamburger Morgenpost vom 19. Dez. 2011.

99   Berliner Kurier vom 19. Dez. 2011.

100   Abendzeitung vom 19. Dez. 2011.

101   Wie lange hält das Amt solche Schlagzeilen aus?, in: BILD vom 20. Dez. 2011; http://www. bild.de/politik/inland/wulff-kredit-affaere/kredit-affaere-um-bundespraesidenten-wie-lange-haelt-das-amt-solche-schlagzeilen-aus-21661744.bild.html.

102   Merkel: Wulff hat mein vollstes Vertrauen, in: Frankfurter Allgemeine Zeitung vom 20. Dez. 2011.

103   Martin Heidemanns / Nikolaus Harbusch, Maschmeyer bezahlte die Anzeigen für das Wulff-Buch, in: BILD vom 20. Dez. 2011 (online am 19. Dez. 2011); http://www.bild. de/politik/inland/christian-wulff/so-bezahlte-carsten-maschmeyer-die-anzeigen-fuer-das-wulff-buch-21658234.bild.html.

104   Ebd.

105   Reiner A. Blasius, Befangen, in: Frankfurter Allgemeine Zeitung vom 27. Dez. 2011.

106   Anna Reimann, Moralapostel Christian Wulff. Die schönsten Zeigefinger, in: Der Spiegel vom 20. Dez. 2011; http://www.spiegel.de/politik/deutschland/moralapostel-christian-wulff-die-schoensten-zeigefinger-a-804812.html.

107   Ebd.

108   Glogowski, Niedersachsen und die Folgen. Interview mit Christian Wulff im Deutsch-landfunk am 26. Nov. 1999; http://www.dradio.de/dlf/sendungen/interview_dlf/156198/.

109   Ebd.

110   Ebd.

111   Der Spiegel vom 17. Dez. 2011; http://www.spiegel.de/spiegel/print/index-2011-51.html.

112   Hans-Martin Tillack, Warum Olaf Glaeseker gehen musste, in: stern vom 23. Dez. 2011; http://www.stern.de/politik/deutschland/affaere-um-christian-wulff-warum-olaf-glaeseker-gehen-musste-1765903.html.

113   Pressemitteilung des Bundespräsidialamtes vom 22. Dez. 2011; http://www. bundespraesident.de/SharedDocs/Pressemitteilungen/DE/2011/12/111222-Mitteilung. html (aufgerufen am 28. Sept. 2012).

114   SPD-Chef Gabriel fordert öffentliche Erklärung von Wulff, in: Westdeutsche Allgemeine Zeitung vom 22. Dez. 2011; http://www.derwesten.de/politik/spd-chef-gabriel-fordert-oeffentliche-erklaerung-von-wulff-id6185648.html.

115   Bundespräsident unter Druck. Gabriel drängt Wulff zu persönlicher Erklärung, in: Spiegel online vom 22. Dez. 2011; http://www.spiegel.de/politik/deutschland/bundespraesident-unter-druck-gabriel-draengt-wulff-zu-persoenlicher-erklaerung-a-805244.html.

116   Bundespräsident bedauert seinen Umgang mit Kreditaffäre, in: Spiegel online vom 22. Dez. 2011; http://www.spiegel.de/politik/deutschland/wulff-erklaerung-bundespraesident-bedauert-seinen-umgang-mit-kreditaffaere-a-805386.html.

117   Hans-Martin Tillack, Warum Olaf Glaeseker gehen musste, in: stern vom 23. Dez. 2011; http://www.stern.de/politik/deutschland/affaere-um-christian-wulff-warum-olaf-glaeseker-gehen-musste-1765903.html.

118   Kayhan Özgenc, TV-Chefin will gegen Wulff aussagen, in: BILD am SONNTAG vom 19. Aug. 2012.

119 Tina Hildebrandt, Eine Frau setzt sich ab, in: Die Zeit vom 13. Sept. 2012; http://www.zeit.de/2012/38/DOS-Bettina-Wulff/komplettansicht.

120 Opposition wünscht sich Wulff-Erklärung, in: Neue Osnabrücker Zeitung vom 22. Dez. 2011; http://www.noz.de/deutschland-und-welt/politik/59626513/oppositionwuenscht-sich-wulff-erklaerung.

121 Wulff soll auf seine Weihnachtsansprache verzichten, in: Die Welt vom 21. Dez. 2012; http://www.welt.de/13778369.

122 Kerstin Lohse, Vor der Ansprache des Bundespräsidenten. Die Suche nach der Weihnachtsbotschaft, in: tagesschau.de vom 21. Dez. 2011; http://www.tagesschau.de/inland/wulffweihnachtsansprache100.html.

123 Nico Fried, Wulff stellt hohe Ansprüche – an uns, in: Süddeutsche.de vom 24. Dez. 2011; http://www.sueddeutsche.de/politik/weihnachtsansprache-wulff-stellt-hoheansprueche-an-uns-1.1243505.

124 Weihnachtsansprache 2011 von Bundespräsident Christian Wulff am 25. Dez. 2011; http://www.bundespraesident.de/SharedDocs/Reden/DE/Christian-Wulff/Reden/2011/12/111225-Weihnachtsansprache.html.

125 Ebd.

126 Präsidiales Gesäusel, in: stern.de vom 25. Dez. 2011; http://www.stern.de/politik/deutschland/weihnachtsansprache-von-christian-wulff-praesidiales-gesaeusel-1766336.html.

127 Patrick Bahners, Wulffs Weihnachtsansprache. Alles, um wie die anderen zu sein, in: Frankfurter Allgemeine Zeitung vom 25. Dez. 2011.

128 Staatsanwaltschaft geht Anzeigen gegen Wulff nicht nach, in: Hamburger Abendblatt vom 22. Dez. 2011; http://www.abendblatt.de/politik/deutschland/article2136029/Staatsanwaltschaft-geht-Anzeigen-gegen-Wulff-nicht-nach.html.

129 Art. 5 des Grundgesetzes für die Bundesrepublik Deutschland vom 23. Mai 1949 (BGBl. I, Seite 1), zuletzt geändert durch Art. 1 des Gesetzes vom 21. Juli 2010 (BGBl. I, Seite 944); http://www.artikel5.de/gesetze/gg.html.

130 Nils Minkmar, Kommt noch was von Wulff?, in: Frankfurter Allgemeine Zeitung vom 19. Dez. 2011.

131 Erklärung des Bundespräsidenten »Über Telefonate gibt der Präsident keine Auskunft«, in: Frankfurter Allgemeine Sonntagszeitung vom 1. Jan. 2012.

132 Ralf Wiegand, Enthüllung. Wulff drohte BILD-Journalisten mit Strafanzeige, in: Süddeutsche Zeitung vom 2. Jan. 2012; http://www.sueddeutsche.de/politik/bundespraesident-in-not-wulff-drohte-mit-strafanzeige-gegen-bildjournalisten-1.1248384.

133 Hans Monath / Sonja Pohlmann / Michael Schmidt / Antje Sirleschtov, SPD: Schonfrist für Wulff ist vorbei, in: Der Tagesspiegel vom 3. Jan. 2012; http://www.tagesspiegel.de/politik/bundespraesident-spd-schonfrist-fuer-wulff-ist-vorbei-/6013550.html.

134 Verheerendes Presse-Echo verstummt nicht, in: Rhein-Neckar-Zeitung vom 4. Jan. 2012; vgl. http://www.bild.de/politik/inland/christian-wulff/drohanruf-bei-bild-verheerendes-presseecho-verstummt-nicht-update-21891268.bild.html.

135 Daniel Brössler, Warum die Geht-mich-nichts-an-Kanzlerin handeln muss, in: Süddeutsche Zeitung vom 3. Jan. 2012; http://www.sueddeutsche.de/politik/

affaere-um-den-bundespraesidenten-warum-die-geht-mich-nichts-an-kanzlerin-handeln-muss-1.1249924.

136 Thüringische Landeszeitung vom 3. Jan. 2012, vgl.: Bundespräsident müsste vom Volk gewählt werden, in: Die Welt vom 4. Jan. 2012; http://www.welt.de/politik/deutschland/article13797369/Bundespraesident-muesste-vom-Volk-gewaehlt-werden.html.

137 Neue Zürcher Zeitung vom 3. Jan. 2012, vgl.: Bundespräsident müsste vom Volk gewählt werden, in: Die Welt vom 4. Jan. 2012; http://www.welt.de/politik/deutschland/article13797369/Bundespraesident-muesste-vom-Volk-gewaehlt-werden.html.

138 Carolin Gasteiger / Oliver Das Gupta, Wulff rief auch bei Springer-Chef Döpfner an, in: Süddeutsche Zeitung vom 2. Jan. 2012; http://www.sueddeutsche.de/medien/neue-vorwuerfe-gegen-den-bundespraesidenten-wulff-rief-auch-bei-springer-chef-doepfner-an-1.1248770.

139 Interview: Ex-Spiegel-Chef Aust zur Wulff-Affäre:»So etwas Irres ist mir noch nie vorgekommen«, in: tagesschau.de vom 3. Jan. 2012; http://www.tagesschau.de/inland/austinterviewwulff100.html.

140 Wulff:»Pressefreiheit ist ein hohes Gut«, in: BILD vom 2. Jan. 2012; http://www.bild.de/politik/inland/wulff-kredit-affaere/bundespraesident-wulff-erklaerung-wortlaut-pressefreiheit-21867900.bild.html.

141 In eigener Sache, in: BILD vom 3. Jan. 2012.

142 Bundespräsident unter Druck.»Wulff muss Bellevue räumen«, in: Handelsblatt vom 2. Jan. 2012 (online); http://www.handelsblatt.com/politik/deutschland/bundespraesident-unter-druck-wulff-muss-bellevue-raeumen/6011942.html.

143 Für die Eilmeldung der dpa vom 4. Jan. 2012 vgl. z. B.: http://www.handelsblatt.com/politik/deutschland/eilmeldung-wulff-will-noch-heute-erklaerung-abgeben/6018348.html.

144 Florian Bruckner, Joachim Gauck. Der bessere Präsident, in: Handelsblatt vom 4. Jan. 2012; http://www.handelsblatt.com/politik/deutschland/joachim-gauck-der-bessere-praesident-seite-all/6019372-all.html.

145 So kam das Wulff-Interview zustande, in: BILD vom 5. Jan. 2012; http://www.bild.de/politik/inland/christian-wulff/so-kam-das-wulff-interview-zustande-21910954.bild.html.

146 Thomas Kröter / Daniela Vates, Auskunft in trauter Runde, in: Frankfurter Rundschau vom 5. Jan. 2012; http://www.fr-online.de/politik/wulff-interview-auskunft-in-trauter-runde,1472596,11392182.html.

147 Der gesamte Wortlaut des TV-Gespräches von Bundespräsident Christian Wulff mit Bettina Schausten (ZDF) und Ulrich Deppendorf (ARD) vom 4. Jan. 2012 als Video in: http://www.tagesschau.de/inland/wulffinterview114.html.

148 ARD-DeutschlandTrend, Januar Extra 2012; http://www.infratest-dimap.de/umfragen-analysen/bundesweit/ard-deutschlandtrend/2012/januar-extra/.

149 Christoph Elflein / Armin Fuhrer / Ansgar Siemens / Tanja Treser, Die neuen Leben der Wulffs, in: Focus vom 10. Sept. 2012; http://www.focus.de/politik/deutschland/wulff-unter-druck/tid-27452/titel-die-neuen-leben-der-wulffs-die-neuen-leben-der-wulffs-seite-3_aid_825666.html.

150 Ebd.

319

151 Bettina Wulff, Jenseits des Protokolls, München 2012, Seite 183.

152 Frank Drieschner, Aufregung? Von wegen! Sein ganzes Dorf hätten die BILD-Redakteure aufgeschreckt, sagte Christian Wulff im TV-Interview. Ein Besuch in Großburgwedel, in: Die Zeit vom 12. Jan. 2012.

153 Nicolai Kwasniewski, Umstrittenes Privat-Darlehen. Wulff sparte Tausende Euro, in: Der Spiegel vom 17. Dez. 2011; http://www.spiegel.de/wirtschaft/soziales/umstrittenes-privat-darlehen-wulff-sparte-tausende-euro-a-804327.html.

154 Traumquote für ARD und ZDF. Fast 11,5 Millionen Zuschauer sehen Wulff-Interview, in: Focus online vom 5. Jan. 2012; http://www.focus.de/kultur/kino_tv/traumquote-fuer-ard-und-zdf-fast-11-5-millionen-zuschauer-sehen-wulff-interview_aid_699599. html.

155 ARD-DeutschlandTrend vom 5. Jan. 2012; http://www.tagesschau.de/multimedia/bilder/crbilderstrecke310.html.

156 Ulrich Becker, Chance vertan, in: BILD vom 5. Jan. 2012; http://www.bild.de/news/standards/bild-kommentar/chance-vertan-21910742.bild.html.

157 Heribert Prantl, Wulff in Not. Gnade dem Präsidenten, in: Süddeutsche Zeitung vom 5. Jan. 2012; http://www.sueddeutsche.de/politik/wulff-in-not-gnade-dem-praesidenten-1.1251047.

158 Ulrich Reitz, Christian Wulffs Auftritt im Fernsehen war peinlich, in: Westdeutsche Allgemeine Zeitung vom 5. Jan. 2012; http://www.derwesten.de/politik/christian-wulffs-auftritt-im-fernsehen-war-peinlich-id6215615.html.

159 Der Top-Klient, in: Der Spiegel vom 9. Jan. 2012; http://www.spiegel.de/spiegel/print/d-83504563.html.

160 Christoph Lütgert, Wulffs Fernsehinterview. Der Gipfel der Selbst-Demontage, in: Tagesschau vom 4. Jan. 2012; http://www.tagesschau.de/ausland/kommentarwulff100.html.

161 Wulff lehnt Veröffentlichung seines Anrufs bei BILD ab, in: BILD vom 6. Jan. 2012; http://www.bild.de/politik/inland/wulff-kredit-affaere/bild-bittet-wulff-um-transparenz-21916856.bild.html.

162 Ebd.

163 Philipp Wittrock, Merkels Problempräsident, in: Spiegel online vom 5. Jan. 2012; http://www.spiegel.de/politik/deutschland/wulff-affaere-merkels-problempraesident-a-807353. html.

164 Roman Eichinger / Martin S. Lambeck, SPD-Generalsekretärin Andrea Nahles: »Wenn Wulff zurücktritt, muss es Neuwahlen geben«, in: BILD am SONNTAG vom 8. Jan. 2012; http://www.bild.de/politik/inland/andrea-nahles/ueber-affaere-des-bundespraesidenten-teil1-21956988.bild.html.

165 Thomas Schmoll, Kreditaffäre des Bundespräsidenten: Wulff, der Guttenberg für Arme, in: Financial Times Deutschland vom 5. Jan. 2012; http://www.ftd.de/politik/deutschland/:kreditaffaere-des-bundespraesidenten-wulff-der-guttenberg-fuer-arme/60149961.html.

166 Präsidenten-Gattin Bettina Wulff lässt sich von Luxus-Labels einkleiden, in: Focus vom 6. Jan. 2012; http://www.focus.de/politik/deutschland/wulff-unter-druck/der-praesidenten-gattin-neue-kleider-bettina-wulff-laesst-sich-von-luxus-labels-hofieren_aid_699832.html.

167 Daniel Funke / Marie Waldburg, Wow! Ist das Charlène? Nein, Bettina!, in: Bunte vom 10. Nov. 2011. Ein Foto davon gibt es auch online: http://www.bunte.de/society/rakerswulff-und-co-so-viel-glamour-im-kampf-gegen-aids_did_6594.html.

168 Ebd.

169 Veröffentlichung der dpa-Meldung vom 6. Jan. 2012 auf news.de: http://www.news.de/ politik/855259677/bettina-wulff-und-die-kleiderfrage/1/.

170 Jürgen Bock, Theodor Heuss: Bausparvertrag fürs Präsidenten-Haus, in: Stuttgarter Nachrichten vom 6. Feb. 2012; http://www.stuttgarter-nachrichten.de/inhalt. theodor-heuss-bausparvertrag-fuers-praesidenten-haus.b23035f3-262d-499a-a8ea-3d9cd6073d43.html.

171 Wulff demonstriert Gelassenheit. Präsident empfängt Sternsinger – Kritik verstummt nicht – Rückendeckung von Merkel, in: BILD vom 7. Jan. 2012; http://www.bild. de/politik/inland/christian-wulff/nein-zur-veroeffentlichung-mailbox-nachrichtreaktionen-21928628.bild.html.

172 SPD-Chef Sigmar Gabriel:»Bislang hat er Transparenz nur versprochen...«, in: BILD vom 7. Jan. 2012; http://www.bild.de/politik/inland/sigmar-gabriel/bislang-hat-wulfftransparenz-nur-versprochen-21944180.bild.html.

173 Ebd.

174 Neujahrsempfang beim Hamburger Abendblatt (Axel Springer AG). Bettina Wulff: Lächelnd durch die Krise, in: BILD vom 10. Jan. 2012; http://www.bild.de/politik/inland/ bettina-wulff/bei-neujahrsempfang-des-hamburger-abendblattes-21980558.bild.html.

175 46 % für Rücktritt, 46 % dagegen, in: BILD vom 10. Jan. 2012; http://www.bild.de/politik/ inland/wulff-kredit-affaere/ruecktrittsfrage-spaltet-deutschland-21990064.bild.html.

176 Bettina Wulff, Jenseits des Protokolls, München 2012, Seite 188 f.

177 Hugo Müller-Vogg, Die Wulffs können noch lächeln!, in: BILD vom 13. Jan 2012; http://www.bild.de/politik/kolumnen/hugo-mueller-vogg/die-wulffs-koennen-nochlaecheln-22042974.bild.html (aufgerufen am 27. September 2012).

178 Merkel und Minister beim Neujahrsempfang des Bundespräsidenten. Lächeln für Wulff, in: Süddeutsche.de vom 12. Jan. 2012; http://www.sueddeutsche.de/politik/ merkel-und-minister-beim-neujahrsempfang-des-bundespraesidenten-laecheln-fuerwulff-1.1256134.

179 Das Interview im Morgenmagazin am 12. Jan. 2012 auf der Internetseite des ZDF: http:// www.zdf.de/ZDFmediathek/beitrag/video/1539542/Wir-fordern-Verfahren-zur-WulffAffaere#/beitrag/video/1539542/Wir-fordern-Verfahren-zur-Wulff-Affaere.

180 Niedersächsischer Landtag – 16. Wahlperiode – 60. Plenarsitzung am 21. Jan. 2010, Seite 7471; http://www.landtag-niedersachsen.de/stenoberichte_2010/.

181 Berthold Kohler, Wulffs Schweigen, in: Frankfurter Allgemeine Zeitung vom 14. Dez. 2012.

182 Widersprüche um Bonus-Meilen-Flug des Bundespräsidenten, in: BILD vom 13. Jan. 2012; http://www.bild.de/politik/inland/christian-wulff/widersprueche-um-bonusmeilen-flug-22042410.bild.html.

183 Dieses Land wird weiter mit diesem Bundespräsidenten leben. Friedrich Nowottny im Gespräch mit Gerd Breker, in: Deutschlandfunk vom 5. Jan. 2012; http://www.dradio. de/dlf/sendungen/interview_dlf/1645292/.

184 Hans-Ulrich Jörges, Die BILD-Republik, in: stern vom 12. Jan. 2012. Vgl. auch den Bericht in Focus online: http://www.focus.de/politik/deutschland/wulff-unter-druck/ kreditaffaere-von-bundespraesident-wulff-bild-chefredakteur-verulkt-die-taz_ aid_702541.html.

185 Lebenslänglich für Wulff. Der Journalist Günter Wallraff über eine gerechte Strafe und die Rolle der BILD-Zeitung, in: Frankfurter Rundschau vom 12. Jan. 2012.

186 Ulrike Simon, Wulffs Werk und Diekmanns Beitrag, in: Berliner Zeitung vom 11. Jan. 2012; http://www.berliner-zeitung.de/medien/wulff-und-die-medien-wulffs-werk-und-diekmanns-beitrag,10809188,11417166.html.

187 http://www.bild.de/politik/inland/wulff-kredit-affaere/wulf-umfrage-22061202.bild. html.

188 Stefan Niggemeier, Vom Glück, BILD zu sein, in: stefan-niggemeier.de vom 9. Jan. 2012; http://www.stefan-niggemeier.de/blog/vom-glueck-bild-zu-sein/.

189 Politikberaterin: Wulff hat Amt unterschätzt. Gertrud Höhler nennt Verhalten des Bundespräsidenten selbstzerstörerisch, in: Deutschlandradio vom 3. Jan. 2012; http:// www.dradio.de/dkultur/sendungen/interview/1643041/.

190 Marc Brost, Eine Machtprobe, in: Die Zeit vom 13. Jan. 2012; http://www.zeit.de/2012/ 03/01-Affaere-Wulff.

191 Jan Fleischhauer, Unheimliche Verfolger, in: Spiegel online vom 9. Jan. 2012; http:// www.spiegel.de/politik/deutschland/s-p-o-n-der-schwarze-kanal-unheimliche-ver-folger-a-807969.html.

192 Michael H. Spreng, Am Tropf von BILD, in: Sprengsatz.de vom 9. Feb. 2012; http://www. sprengsatz.de/?p=3791.

193 Volker Zastrow, Wulff-Affäre. Im Präsidentenpelz, in: Frankfurter Allgemeine Sonntagszeitung vom 9. Jan. 2012; http://www.faz.net/aktuell/politik/wulff-affaere-im-praesidentenpelz-11596855.html.

194 Ulrich Schulte, Der Feldzug der BILD passt ins Bild der eitlen Medien. Diekmanns Anmaßung, in: taz.de vom 7. Jan. 2012; http://www.taz.de/!85148/.

195 Jakob Augstein, Der böse Wulff, in: Der Freitag vom 6. Jan. 2012; http://www.freitag. de/autoren/jaugstein/der-bose-wulff.

196 Felix Dachsel, Diekmann wulfft sich raus, in: Tageszeitung vom 16. Jan. 2012; http:// www.taz.de/!85761/.

197 Ebd.

198 Ebd.

199 Ebd.

200 Karl-Georg Wellmann in der ZDF-Sendung log.in am 11. Jan. 2012; http://www. zdf.de/ZDFmediathek/beitrag/video/1539420/Wellmann-%2528CDU%2529-legt-Wulff-Ruecktritt-nahe#/beitrag/video/1539420/Wellmann-%28CDU%29-legt-Wulff-Ruecktritt-nahe.

201 Bundespräsident in Bedrängnis. Wulffs Anwälte wollen Medienanfragen veröffent-lichen, in: Der Tagesspiegel vom 14. Jan. 2012; http://www.tagesspiegel.de/politik/ bundespraesident-in-bedraengnis-der-rueckhalt-fuer-wulff-aus-den-eigenen-reihen-schwindet/6063022-2.html.

202 Film-Finanzier zahlte den Wulffs Upgrade für Luxus-Suite, in: BILD am SONNTAG vom 15. Jan. 2012; http://www.bild.de/politik/inland/christian-wulff/film-finanzier-zahlte-wulffs-luxus-suite-upgrade-22074334.bild.html.

203 Wulff ließ sich auf Oktoberfest einladen, in: Spiegel online vom 14. Jan. 2012 (Vorabmeldung); http://www.spiegel.de/politik/deutschland/bundespraesident-wulff-liess-sich-auf-oktoberfest-einladen-a-809132.html.

204 Michael Naumann, Die Empörung über Wulff ist anmaßend, in: Cicero online vom 15. Dez. 2011; http://www.cicero.de/berliner-republik/privatkredit-affaere-bundespraesident-empoerung-ueber-wulff-ist-anmassend/47672.

205 Bernhard Pörksen, Presseethik im Fall Wulff. Lob des kritischen Verstandes, in: Stuttgarter Zeitung vom 11. Feb. 2012; http://www.stuttgarter-zeitung.de/inhalt.presseethik-im-fall-wulff-lob-des-kritischen-verstandes.99b3e81e-075b-4cc4-8754-066f7bcde50e.html.

206 ARD-DeutschlandTrend vom 6. Jan. 2012, Viele Deutsche wollen zweite Chance für Wulff, in: http://www.tagesschau.de/inland/deutschlandtrend1438.html.

207 Keine Wulff-Ermittlungen. Bobby-Car für den Sohn, in: Die Welt vom 18. Jan. 2012; http://www.welt.de/politik/deutschland/article13820941/Keine-Wulff-Ermittlungen-Bobby-Car-fuer-den-Sohn.html.

208 Erklärung Gernot Lehr vom 18. Jan. 2012; http://www.redeker.de/fragen-und-antworten-zu-christian-wulff.html.

209 Nikolaus Blome, Es wird lächerlich!, in: BILD vom 19. Jan. 2012.

210 Ulrich Schulte, Unergiebig und banal, in: Tageszeitung vom 19. Jan. 2012; http://www.taz.de/!85959/.

211 Debatte um Macht der Medien bei DLF-Tagung, in: Deutschlandfunk vom 6. Jan. 2012; http://www.dradio.de/wir/aktuell/1646510/. Vgl. auch: ARD/Infratest dimap: Die 60 % Lüge von der zweiten Chance für Wulff, vom 6. Jan. 2012; http://machtelite.wordpress.com/2012/01/06/ardinfratest-dimap-die-60-luge-von-der-zweiten-chance-fur-wulff/.

212 Lebenslänglich für Wulff. Der Journalist Günter Wallraff über eine gerechte Strafe und die Rolle der BILD-Zeitung, in: Frankfurter Rundschau vom 12. Jan. 2012; vgl. http://www.guenter-wallraff.com/wallraffuberwulf.html.

213 Der gesamte Wortlaut des TV-Gespräches von Bundespräsident Christian Wulff mit Bettina Schausten (ZDF) und Ulrich Deppendorf (ARD) vom 4. Jan. 2012 als Video in: http://www.tagesschau.de/inland/wulffinterview114.html.

214 Presseerklärung von Gernot Lehr vom 11. Jan. 2012; http://www.redeker.de/main-V2.php/de/news/pm20120111.html.

215 Nina Paulsen, In der Union wächst die Kritik an Wulffs Krisenmanagement, in: Hamburger Abendblatt vom 12. Jan. 2012.

216 Erläuternde Hinweise zur Veröffentlichung der Journalistenanfragen an Christian Wulff und der gegebenen Antworten vom 18. Jan. 2012; http://www.redeker.de/fragen-und-antworten-zu-christian-wulff.html.

217 Ebd.

218 http://www.redeker.de/downloads/cwulff/Teil%201%20Stand%2018012012%20mit%20ZDF.pdf; http://www.redeker.de/downloads/cwulff/Teil%202%20Stand%20

18012012%20mit%20ZDF.pdf; http://www.redeker.de/downloads/cwulff/Teil%203%20 Stand%2018012012%20mit%20ZDF.pdf.

219 Ebd.

220 Ebd.

221 Ebd.

222 Angela Böhm, Zentis zahlte München-Besuch. AZ exklusiv: Wulffs Gratis-Trip zum Filmball, in: Abendzeitung vom 19. Jan. 2012; http://www.abendzeitung-muenchen. de/inhalt.zentis-zahlte-muenchen-besuch-az-exklusiv-wulffs-gratis-trip-zum-filmball.8d285e3b-d8eb-43f7-a6e9-3c08b4e34323.html.

223 Ebd.

224 Ebd.

225 Glaesekers Büro im Bundespräsidialamt durchsucht.»Affäre beschädigt Deutschlands Ansehen«, in: Süddeutsche Zeitung vom 29. Jan. 2012; http://www.sueddeutsche.de/ politik/glaesekers-buero-im-bundespraesidialamt-durchsucht-affaere-beschaedigt-deutschlands-ansehen-1.1270018.

226 Ebd.

227 Glaeseker-Büro im Bundespräsidialamt durchsucht, in: Frankfurter Allgemeine Zeitung vom 29. Jan. 2012; http://m.faz.net/aktuell/politik/wulffs-ehemaliger-sprecher-glaeseker-buero-im-bundespraesidialamt-durchsucht-11629879.html.

228 Information auf der Internetseite des Bundespräsidenten zum Thema»Amt und Aufgaben«; http://www.bundespraesident.de/DE/Amt-und-Aufgaben/Wirken-im-Inland/ Reden-und-Ansprachen/reden-und-ansprachen-node.html.

229 Stefan Wenzel:»Wulff ist ein Lügner.« Niedersächsischer Grünen-Politiker fordert Rücktritt des Bundespräsidenten. Stefan Wenzel im Gespräch mit Martin Zagatta, in: Deutschlandradio vom 21. Jan. 2012; http://www.dradio.de/dlf/sendungen/interview_ dlf/1657872/.

230 Vgl. den Artikel»Lüge« auf Wikipedia: http://de.wikipedia.org/wiki/L%C3%BCge.

231 http://dejure.org/gesetze/StGB/90.html.

232 Christian Bommarius, Ein Lügner als Präsident, in: Berliner Zeitung vom 28. Jan. 2012; http://www.berliner-zeitung.de/meinung/kommentar-zu-wulff-ein-luegner-als-praesident,10808020,11527904.html.

233 Harald Martenstein,»Ich habe mit wildfremden Leuten über Politik geredet, wie 1989.« Über Christian Wulffs Allgegenwart, in: Zeit-Magazin vom 26. Jan. 2012; online seit 23. Jan. 2012: http://www.zeit.de/2012/05/Martenstein.

234 SAT.1 verkündet Ende der Sendung. Harald Schmidt Show wird abgesetzt, in: Berliner Zeitung vom 28. März 2012; http://www.berliner-zeitung.de/medien/sat-1-verkuendet-ende-der-sendung-harald-schmidt-show-wird-abgesetzt,10809188,12514488.html.

235 Legendärer»Erwin Lottemann« neu vertont. Extra 3 »verwulfft« Loriots Kult-Sketch, in: Meedia.de vom 12. Jan. 2012; http://meedia.de/fernsehen/extra-3-die-wulff-affaere-a-la-loriot/2012/01/12.html.

236 Ein Video in: http://www.twitmunin.com/de/645576/oliver-kalkofe-die-wahre-presseerkl%C3%A4rung-von-christian-wulff/.

237 Guido Brandenburg / Nikolaus Harbusch, Neue Ungereimtheiten: Wie lange war Wulff Anwalt?, in: BILD vom 1. Feb. 2012; http://www.bild.de/politik/inland/christian-wulff/ wie-lange-war-wulff-anwalt-22386164.bild.html.

238 Karl Hugo Pruys, Christian Wulff. Deutschland kommt voran, Berlin 2006, Seite 57 f.

239 Wolfgang Elbers, Ehrenbürgertitel für Wulff liegt auf Eis, in: Neue Osnabrücker Zeitung vom 24. Jan. 2012; online seit 23. Jan. 2012: http://www.noz.de/lokales/60322032/ ehrenbuergertitel-fuer-wulff-liegt-auf-eis.

240 Robin Fehrenbach, Osnabrücker CDU will Wulff weiterhin zum Ehrenbürger machen, in: Neue Osnabrücker Zeitung vom 10. Aug. 2012; http://www.noz.de/deutschland-und-welt/politik/niedersachsen/65947466/osnabruecker-cdu-will-wulff-weiterhin-zum-ehrenbuerger-machen.

241 Neue Vorwürfe gegen Wulff, in: NDR vom 24. Jan. 2012; http://www.ndr.de/fernsehen/ sendungen/menschen_und_schlagzeilen/videos/menschenundschlagzeilen1325.html.

242 Identität zum Schutz der Quelle verändert.

243 Martin Heidemanns / Nikolaus Harbusch, Wer zahlte Wulffs Sylt-Urlaub?, in: BILD vom 8. Feb. 2012. Aus dem zitierten Text wurden die Behauptungen getilgt, die David Groenewold vor dem Landgericht Köln verbieten ließ.

244 Jörg Quoos, Ziemlich beste Freunde, in: BILD vom 8. Feb. 2012.

245 Sylt-Suite-Affäre. »Wulff ist ein Fall für den Staatsanwalt«, in: Spiegel online vom 8. Feb. 2012; http://www.spiegel.de/politik/deutschland/sylt-suite-affaere-wulff-ist-ein-fall-fuer-den-staatsanwalt-a-814052.html.

246 »Schnäppchenjäger Wulff«. Roth höchst erzürnt über den Bundespräsidenten, in: Focus online vom 8. Feb. 2012; http://www.focus.de/politik/deutschland/wulff-unter-druck/ kritik-am-sylt-urlaub-des-bundespraesidenten-roth-prangert-wulffs-schnaeppchen-mentalitaet-an_aid_712128.html.

247 Desaströse Umfragewerte für den Präsidenten, in: bild.de vom 10. Feb. 2012; http:// www.bild.de/politik/inland/wulff-kredit-affaere/politbarometer-umfrage-wulff-ruf-des-bundespraesidenten-schwer-beschaedigt-22566764.bild.html.

248 Winfried Dolderer, Wulffs »Freunde«, in: Westdeutsche Allgemeine Zeitung vom 9. Feb. 2012; http://www.derwesten.de/politik/wulffs-freunde-id6330629.html.

249 Wulff-Affäre: Menschen im Hotel, in: Financial Times Deutschland vom 9. Feb. 2012, online seit 8. Feb. 2012; http://www.ftd.de/politik/deutschland/:wulff-affaere-menschen-im-hotel/60166069.html.

250 Berthold Kohler, Lummerland, in: Frankfurter Allgemeine Zeitung vom 9. Feb. 2012.

251 Nach BILD-Berichten. Verheerendes Echo auf Wulffs Sylt-Urlaub, in: bild.de vom 9. Feb. 2012; http://www.bild.de/politik/inland/wulff-kredit-affaere/verheerendes-echo-auf-wulffs-sylt-urlaub-nach-bild-enthuellungen-22543264.bild.html.

252 http://www.presseportal.de/pm/66865/2195274/neue-presse-hannover-wulff-justiz-muss-ermitteln-ein-kommentar-von-udo-harms.

253 Wer wen oder was bezahlt hat – Stimmen der anderen, in: Frankfurter Allgemeine Zeitung vom 10. Feb. 2012.

254 Presseportal: http://www.presseportal.de/pm/100787/2195254/berliner-zeitung-kommentar-zum-problempraesidenten-wulff.

255 Wulff nutzte Handy von einer Firma Groenewolds, in: Die Welt vom 11. Feb. 2012; http://www.welt.de/13861853.

256 Manuel Bewarder / Uwe Müller / Marc Neller, Handy für Freund Christian. Filmfinanzier Groenewold tat Wulff noch einen weiteren Gefallen, in: Die Welt vom 11. Feb. 2012; http://www.welt.de/13862674.

257 Affären. Im Biotop, in: Der Spiegel vom 13. Feb. 2012; http://wissen.spiegel.de/wissen/image/show.html?did=83977210&aref=image051/2012/02/11/CO-SP-2012-007-0029-0030.PDF&thumb=false.

258 Bettina Wulff, Jenseits des Protokolls, München 2012, Seite 27.

259 Vgl. den Wikipedia-Artikel über David Groenewold: http://de.wikipedia.org/wiki/David_Groenewold.

260 Bernd Philipp, Ein Geldsammler mit Hang zur Philosophie. Bekanntlich ist das Leben eine Wundertüte. Man greift rein und weiß nie, was man erwischt, in: Berliner Morgenpost vom 5. Feb. 2006; http://www.morgenpost.de/printarchiv/politik/article238341/Ein-Geldsammler-mit-Hang-zur-Philosophie.html#.

261 Martin U. Müller, Wulffs Revier, in: Der Spiegel vom 28. Juni 2010; http://www.spiegel.de/spiegel/print/d-71123460.html.

262 Bea Peters, Wer ist der Mann, über den Wulff schließlich stürzte?, in: BZ vom 19. Feb. 2012.

263 Der Gesellschafter, in: Frankfurter Allgemeine Zeitung vom 5. Sept. 2009.

264 Peter Körte / Claudius Seidl, Ein Freund, ein guter Freund, in: Frankfurter Allgemeine Zeitung vom 11. Feb. 2012.

265 Ralf Beste / Michael Fröhlingsdorf / Hubert Gude / Christoph Hickmann / Dirk Kurbjuweit / Martin U. Müller / Peter Müller / René Pfister / Christoph Schwennicke, Filmreife Affäre, in: Der Spiegel vom 18. Feb. 2012; http://www.spiegel.de/spiegel/print/d-84061004.html.

266 Bettina Wulff, Jenseits des Protokolls, München 2012, Seite 48.

267 Jan Schulz-Ojala / Rainer Woratschka / Jost Müller-Neuhof, Filmkünstler meiden Wulff-Empfang, in: Der Tagesspiegel vom 13. Feb. 2012; http://www.tagesspiegel.de/kultur/kino/berlinale/politik-und-berlinale-filmkuenstler-meiden-wulff-empfang/6199598.html.

268 Ebd.

269 Tina Hildebrandt, Im römischen Exil. Nur die Hände verraten ihn: Mit Christian Wulff auf Staatsbesuch in Italien, in: Die Zeit vom 16. Feb. 2012.

270 Jörg Schönenborn, Erstmals klare Mehrheit für Wulff-Rücktritt, ARD-DeutschlandTrend vom 2. Feb. 2012; http://www.tagesschau.de/inland/deutschlandtrend1448.html.

271 Daniel Friedrich Sturm, Bundespräsident in Nöten.»Tolle Zeit in Berlin und einen schönen Karneval!«, in: Die Welt vom 15. Feb. 2012; http://www.welt.de/13873293.

272 Bettina Wulff, Jenseits des Protokolls, München 2012, Seite 155.

273 http://www.diogenes.ch/leser/katalog/a-z/v/9783257064858/buch.

274 Pressemitteilung der niedersächsischen Staatsanwaltschaft vom 16. Feb. 2012: Anfangsverdacht gegen Bundespräsident Christian Wulff und David Groenewold; http://www.staatsanwaltschaft-hannover.niedersachsen.de/portal/live.php?navigation_id=22924&article_id=103287&_psmand=165.

275 Ebd.

276 Staatsanwalt greift nach Wulff, in: BILD vom 17. Feb. 2012.

277 Ebd.

278 Nikolaus Blome, Rücktritt, Herr Präsident!, in: BILD vom 17. Feb. 2012; http://www.bild.de/news/standards/bild-kommentar/kommentar-von-blome-ruecktritt-herr-praesident-22678722.bild.html.

279 http://dejure.org/gesetze/StGB/331.html.

280 http://dejure.org/gesetze/StGB/333.html.

281 Neuer »Freundschaftsdienst« nach Hotelupgrade und Sylt-Urlaub: Christian Wulff nutzte Handy von Groenewolds Firma, in: Focus online vom 22. Feb. 2012; http://www.focus.de/politik/deutschland/wulff-unter-druck/hotelupgrade-hotelbuchung-handy-groenewolds-viele-freundschaftsdienste-fuer-wulff-_aid_712836.html.

282 Bettina Wulff, Jenseits des Protokolls, München 2012, Seite 191.

283 Ebd., Seite 196.

284 Vgl. z. B. BILD vom 17. Feb. 2012.

285 Rücktrittserklärung von Christian Wulff am 17. Feb. 2012 auf der Homepage des Bundespräsidenten; http://www.bundespraesident.de/SharedDocs/Reden/DE/Christian-Wulff/Reden/2012/02/120217-Erklaerung.html.

286 Bettina Wulff, Jenseits des Protokolls, München 2012, Seite 197.

287 Ebd., Seite 199.

288 Ebd.

289 dpa-Meldung vom 13. Dez. 2011; vgl. z. B. http://m.faz.net/aktuell/politik/inland/umstrittener-privatkredit-merkel-hat-volles-vertrauen-in-die-person-wulff-11562616.html.

290 Zitate: Merkel über Wulff, in: Die Zeit vom 4. Jan. 2012; http://www.zeit.de/news/2012-01/04/bundespraesident-zitate-merkel-ueber-wulff-04220848.

291 Ebd.

292 Union legt zu – Grüne verlieren. Mehrheit zweifelt am Sparwillen Griechenlands, in: ZDF-Politbarometer vom 10. Feb. 2012; http://www.zdf.de/ZDF/zdfportal/web/ZDF.de/Politbarometer/2942200/5988102/35d7d1/Union-legt-zu---Gr%C3%BCne-verlieren.html.

293 Erklärung von Bundeskanzlerin Angela Merkel im Wortlaut vom 17. Feb. 2012; Text und Video in: http://www.bild.de/politik/inland/wulff-kredit-affaere/kanzlerin-merkels-erklaerung-zu-wulff-ruecktritt-22694664.bild.html.

294 Seehofer zum Rücktritt von Christian Wulff, Presseerklärung auf der Internetseite der CSU vom 17. Feb. 2012; http://www.csu.de/seehofer/aktuell/meldungen/131011239.htm.

295 FDP nimmt Entscheidung mit Respekt zur Kenntnis, Presseerklärung auf der Internetseite der FDP vom 17. Feb. 2012; http://www.liberale.de/FDP-nimmt-Entscheidung-mit-Respekt-zur-Kenntnis/9581c15159i1p7/index.html.

296 http://www.pressrelations.de/new/standard/result_main.cfm?pfach=1&n_firmanr_=1 08645&sektor=pm&detail=1&r=484153&sid=&aktion=jour_pm&quelle=0.

297 http://www.fr-online.de/gauck-folgt-wulff/-reaktionen-auf-wulff-ruecktritt--absolut-notwendig-,11460760,11654918.html.

298 Reaktionen auf Wulffs Rücktritt, in: rp-online vom 17. Feb. 2012; http://www.rp-online. de/politik/deutschland/bundespraesident/reaktionen-auf-wulffs-ruecktritt-1.2717869.

299 Niedersächsische Staatskanzlei, Erklärung des niedersächsischen Ministerpräsidenten zum Rücktritt von Christian Wulff vom 17. Feb. 2012; http://www.stk.niedersachsen. de/portal/live.php?navigation_id=1130&article_id=103347&_psmand=6.

300 Martin Zechner, Wulff: Besser die Wahrheit. Eine Analyse zum Rücktritt des deutschen Bundespräsidenten; http://www.krisenkompass.at/publikationen/case-studies/newsdetail-case-studies/article//Causa-Wulff.html.

301 Claus Heinrich, Zum Wulff-Rücktritt.»Mehr als überfällig«, in: Tagesschau vom 17. Feb. 2012; www.tagesschau.de/inland/wulffruecktritt102.html.

302 Der Agenturbericht von Thomas Lanig, Wulff zurückgetreten, vom 17. Feb. 2012 ist vollständig u. a. veröffentlicht in: http://www.aerztezeitung.de/politik_gesellschaft/ article/805104/wulff-zurueckgetreten.html.

303 Walter Roller, Christian Wulffs letzter Dienst, in: Augsburger Allgemeine Zeitung vom 17. Feb. 2012 (online); http://www.augsburger-allgemeine.de/politik/Christian-Wulffsletzter-Dienst-id18810181.html.

304 Thomas Schmoll, Ende einer Dienstzeit: Wulff bedroht Merkels Machtsystem, in: Financial Times Deutschland vom 17. Feb. 2012 (online); http://www.ftd.de/politik/ deutschland/:ende-einer-dienstzeit-wulff-bedroht-merkels-machtsystem/60170349. html.

305 Christian Bommarius, Angela Merkels dritter Präsident, in: Frankfurter Rundschau vom 17. Feb. 2012 (online); http://www.fr-online.de/gauck-folgt-wulff/kommentar-zuwulffs-ruecktritt-angela-merkels-dritter-praesident,11460760,11653660.html.

306 Oliver Stock, Christian Wulff macht mit seinem überfälligen Rücktritt den Weg frei für einen Nachfolger, in: Handelsblatt vom 17. Feb. 2012 (online); http://www.handelsblatt.com/meinung/kommentare/kommentar-der-praesident-tritt-ab-es-lebe-derpraesident/6223064.html.

307 Günther Nonnenmacher, Lebende Verfassung, in: Frankfurter Allgemeine Zeitung vom 17. Feb. 2012 (online); http://www.faz.net/aktuell/politik/nach-wulffs-ruecktrittlebende-verfassung-11652963.html (aufgerufen am 20. Sept. 2012).

308 Roland Peters, Wandel der Union fällt aus, in: n-tv.de vom 17. Feb. 2012; http://www.n-tv. de/politik/politik_kommentare/Wandel-der-Union-faellt-aus-article5525536.html.

309 Roland Nelles, Er hat es vermasselt, in: Spiegel online vom 17. Feb. 2012; http://www. spiegel.de/politik/deutschland/wulff-ruecktritt-er-hat-es-vermasselt-a-815934.html.

310 Joachim Dorfs, Einzig logische Konsequenz, in: Stuttgarter Zeitung vom 17. Feb. 2012 (online); http://www.stuttgarter-zeitung.de/inhalt.kommentar-zu-wulffs-ruecktritteinzig-logische-konsequenz.a269974d-4c1a-4cd1-9923-09e3cd8d99bb.html.

311 Ines Pohl, Merkel braucht den Konsenspräsi, in: Tageszeitung vom 17. Feb. 2012 (online); http://www.taz.de/!87927/.

312 Andrea Seibel, Ein Debakel, das die Kanzlerin nicht beschädigt, in: Die Welt vom 17. Feb. 2012 (online); http://www.welt.de/13873690.

313 So lacht der Karneval über den Bundespräsidenten, in: BILD vom 14. Feb. 2012; http:// www.bild.de/politik/inland/wulff-kredit-affaere/so-lacht-der-karneval-ueber-denbundespraesidenten-christian-wulff-22634210.bild.html.

314 Ebd.

315 Jörg Diehl, »Christian, der Geschmierte«, in: Der Spiegel vom 12. Jan. 2012; http://
www.spiegel.de/politik/deutschland/karnevalswitze-ueber-wulff-christian-der-
geschmierte-a-808639.html.

316 Mainz bleibt Mainz, in: ZDF vom 17. Feb. 2012; http://www.youtube.com/
watch?v=y5PVKHHnzSU.

317 Media Control vom 18. Feb. 2012; vgl. http://www.news.de/medien/855273666/mainz-
bleibt-mainz-erreicht-top-quote/1/.

318 Gesetz über die Ruhebezüge des Bundespräsidenten vom 17. Juni 1953, zuletzt geändert
durch Art. 15 Abs. 2 des Gesetzes vom 5. Feb. 2009; vgl.: http://www.gesetze-im-internet.
de/bpr_sruhebezg/BJNR004060953.html.

319 Hans Herbert von Arnim, Warum der Bundespräsident nicht zurücktreten kann, in:
Neue Zeitschrift für Verwaltungsrecht – Extra vom 30. Jan. 2012; http://www.dhv-speyer.
de/vonarnim/Aktuelles/2012/NVwZ-Extra%202012%20_4.pdf.

320 ARD-DeutschlandTrend März 2012: http://www.infratest-dimap.de/umfragen-ana-
lysen/bundesweit/ard-deutschlandtrend/2012/maerz/.

321 »Wir bekommen nicht die Mittel, die uns zustehen.« Hannelore Kraft im Interview
mit Dieter Wonka, in: Leipziger Volkszeitung vom 7. März 2012; www.lvz-online.de/f-
Download-d-file.html?id=2257.

322 Peter Rossberg / Nikolaus Harbusch, Durchsuchung bei Wulff-Freund Groenewold,
in: bild.de vom 2. März 2012; http://www.bild.de/politik/inland/christian-wulff/
hausdurchsuchung-bei-wulff-freund-groenewold-22936376.bild.html.

323 Rücktrittserklärung von Christian Wulff am 17. Feb. 2012 auf der Homepage des Bundespräsidenten; http://www.bundespraesident.de/SharedDocs/Reden/DE/Christian-Wulff/
Reden/2012/02/120217-Erklaerung.html.

324 Mitteilung des Bundespräsidialamts zum Ehrensold vom 29. Feb. 2012; http://www.
bundespraesident.de/SharedDocs/Pressemitteilungen/DE/2012/02/120229-Mitteilung.
html.

325 Dietmar Hipp, Ruhegeld des Bundespräsidenten. Verfassungsrechtler fordert Entzug
von Wulffs Ehrensold, in: Spiegel online vom 16. März 2012; http://www.spiegel.de/
politik/deutschland/verfassungsrechtler-von-arnim-fordert-entzug-von-wulffs-ehren-
sold-a-821886.html.

326 Hans Herbert von Arnim, Warum der Bundespräsident nicht zurücktreten kann, in:
Neue Zeitschrift für Verwaltungsrecht – Extra vom 30. Jan. 2012; http://www.dhv-
speyer.de/vonarnim/Aktuelles/2012/NVwZ-Extra%202012%20_4.pdf (aufgerufen am
27. September 2012).

327 Holger Schmale, Linke: Mittel für Ehrensold an Wulff stoppen, in: Berliner Zeitung vom
2. März 2012.

328 Ehrensold für Christian Wulff, Die Begründung des Bundespräsidialamtes, in: bild.de
vom 20. März 2012, http://www.bild.de/politik/inland/wulff-kredit-affaere/ehrensold-
begruendung-des-bundespraesidialamtes-23247446.bild.html (aufgerufen am 27.
September 2012).

329 Hans Herbert von Arnim, Warum der Bundespräsident nicht zurücktreten kann, in:
Neue Zeitschrift für Verwaltungsrecht – Extra vom 30. Jan. 2012; http://www.dhv-speyer.

de/vonarnim/Aktuelles/2012/NVwZ-Extra%202012%20_4.pdf (aufgerufen am 27. Sept 2012).

330 Abschiednehmen fällt schwer. SPD-Chef Gabriel rät Wulff zum Verzicht auf den Großen Zapfenstreich – Merkel kommt, in: Stuttgarter Nachrichten vom 7. März 2012.

331 2010 forderte Wulff noch Abstriche beim Ehrensold, in: BILD vom 1. März 2012; http://www.bild.de/politik/inland/wulff-kredit-affaere/wullf-2010-im-zdf-ueber-abstriche-beim-ehrensold-fuer-ex-bundespraesidenten-22920360.bild.html (aufgerufen am 27. Sept 2012).

332 Ebd.

333 Steinmeier rät Wulff zur Absage, in: Rheinische Post vom 6. März 2012; http://www.rp-online.de/politik/deutschland/bundespraesident/steinmeier-raet-wulff-zur-absage-1.2743553.

334 Großer Zapfenstreich ist »große Peinlichkeit«, in: Handelsblatt vom 7. März 2012; http://www.handelsblatt.com/politik/deutschland/ehrung-fuer-wulff-grosser-zapfenstreich-ist-grosse-peinlichkeit-seite-all/6300340-all.html.

335 Karsten Kammholz / Nina Paulsen, Künast: Wulff schadet mit Zapfenstreich der Bundeswehr, in: Hamburger Abendblatt vom 8. März 2012.

336 Robert Birnbaum / Antje Sirleschtov, Abschied in Wut und Würde, in: Der Tagesspiegel vom 9. März 2012; http://www.tagesspiegel.de/politik/grosser-zapfenstreich-fuer-christian-wulff-abschied-in-wut-und-wuerde/6304700.html.

337 Bundesratspräsident Horst Seehofer beim Empfang anlässlich des Großen Zapfenstreichs für Bundespräsident a. D. Christian Wulff am 8. März 2012; http://www.bundespraesident.de/SharedDocs/Reden/DE/Christian-Wulff/Reden/2012/03/120308-Begruessung-Zapfenstreich.html.

338 Die Erwiderung von Bundespräsident a. D. Christian Wulff beim Empfang anlässlich des Großen Zapfenstreichs auf der Homepage des Bundespräsidenten; http://www.bundespraesident.de/SharedDocs/Reden/DE/Christian-Wulff/Reden/2012/03/120308-Erwiderung-Zapfenstreich.html.

339 http://www.bundespraesident.de/SharedDocs/Berichte/DE/Reisen-und-Termine/2012/03/120308-Zapfenstreich.html.

340 Christian Wulff, Besser die Wahrheit. Ein Gespräch mit Hugo Müller-Vogg, Hamburg 2007, Seite 21.

341 Erwiderung von Bundespräsident a. D. Christian Wulff beim Empfang anlässlich des Großen Zapfenstreichs auf der Homepage des Bundespräsidenten; http://www.bundespraesident.de/SharedDocs/Reden/DE/Christian-Wulff/Reden/2012/03/120308-Erwiderung-Zapfenstreich.html.

342 Buchvertrag für Bettina Wulff soll mit 60.000 Euro dotiert sein, in: Der Spiegel vom 16. Sept. 2012; http://www.spiegel.de/spiegel/vorab/buchvertrag-fuer-bettina-wulff-soll-mit-60000-euro-dotiert-sein-a-856018.html.

343 Hans Leyendecker / Ralf Wiegand, Bettina Wulff wehrt sich gegen Verleumdungen, in: Süddeutsche Zeitung vom 8. Sept. 2012; http://www.sueddeutsche.de/panorama/rolle-der-justiz-in-der-causa-bettina-wulff-wenn-das-recht-auf-vergessen-nicht-gilt-1.1468695.

344 »Es ist mir wichtig, ein paar Dinge richtigzustellen.« Interview mit Bettina Wulff von Thomas Osterkorn und Ulrike Posche, in: stern vom 13. Sept. 2012.

345 Ebd.

346 Der gesamte Wortlaut des TV-Gesprächs von Bundespräsident Christian Wulff mit Bettina Schausten (ZDF) und Ulrich Deppendorf (ARD) vom 4. Jan. 2012 als Video in: http://www.tagesschau.de/inland/wulffinterview114.html.

347 Umfrage. Deutsche haben kein Mitleid mit Bettina Wulff, in: BILD am SONNTAG vom 16. Sept. 2012; http://www.spiegel.de/panorama/leute/umfrage-deutsche-haben-kein-mitleid-mit-bettina-wulff-a-856072.html.

348 Wulf Schmiese, Bettina Wulff rechnet ab. Tagebuch eines Teenies, in: Cicero vom 12. Sept. 2012; http://www.cicero.de/berliner-republik/bettina-wulff-buch-jenseits-des-protokolls-tagebuch-eines-teenies/51841.

349 Kommentar: Peinlichkeiten aus dem Klinkerhaus. Bettina Wulff demontiert sich selbst, in: Nürnberger Zeitung vom 11. Sept. 2012; http://www.nordbayern.de/ nuernberger-zeitung/nz-news/kommentar-peinlichkeiten-aus-dem-klinkerhaus-1.2349474?searched=true.

350 Bettina Wulff, Jenseits des Protokolls, München 2012, Seite 159.

351 Holger Schmale, Maßloser Exhibitionismus, in: Frankfurter Rundschau vom 13. Sept. 2012; http://www.fr-online.de/bettina-wulff/bettina-wulff-leitartikel-massloser-exhibitionismus,17221048,17244618.html.

352 Bettina Wulff redet Klartext über ihre Beziehung, in: Brigitte vom 19. Sept. 2012; http:// www.brigitte.de/kultur/leute/bettina-wulff-interview-1140399/.

353 Bettina Wulff, Jenseits des Protokolls, München 2012, Seite 149.

354 Andrea Seibel, Bettina Wulffs Irrtum, in: Die Welt vom 14. Sept. 2012; http://www.welt. de/109206762.

355 Jürgen Dahlkamp, Schwarz-Rot-Geld. Christian Wulff war nicht nur der falsche Präsident. Bettina Wulffs Memoiren zeigen: Er hatte für das Amt auch die falsche Frau, in: Der Spiegel vom 17. Sept. 2012; http://magazin.spiegel.de/reader/index_ SP.html#j=2012&h=38&a=88656040.

356 FDP-Bashing im Netz. SPD-Minister entlässt pöbelnden Amtschef, in: Der Spiegel vom 21. April 2012; http://www.spiegel.de/politik/deutschland/poebelei-gegen-fdp-stuttgarter-spitzenbeamter-rousta-wird-entlassen-a-828938.html.

357 Wulffs große Jugend-Initiative in Israel, in: Handelsblatt vom 28. Nov. 2010; http://www. handelsblatt.com/politik/deutschland/staatsbesuch-wulffs-grosse-jugend-initiative-in-israel/3649724.html.

358 Antrittsrede nach der Vereidigung zum Bundespräsidenten im Deutschen Bundestag am 2. Juli 2010; http://www.bundespraesident.de/SharedDocs/Reden/DE/Christian-Wulff/ Reden/2010/07/20100702_Rede.html.

359 Umfrage: Sympathien für Wulff – Blamage für Merkel; in: Frankfurter Allgemeine Zeitung vom 2. Juli 2010; http://www.faz.net/themenarchiv/2.1267/umfrage-sympathien-fuer-wulff-blamage-fuer-merkel-11011995.html.

360 Rede zum 20. Jahrestag der Deutschen Einheit am 3. Okt. 2010 in Bremen; http://www.bundespraesident.de/SharedDocs/Reden/DE/Christian-Wulff/ Reden/2010/10/20101003_Rede.html.

361 Ebd.

362 Justus Leicht / Peter Schwarz, CDU auf Sarrazin-Kurs, in: World Socialist Web Site vom 13. Okt. 2010; http://www.wsws.org/de/2010/okt2010/wulf-o13.shtml.

363 Peter Carstens, »Islam gehört historisch nicht zu Deutschland«, Innenminister Friedrich bekräftigt seinen Widerspruch zur Äußerung von Bundespräsident Wulff, in: Frankfurter Allgemeine Zeitung vom 4. März 2011; http://www.faz.net/aktuell/politik/inland/bundesinnenminister-friedrich-islam-gehoert-historisch-nicht-zu-deutschland-1609731.html.

364 Volker Kauder vor der Islamkonferenz: »Der Islam gehört nicht zu Deutschland«, in: Focus online vom 19. April 2012; http://www.focus.de/politik/deutschland/volker-kauder-vor-der-islamkonferenz-der-islam-gehoert-nicht-zu-deutschland_aid_739655.html.

365 Frank Rafalski, Islam-Debatte im Bundestag. Wulffs Islam-Plädoyer weckt Politiker auf, in: Hamburger Abendblatt vom 4. Juli 2012; http://mobil.abendblatt.de/politik/deutschland/article1655957/Wulffs-Islam-Plaedoyer-weckt-Politiker-auf.html?emvcc=-1.

366 Lucas Wiegelmann, Atheismus-Studie »Der Unglaube im Osten ist ein Erbe Preußens«, in: Die Welt vom 20. April 2012; http://www.welt.de/kultur/article106207333/Der-Unglaube-im-Osten-ist-ein-Erbe-Preussens.html.

367 Wulff: Islam gehört zu Deutschland. Bürger beschweren sich bei Christian Wulff. Warum hofieren Sie den Islam so, Herr Präsident?, in: BILD vom 6. Okt. 2010; http://www.bild.de/politik/2010/politik/wuetende-buerger-schreiben-an-den-bundespraesidenten-14203828.bild.html.

368 Ertugrul Özkök, Für uns Türken war er ein guter Präsident, in: BILD vom 18. Feb. 2012; http://www.bild.de/politik/kolumnen/oezkoek-ertugrul/wulff-war-fuer-uns-tuerken-ein-guter-praesident-22704896.bild.html.

369 Türkische Gemeinde würdigt die Arbeit Christian Wulffs, in: Focus online vom 8. März 2012; http://www.focus.de/politik/weitere-meldungen/zapfenstreich-tuerkische-gemeinde-wuerdigt-die-arbeit-christian-wulffs_aid_721871.html.

370 Türkische Gemeinde bedauert Wulffs Abschied, in Die Welt vom 8. März 2012; http://www.welt.de/13909888.

371 Wulff: Islam gehört zu Deutschland. Bürger beschweren sich bei Christian Wulff. Warum hofieren Sie den Islam so, Herr Präsident?, in: BILD vom 6. Okt. 2010; http://www.bild.de/politik/2010/politik/wuetende-buerger-schreiben-an-den-bundespraesidenten-14203828.bild.html.

372 Tina Hildebrandt / Giovanni di Lorenzo, Meine Seele hat Narben. Interview mit Joachim Gauck, in: Die Zeit vom 31. Mai 2012; http://www.zeit.de/2012/23/Interview-Gauck/komplettansicht.

373 Joachim Gauck, Freiheit – Ein Plädoyer, München 2012, Seite 19 f.

374 Beate Klarsfeld, in: Phoenix am 18. März 2012, vgl.: Spiegel online vom 18. März 2012 (Minutenprotokoll zur Wahl des Bundespräsidenten Joachim Gauck); http://www.spiegel.de/politik/deutschland/liveticker-zur-wahl-joachim-gaucks-zum-neuen-bundespraesidenten-a-822022.html.

375 Dankesworte des Bundespräsidenten Joachim Gauck an die Bundesversammlung am 18. März 2012; http://www.bundespraesident.de/SharedDocs/Reden/DE/Joachim-Gauck/Reden/2012/03/120318-Wahl-des-Bundespraesidenten.html.

376 Voßkuhle und Lammert lehnen Kandidatur ab, in: Die Welt vom 18. Feb. 2012; http://www.welt.de/politik/deutschland/article13875001/Vosskuhle-und-Lammert-lehnen-Kandidatur-ab.html.

377 Andreas Thewalt / Katja Stumpp / Christoph Küppers / Inga Frenser, Gauck wird neuer Bundespräsident, in: BILD vom 19. Feb. 2012; http://www.bild.de/politik/inland/christian-wulff/joachim-gauck-wird-neuer-bundespraesident-22718360.bild.html. Vgl. dazu auch: So wollte Merkel Gauck verhindern, in: BILD vom 20. Feb. 2012; http://www.bild.de/politik/inland/angela-merkel/poker-um-bundespraesidentenamt-so-wollte-die-kanzlerin-gauck-verhindern-22745210.bild.html. Vgl. weiterhin: Koalitionskrach um neuen Bundespräsidenten: FDP will Joachim Gauck – Union lehnt ihn ab, in: Focus online vom 19. Feb. 2012; http://www.focus.de/politik/deutschland/wulff-unter-druck/fdp-unterstuetzt-gauck-angeblich-einstimmiger-praesidiumsbeschluss_aid_715699.html (alle aufgerufen am 27. Sept. 2012).

378 Nikolaus Blome / Franz Solms-Laubach, Gauck erfuhr von seiner Nominierung im Taxi, in: BILD vom 20. Feb. 2012; http://www.bild.de/politik/inland/gauck-joachim/gauck-bundespraesident-historischer-tag-berlin-22730706.bild.html. Vgl. weiterhin: Josefin Rosenkranz / André Wornowski: »Ich fuhr Gauck zur Kanzlerin«, in: BILD vom 21. Feb. 2012; http://www.bild.de/politik/inland/gauck-joachim/taxifahrer-bundespraesident-22743680.bild.html.

379 Josefin Rosenkranz, »Mein 1. Tag als Deutschlands berühmtester Taxi-Fahrer«, in: BILD vom 20. Feb. 2012; http://www.bild.de/regional/berlin/taxifahrer/erster-tag-als-beruehmtester-taxifahrer-22762022.bild.html.

380 Bericht der Pressekonferenz mit Gaucks Ansprache: »Ich bin noch nicht einmal gewaschen«, in: Spiegel online vom 19. Feb. 2012; http://www.spiegel.de/politik/deutschland/gaucks-ansprache-ich-bin-noch-nicht-einmal-gewaschen-a-816364.html.

381 Gaucks getrennt lebende Ehefrau, in: Hamburger Abendblatt vom 3. Juli 2012; http://mobil.abendblatt.de/politik/deutschland/article2194684/Gerhild-Hansi-Gauck-Scheidung-war-nie-ein-Thema.html?emvcc=-1.

382 Wilde Ehe im Schloss Bellevue. CSU-Politiker empfiehlt Gauck zu heiraten, in: Spiegel online vom 21. Feb. 2012; http://www.spiegel.de/politik/deutschland/wilde-ehe-im-schloss-bellevue-csu-politiker-empfiehlt-gauck-zu-heiraten-a-816585.html.

383 Wilde Debatte über Gaucks »wilde Ehe«, in: Handelsblatt vom 21. Feb. 2012; http://www.handelsblatt.com/politik/deutschland/der-praesident-und-die-frauen-halt-den-mund/6236810-2.html.

384 Zum Infratest vom 17. März 2012 vgl.: Infratest-Erhebung: Deutsche vertrauen Joachim Gauck sehr; http://www.banklupe.de/news/infratest-erhebung-deutsche-vertrauen-joachim-gauck-sehr-37432/.

385 Dankesworte des Bundespräsidenten Joachim Gauck an die Bundesversammlung am 18. März 2012; http://www.bundespraesident.de/SharedDocs/Reden/DE/Joachim-Gauck/Reden/2012/03/120318-Wahl-des-Bundespraesidenten.html.

386 Laudatio des Bundespräsidenten Christian Wulff anlässlich der Verleihung der »Goldenen Victoria« für sein Lebenswerk an Joachim Gauck am 18. Nov. 2010; http://www.bundespraesident.de/SharedDocs/Reden/DE/Christian-Wulff/Reden/2010/11/20101118-Goldene-Victoria.html.

387 Hubert Gude, Ein Scheck für den Präsidenten, in: Der Spiegel vom 25. Juni 2012.

388 Feiern und Betteln. Staatsanwaltschaft geht im Fall Wulff einer neuen Spur nach, in: Der Spiegel vom 1. Okt. 2012; http://www.spiegel.de/politik/deutschland/wulff-bat-siemens-chef-loescher-um-geld-fuer-groenewold-a-858718.html (aufgerufen am 30. Okt. 2012).

389 Jochen Becker, Groenewold soll für Wulffs Security gezahlt haben, in: ndr.de vom 27. April 2012; http://www.ndr.de/regional/niedersachsen/hannover/groenewold113.html.

390 Aktueller Ermittlungsstand in den Verfahren gegen Christian Wulff, Olaf Glaeseker u. a., Pressemitteilung der Staatsanwaltschaft Hannover vom 9. Okt. 2012; http://www.staatsanwaltschaften.niedersachsen.de/portal/live.php?navigation_id=22875&article_id=109427&_psmand=165 (aufgerufen am 30. Okt. 2012).

391 Stefan Winterbauer, Bahn schafft Presserabatt ab, in: Meedia.de vom 5. März 2012; http://meedia.de/print/wulff-effekt-bahn-schafft-presserabatt-ab/2012/03/05.html.

392 Pressemitteilung, airberlin gewährt künftig keine Journalistenrabatte mehr, in: airberlin.de vom 21. März 2012; http://www.airberlin.com/de-DE/site/pressnews_dr.php?ID=3755.

393 Deutsche Telekom streicht Presse-Rabatte, in: dpa vom 25. März 2012.

394 Georg Altrogge, Springer ächtet den Presserabatt, in: Meedia.de vom 22. März 2012; http://meedia.de/print/initiative-springer-aechtet-presserabatt/2012/03/22.html.

DANKSAGUNG

Wir danken allen Kollegen, die an der Recherche beteiligt waren. Namentlich den Kollegen im Ressort »Investigative Recherche«: Guido Brandenburg, Stephan Kürthy, Josef Ley, Hanjo Peters, Peter Rossberg, Hans-Wilhelm Saure.

Wir danken Kai Diekmann, Alfred Draxler und Jörg Quoos für ihr uneingeschränktes Vertrauen.

Wir danken Dr. Christina Afting, Nikolaus Blome, Dr. Nicolaus Fest, Tobias Fröhlich, Dr. Ralf Georg Reuth und Felix Seidel – sie wissen wofür.

Wir danken besonders Nadine Landeck, unserer Lektorin. Für ihren Rat und ihre Präzision. Ohne sie wären unsere Texte nicht zu einem Buch geworden. Danke!

Wir danken Oliver Schwarzkopf, dem Verleger unseres Buches, für die persönliche und engagierte Begleitung dieses Projekts.

Wir danken schließlich den vielen Menschen, die uns Informationen anvertrauten.

Martin Heidemanns und Nikolaus Harbusch
AFFÄRE WULFF
Bundespräsident für 598 Tage –
Die Geschichte eines Scheiterns

ISBN 978-3-86265-155-9
© bei Schwarzkopf & Schwarzkopf Verlag GmbH, 2012
Redaktionsschluss: 6. November 2012

Katalog
Wir senden Ihnen gern kostenlos unseren Katalog
Schwarzkopf & Schwarzkopf Verlag GmbH / Abt. Service
Kastanienallee 32 | 10435 Berlin
Telefon: 030 – 44 33 63 00
Fax: 030 – 44 33 63 044

Internet | E-Mail
www.schwarzkopf-schwarzkopf.de
info@schwarzkopf-schwarzkopf.de